H-T
-3B
R

Hans-Joachim Zillmer

DARWINS IRRTUM

Hans-Joachim Zillmer

Darwins Irrtum

Vorsintflutliche Funde beweisen:
Dinosaurier und Menschen lebten gemeinsam

Mit 108 teilweise farbigen Fotos
und 43 Zeichnungen

Langen Müller

Bildnachweis

Fotos:

Dr. Cecil & Lydia Dougherty (copyright reserved – permission granted for use by Heirs) 3–10; Felix R. Paturi 18; Dr. Carl Baugh/Dr. Don Patton 35–38, 44; Dr. Carl Baugh 12, 32–34, 43, 45, 46, 48, 49, 61–65, 72, 73, 75–77; Dr. Don Patton/ Collins 47; Robert Helfinstine/Jerry Roth 41, 59, 60; Robert V. Gentry 50–55; Johannes von Buttlar 56; Graham Hancock 57, 58; Dr. Albert Vollmer 66; Steve Daniels (in Walt Brown) 67; Creation Research Society 68, 69; Ron Calais (in Brad Steiger) 70, 71; National resources Canada (Foto Nr. GSC180345) 81; John D. Morris 82, 84–86; Anselm Spring 83; Internet 88; Michael Anzenhofer vom GeoForschungsZentrum Oberpfaffenhofen (Ausschnittvergrößerung und Farbänderung durch den Verfasser) 89; Louvre 90, daraus Vergrößerung 91: Verfasser; British Museum 92, daraus Vergrößerung 93: Verfasser; Vorderasiatisches Museum 94, daraus Vergrößerung 95: Verfasser; Michihimo Yano 96–98; J. Blumrich (in Erich von Däniken) 100, 101; Bernard Roidinger/Cornelia Petratu 102–104; Zecharia Sitchin 105; Erich von Däniken 106; Peter Krassa/Reinhard Habeck 107; Erdogan Ercivan 108; Archiv Zillmer 1, 2, 11, 13–17, 19–31, 39, 40, 42, 74, 78–80, 87, 99

Abbildungen:

Dr. Carl Baugh 1; Robert Helfinstine/Jerry Roth 3; »Natural History« 6; Dr. Albert Vollmer 7; Dr. Cecil & Lydia Dougherty 11; Zecharia Sitchin 12, 24; Dr. E. Tollmann/ Prof. Dr. A. Tollmann (K. O. Emery) 27, nach C. Corvey (Tollmann) 30; nach O. B. Toon (Tollmann) 36; Glen J. Kuban 37; British Museum, London (in »Focus«) 40; Robin Crompton (University of Liverpool/Mercury Press in »Focus«) 41; Peter Krassa/ Reinhard Habeck 43; Dr. H.-J. Zillmer: (auf Basis von Helfinstine/Roth) 2; (auf Basis von Otto Muck) 13, 22, 32; (auf Basis von Walt Brown) 14, 34; (auf Basis von Dennis R. Petersen) 19; (auf Basis von Zecharia Sitchin) 26; (auf Basis John Morris) 39; Dr. H.-J. Zillmer 4, 5, 8–10, 15, 16–18, 20, 21, 23, 25, 28, 29, 31, 33, 35, 38, 42

Vor- und Nachsatz:

Linke Seite: Menschliche Fußspuren in Kalkstein (Temple, Texas), Fotos: Copyright reserved – permission granted for use by Heirs Dr. C. N. & Lydia Dougherty.
Rechte Seite: Versteinerter menschlicher Fußabdruck in einem Dinosaurierabdruck des »Tayler Trail« in Glen Rose, Foto: Dr. Baugh, Skizze: Dr. Patton/Collins.

2. Auflage 1999

Gedruckt auf chlorfrei gebleichtem Papier

Umschlagentwurf: Wolfgang Heinzel
Satz: Schaber Datentechnik, Wels
Gesetzt aus der 10,2/12,5 Punkt Stempel Garamond in PostScript
Druck und Binden: Graphischer Großbetrieb Pößneck GmbH
Printed in Germany 1999
ISBN 3-7844-2709-X

Inhalt

Prolog

Es war einmal ein wissenschaftlich exakt bewiesenes Weltbild, das 200 Jahre alt war. Es gab nur noch wenige Dinge zu erforschen, und das Wissen war geradezu allumfassend ...

Dieses moderne Märchen ist das Ergebnis der Theorien über die Himmelsmechanik Isaac Newtons und die Entwicklungslehre Charles Darwins. Es soll immer eine allumfassende Harmonie geherrscht haben. Analog diesen Prinzipien entwickelte sich das Weltall und damit auch unsere Erde allmählich und gleichförmig.

Durch Zufall entstand aus einer Aminosäure ein Einzeller. Es entwickelte sich dann nicht zuerst ein *Zweizeller*, sondern direkt eine komplexe Lebensform, wie uns die Evolutionstheorie lehrt. Wenn das auch richtig sein sollte, stellt sich die bisher nicht formulierte Frage, woher *die* zweite Zelle kam, nachdem sich die erste durch einen unglaublichen Zufall gebildet hatte. Gab es gleichzeitig mehrere unglaubliche Zufälle oder zuerst nur zwei? In diesem Fall muß es aber irgendwann einmal einen Zweizeller gegeben haben. Warum gibt es diesen Organismus oder auch einen Drei- oder Vierzeller in der Natur nicht?

Woher und wie der *genetische Code in die Zelle* kam, stellt noch immer eines der größten Rätsel dar. Wie auch immer, das Leben soll sich erst im Wasser und dann auch an Land entwickelt haben. Alles soll sehr langsam aber systematisch vonstatten gegangen sein.

Die der Geologie zugrunde liegende Theorie von Charles Lyell über die Alleinwirksamkeit winziger aktueller Kräfte an der Veränderung der Erdoberfläche begründet unser aktuelles Weltbild. Dies bedeutet, daß sich das Erscheinungsbild der Erde im Laufe der Erdgeschichte nur sehr geringfügig geändert hat. Auf diesem Dogma baut wiederum die Evolutionstheorie von Darwin *bedingungslos* auf, denn eine allmähliche Entwicklung kann nur vonstatten gegangen sein, wenn

keine gravierenden globalen Erdkatastrophen stattgefunden haben. Der Darwinismus geht von dem Überleben der am besten angepaßten Spezies nach dem Selektionsprinzip aus. Mutation, natürliche Auslese und die Isolation sind die wichtigsten Faktoren der Evolution.
Die genannten Theorien besitzen in der Wissenschaft *unangreifbaren Gesetzcharakter*. In diesem Buch werden die Widersprüche dieser Theorien anhand von fossilen Funden, Versteinerungen und der Berücksichtigung antiker Überlieferungen aufgezeigt: Chaos und nicht Gleichförmigkeit herrschte vor. Insbesondere das »Alte Testament« wird zur Klärung offener Fragen herangezogen.
Bis vor 200 Jahren war man von der Schöpfung durch Gott überzeugt. Die darwinsche Evolutionstheorie wurde lange Zeit nicht anerkannt, da sie die biblische Schöpfungsgeschichte und damit einhergehende Sonderstellung des Menschen strikt ablehnte und in den Bereich der Märchen ansiedelte. In diesem Buch wird die Evolutionstheorie durch steinharte Beweise als Irrtum entlarvt. Durch neueste Forschungen wurde *die* bisher zementiert erschienene Stütze des Darwinismus als einfacher Betrug entlarvt: Das biogenetische Grundgesetz von Ernst Haeckel. All diese Theorien stammen aus dem letzten Jahrhundert und müssen grundlegend überdacht werden. Den Anstoß dazu können nur Außenseiter durch interdisziplinäre Überlegungen geben, obwohl der Widerspruch heftig sein wird, wie seinerzeit bei der Veröffentlichung der Bücher Immanuel Velikovskys.
Die genannten Gleichförmigkeitslehren lehnen jede globale Erdkatastrophe kategorisch ab, da diese einer allmählichen Entwicklung der Arten den Garaus gemacht hätte. Alle heute zu machenden Beobachtungen werden unverändert in die Erdvergangenheit projiziert. Ein bequemes System, da bei immer gleichen Randbedingungen alles berechnet und interpretiert werden kann. Hat es jedoch mindestens einen Weltuntergang gegeben, können demzufolge alle Gleichförmigkeitstheorien nicht stimmen und müssen zwangsläufig falsche Ergebnisse bringen.
Beweist man, daß die sich angeblich hintereinander entwickelten Arten *zeitgleich existierten*, kann es keine Evolution gegeben haben, denn in diesem Fall stellt der Darwinismus *per eigener Definition* ein Luftschloß ohne reales Fundament dar.

1 Artefakt oder Fälschung?

Im Sommerurlaub 1988 las ich ein interessantes Buch von Johannes von Buttlar über ungewöhnliche Entdeckungen und Funde.[1] In einem Kapitel wurde kurz berichtet, daß seit Jahrzehnten im Gebiet des Paluxy River in der Nähe von Glen Rose immer wieder menschliche Fuß- und auch Schuhabdrücke neben versteinerten Fußspuren von Dinosauriern entdeckt wurden. Außerdem wurde ein alter verwitterter Hammer mit einem abgebrochenen Holzstiel beschrieben, der von der Familie Hahn 1934 in der Nähe der Kleinstadt London, Texas, gefunden worden war. Dieser Fundort gehört zum gleichen Teil des Gebirgsrückens Llano Uplift wie derjenige am Paluxy River in der Nähe von Glen Rose. Von dem fossilen Hammer ragte nur das abgebrochene Ende des Hammerstiels aus dem Felsgestein heraus. Der Hammerkopf und der hölzerne Schaft waren ursprünglich komplett von festem Sandstein umschlossen. Erst nachdem das massive Steinstück aufgebrochen wurde, konnte das Fundstück begutachtet und untersucht werden.

Diese Entdeckungen stehen natürlich in krassem Widerspruch zur Evolutionstheorie von Charles Darwin, denn die Dinosaurier sollen vor ungefähr 64 Millionen Jahren ausgestorben sein, und der erste aufrecht gehende Mensch, der Homo erectus, entwickelte sich gemäß den Erkenntnissen der Anthropologie erst vor zwei oder maximal drei Millionen Jahren. Nach allen gängigen Lehrmeinungen und besonders der Evolutionstheorie verfehlten sich Dinosaurier und Menschen zeitlich um mehr als 60 Millionen Jahre.

Mit diesen wissenschaftlichen Grundsätzen ist es natürlich nicht vereinbar, daß Menschen und Dinosaurier Fußabdrücke in der gleichen Gesteinsschicht hinterlassen haben. Auch der Fund eines von Menschen hergestellten Hammers, der gemäß geologischer Zeitbestimmung von 140 Millionen Jahren altem Felsgestein eingeschlossen war, paßt ganz und gar nicht in das Konzept der Evolutionstheorie, die inzwischen ja schon zur Evolutionslehre und damit zum Dogma, also einem unangreifbarem Gesetz, emporgehoben wurde.

Automatisch muß man die Frage nach dem tatsächlichen Alter des Gesteins stellen, da es zum Zeitpunkt der Entstehung der versteinerten Fußspuren von Dinosauriern und Menschen noch eine weiche Konsistenz (Beschaffenheit) gehabt haben muß, *vergleichbar* mit schnell erhärtenden Gipsabdrücken! Entsprechendes gilt für den kompletten Einschluß des alten Hammers durch Kalkgestein, das selbst ja das Ausgangsprodukt unseres modernen schnell erhärtenden Zements darstellt. Setzt man voraus, daß es sich bei den beschriebenen Fundstücken und Spuren nicht um Fälschungen, sondern gesicherte Beweise handelt, ergeben sich einige interessante Schlußfolgerungen: *Dinosaurier und Menschen lebten gemeinsam*, und *Kalkstein entstand zu Lebzeiten der Dinosaurier und Menschen*. Mit anderen Worten: Ablagerungsgesteine (Sedimente) entstanden zu Zeiten der Koexistenz von Lebewesen, die nach unserem Weltbild auch nicht annähernd zeitgleich gelebt haben sollen.

Offen bleibt die Frage nach dem Zeitpunkt dieser Geschehnisse. Es scheint auf der Hand zu liegen, daß Menschen und Dinosaurier vor mindestens 64 Millionen Jahren gemeinsam auf unserer Welt lebten, denn zu diesem Zeitpunkt sollen diese Urtiere urplötzlich ausgestorben sein. Auch das Gestein ist nach den Grundsätzen der Geologie angeblich uralt. Setze ich die wissenschaftlichen Theorien als richtig voraus, ergibt sich eine sensationelle Erkenntnis, denn demzufolge wäre die Menschheit nicht relativ jung, sondern hätte eine bisher unbekannt lange Vergangenheit. Aber stimmt das auch? Ist es umgekehrt denkbar, daß die Dinosaurier überlebt haben und gar erst vor ein paar tausend Jahren ausgestorben sind? In diesem Fall wäre die Menschheit im Einklang mit unserem Weltbild relativ jung. Aber das bedeutet wiederum folgerichtig, daß sich das Gestein des Paluxy River mit den Fußabdrücken auch erst in jüngster Vergangenheit gebildet haben kann. Diese Möglichkeit würde sicherlich die Sensation schlechthin bedeuten und fordert den Widerspruch geradezu heraus, denn unter diesen Voraussetzungen kann die Erdkruste erst vor kurzer Zeit entstanden sein.

Jedoch stellen die Geologen und Paläontologen übereinstimmend fest, daß die betreffenden Gesteinsschichten etwa 140 Millionen Jahre alt sein sollen und dem Ende der Kreidezeit zugerechnet werden müssen. Demzufolge wären auch die Menschen und Dinosaurier genauso alt. Aber stimmt die wissenschaftliche Altersbestimmung auch? Wenn ich die Datierungen durch die Geologen grundsätzlich in Frage stelle, dann ergeben sich interessante alternative, allerdings unser Weltbild umstürzende Möglichkeiten:

- Das Kalkgestein sowie die Dinosaurier und Menschen sind mindestens 64 Millionen Jahre alt.
- Dinosaurier, Menschen und die entsprechenden Gesteinsschichten sind relativ jung, eventuell nur ein paar tausend Jahre alt.
- Das zu bestimmende gemeinsame Alter liegt zwischen diesen extremen Werten.

Die beschriebenen Entdeckungen und die sich hieraus ergebenden Schlußfolgerungen sind geradezu unglaublich. Das bisher als gesichert erscheinende Weltbild würde sich plötzlich als Irrweg herausstellen, wenn sich die Echtheit der beschriebenen Fundstücke beweisen läßt. Da mir Beschreibungen auch von anderen ähnlich ungewöhnlichen Funden, die unserer Weltanschauung zu widersprechen scheinen, in verschiedenen Büchern und Zeitschriften aufgefallen waren, beschloß ich aktiv zu werden und an Ort und Stelle die Richtigkeit der Darstellungen nachzuprüfen.

2 Der fossile Hammer

Die eingehenden Untersuchungen des fossilen Hammers bestätigen seine Echtheit. Diese Erkenntnis erfordert ein grundsätzlich anderes Weltbild, da es dann keine langsame Entwicklung und damit Evolution gegeben haben kann.

Der Besuch in Glen Rose

Anläßlich einer Rundreise durch den Mittleren Westen der USA im Jahr 1993 nahm ich die Gelegenheit wahr und besuchte die Kreisstadt des Somervell County Glen Rose in Texas. Als Sehenswürdigkeiten gelten das »Somervell County Museum« und der »Dinosaur Valley State Park«.[2] Das Museum beherbergt Zeugnisse aus prähistorischen Zeiten, während in dem Nationalpark sehr gut erhaltene Spuren von Dinosauriern im und in der Nähe des Flusses Paluxy River zu sehen sind.

Das »Somervell County Museum« befindet sich mitten im historischen Zentrum der Kleinstadt. Bei einem kurzen Rundgang fielen mir die scheinbar kunterbunt ausgestellten Fossilien auf. Hierbei handelte es sich beispielsweise um versteinertes Holz in verschiedenen Arten und Formen, fossilierte Korallenstücke wie auch alte Haifischzähne, aus dem rohen Fels gehauene Gesteinsbrocken mit Fußspuren von Dinosauriern, versteinerte Trilobiten (Urkrebse), Schädelfragmente von größeren Säugetieren, Knochen diverser Urtiere und andere urzeitliche Fundstücke, die im Laufe der vergangenen Jahrzehnte in der Umgebung von Glen Rose gefunden wurden.

Das intensive Betrachten der Fundstücke machte mich nachdenklich, denn diese Versteinerungen wurden alle in den gleichen geologischen Schichten gefunden. Dies würde das Zusammenleben der verschiedensten Urtiere aus angeblich sehr unterschiedlichen Zeitepochen beweisen. In diesem Fall aber wäre der Evolutionstheorie von Charles Darwin, der Grundlage unseres derzeit gültigen Weltbildes, jede reale Basis entzogen, da es bei einer Koexistenz von Dinosauriern und Säugetieren keine Entwicklung und damit auch keine Abstammung der Arten gegeben haben kann.

Eigentlich besuchte ich das Museum jedoch, um den von Felsgestein eingeschlossenen Hammer zu finden. Zur Identifikation hatte ich eine Fotokopie des veröffentlichten Bildes mitgebracht. Das Museum wurde von einer alten Frau beaufsichtigt, der Direktorin des Museums, Frau Jeannie Mack. Auf meine entsprechende Frage bestätigte sie mir, daß dieser Hammer vor sehr langer Zeit unbeachtet in einem der nahe stehenden Regale ihres Museums gelegen hatte. Sie konnte dieses Unikat auf dem Foto eindeutig identifizieren, und damit war klar, daß es sich nicht um eine bloße Erfindung handelt. Den jetzigen Aufbewahrungsort des gesuchten Hammers konnte mir die Frau nicht benennen, verwies mich jedoch an ein anderes mir bisher unbekanntes Museum, das nur sechs bis sieben Kilometer in Richtung des Nationalparks »Dinosaur Valley State Park« liegen sollte.

Nach kurzer Fahrt erreichte ich das »Creation Evidences Museum« in der Nähe des »Dinosaur Valley State Park«. Es war vergleichbar mit zwei großen nebeneinander liegenden Bürocontainern. Verschiedene Fundstücke und Fotos waren ausgestellt, die in vielen Fällen versteinerte Fußspuren von Menschen und Dinosauriern dokumentierten. Die menschlichen Fußabdrücke waren teilweise überdurchschnittlich groß. Der Direktor dieses Museums ist Dr. Carl Baugh, ein Archäologe, der Ausgrabungen in der näheren Umgebung vornimmt.

Nach einem ersten Gespräch suchten wir, meine Familie und ich, den »Dinosaur Valley State Park« auf. Wir fanden unzählige versteinerte Fußspuren von Dinosauriern im Flußbett des Paluxy River und auf den felsigen Uferplateaus. Erstaunlich war, daß diese Spuren sehr hoch oben in den geologischen Schichten lagen. Eigentlich müßte das über die Fußspuren fließende Wasser diese Hinterlassenschaften der Urtiere sehr schnell erodiert und damit unkenntlich gemacht haben, aber die mindestens 64 Millionen Jahre alten Spuren erschienen uns wie frisch hinterlassen. Außerdem fand ich zwei Abdrücke, die die grobe längliche Form eines menschlichen Fußes aufwiesen, jedoch waren keine Einzelheiten, wie die des dicken Zeh, zu erkennen.

Beschreibung des Hammers

Wir kehrten zum »Creation Evidences Museum« zurück, und Dr. Baugh machte mir die erforderlichen Unterlagen über die Untersuchungsergebnisse des fossilen Hammers zugänglich.

Dieses antike Werkstück weist eine einfache Form, fast wie ein in Deutschland üblicher Maurerhammer auf. Der Stiel ist kristallin versteinert, sehr hart und in seiner Struktur intakt. Es konnte festgestellt werden, daß der Innenteil teilweise porös in Kohle umgewandelt wurde. Die Kombination von Verkohlung und Versteinerung ist wissenschaftlich nicht zu erklären. Mir ist kein ähnliches Fundstück auf der ganzen Welt bekannt. Es müssen zwei ganz verschiedenartige Prozesse gleichzeitig oder kurz hintereinander abgelaufen sein. Für eine kristalline Versteinerung ist unbedingt eine Lagerung in fließendem Wasser nötig, während für die Entstehung von poröser Kohle andererseits Feuer vorausgesetzt werden könnte. Wasser und Feuer sind bekanntlich zwei extrem verschiedene Elemente, die sich gegenseitig ausschließen. Bei der noch vorzunehmenden Analyse des Ablaufs der Sintflut wird dieser anscheinende Widerspruch aufgelöst.

Die äußeren Schichten des Hammerstiels erinnern mich an die versteinerten Holzstämme und Stümpfe im »Petrified Forest Nationalpark«, Arizona, den ich bereits im Jahr 1988 besucht hatte. Die dort zu begutachtenden zerstückelten Holzstämme sind total versteinert und weisen eine homogene kristalline Struktur auf. Es ist mir kein Fundstück in diesem Park bekannt, das im Inneren Kohle aufweisen würde, vergleichbar mit dem fossilen Hammer. Das Alter dieser Baumstämme wird offiziell auf 100 bis 200 Millionen

Jahre geschätzt. Versteinertes Holz entsteht, wenn es als Ablagerung überschwemmter Flüsse oder Seen in der Erde lagert. Es wird durch im Wasser aufgelöste Silikate imprägniert, die beispielsweise in Vulkanasche enthalten sind. Diese Stoffe ersetzen den Wasserstoff- und Luftgehalt des Holzes und beginnen mit dem Versteinerungsprozeß durch Verkieselung oder Silifizierung. Dadurch kann sehr hartes Opal oder Quarz entstehen, und das Endprodukt ist etwa fünfmal schwerer als normales Kiefernholz.
Nach dieser kurzen Beschreibung des Hammerstiels liegt eigentlich auf der Hand, daß dieser fossile Hammer echt und alt sein muß! Wir sind trotz aller technischen Fähigkeiten nicht in der Lage, einen versteinerten Holzgriff mit porös verwandelter Kohle im Innenteil mit Hilfe moderner oder auch antiquierter Methoden herzustellen! Eine Fälschung ist daher ausgeschlossen. Diese Feststellung muß ich deutlich herausstreichen, da alle Artefakte, die nicht in unser gewohntes Weltbild passen, angeblich gefälscht sein sollen. Und dieser alte Hammer kann von unserer Schulwissenschaft nicht erklärt werden, da versteinertes Holz und demzufolge auch dieses antike Werkzeug gemäß der geltenden Weltanschauung mindestens 140 Millionen Jahre alt sein muß. Aber Menschen, die hochwertige Werkzeuge herstellen, gibt es, der schulwissenschaftlichen Meinung nach, erst seit ein paar tausend Jahren. Irgend etwas stimmt mit der Zeitdatierung und den großen Zeiträumen der vergangenen Erdzeitalter nicht. Ist die Menschheit jetzt -zig Millionen Jahre alt oder ist sie jung und liefen damit die Prozesse der Gesteinsbildung gar erst vor kurzer Zeit ab?

Untersuchung des Hammers

Bevor ich auf diese Fragen näher eingehen werde, möchte ich die Eigenschaften des Hammerkopfs noch näher im Detail beschreiben, da das Rätsel damit endgültig komplettiert wird. Die eingehenden Untersuchungen wurden unabhängig von verschiedenen Instituten vorgenommen. John Mackay, der Direktor der »Creation Science Foundation« in Australien, unterzog den Hammer bei

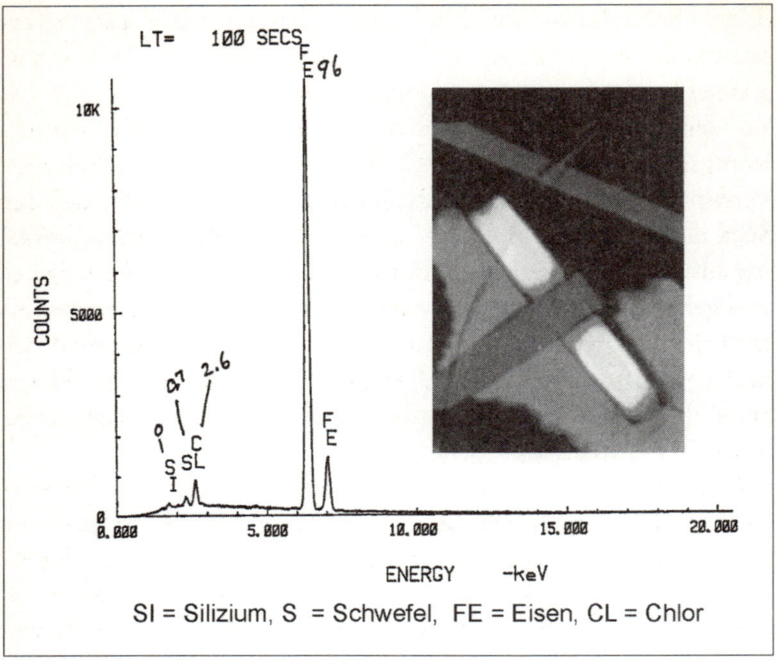

Abb. 1: Untersuchungsdiagramm. *Das Ergebnis der Untersuchungen mit hochentwickelten Elektronenmikroskopen durch das Metallurgische Institut »Batelle Memorial Laboratory« ist in dem Diagramm dargestellt und weist fast reines Eisen aus. Die Röntgenaufnahme des Hammerkopfes zeigt eine homogene Struktur des Stahls ohne Einschlüsse oder Verunreinigungen.*

seinem Amerikaaufenthalt sehr gründlichen Analysen.[3] Verschiedene australische Metallurgen, sowie das anerkannte Metallurgische Institut des »Batelle Memorial Laboratory« in Columbus im Staat Ohio (USA) nahmen daran teil. Hochentwickelte Elektronenmikroskope dienten hierbei der Untersuchung der Struktur und Zusammensetzung des Stahls, aus dem der Hammerkopf hergestellt worden war.

Das Ergebnis der Untersuchungen war mysteriös und rätselhaft zugleich, denn es stellte sich heraus, daß die chemische Zusammensetzung des Hammerkopfes aus 96,6 % Eisen, 2,6 % Chlor und

0,74 % Schwefel besteht. Unglaublich, dieses Material besteht aus fast absolut reinem Eisen! Weitere Beimengungen oder Verunreinigungen konnten nicht nachgewiesen werden.[3]

Zu den zerstörungsfreien Prüfverfahren der Stahlgüte gehören Röntgenverfahren, magnetische Prüfverfahren und Ultraschall-Verfahren. Mittels Röntgenaufnahmen wurde festgestellt, daß der Stahl des Hammerkopfes *keine Einschlüsse oder Unregelmäßigkeiten* aufweist. Also wurde er auf irgendeine Art und Weise vergütet und gehärtet. Eigentlich muß chemisch reiner Stahl, der nicht weiter behandelt worden ist, relativ weich sein. Aber aufgrund der nachgewiesenen gleichmäßigen Struktur scheint es sich um harten Stahl zu handeln, der mittels einer hochentwickelten Technologie hergestellt wurde.

Das Untersuchungsergebnis ist einfach sensationell und fast utopisch zugleich, denn wer sich mit moderner Stahlherstellung nur einigermaßen auskennt, weiß, daß bei allen uns bekannten Herstellungsprozessen von hochwertigem Stahl Verunreinigungen durch Silizium oder Kohlenstoff zwangsläufig entstehen müssen! Ich unterstreiche das Wort *müssen*. Eine Stahlerzeugung ohne diese Verunreinigungen ist einfach gar nicht denkbar! Auch andere uns zur Stahlveredlung bekannte Beimengungen wie Kupfer, Titan, Mangan, Kobalt, Molybdän, Vanadium, Wolfram oder Nickel konnten nicht nachgewiesen werden. Diese und andere Elemente werden bei den uns bekannten Methoden der Stahlherstellung, je nach Anwendungsgebiet, zur Erzielung bestimmter Stahleigenschaften eingesetzt.

Ungewöhnlich ist auch der hohe Anteil von Chlor in dem fossilen Hammerkopf, denn dieser Stoff spielt in den dargelegten Zusammenhängen moderner Stahlerzeugung eigentlich überhaupt keine Rolle und wird heutzutage auch nicht verwandt. Hochwertiger Stahl in der hier vorliegenden Zusammensetzung kann durch unsere modernen Verarbeitungsmethoden also gar nicht hergestellt werden. Es stellt sich automatisch die Frage: Wer hat diesen Hammer produziert und zu welcher Zeit? Gemäß dem offiziellen Stand unserer Forschung und Wissenschaft kann dieser Hammer eigentlich überhaupt nicht vorhanden und hergestellt worden sein. Ein

»gefälschter« Hammerkopf ist damit grundsätzlich ausgeschlossen. Entsprechendes hatte ich ja auch schon für den Hammerstiel festgestellt. Also zwei fälschungssichere Materialien, für die wir keine wissenschaftliche Erklärung haben, vereint in einem Werkstück. Ein ganz außergewöhnlicher Beweis für eine völlig andere Erd- oder Menschheitsgeschichte.

Wenn unsere Schulwissenschaft mit ihrer Darstellung der Erdgeschichte recht hat, bleibt nur eine Lösungsmöglichkeit: Diesen Hammer hat ein Außerirdischer bei seinem Besuch auf der Erde verloren. Aber es gibt noch eine andere logische Erklärung, die ich im weiteren Verlauf dieses Buches beschreiben werde. Allerdings steht die Lösung dieses Problems nicht im Einklang mit den althergebrachten wissenschaftlichen Theorien.

Der fossile Hammer weist noch weitere Besonderheiten auf. Bei der Öffnung des ursprünglichen Felsbrockens im Jahr 1934 wurde der Metallkopf an der oberen Kante in Form einer kleinen Kerbe beschädigt. Die Oberfläche dieser Stelle erschien silbrig glänzend. Auch nach über 60 Jahren hat sich diese Stelle augenscheinlich nicht verändert. Von Rost ist nichts zu erkennen. Es könnte sein, daß für diese Erscheinung der relativ hohe Anteil von Chlor bei gleichzeitig völliger Abwesenheit von Kohlenstoff, der andernfalls die zur Korrosion notwendige Reaktion mit der Luft eingehen würde, verantwortlich ist. Die restliche Oberfläche des Hammerkopfes besteht aus einer dunklen geschwärzten Oberfläche, wie sie durch einen Brand entstanden sein könnte, wovon auch der verkohlte Innenteil des Hammerstiels zeugt. Die Analyse dieses Überzugs ergab 82,9 % Eisen, 8,9 % Silizium, 3,6 % Schwefel, 2,5 % Kalzium, 1,3 % Chlor und 0,78 % Kalium. Die Zusammensetzung dieser Kruste könnte der chemischen Reaktion zwischen den Elementen des Metalls und den Bestandteilen des den Hammer einschließenden Steinmaterials einerseits sowie den im Grundwasser gelösten Substanzen andererseits entsprechen.

Auf einem Teil des freigelegten Hammerkopfes erscheint ein Rest des Felsgesteins wie aufgeklebt und mit dem Metall verschmolzen. John Mackay und Experten in Amerika haben die Vermutung geäußert, daß die Erscheinungen an der Metalloberfläche unter min-

destens zwei Atmosphären Druck bei gleichzeitiger Abschirmung von ultravioletter Strahlung entstanden sein könnte, was jedoch grundsätzlich andere atmosphärische Bedingungen unserer Lufthülle voraussetzt. Eine andere plausible Erklärung dieser ungewöhnlichen Erscheinungen konnte bisher nicht gegeben werden.
Zusammenfassend ergeben sich folgende Fakten:

- Der Hammer wurde von Menschen hergestellt.
- Der Stiel besteht aus versteinertem Holz, das im Inneren verkohlt ist.
- Der Hammerkopf besteht aus einem sehr reinen Metall, das wir nicht herstellen können, und es korrodiert (rostet) nicht.
- Der Hammer war komplett vom Gestein eingeschlossen.
- Es hat fast gleichzeitig Feuer und auch fließendes Wasser auf den Hammer eingewirkt.
- Zur Zeit der Herstellung des Metalls müssen wahrscheinlich mindestens zwei Atmosphären Druck auf der Erde geherrscht haben.

Natürlicher Ursprung des Stahls?

Wenn das Metall mit unseren modernen Methoden nicht hergestellt worden sein kann, stellt sich die Frage: Kann das Metall des Hammerkopfes ganz einfach natürlichen Ursprungs sein? Es sind verschiedene Erklärungen denkbar. Eine naheliegende Möglichkeit wäre, daß dieser Stahl aus dem fertigen Material des Kerns eines metallischen Meteoriten besteht. Der aufgefundene Stahl müßte dann nur noch geschnitten und bearbeitet worden sein.
Technisch gesehen ergibt ein solches Verfahren, ohne weitere Vergütung des Stahls bei gleichzeitig notwendiger Verunreinigung, erfahrungsgemäß nie einen guten harten Hammer. Außerdem kommt das Material der meisten eisenhaltigen Meteoriten in Verbindung mit Nickel und geringen Verunreinigungen in Form von Kobalt, Aluminium, Schwefel, Phosphor, Chrom und Kohlenstoff vor. Aber außer Schwefel wurde kein anderes Element in dem Metall des Hammers nachgewiesen. Die Meteoritentheorie scheidet daher aus.

Es wäre auch denkbar, daß das Grundmaterial in einer Lagerstätte irgendwo auf der Erde gefunden wurde. Jedoch konnte bisher kein entsprechender Fund dokumentiert werden. Eisenerz kommt nur in Verbindung mit anderen Elementen – meistens Kohlenstoff – vor.
Da keine dieser Möglichkeiten in Betracht kommt, bleibt nur die Konsequenz, daß dieser Hammer durch ein uns nicht bekanntes technisches Verfahren unter grundsätzlich anderen atmosphärischen Voraussetzungen hergestellt wurde.

Wann wurde er hergestellt?

Nachweisbar war der ganze Hammer einst komplett und ist immer noch teilweise von massivem Sandstein eingeschlossen. Ein Teil des Metalls ging mit dem umgebenden Material des Felsens eine chemische Verbindung ein. Daraus folgt zwangsläufig, daß der fossile Hammer vor der Entstehung des Steinmaterials entstanden sein muß! Das Alter des Gesteins wird von den Geologen auf mindestens 140, eventuell auch 400 Millionen Jahre geschätzt. Wenn diese Aussage stimmen würde, müßte dieser Hammer mindestens genauso alt sein. Zwangsläufig würde die Menschheit auch nicht erst seit vielleicht vier Millionen Jahren existieren, sondern mindestens 140 Millionen Jahre, aus geologischer Sicht möglicherweise auch 400 Millionen Jahre alt sein. Erschüttert man diese Zeitbestimmung und weist man einen Fehler in der ihr zugrunde liegenden theoretischen Grundlage nach, könnte der Hammer, damit aber auch das Gestein und der Zeitpunkt des Aussterbens der Dinosaurier, vielleicht nur 10000 Jahre alt sein. Und genau das, die Unstimmigkeit und grundsätzlichen Fehler der Methoden der Altersbestimmung, werde ich im weiteren Verlauf dieses Buches nachweisen. Für diesen Fall ergeben sich grundlegende Konsequenzen für den theoretischen Ablauf der erdgeschichtlichen Entwicklung.
Da eine Fälschung des Hammers aufgrund der beschriebenen technischen, optischen, chemischen und physikalischen Eigenschaften nicht in Betracht kommt, hat die herkömmliche Schulwissenschaft

somit das Alter der Menschheit unfreiwillig sehr weit in die Vergangenheit zurückverlegt. Eigentlich zu weit. Warum? Weil dann die bekannte Evolutionstheorie als reine Erfindung abqualifiziert ist. Der Mensch war in diesem Fall schon vor den Affen da, die sich gemäß der herrschenden wissenschaftlichen Ansicht frühestens nach dem plötzlichen Aussterben der Dinosaurier vor angeblich 64 Millionen Jahren entwickelt haben können. Denn erst zu diesem Zeitpunkt soll die allmähliche Evolution der größeren Säugetiere begonnen haben. Ein grundsätzlicher Widerspruch zu den Aussagen der Schulwissenschaft. Eine rhetorische aber im Sinne der Evolution durchaus folgerichtige Frage stellt sich von selbst: Stammt der Affe jetzt von den Menschen ab?[4] Eine Evolution und langsame zufällige Entwicklung des Menschen durch viele Zufälle und Mutationen über lange Zeitepochen hinweg, stellt sich unter diesem Blickwinkel als ein Märchen dar.
Für die Anhänger der Evolutionstheorie gibt es nur die Möglichkeit, Beweise über die Koexistenz von Mensch und Dinosaurier zu ignorieren oder als Fälschung zu deklarieren. Dies wird auch so gehandhabt, konsequent bis zur persönlichen Diffamierung der betroffenen Personen. Widersprüche zur offiziellen Meinung werden nicht beachtet und nach Möglichkeit durch Polemik der Lächerlichkeit preisgegeben. Denn würde man nur einen einzigen Fund als echt anerkennen, müßten fast alle Sachbücher und auch die Lehrpläne der entsprechenden Fachrichtungen neu geschrieben werden. Alles wäre plötzlich ganz anders. Wer aber wird sich schon freiwillig solcher Mühen aussetzen oder gibt auch noch gerne grundsätzliche Fehler zu, auch wenn sie den Denkmodellen früherer Kapazitäten aus dem letzten Jahrhundert zuzuschreiben wären?
Man fühlt sich in das finstere Mittelalter versetzt, als unumstößlich durch Wissenschaft und Kirche festgestellt worden war, daß die Erde eine Scheibe sei. Für neue Ideen mußten Menschen, wie der Dominikanermönch Giordano Bruno (1548–1600), damals sogar ihr Leben lassen. Aber bereits der Historiker Plutarch (46–120 n. Chr.) hatte ein unendliches Universum mit vielen belebten Welten proklamiert und die Erde nicht als den Mittelpunkt des Universums oder unseres Sonnensystems richtig erkannt.

Eine andere Theorie

Wie ich in diesem Buch noch ausführen werde, fand vor höchstens 10000 Jahren eine weltweite gigantische Überschwemmung (Sintflut) statt, die weite Gebiete der Erdoberfläche teilweise gebirgshoch überschwemmte. Es könnte sein, daß der fossile Hammer und auch andere noch zu beschreibende Objekte bei dieser Flut abgelagert und eingeschlossen wurden.

Für diese Vermutung spricht das versteinerte Holz des Stiels und die mit dem Stahl des Hammerkopfes verschmolzene Kruste, die unter großem Druck- und Hitzeeinfluß entstanden sein muß. In diesem Fall muß man jedoch akzeptieren, daß das den Hammer umgebende *Gestein auch jung ist*! Dies würde aber die Altersbestimmung der Gebirge und Berge gänzlich über den Haufen werfen. Gleichzeitig müßten mindestens 140 Millionen, vielleicht auch 400 Millionen Jahre des Erdzeitalters *ersatzlos gestrichen* werden. Für die Entwicklung der Tiere und Menschen handelt es sich jedoch um die entscheidenden Entwicklungsphasen. Ohne diese Zeitepochen dürfte es analog der Evolutionstheorie überhaupt keine Menschen oder Säugetiere geben, da sie sich bis auf kleinere Spezies in Rattengröße erst nach dem Massentod der Dinosaurier allmählich entwickelt haben sollen. Auf dieser Basis stellt sich dann die Kernfrage: Wie alt oder wie jung ist die Erde wirklich? Vielleicht nur 400 Millionen Jahre jünger, oder ist die ganze Erde in Wirklichkeit relativ jung?

3 Alles lebte gleichzeitig

Die Voraussetzung für eine angeblich vollzogene Evolution gemäß dem Gesetz von Darwin bildet eine langsame Entwicklung der Arten und das Überleben *der an die Umwelt am besten angepaßten Individuen durch Selektion bei* gleichzeitiger Verdrängung *weniger gut angepaßter Arten. Wird die* Koexistenz *aller Lebewesen einschließlich des Menschen zu einem bestimmten Zeitpunkt dokumentiert, muß die Evolutionstheorie falsch sein, da* die *Voraussetzung per ureigener Definition nicht vorlag. Genau diesen Sachverhalt beweisen Fossilienfunde und versteinerte Spuren.*

Betonähnliches Gestein

Im Bereich des Paluxy River ist kaum kompaktes Gestein vorhanden, das eine Mächtigkeit von mehreren Metern aufweist. Es wurden sehr viele verschiedene übereinanderliegende Schichten nachgewiesen. Diese Gesteinsschichten sind unterschiedlich dick und weisen stark differierende Festigkeiten auf. Es wechseln aufeinanderfolgend Schichten von äußerst hartem Felsgestein und mehr oder weniger verfestigtem Geröll, insgesamt vergleichbar mit den Schalen einer Zwiebel. Auf jeden Fall sind alle Gesteinsschichten scharf getrennt und können aus diesem Grund nicht zur gleichen Zeit oder ganz langsam nacheinander entstanden sein. Die festeren Schichten besitzen Spannungsrisse, wie sie bei dem Abkühlen und Erstarren von Materialien mit weicher Konsistenz, beispielsweise frischem Beton, entstehen. Der Vergleich mit abbindendem Beton drängt sich auf, da das Kalkgestein ein durch Ablagerung entstandenes Sedimentgestein darstellt. Es erhärtet durch Beimengung von Kalziumkarbonat, dem kohlensauren Kalk. Die Festigkeit des entstehenden Sediments hängt neben anderen Faktoren von der Menge des vorhandenen Kalks ab, wobei die massenhafte Herkunft dieses Härtebildners wissenschaftlich nicht geklärt ist.

Im Rahmen dieses Buches werde ich jedoch eine von mir entwickelte Theorie zur Diskussion stellen, die dieses Phänomen und die damit zusammenhängende schnelle Entstehung der Sedimente erklärt. Denn als Bauingenieur macht mich nachdenklich, daß Mörtel sowie Beton durch Mischen von Kies oder anderen Zuschlagstoffen sowie Wasser und Zement, der ja letztendlich aus Kalkstein unter Hitzeeinwirkung gewonnen wird, entsteht. Festes Kalkgestein besteht jedoch aus den gleichen Grundmaterialien. Deshalb liegt es nahe anzunehmen, daß die hauptsächlich aus Kalkstein bestehenden Gebirge schnell und nicht über lange Zeiträume hinweg entstanden sind.

Die verschiedenen Gesteinsschichten sind mit den kurz aufeinander folgenden Überflutungen schubweise kurz nacheinander entstanden. Damit ergibt sich ein in sich schlüssiges Bild. Ein Tier oder ein Mensch läuft über den weichen Schlick oder auch anderes matschiges Bodenmaterial und hinterläßt tiefe Spuren. Einige Stunden später kommt dann die Flut und bringt neues, weiches Material in Form von Sedimenten mit sich, überdeckt den bereits zuvor abgelagerten Meeresboden und damit auch die darin hinterlassenen Fußabdrücke. Diese neue feinkörnige Schicht hat nur eine bestimmte Mächtigkeit und konserviert die in der letzten Schicht enthaltenen Spuren. Das so durch eine hydraulische Erhärtung (Kalk, Gips, Zement) entstandene Gestein kann man nach erfolgter Erstarrung wieder entfernen und entsprechend Spuren freilegen, die in der darunter liegenden Schicht verursacht worden waren. Analog würde man bei einem abzunehmenden Gipsabdruck zu Anschauungs- oder Beweiszwecken verfahren.

Es stellte sich heraus, daß Spuren von Dinosauriern, Säugetieren und Menschen in denselben Schichten gefunden wurden, eindrucksvoll bestätigt durch die Exponate in den beiden Museen in Glen Rose. Von den bisher untersuchten Gesteinsschichten beinhalten nach den bisherigen Untersuchungen acht oder auch mehr entsprechende Spuren und zwar in jeder Schicht gleichzeitig Relikte unterschiedlicher Spezies, die gemäß der Theorie von Darwin grundsätzlich niemals oder auch nur annähernd zur gleichen Zeit gelebt haben dürften, womit die Nichtigkeit der Evolutionstheorie in bezug auf die Makroevolution (Übergang von einer Tierart zur anderen) bewiesen wäre.

Entdeckungen der letzten 100 Jahre

Eine Springflut im Jahr 1908 riß das Kalkgestein im Paluxy River teilweise auf und legte Fußabdrücke von Dinosauriern frei. Es wurden verschiedene riesige Abdrücke von verschiedenen Saurierarten gefunden. Außerdem entdeckte man ganze Sequenzen von menschlichen Fußabdrücken, die 14 Zoll – ungefähr 35,5 cm – lang waren und deutlich alle Eigenschaften eines menschlichen Fußes aufwiesen. Teilweise konnte man sogar deutlich alle fünf Zehen erkennen. Aus der Größe des Abdruckes ließ sich auf einen Menschen von über zwei Meter Größe schließen.
In den folgenden Jahrzehnten wurden im einem Umkreis von wenigen Kilometern Hunderte von Abdrücken gefunden, die von Dinosauriern stammen. Und immer wieder wurden neben und in diesen Tierspuren auch Abdrücke von menschlichen Wesen und auch großen Säugetieren nachgewiesen.
Dabei handelt es sich keineswegs nur um einzelne isolierte menschliche Fußspuren, sondern immer wieder um fortlaufende Rechts-Links-Sequenzen, die richtige Pfade mit abwechselnden Abdrücken von linken und rechten Füßen in den richtigen Abständen während einer Vorwärtsbewegung darstellen und mit den Geh- oder Laufbewegungen eines modernen Menschen verglichen werden können.
Einzelne Abdrücke wurden auch aus dem soliden Fels gehauen und teilweise von Farmbesitzern oder anderen Einwohnern aufbewahrt. Ein sehr schönes und deutliches Exemplar ist unter der Bezeichnung »Burdick-Fußabdruck« bekannt geworden. Er wurde um das Jahr 1940 im Gebiet von Glen Rose gefunden und lag lange Zeit in einem normalen Geschäft mit Mineralien in Arizona. Der Geologe

Dr. Don Patton konnte in Zusammenarbeit mit dem Archäologen Dr. Baugh durch eingehende Untersuchungen nachweisen, daß dieser Abdruck aus einem Gebiet des Paluxy River mit ganz *speziellem Kalkgestein* herrührt und alle Eigenschaften eines menschlichen Fußes während einer speziellen Seitwärtsbewegung aufweist.
Dieses isolierte Stück Gestein mit dem Fußabdruck wurde insgesamt durch vier Sektionsschnitte im Zehen- und Fersenbereich in einzelne Stücke zerlegt. Im Schnittprofil kann man deutlich zwischen und unter den Zehen einen gekrümmten Schichtenverlauf erkennen, wie er entsteht, wenn punktuell Druck auf eine weiche Unterlage ausgeübt wird. Das zusammengedrückte plastische Material unter dem Fuß nimmt einen kurvenförmigen Verlauf an, entsprechend der erzeugten örtlichen Druckverhältnisse im beanspruchten Material. Zusätzlich kann man unter den Bereichen der Zehen sehr schön erkennen, daß das Gestein, besser gesagt der damalige Schlamm, örtlich zusammengedrückt wurde. Die verdichtete Struktur wird durch eine dunklere Färbung im Gegensatz zu den helleren ungestörten Gesteinspartien dokumentiert. Besonders deutlich kann man dies im Schnitt durch den Fersenbereich erkennen.
Zwischen den Zehen wiederum ist der damalige weiche Matsch, heute fester Kalkstein, hochgequollen. Die kurvenförmige Struktur des heute harten Gesteins ist deutlich zu erkennen und gibt das qualitativ zu erwartende Bild bei beiden Schnitten durch den Zehenbereich wieder. Bevor diese Sektionsschnitte vorgenommen wurden, galt dieser menschliche Fußabdruck in wissenschaftlichen Kreisen als *eindeutige Fälschung*, da der Abdruck allzu deutlich mit allen Merkmalen eines menschlichen Fußes zu erkennen war.
Durch die beschriebenen Untersuchungsergebnisse wurde bewiesen, daß man die beschriebenen typischen Störungen im Kalkgestein nicht gefälscht haben konnte. Durch eine steinmetzmäßige Bearbeitung eines Felsbrockens sind entsprechende Ergebnisse aus den diskutierten Gründen nicht zu erzielen! *Eine Fälschung ist daher ausgeschlossen.*
In späteren Jahren, um 1970, wurden eingehende Untersuchungen in der Umgebung von Glen Rose mit wissenschaftlichen Metho-

den durch Dr. Cecil Dougherty vorgenommen. Die Ergebnisse wurden in seinem Buch »Valley of the Giants« (Tal der Riesen) veröffentlicht.[5]

Am 11. Juli 1971 war der Paluxy River total ausgetrocknet, und dieser Umstand erleichterte die Untersuchungen wesentlich. Das Erstaunliche an den Funden von Dr. Dougherty ist, daß sie in den obersten Gesteinsschichten und auch an der Oberfläche direkt gemacht wurden. Fundstellen von versteinerten Dinosaurier-Fußspuren scheinen auf den ersten Blick nicht ungewöhnlich zu sein, jedoch muß man bedenken, daß diese Tiere seit mindestens 64 Millionen Jahren ausgestorben sein sollen. Nach wissenschaftlicher Meinung bildete sich das Gestein sehr langsam Schicht für Schicht über einen sehr langen Zeitraum hinweg. Demzufolge müßten Spuren jedweder Art, die so alt sein sollen, wesentlich tiefer in den Gesteinsformationen liegen.

Auf keinen Fall dürfte man so alte Funde in den oberen geologischen Schichten machen können. Dies widerspricht dem Weltbild der Geologie und der ihr zugrunde liegenden Theorie von Lyell über die Alleinwirksamkeit winziger aktueller Kräfte an der Veränderung der Erdoberfläche. Auf diesem Dogma baut wiederum die Evolutionstheorie von Darwin *bedingungslos* auf. Gibt es nicht zu denken, daß man die höchstens einige tausend Jahre alten Überbleibsel aus der sogenannten Steinzeit oder auch Römerzeit teilweise tiefer unter der Erdoberfläche findet als die Funde von Dinosauriern, die angeblich mindestens 64 und höchstens 250 Millionen Jahre alt sein sollen? Liest man nicht fast täglich in der Zeitung über Funde von ganzen Skeletten verschiedenartigster Dinosaurier an der Erdoberfläche auf der ganzen Welt, beispielsweise in der Wüste Gobi, Mongolei? Im Zusammenhang mit gleichzeitigen Funden menschlicher Relikte werden entsprechende Zeugnisse geradezu unheimlich.

Außer den Fußspuren von Menschen und Dinosauriern fand Dr. Dougherty den versteinerten Abdruck eines Dinosaurierschwanzes und einer ganz normalen Hundepfote, die nur einen Meter neben dem dreizehigen Fußabdruck eines Dinosauriers im Bereich der »Jeannie Mack Farm« im Jahr 1980 gefunden wurde. Hunde und

andere größere Säugetiere soll es aber zu Zeiten der Dinosaurier noch gar nicht gegeben haben.
Dr. Dougherty untersuchte zehn Jahre lang das Gebiet um und in Glen Rose. Er hat in dieser Zeit über 100 Fußspuren von Dinosauriern und 50 von Menschen, mit und ohne Schuhe, sowie einige andere kuriose Funde dokumentiert.
Die gefundenen menschlichen Fußspuren sind vielfach sehr groß und müssen von riesigen Leuten stammen. Dr. Dougherty fand einen Fußabdruck mit einer Länge von 54,61 cm und einer maximalen Breite von 20,32 cm im vorderen Fußbereich. In der *gleichen Schicht* befanden sich Abdrücke von Dinosauriern mit drei Zehen.
Wenn es sich bei diesen Fußabdrücken um Fälschungen handeln sollte, stellt sich die Frage: Warum versucht man gerade solch große und damit ungewöhnliche Abdrücke nachzuahmen, denn dies legt den Verdacht auf eine Fälschung augenscheinlich sehr nah? Kopiert man normalerweise nicht etwas Bekanntes?
Große Menschen sind jedoch nicht ganz so ungewöhnlich. In Italien wurde das Skelett eines fast drei Meter großen Mannes gefunden.[6] Der größte zeitgenössische Mensch soll der 1940 verstorbene Amerikaner Robert Pershing Wadlow mit einer verbürgten Körpergröße von 2,72 m gewesen sein.[7] Auch in der Bibel und im sumerisch-babylonischen Gilgamesch-Epos, vielleicht den ältesten Schriften der Welt, wird ausführlich von Riesen berichtet, die vor der Sintflut gelebt haben sollen. In einem späteren Kapitel dieses Buches werde ich auf das Problem des Riesenwuchses noch näher eingehen.

Untersuchungen der letzten Jahre

Dr. Baugh nahm in Zusammenarbeit mit Dr. Patton, dem australischen Archäologen Dr. Clifford Wilson und anderen Wissenschaftlern intensive Untersuchungen seit dem Jahr 1982 vor, die bis heute andauern. Es ist erstaunlich, daß immer neue und bisher nicht dokumentierte Beweise und Fossilien in versteinerter Form entdeckt werden.

Leider sind einige Fälschungen im Bereich des Paluxy River bekanntgeworden. Wer aber hat und aus welchem Grund diese Nachahmungen vorgenommen? Es ist nicht bekannt. Auf jeden Fall sind auch bei Untersuchungen und Funden in anderen Teilen der Welt immer wieder Fälschungen aufgetaucht. Kritiker verweisen vor allem in den Medien gerne auf diese Nachahmungen und finden damit einen Vorwand, sich mit den echten Funden erst gar nicht zu beschäftigen. Das Wissenschaftsmagazin »Nature« berichtete bereits 1986 über die menschlichen Fußabdrücke in der Gegend von Glen Rose und stufte sie als Fälschungen ein.[8] Jedoch in der darauf folgenden Ausgabe wurde die Echtheit der Abdrücke durch den Geologen Dr. John Morris vom »Institut für Creation Research« in El Cajun (Kalifornien) bestätigt.[9] Die Kontroverse dauert auch weiterhin an.
Aus diesen Gründen nimmt Dr. Baugh die Untersuchungen sehr genau vor. Ausgrabungen werden nur ein- bis zweimal pro Jahr in der Nähe des »Creation Evidences Museum« durchgeführt. Zu diesen Anlässen werden regelmäßig Experten verschiedener Fachrichtungen eingeladen, wobei die Ausgrabungen mittels Videoaufnahmen und Fotos dokumentiert werden.
Ohne Schwierigkeiten können Fußspuren von Dinosauriern und anderen Tieren in der ganzen Gegend gefunden und besichtigt werden. Dabei kann man sich vor Ort leicht überzeugen, daß die Spuren auf einer bestimmten Schicht verlaufen und ein paar Meter weiter unter der darüber liegenden Schicht verschwinden. Was liegt also näher, als diese über den Abdrücken liegende Schicht zu entfernen und unversehrte Spuren an das Tageslicht zu fördern? Wenn man Glück hat, befinden sich Fußabdrücke von menschlichen Wesen darunter.
Um die Öffentlichkeit und die Medien von der Ursprünglichkeit und damit Authentizität der Spuren zu überzeugen, bietet sich unter den dargelegten Umständen eigentlich nur ein Weg an: Man muß vor laufender Fernsehkamera und in Gegenwart von Medienvertretern und Wissenschaftlern eine unberührte Gesteinsschicht abschälen. Wenn man Glück hat, sind dann Originalabdrücke zu sehen, die seit der Entstehung unberührt sind. Nach Meinung der

Schulwissenschaft müßten diese Fußspuren sogar 140 bis 400 Millionen Jahre alt sein. Genau diesen Weg beschritt Dr. Baugh. Das Risiko lag darin, daß man gerade bei dieser Ausgrabung keine Spur fand. Ein zweites Mal wären die eingeladenen Leute sicher nicht von weither gekommen.

Er berichtet in einem seiner Bücher über eine Ausgrabung im Januar des Jahres 1987.[10] Neben mehreren Professoren und Wissenschaftlern war die Presse des »Ft. Worth Star Telegramm« vertreten. Der Reporter Mark Schumacher des Fernsehens »Dallas Channel 5 KXAS-TV« flog aus Dallas mit einem Hubschrauber ein. Es wurden bei diesem Anlaß Fußabdrücke gefunden, die deutlich alle fünf Zehen eines Menschen erkennen ließen.

Bei dieser Vorgehensweise kann man gefälschte versteinerte Spuren, auch ohne eingehende Untersuchung, ausschließen. Gleichzeitig wird das gebräuchliche Weltbild der Evolution als Illusion entlarvt, denn Dinosaurier und Menschen können nach der Theorie und den geltenden biogenetischen Gesetzen nicht zeitgleich gelebt haben. Bei den Untersuchungen stellte sich sogar heraus, daß Fußspuren von Menschen unterhalb von Schichten mit Spuren von Dinosauriern gefunden wurden. Nach Darwin müßten die Menschen damit älter sein als bestimmte Dinosaurierarten, denn je geologisch tiefer die Gesteinsschichten liegen, desto entwicklungsmäßig primitiver und älter sollen die darin enthaltenen Fossilien sein.

Es wurde sogar ein kompletter Pfad mit mehreren Abdrücken von Dinosauriern auf der obersten Schicht entdeckt. Wenn die Dinosaurier seit 64 Millionen Jahren ausgestorben sein sollen, dann können entsprechende Spuren nicht an der Erdoberfläche gefunden werden, da sie durch Erosionseinflüsse ausradiert sein müßten. Haben Dinosaurier und Menschen vor gar nicht ferner Vergangenheit zusammen gelebt? Sind die aufgefundenen Spuren noch gut zu erkennen, da sie jung und nicht sehr alt sind?

In dem Flußbett des Paluxy River findet man normalerweise nicht einzelne isolierte Fußabdrücke, sondern zusammenhängende Sequenzen aus abwechselnden Abdrücken linker und rechter Füße. Diese Pfade werden meistens nach ihren Entdeckern genannt. Außerhalb des »Dinosaur Valley State Park« befinden sich der

»Clark Trail« und »Taylor Trail«. Beide Pfade liegen nur wenige hundert Meter voneinander entfernt und weisen sehr ähnliche Spuren auf. Der »Taylor Trail«, benannt nach dem Entdecker Stan Taylor, liegt im heutigen Flußbett und damit in wesentlich tieferen Gesteinsschichten als der »Clark Trail«, der unter der obersten Kalksteinschicht auf dem Bergrücken liegt. Geologischen gesehen, trennen beide Pfade mit jeweils darin enthaltenen Fußabdrücken von Menschen und Dinosauriern Millionen von Jahren.
Der »Taylor Trail« ist seit den späten sechziger Jahren bekannt. Zu damaliger Zeit wurden erst neun Abdrücke entdeckt, wobei das über dieser Spur liegende Kalkgestein und auch Flußgeröll des Paluxy River abgeräumt wurde. Diese Spuren liegen jetzt direkt im Flußbett und werden bei entsprechendem Hochwasser überflutet und vom Geröll des Flusses zugeschwemmt. Auch die älteren Spuren sind noch gut zu erkennen, jedoch sind sie von der fortschreitenden Erosion etwas undeutlicher geworden. Zum Glück weist das Kalkgestein in diesem Bereich eine sehr feste Struktur auf, im Gegensatz zum Gestein des »Clark Trail«, und eignet sich deshalb besser für genauere Untersuchungen.

Neue Untersuchungen

Nach mehreren wiederholten Freilegungen der alten Abdrücke des bekannten »Taylor Trail« öffneten Dr. Baugh und Dr. Patton im Jahr 1988 eine neue Serie von Abdrücken als Ergänzung und Fortsetzung der bisher entdeckten Spuren. Die seit dieser Zeit andauernden Untersuchungen ergaben, daß der »Taylor Trail« aus mindestens vier verschiedenen und sich kreuzenden Dinosaurierpfaden besteht. Die interessanteste und längste Spur besteht aus 15 hintereinander laufenden Abdrücken, die ungefähr parallel zum jetzigen Verlauf des Ufers ausgerichtet sind. Die einzelnen Abdrücke wurden von –7 bis +6 numeriert. Genaue Untersuchungen ergaben, daß in und am Rand der versteinerten Fußabdrücke des Dinosauriers Spuren von Menschen gefunden und nachgewiesen werden konnten.

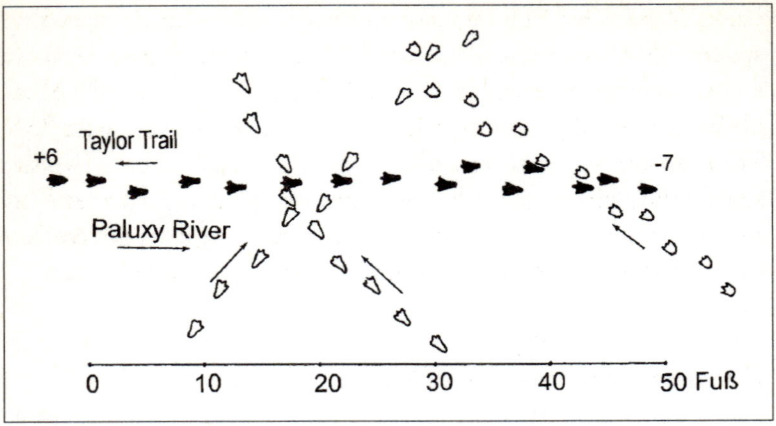

Abb. 2: Taylor Trail. Die Skizze stellt alle bisher entdeckten Abdrücke des Taylor Trail dar. Die schwarzen Spuren beinhalten die dreizehigen Dinosaurierabdrücke mit menschlichen Fußspuren.

Manchmal kann man deutlich mehrere oder seltener auch alle fünf Zehen erkennen, während bei anderen Abdrücken nur der große Zeh erkannt werden kann. Dies ist aber normal, wenn man bedenkt, daß die Voraussetzungen beim Laufen über einen matschigen Untergrund unterschiedlich sind, da die Laufgeschwindigkeit und Richtung bei unterschiedlicher Beschaffenheit des Bodens mit jedem Schritt differiert.

Es entsteht auf jeden Fall der Eindruck, daß ein Mensch in den Fußspuren eines Dinosauriers gelaufen sein muß! Wenn man sich einen matschigen Untergrund vorstellt, war es natürlich einfacher, in einer vorhandenen Spur zu laufen, da sich dort natürlich kein oder zumindest weniger Matsch befand. Die Fußabdrücke eines großen Dinosauriers eigneten sich für dieses Vorgehen natürlich besonders gut.

Es wurden verschiedene Feldversuche durchgeführt, wobei das Laufen über weichen Boden nachgeahmt wurde. Die Ergebnisse lassen sich mit den aufgefundenen versteinerten Spuren sehr gut vergleichen und weisen die gleichen Merkmale auf.

Aufgrund der Umstände und Weichheit des Schlamms müssen

beide, Mensch und Dinosaurier, innerhalb einer sehr kurzen Zeitspanne über dieselbe Geländeoberfläche gelaufen sein. Die verursachten Spuren müssen kurze Zeit später durch eine weiche Masse überdeckt und damit konserviert worden sein. Es kann nicht Tage, Monate oder sogar Jahre gedauert haben, wenn man der wissenschaftlichen Meinung glauben will, bis Versteinerungen abgeschlossen waren, da sie sonst durch witterungsbedingte oder andere Einflüsse erodiert wären. Daran kann es gar keinen Zweifel geben.

Erneuter Besuch in Glen Rose

Der »Taylor Trail« war seit 1994 wieder überflutet und sollte im August 1996 neu freigelegt werden, damit die Untersuchungen weitergehen konnten.

Dies nahm ich zum Anlaß, um Glen Rose und damit Dr. Baugh sowie seinem »Creation Evidences Museum« einen weiteren Besuch abzustatten. Den Beweis für die Koexistenz von Dinosauriern und Menschen mußte ich mir vor Ort mit eigenen Augen ansehen.

Am 6. August 1996 kam ich mit meiner Familie in Ft. Worth an, und wir fuhren direkt in die Kleinstadt Glen Rose.

Zuerst stattete ich dem Makler Grover Gibbs einen Besuch ab, der direkt im historischen Zentrum ein Büro besitzt. Anfang der siebziger Jahre diente er Besuchern aus Dallas als Führer für die Ausgrabungen von Dr. Dougherty. Er war somit ein Augenzeuge außergewöhnlicher Beweise und bestätigte die Echtheit der von mir vorgestellten Fotos mit den heutzutage leider erodierten Spuren.

Danach begaben wir uns zum »Creation Evidences Museum« außerhalb der Stadt. Dr. Baugh war leider nicht zugegen. Er hatte seine dritte Expedition in den Urwald nach Neuguinea unternommen. Das Ziel der Reise war die Auffindung und Dokumentation von lebenden Dinosauriern. Jedenfalls berichten die Eingeborenen von entsprechenden Drachen und haben enorme Angst vor Ungeheuern, die sogar Menschen fressen sollen und regelmäßig die Gräber der verstorbenen Stammesangehörigen plündern.

Auf jeden Fall war der Geologe Dr. Patton zugegen. Er leitete die Ausgrabung und erneute Freilegung des »Taylor Trail«. Gerade er war zum Spezialist für diesen Pfad geworden und hatte diesen in den vergangenen Jahren besonders intensiv untersucht.
Bei tropischen Temperaturen führten wir, meine Tochter Larissa und ich, die Arbeiten im Fluß zusammen mit anderen Helfern aus verschiedenen Teilen Amerikas gemeinsam durch. Die Begleitumstände waren unangenehm, nicht nur wegen den ekligen Blutegel, giftigen Pflanzen und Schlangen. Es mußten über 30 cm Geröll aus dem Flußbett sowie den Spuren entfernt und die Uferböschungen hinauf geschafft werden. Danach wurden Sandsäcke gefüllt und um den ganzen Bereich des Pfades aufgestellt, damit dieser Bereich ausgepumpt werden konnte.
Nach einwöchiger Arbeit erschien dann am letzten Tag der Ausgrabung das japanische Fernsehen. Es wurden Aufnahmen von unserer Arbeit und der Freilegung des »Taylor Trail« gedreht. Leider mußte ich an diesem Tag aus beruflichen Gründen wieder nach Deutschland abreisen.
Meine Tochter war von den Erkenntnissen und Beweisen hellauf begeistert, so daß sie gar nicht mehr mit zurück nach Deutschland wollte, da noch eine Woche Schulferien ausstanden. Auf jeden Fall sind geistige Konflikte vorprogrammiert, wenn in ihrem Gymnasium im wissenschaftlichen Unterricht die Evolutionstheorie und damit das Gesetz von Darwin als unumstößliches Gesetz dargestellt wird.
Während meines Aufenthalts in Glen Rose hatte ich auch Gelegenheit, an den Uferböschungen des Paluxy River eine Schichtformation mit einer Gesamtstärke von etwas mehr als einem Meter zu untersuchen. Hierbei machten meine Tochter und ich Funde, die mit langsam vonstatten gehenden Ablagerungen abgestorbener Lebewesen nicht zu vereinbaren sind. Unter normalen Umständen sterben Schnecken, Muscheln und andere Tiere im Wasser und sinken zu Boden. Wenn dies oft und lange genug passiert, soll sich eine Schicht mit Fossilien, ähnlich wie in dem von uns untersuchten Fall, gebildet haben.
Wenn Muscheln sterben und zu Boden sinken, erschlaffen die Mus-

keln und die Schalen öffnen sich. Nur eine *lebende* Muschel ist im Normalfall *geschlossen*. In dieser Schicht fanden wir jedoch nur Abdrücke von geschlossenen Muscheln unterschiedlicher Art und Größe. Aufgrund dieser Tatsache wird deutlich, daß die Muscheln nicht eines natürlichen Todes gestorben sein können. Diese Tiere wurden vom Tod urplötzlich überrascht, so daß sie keine Möglichkeit mehr hatten, die Muskeln zu lösen und demzufolge die Schalen zu öffnen. Geschlossene Muscheln bedingen eine plötzliche Todesursache, und ihr massenhaftes Auftreten in den Versteinerungen auf der gesamten Erde muß eigentlich als Beweis für eine sehr schnell abgelaufene Katastrophe gewertet werden.

Auch die in Deutschland zu findenden Versteinerungen sollen über lange Zeiträume hinweg entstanden sein. Wie erklärt man dann aber Versteinerungen von Tieren, die in einer Art Schnappschuß entstanden sein müssen? Eine sehr bekannte Versteinerung besteht aus einem größeren Fisch, der einen kleineren Fisch im Maul hat und bei seiner Mahlzeit versteinert wurde. Erstickte der Fisch an seiner zu großen Mahlzeit, gemäß der wissenschaftlichen Interpretation, oder wurde der Fisch durch ein urplötzliches Ereignis überrascht, getötet und konserviert?

Schnell ablaufenden Vorgänge der Gesteinsverfestigung ermöglichen, daß nicht nur Skelette, sondern ebenso die Weichteile der Tiere versteinern. Bei einem 24 cm kleinen Saurier, der 1998 in Süditalien gefunden wurde, ist der »perfekt versteinerte Darm« noch sehr gut zu erkennen. Die italienischen Forscher Dal Sasso und Signore weisen auch auf erhaltene Muskelfasern sowie rötliche Ablagerungen hin, die von der Leber stammen sollen.[11] Dieses Tier wurde schnell konserviert und versteinert, denn sonst wären die Innereien verfault und verwest oder hätten als Futterquelle für andere Tiere gedient.

Bei Holzmaden in Deutschland wurde eine Geburtsszene versteinert aufgefunden. Es handelt sich um einen 55 cm langen Ichtyosaurier, dessen Kopf noch zwischen den Beckenknochen des Muttertieres lag. Daß diese fossil gewordene Geburt kein zufälliges Einzelschicksal darstellt, belegen die massenhaften Skelette dieser Fischsaurier, die buchstäblich in großen Mengen übereinander ver-

steinert wurden, wie Heringe in einem Pökelfaß. Die enorme Anhäufung von Tierleichen auf engstem Raum und deren schnelle Konservierung läßt unmittelbar an eine ungeheure Katastrophe denken.
Bei anderen versteinerten Tieren kann man noch das Fleisch als andersfarbige Steintönung erkennen. Ein komplett mit »Haut und Haar« versteinertes Tier muß aber innerhalb kurzer Zeit von weichem Material umschlossen worden sein. Würde dieser Vorgang lange andauern, wäre bis zur abgeschlossenen Versteinerung kein Fleisch und wahrscheinlich auch kein Knochenrest mehr vorhanden. Kann es ein Zufall sein, daß entsprechende Funde eher die Regel als die Ausnahme bilden?
Auch Versteinerungen von versteinerten Würmern konnten wir ohne Schwierigkeiten entdecken. Sie waren im Querschnitt und auf der Oberfläche von Kalkgestein unschwer zu entdecken. Wenn man einen Wurm am Gesteinsrand im Querschnitt sehen kann, muß er von dem hier anliegenden Kalkstein eingeschlossen sein. Da auch an und auf der Oberfläche der Steine fossilierte Würmer zu entdecken waren, müssen die Tiere zwangsläufig von einem plötzlichen Ereignis überrascht, eingeschlossen und versteinert worden sein. Außerdem ergibt sich aufgrund der beschriebenen Anordnung für die Würmer ein höheres Alter als für das sie umschließende Gestein, da sie von diesem in einem weichen Zustand schnell eingeschlossen worden sein müssen und nicht in das bereits verfestigte Kalkgestein hätten eindringen können. Immer wieder ergibt sich dasselbe Szenario: Es muß eine plötzliche, gewaltige und schnelle Erhärtung des ursprünglich weichen Schlamms stattgefunden haben.
Versteinertes Holz mit einer feinen kristallinen Oberflächenstruktur fanden wir auch in verschiedenen Größen im Flußbett. Es soll generell -zig Millionen Jahre alt sein. Wenn die Wissenschaft recht hat, könnte dieses Holz in einem normalen oberirdischen Fluß nur im Ausnahmefall vorkommen, da es in geologisch wesentlich tieferen Schichten liegen müßte.
Unter Berücksichtigung dieser Gegebenheiten kann mit den wissenschaftlichen Theorien etwas nicht stimmen. Da die hier be-

schriebenen Erkenntnisse und eigenen Erfahrungen kaum auf Irrtümer zurückzuführen sein können, muß sich die Wissenschaft gewaltig und grundlegend irren. Eigentlich gibt es für die Funde eine einfache Erklärung. Die Spuren und Überbleibsel verschiedener Lebewesen in einem matschigen Untergrund und auch die Fossilien müssen sehr schnell konserviert worden sein, da sie andernfalls verwest, ausgewaschen oder verwischt worden wären. Das außergewöhnliche Erscheinungsbild der schnell verstorbenen Schnecken, Muscheln und Würmer deutet auch auf ein plötzliches Ereignis hin. Hierfür kommt die weltweite Sintflut in Frage, die im »Alten Testament« beschrieben ist.

Nachdem man in früheren Jahrhunderten anderer Auffassung war und die Bibel wörtlich ausgelegt hatte, setzte sich in jüngerer Zeit die Erkenntnis durch, daß die Sintflut nur als begrenzte Überschwemmung in Mesopotamien anzusehen wäre. Inzwischen gibt es jedoch viele Beweise und Publikationen, die wieder zur alten Interpretation zurückkehren und von einer weltumspannenden Flut zeugen. Im Rahmen dieses Buches werde ich versuchen, dieses Ereignis zu bestätigen. Es wird sich herausstellen, daß die gesamte Erde vor höchstens 10000 Jahren einer verheerenden Überschwemmung ausgesetzt war, bei der fast alles Leben auf dieser Welt vernichtet wurde. Hat es Noah und die Arche vielleicht doch gegeben? Menschen und Dinosaurier lebten auf jeden Fall zur gleichen Zeit.

4 Zeiträtsel

Die Funde von versteinerten menschlichen Fußspuren sind nur ein Stein im Puzzle des neu zu beschreibenden Weltbildes. Wenn die Dinosaurier mit den Menschen zur gleichen Zeit gelebt haben, dann müssen in den entsprechenden geologischen Schichten noch andere Funde gemacht werden können, die nach der Theorie von Darwin nicht zusammen liegen dürften. Dies würde auch gegen die Ansicht der Geologie sprechen, daß sich die Erdschichten, global gesehen, kontinuierlich und über einen sehr großen Zeitraum langsam nacheinander Millimeter für Millimeter gebildet haben.

Dinosaurier an der Erdoberfläche

Dr. Baugh berichtet, daß neben einzelnen Fundstücken zwei Skelette mit 100 Knochen eines Dinosauriers in (zu) *oberflächennahen* Schichten gefunden wurden.[12] Diese Beobachtung kann man bei fast allen entsprechenden Funden auf der ganzen Welt machen.
In Australien wurde im Kimberley-Gebiet bei Winton ein über 80 km langer Dinosaurierpfad mit mehreren tausend Fußabdrücken verschiedener Dinosaurierarten entdeckt. Es ist also kein Zufall oder besonderes Ereignis, wenn versteinerte Fußabdrücke gefunden werden. Genau betrachtet scheint es die Regel zu sein. Es müssen in großen Teilen der Welt grundsätzlich ähnliche klimatische und geologische Bedingungen geherrscht haben, die zur Konservierung der Abdrücke führten. Warum werden aber heutzutage keine Versteinerungen mehr beobachtet, weder global gesehen noch irgendwo an einer bestimmten Örtlichkeit?
Nach 64 Millionen Jahren müßten jede Art von Überbleibseln, ob Skelett oder Fußspur, aus der Epoche der Dinosaurier sehr tief im

Erdboden verborgen sein! Erklärungen wie Hangrutsche, Erdbebeneinflüsse, Verwerfungen der Erdschichten oder Umschichtungen in der Erdkruste für die offen zutage liegenden Fundstücke können nur einen uninteressierten Beobachter befriedigen oder im speziellen Einzelfall eine ausreichende Begründung liefern.
Im April 1998 berichtete die Zeitschrift »Illustrierte Wissenschaft« über einen ungewöhnlichen Fund. Der britische Hobbygeologe Alan Dawn fand das nahezu *komplette* Gerippe eines etwa drei Meter langen, fleischfressenden Schwimmsauriers. Dieses Skelett des angeblich vor 150 Millionen Jahren ausgestorbenen Tieres lag nicht metertief im Boden vergraben, wie man aus geologischer und biologischer Sicht vermuten würde, sondern *die Knochen ragten sogar aus der Erde heraus.*[13]
Archäologen fanden in der Inneren Mongolei ein großes Saurierskelett. Den größten bisher entdeckten Fund in Asien, den es je gab. Der 21 Meter lange und sechs Meter hohe Dinosaurier muß 100 Tonnen gewogen haben. Er wurde im westlichen Teil der Xilin-Gol-Steppe entdeckt. Diese Region wird »Dino-Friedhof« genannt, weil dort schon mehrmals Skelette und versteinerte Eier von Dinosauriern entdeckt wurden.[14] Nach über 70 Millionen Jahren findet man ein Skelett so einfach in der Steppe? Auch wenn man größere Stürme und entsprechende Verwehungen berücksichtigt, müßten solche Entdeckungen als außergewöhnlicher Glücksfall angesehen werden. Andere Pressemitteilung der letzten Monate zeugen jedoch von weltweit ähnlichen Funden.
In Brasilien führte eine Frau ihren Hund spazieren und entdeckte dabei einfach so ein ganzes Dinosaurierskelett. Vor Sumatra hatten Fischer ein Skelett im Netz und fürchteten sich, nach ihrer Meinung, vor den Überresten eines Drachen. Die angereisten Wissenschaftler identifizierten dieses Fundstück als Überbleibsel eines Schwimmdinosauriers. Man fängt also nach mindestens 64 Millionen Jahren ganz einfach noch ein Skelett mit einem ganz normalen Fischernetz? Müßten diese alten Knochen nicht schon längst verwest, mit Korallen überwuchert oder sonstwie in den Mühlen der Zeit pulverisiert worden sein?
Überall auf der Welt werden versteinerte Dinosaurier-Eier, ja sogar

ganze unversehrte Nester gefunden. Stillschweigend setze ich einmal die keineswegs gesicherte Erkenntnis voraus, daß die regelrechten Nester mit großen Eiern auch von Dinosauriern stammen, obwohl ich in diesem Zusammenhang immer direkt an Vögel denke. Eigentlich ist es auch noch gar nicht bewiesen, daß alle Eier von Dinosauriern stammen. Wie auch immer, aus einem entsprechenden Fund in der chinesischen Provinz Henan wurde ein Ei durch spezielle Laserstrahlen am Methodist-Hospital in Arcadia, Kalifornien, untersucht und geröntgt. Auf diese Weise konnte man das im Ei enthaltene Embryo sichtbar machen. Diese leicht vergänglichen Funde mit einem ursprünglich zarten, jedoch *während des Versteinerungsprozesses nicht verfaulten oder verwesten Inhalt zeugen von einem sehr schnellen Prozeß der Konservierung.*

Dinosaurier werden nicht begraben wie Menschen. Überreste unserer menschlichen Vorfahren findet man überwiegend in Gräbern. Sie wurden daher vor einem schnellen Zerfall geschützt. Aber auch diese Gebeine verrotten in relativ kurzer Zeit. Wieso gibt es nach dieser langen Zeitperiode dann aber überhaupt noch so viele Überreste von Dinosauriern, die ja nicht bewußt bestattet wurden? Die Knochen dieser Urtiere fand man weltweit in Nord- und Südamerika, Afrika, Europa, Australien, der Mongolei oder auch der Antarktis. Überall werden diese Skelette und versteinerten Spuren sehr oberflächennah und auch direkt auf der obersten Schicht gefunden. Bei genauerer Überlegung muß diese Tatsache aber doch mehr als nachdenklich machen.

Wenn ein Tier in Urzeiten gestorben war, müßte es eigentlich verwest sein. Skelette von einigen Metern Länge und vor allem Höhe bleiben nicht so einfach erhalten, und das auch noch in losem Sand! Komplett und als dreidimensionales Knochengerüst schon gar nicht. In Afrika müßte der Boden voll von fossilen und zu versteinern beginnenden Knochen vieler toter Tiere sein, die dort in den vergangenen Jahren gestorben sind, falls unser Weltbild von den Urzeiten richtig wäre. Da dem nicht so ist, bedarf es keiner weiteren Ausführungen. Es gibt nur eine Lösung: Die Kadaver wurden innerhalb kürzester Zeit durch schnell erhärtendes, angeschwemmtes Material, Sand, Löß oder Flugasche überdeckt und konserviert.

Neben diesen Funden aus der Zeit der Dinosaurier, die nur die körperliche Anwesenheit zu einer uns nicht bekannten Zeitepoche dokumentieren, muß in diesem Zusammenhang nochmals auf den von Menschen hergestellten fossilen Hammer verwiesen werden, der im vorigen Kapitel ausführlich beschrieben wurde und in einer zeitlich vergleichbaren Gesteinsschicht lagernd gefunden wurde. Dieser Fund ist jedoch kein Einzelfall. Auch andere Gegenstände wurden, eingebettet in festem Gestein, gefunden. Die Fundorte liegen über die ganze Welt verstreut.
David Brewster berichtet im Jahr 1844 unter dem Titel »Queries and Statements Concerning a Nail Found Imbedded in a Block of Sandstone Obtained from Kongoodie (Mylnfield) Quarry, North Britain« bei der »British Association for the Advancement of Science« über Funde von Nägeln in einem Steinbruch in Nordengland, die aus einem massiven Block von Sandstein geborgen wurden.
Der entsprechende Fund einer Tonfigur wird von Frederick Wright unter dem Titel »Man and the Glacial Period« (Mensch und die eiszeitliche Periode) im Jahr 1887 beschrieben.[15]
Am 22. Juni 1844 wurde in Rutherford-Mills, England, ein in purem Fels eingebetteter mechanisch gefertigter Goldfaden in 2,50 m Tiefe gefunden.[16]
Ein anderes Rätsel stellen die metallischen Kugeln in Südafrika dar. In einer Pyrophyllitmine bei Ottosdal stieß man auf Kugeln mit umlaufenden gravierten Rillen. Diese metallischen Artefakte müssen älter als das diese Kugeln umhüllende Pyrophyllit sein, das auf ein Alter von 2,8 Milliarden Jahre geschätzt wird! Muß man jetzt das Alter der Menschheit genauso weit in der Zeitgeschichte der Erde zurück verlegen? Demzufolge hätten Menschen bereits vor den Dinosauriern, Trilobiten und anderen, angeblich in der Evolutionsgeschichte vor uns existierenden Tieren, schon auf dieser Welt gelebt. Aus dieser Sichtweise müßte es menschliche Wesen schon zu Beginn der Entwicklung des Lebens gegeben haben, als nur Einzeller und andere primitive Lebensformen existierten. Nach den Regeln und der Altersbestimmung durch die Geologie wäre dies durch die beschriebenen Funde erwiesen, falls es sich nicht um Fäl-

schungen handelt oder die wissenschaftliche Datierung der Gesteine falsch ist.

Immer wieder stellt sich dasselbe Problem: Mit der Zeitbestimmung, den Erdzeitaltern und der Evolution kann etwas ganz und gar nicht stimmen. Luc Bürgin berichtet in dem Buch »Mondblitze« über das Problem der gravierten Kugeln und setzte sich mit Dr. Roelf Marx vom »Klerkdorp-Museum« in Verbindung, in dessen Besitz sich einige wenige der vielen Kugeln befinden. Es stellte sich eine sonderbare Geschichte heraus. Eine eiförmige Kugel wurde im Museum ausgestellt. Nach einiger Zeit stellte man fest, daß sich das kugelige Objekt gedreht hatte. Man nahm an, daß die Putzfrau oder Besucher des Museums die Lage dieser Kugel verändert hatten. Nachdem man das Glasgehäuse mit dem Ständer vollkommen verklebt hatte, begann das eiförmige Objekt wieder zu rotieren. Es wurde beobachtet, daß dieses Metallei sich in 128 Tagen um seine eigene Achse drehte. Ähnliche Erscheinungen waren auch an anderen Kugeln festzustellen. Bürgin berichtet aber auch über die Entdeckung von künstlich hergestellten Kugeln, die in einem Kohlebergwerk nahe der Stadt Most gefunden wurden. Diese Gebilde wiesen ebenfalls Rillen auf, bestehen jedoch neben Stahl auch aus Vulkangestein. Seltsam ist die Eigenart dieser Kugeln, sich konsequent auf den Nordpol auszurichten.[17, 18]

Nahe Olancha in Kalifornien wurde im Februar 1961 eine Steingeode (kugeliger mineralischer Gesteinskörper) mit fossilen Muscheln an der Oberfläche gefunden, die auf ein Alter von mindestens einer halben Million Jahre geschätzt wird. Röntgenaufnahmen wiesen in beiden Hälften der zersägten Geode ein bisher nicht identifiziertes technisches Gerät aus glänzendem Metall nach. Beide Hälften waren ursprünglich durch einen metallischen Stift oder Achse verbunden.[19]

Andere Objekte, wie eine Schraube oder eine fremdartige Münze gehören auch zu den Funden, die in Stein oder tiefer liegenden Gesteinsschichten eingebettet waren und sich eigentlich dort nicht befinden durften. Der Grund liegt auf der Hand, denn alle diese Gegenstände müßten älter als das diesen Gegenstand ummantelnde

Gestein sein, welches von der Geologie ausnahmslos auf ein Alter von mindestens mehreren -zig Millionen Jahren geschätzt wird. Interessant ist der Fund eines aus einem Steinblock der Cheops-Pyramide in Gizeh herausragenden Haares, das Prof. Dr. Joseph Davidovits vom »Geopolymer-Institut« in Frankreich bei der Untersuchung von Gesteinsproben unter dem Mikroskop entdeckte.[20] Entweder ist dieses Haar älter als das ursprüngliche entstandene Steinmaterial oder der Steinblock wurde künstlich hergestellt. Untersuchungen und Messungen der zum Bau der Pyramide verwandten Blöcke hatten einen für Naturstein zu hohen Feuchtigkeitsgehalt ergeben, der andererseits für Beton normal wäre. Dies würde auf eine zumindest teilweise künstliche Herstellung der Blöcke in der Cheopspyramide hinweisen, denn es gibt unzweifelhaft auch echte aus Naturstein. Trifft diese sensationelle Annahme nicht zu, muß man dem gefundenen Haar ein unglaubliches Alter zubilligen, da es älter als das Gestein sein muß. Beide Lösungen stehen aber im krassen Widerspruch zu unserer konventionellen Weltanschauung.

Ein anderer außergewöhnlicher Fund wurde in einer Schicht mit verschiedenen Fossilien, einige Kilometer von Glen Rose entfernt, in der Nähe des Chalk Mountain gemacht. Es handelt sich um einen fossilen menschlichen Finger, der total versteinert ist und aus dem gleichen Kalksteinmaterial besteht wie die im Gebiet von Glen Rose vorkommenden Gesteinsschichten. Im Vergleich mit dem Finger eines lebenden Menschen kann man optisch keinen Unterschied entdecken. Aus Vergleichsuntersuchungen läßt sich

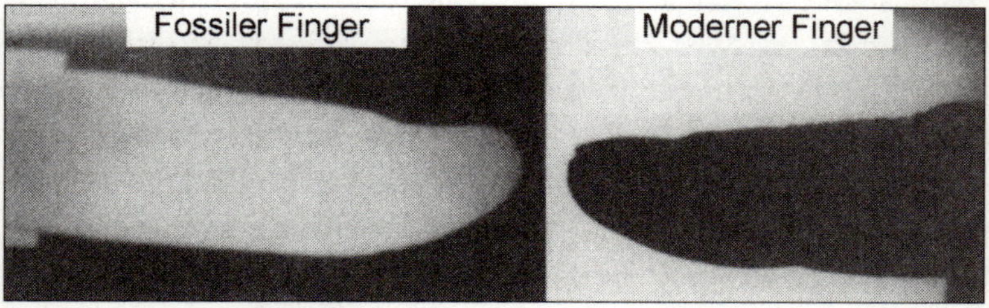

Abb. 3: Röntgenbild des Fingers. *Der fossile Finger wurde mit Röntgenstrahlen durchleuchtet. Man kann keinen Unterschied im Vergleich zu dem Finger einer lebenden Person erkennen.*

auf eine weibliche Person schließen, wobei die Größe des versteinerten Fingers ungefähr 20 % über dem heutigen Durchschnittswert liegt. Sogar der Fingernagel ist komplett erhalten. Ein vorgenommener Schnitt und andere Untersuchungen (Röntgenaufnahmen) der inneren Struktur des versteinerten Fingers ergaben, daß nicht nur die ursprünglichen Knochen, sondern sogar das Knochenmark nachgewiesen werden konnte. Es wurde durch natürliche Mineralien während der Einbettung in das weiche Bodenmaterial ersetzt.[21]

Dieser Fund ist auf jeden Fall ungewöhnlich und fast einzigartig, da nicht nur die Knochen, sondern auch das Fleisch komplett versteinert wurde. Dies kann nur durch einen sehr plötzlichen Prozeß der Einbettung in ein weiches Bodenmaterial unter Ausschluß von Sauerstoff erfolgt sein, wobei die Erhärtung des Bodens und damit des Fingers sehr schnell erfolgt sein muß, da sonst eine Zersetzung des Gewebes eingetreten wäre.

Am 16. Juni 1987 wurde bei einer vom »Creation Evidences Museum« organisierten Ausgrabung von Dr. Baugh ein Zahn gefunden, der eine schwarze Färbung aufwies. Er befand sich keine 10 cm über der zweiten Schicht Kalkgestein in ungestörtem Boden. Aufgrund der Größe und Form des Zahnes konnte auf einen Kinderzahn geschlossen werden. Ein aus Dallas angereister Zahnarzt bestätigte zuerst diese Annahme aufgrund einer Inaugenscheinnahme und stellte Übereinstimmungen in der äußeren Form und den Abmessungen dieses Fundstücks mit einem oberen Schneidezahn eines Menschen fest.

Bei dieser Ausgrabung wurden außerdem noch Knochen einer Schildkröte, die Wurzeln eines fossilen Farnes und am 18. August 1992 sowie 11. August 1993 in der unmittelbaren Nähe zwei weitere Zähne gefunden.[22]

Zusammenfassend läßt sich noch kein endgültiges Urteil über die Herkunft dieser Fundstücke fällen. Während einerseits die augenscheinliche Untersuchung dieser Zähne durch Zahnärzte Ähnlichkeiten mit modernen menschlichen Zähnen ergaben, kann aus den verschiedenartigsten Untersuchungen der Struktur und Oberflächenbeschaffenheit durch verschiedene Institute kein genaues

Bild gewonnen werden. Der gegenwärtige Schluß ist, daß der Zahn von unbekanntem Ursprung ist. Es scheinen charakteristische menschliche Merkmale des Aussehens mit den Eigenschaften von Fischzähnen in bezug auf die Emaillestruktur der Oberfläche vereinigt zu sein. Ähnliche Fundstücke wurden bisher überhaupt noch nicht dokumentiert.
Ein endgültiger Schluß kann also noch nicht gezogen werden. Es bestehen nach den bisherigen Untersuchungen zwei verschiedene Möglichkeiten. Entweder handelt es sich in diesem Fall um eine bisher nicht bekannte Fischart mit Zähnen, die optisch denen des Menschen gleichen, oder um Zähne eines Menschen, der vielleicht vor der Sintflut gelebt hat, mit einer emaillierten Struktur, die denen einer Fischart ähneln. Wie auch immer, lassen sich diese beiden möglichen Alternativen mit den uns bekannten Erscheinungsformen nicht in Übereinstimmung bringen.
George Adams, ein Einwohner von Glen Rose, fand zwei menschliche fossile Schädel und ein Skelett einer 2,10 m großen Frau in geologisch sehr alten, besser gesagt zu alten geologischen Schichten. Der Fundort dieser Knochen liegt einige Kilometer entfernt von Glen Rose, jedoch im Gebiet des Paluxy River. Das genaue Alter dieser fossilen Skelette konnte jedoch noch nicht bestimmt werden.
Einen bemerkenswerter Fund stellt der Abdruck einer menschlichen Hand dar. Im »Dinosaur Valley State Park« wurde von Dr. Dougherty im Jahr 1978 der Abdruck einer linken Kinderhand neben den Fußabdrücken eines Dinosauriers gefunden.[23] Einen ähnlichen Fund machte Dr. Baugh in Verbindung mit Fußspuren von Menschen und Dinosauriern in einer ähnlichen geologischen Schicht.[24] In diesem Fall handelt es sich um eine rechte Hand. Direkt neben diesem Abdruck befinden sich menschliche Fußabdrücke, bei denen alle fünf Zehen zu sehen sind. Das Gesamtbild spiegelt den Eindruck wider, als wenn sich ein Mensch in einer halb knienden Position befunden hat und sich mit der rechten Hand abstützte. Aus dem Eindruck der nebeneinander liegenden Fußabdrücke von Dinosauriern und Menschen sowie einem deutlichen menschlichen Handabdruck kann nur ein Schluß gezogen werden: Dinosaurier und Menschen lebten zur gleichen Zeit.

Wie bereits angedeutet, fand Dr. Dougherty 1980 den Abdruck einer Hundepfote neben dem Abdruck eines Dinosaurierfußes mit drei Zehen. Außerdem wurde eine Serie von sieben versteinerten Abdrücken der Tatzen einer großen Katze – vermutlich ein Säbelzahntiger – dokumentiert, die aufgrund der Größe des Abdrucks ungefähr eine Schulterhöhe von 2 m gehabt haben muß.[25]
Zusätzlich wurde ein Teil des Schädels eines Säbelzahntigers gefunden. Auch dieses Tier lebte mit Dinosauriern und Menschen zur gleichen Zeit. Außerdem wurde in den gleichen Schichten der Huf eines Pferdes mit einem Teil der Knochen entdeckt. Wenn man der Schulwissenschaft glauben soll, *gab es zur Zeit der Dinosaurier nur kleine primitive, höchstens rattengroße Säugetiere*. Funde von großen Säugetieren sind in diesen Gesteinsschichten fehl am Platz und müßten *ausnahmslos* Fälschungen darstellen. Wird nur die Richtigkeit eines einzelnen Fundes nachgewiesen, was in diesem Buch bereits serienweise geschehen ist, muß die Entstehungsgeschichte aller Lebewesen und auch die Grundlage der Geologie völlig neu überdacht werden.

Trilobiten

Bisher wurden nur Funde von Menschen oder Tieren dargestellt, die Millionen von Jahren später als die Dinosaurier gelebt haben sollen, deren Überreste sich aber in denselben geologischen Schichten befinden. Es gibt aber andererseits auch Fossilien, die aus Zeiten *vor* der Ära der Dinosaurier stammen sollen und deren Überbleibsel ebenfalls zusammen mit Menschen, Säugetieren und Dinosauriern in den gleichen Schichten gefunden wurden. Beispielhaft hierfür sind die Trilobiten, die in verschiedenen Arten und Größen vorkamen. Sie sollen spätestens vor 400 Millionen Jahren, also 150 Millionen Jahre vor dem Beginn der Herrschaft der Dinosaurier, urplötzlich ausgestorben sein. Es handelt sich bei diesen Tieren um Urkrebse (Gliederfüßler) mit vielen kleinen Füßen und einer harten dreigeteilten Chitinschale, die vorwiegend in küstennahen Flachmeeren, Flußtälern oder Sümpfen gelebt haben.

Diese Trilobiten gelten in der Schulwissenschaft als Leitfossilien, die als indirekte Datierungsmethode in der Geologie eine große Rolle spielen, da der Beginn und das Ende der Lebensdauer der gesamten Spezies als *bekannt und bewiesen* vorausgesetzt wird. Nach der Theorie von Darwin wird angenommen, daß die älteren Formationen auch nur die einfacheren Organismen enthalten. Findet man also eine Schicht mit nur primitiven Lebensformen, dann *muß*, dem Darwinismus zufolge, auch die entsprechende Schicht alt sein. Komplizierte Organismen, wie Knochenfunde des Menschen, können demzufolge auch *nur* in jüngeren und damit geologisch höher liegenden Formationen vorkommen. Also ein einfaches, aber streng gegliedertes System, das keine Ausnahmen zuläßt und deshalb leicht zu erschüttern ist, da gerade die Ausnahme die Regel zu sein scheint.

Wie auch immer, die Geologie selbst datiert wiederum die Erdgeschichte anhand der in den Gesteinsschichten enthaltenen Leitfossilien. Offizielle Zweifel sind *grundsätzlich ausgeschlossen*. Damit ist aber wiederum die Evolution bewiesen, da sich der Darwinismus auf die Datierung der Schichten durch die Geologie berufen kann, indem man feststellt, daß die gefundenen Organismen ein bestimmtes Alter haben müssen, da sie in einer entsprechend alten Gesteinsschicht gefunden wurden. Damit wurde eine in sich geschlossene Beweiskette als *induktiver* Schluß (Wenn-Dann-Beweis) erfunden, einfach genial. Da die Abstammungslehre nicht mehr nur als Theorie, sondern als *unumstößliches Gesetz* und damit Dogma angesehen wird, kann man den Darwinismus benutzen, um sich selbst und damit die Evolution zu beweisen. Der induktive Schluß erhält Beweiskraft und kann damit nicht mehr angezweifelt werden. Mit anderen Worten: Der sich selbst beweisende Beweis oder ein geistiges »Perpetuum mobile«.

Es ist mir nicht bekannt, daß an irgendeinem Punkt auf der Erde die Abfolge der Evolution durch Sichtung und Ausgrabung der Erdschichten mit den darin enthaltenen Fossilien lückenlos oder auch nur annähernd dokumentiert werden konnte. Bei entsprechenden Diskussionen geben Geologen zu, daß man an vielleicht 50 verschiedenen Plätzen der Erde graben muß, um alle Entwicklungsstufen der angeblichen Evolution verfolgen zu können. Wie kennt man aber bei so vielen Fundstellen die richtige Reihenfolge? Hier kommt das Gesetz von Darwin zu Hilfe, denn je primitiver die gefundenen Organismen sind, desto älter sollen sie sein. Laut dem Darwinismus dürfen diese einfacheren Spezies auch nicht in jüngeren und damit höher liegenden Schichten mit besser entwickeltem Leben vorkommen. So einfach ist das.

Nach dem Gesetz von Darwin dürften die Trilobiten somit nicht zusammen mit Dinosauriern, Säugetieren oder Menschen gefunden werden. Nach der Evolutionstheorie, man müßte eigentlich Gesetz sagen, sind solche Funde grundlegend ausgeschlossen. Das wäre gleichbedeutend mit dem Fund eines lebenden Dinosauriers zu unserer Zeit.

In den Kalksteinschichten des Paluxy River werden neben den Fußabdrücken von Dinosauriern, Säugetieren und Menschen auch Trilobiten in größerer Anzahl gefunden. Das »Somervell County Museum« im Glen Rose beherbergt eine stattliche Anzahl von diesen und anderen Fossilien als Vertreter primitiver Organismen wie auch Versteinerungen höherentwickelter Tiere, die im Gebiet des Paluxy River in den letzten Jahrzehnten gefunden wurden. Auch im »Creation Evidences Museum« sind ähnliche außerordentliche Exponate vorhanden.

Im Jahr 1968 ging William Meister mit seiner Familie seinem Hobby nach. Er sammelte gerne Fossilien. 43 Meilen nordwestlich von Delta im Staat Utah (USA) machte er einen bedeutenden Fund. Als er an einer Stelle des Felsens hämmerte, blätterte eine Schicht ab. Zu seinem Erstaunen waren auf der Felsplatte die Abdrücke zweier menschlicher Füße zu sehen, natürlich versteinert. Es handelte sich um einen rechten und linken Fußabdruck ohne erkennbare Einzelheiten wie sie von Zehen oder der Ferse verursacht werden. Unschwer war zu erkennen, daß dieser Mensch Schuhe getragen hatte, da der Rand der Sohle deutlich scharfe Konturen im ursprünglich weichen Untergrund hinterließ. Die Hacken hatten aufgrund des Körpergewichts einen etwas tieferen Eindruck als die Fußspitzen hinterlassen, was auch in dieser Art zu erwarten wäre. Für sich allein betrachtet ist der Fund eines versteinerten Schuhab-

drucks schon fast undenkbar, denn Schuhe tragende Menschen soll es erst seit wenigen tausend Jahren geben.[26, 27, 28]
Die größte Überraschung und wissenschaftliche Sensation befindet sich jedoch am inneren Rand des Absatzes. Der linke Fuß hatte einen Trilobiten zertreten, der für einen Fachmann wie Meister unschwer zu identifizieren war. Dieser eindeutige Fund, der von etablierten Wissenschaftlern gar nicht erst kommentiert wurde, beweist, daß der Darwinismus und damit die Evolution eine Erfindung darstellt. Nach der gängigen Lehrmeinung müßte dieser Mensch vor mehreren hundert Millionen Jahren gelebt haben, da die Trilobiten seit Urzeiten, bereits vor den Lebzeiten der Dinosaurier, ausgestorben sein sollen. Auch die Datierung des den Abdruck beinhaltenden Gesteins wurde von Geologen in das Zeitalter der Trilobiten verlegt. Nach der gängigen Lehrmeinung müßte der Mensch damit älter sein als das Geschlecht der Dinosaurier, da diese Tiere aufgrund der Entwicklungsgeschichte zu Zeiten der Trilobiten noch nicht existiert haben sollen. Der Mensch lebte demzufolge also zu Beginn der Evolution? Dieser Schluß liegt nahe, falls es sich nicht um eine Fälschung handelt oder man einen Außerirdischen in Betracht zieht, der irgendwann die Erde besuchte und seine Fußabdrücke hinterließ. Es muß noch erwähnt werden, daß in der Nähe dieses Fundortes noch andere versteinerte Fußspuren gefunden wurden, jedoch ohne weitere Besonderheiten wie in dem beschriebenen Fall.

Verkürzte Erdgeschichte?

Der Trilobit lebte mit allen anderen Tieren und Menschen in derselben Zeitepoche. Dies belegen die Funde aus den geologischen Schichten des Paluxy River eindeutig. Die Entstehung der Erdschichten hat weniger lang gedauert als die Geologen und die Anhänger des Darwinismus glauben möchten. Aufgrund der zeitgleichen Funde vieler verschiedener Lebewesen – einschließlich der Trilobiten als Leitfossil – können Dinosaurier, Menschen und Säugetiere nicht vor 400 Millionen Jahren, dem Zeitpunkt des Aus-

sterbens der Trilobiten, gelebt haben, sondern sie existierten gemeinsam bis zur fast völligen Vernichtung der Erde vor relativ kurzer Zeit durch die weltweite Flut.
Für die Annahme, daß die Schichten der Erdoberfläche wesentlich schneller entstanden sind als von der Geologie angenommen wird, sind in den vorigen Kapiteln schon viele Beweise dokumentiert worden, da es sonst die versteinerten Fußabdrücke und den vom Kalkgestein ummantelten fossilen Hammer nicht geben könnte.
Weitere Beweise für diese Behauptung bilden die Funde von urzeitlichen Farnen und Bäumen. Sie gediehen in frühgeschichtlicher oder vorsintflutlicher Zeit wesentlich größer als heute. Aus Versteinerungen auf der ganzen Welt sind diese gigantischen Pflanzen sehr gut bekannt. Die großen, vielleicht 20 bis 30 m hohen Farne hatten auch entsprechend dicke Wurzeln. In den Schichten des Paluxy River kann man nicht nur Fußabdrücke, sondern auch fossile Wurzeln finden, die teilweise mehrere feste Gesteinsschichten senkrecht durchstoßen. Diese Pflanzen wurden innerhalb kürzester Zeit überdeckt und konserviert, da sonst eine Verrottung dieser leicht vergänglichen Pflanzenteile eingetreten wäre. Die senkrechte Lage durch mehrere Gesteinsschichten hinweg zeugt wiederum von einer sehr schnellen hintereinander folgenden Bildung der Felsschichten. Keinesfalls können sich diese Schichten aus den dargelegten Gründen langsam aufgeschichtet haben.
Es gibt nur eine Schlußfolgerung aus dem Gesamtbild der beschriebenen Funde: Die Erde ist jünger, ja wahrscheinlich *wesentlich jünger*, als die Geologie und der Darwinismus darlegen möchten. Zumindest muß man 400 oder 500 Millionen Jahre *ersatzlos* aus der Erdgeschichte streichen, da eine Entwicklung vom Trilobiten bis zum Menschen gar nicht stattgefunden haben kann und *alles gleichzeitig existierte*.
Im Sonderheft »Dinosaurier« des Magazins »PM« kann man lesen: »Zum einen gibt es in vielen Gebieten der Erde überhaupt keine Gesteine aus dem Trias, dem Jura und der Kreide. Es hat sie entweder nie gegeben, oder sie wurden im Laufe der Jahrmillionen von der Erosion zu Sand zermahlen und ins Meer geschwemmt. Die Landkarte der Dinosaurierzeit hat daher große Flecken.«[29] Verstehe

ich das jetzt richtig: Erdschichten, die in einer erdgeschichtlichen Periode mit einer Dauer von über 200 Millionen Jahren entstanden sein sollen, verschwinden in großen Gebieten der Erde ganz einfach spurlos vom Boden, einfach zermahlen? Wo ist denn dieser Sand geblieben? Alle Wüsten dieser Welt und auch alle Sedimentvorkommen in den Meeren reichen dafür wohl kaum aus, bewiesen durch die vorgenommenen Bohrungen am Meeresgrund! Der erste Gedankenansatz war richtig, denn die Erdzeitalter Trias, Jura und Kreide hat es nie gegeben. Die Gebiete, die Erdschichten aus diesen angeblichen Zeitperioden aufweisen, wurden durch eine ungeheure Katastrophe heimgesucht.

Die Gesteine wurden verflüssigt, erhärteten dann sehr schnell wieder und bildeten eine neue Erdkruste. Hierin wurden allerlei Überbleibsel organischer und tierischer Herkunft blitzartig eingeschlossen. Andere Gebiete, die von den Folgen der Sintflut und der Vulkantätigkeit, bedingt durch Kometeneinschläge, weniger stark betroffen waren, weisen eben weniger solcher Gesteinsformationen oder auch gar keine auf. Mit anderen Worten, die kosmischen Einschläge mit den folgenden Aufbrüchen der Erdkruste erzeugten unterschiedliche Temperaturen, abnehmend je nach Entfernung vom Einschlagszentrum mit bis zu 100 000 °C. Durch diese unterschiedlich hohen Temperaturen wurde auch das Gestein unterschiedlich stark aufgeschmolzen. Tiere oder Pflanzen, die sich zu nahe an den Katastrophenherden befanden, verglühten einfach, ohne irgendwelche Spuren zu hinterlassen. Die durch die aufgewirbelten Wassermassen in das Landesinnere bewegten aufgeweichten Erdsubstanzen schlossen die bereits toten oder auch noch lebenden Tiere plötzlich ein, so daß die uns heute bekannten Fossilien eingeschlossen wurden und versteinerten.

Damit wird auch erklärlich, warum man im Gestein eingeschlossene Tiere oft mit »Haut und Haaren« oder auch nur als Skelette findet: Die Höhe der vorherrschenden Temperatur ist für die Art des Fundes maßgebend. Je weiter entfernt vom Einschlagszentrum, desto kompletter erhalten wurden die Artefakte und Lebewesen. Klar wird jetzt auch, warum die Landkarte der Dinosaurier große Flecken aufweist, denn nur wenn die beschriebenen Bedingungen

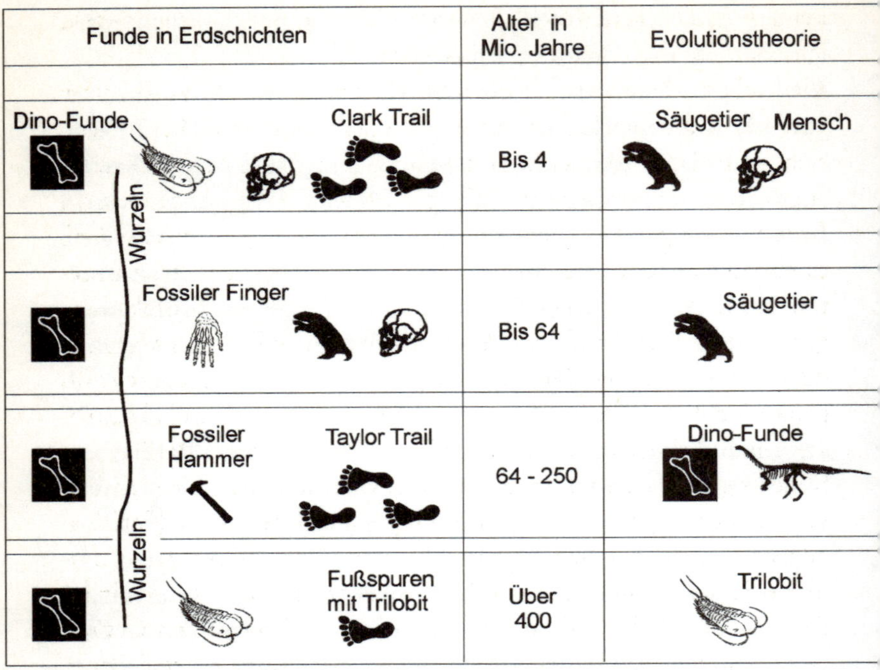

Abb. 4: Funde in geologischen Schichten. *Qualitative Darstellung der verschiedenen Erdschichten der Erdzeitalter, die nach der Evolutionstheorie eindeutig zugeordnet werden können und ganz bestimmte Leitfossilien enthalten. Die auf der rechten Seite dargestellten Geschöpfe dürfen auch nur speziell in diesen Schichten vorkommen. Ein Trilobit darf somit nicht mit Menschenspuren oder Dinosaurier-Knochen gefunden werden. Auf der linken Seite sind die Funde ungefähr dem wissenschaftlichen Modell und dem angeblichen Alter der Erdschichten zugeordnet, wobei eigentlich fast alle Funde in fast allen Schichten gleichzeitig gemacht werden können. Daher kann eine direkte Zuordnung nicht vorgenommen werden. Interessant sind die mehrere Erdschichten durchstoßenden Wurzeln oder vorzeitlichen Baumstämme.*

mit entsprechenden Temperaturen und Druckverhältnissen vorherrschten, konnten diese und andere Tiere oder Pflanzen überhaupt eingeschlossen und konserviert werden. Nicht so stark verwüstete Gebiete oder auch Regionen in der unmittelbaren Umgebung des Einschlagsortes weisen entsprechend weniger oder gar

keine Fossilien auf. Weitere Beweise für diese Behauptungen stelle ich noch im Verlaufe dieses Buches vor.
Vielleicht muß man aber noch wesentlich mehr als diesen Zeitraum von 400 Millionen Jahren aus der Erdgeschichte streichen? Wenn sich die Erdschichten an der Oberfläche schnell gebildet und verfestigt haben, muß man weitere Fragen stellen: Warum kann sich die Erde vor der Sintflut nicht ebenso schnell entwickelt haben? Gab es ein zweites Großereignis, vielleicht die plötzliche Geburt unserer Erde? Wenn man viele übereinander liegende Erdschichten genau betrachtet, kann man meistens zwei grundsätzlich verschiedene Arten erkennen. Die untere und damit ältere Schicht weist oft ganz erhebliche Schräglagen auf, besteht aus Lagen von Ergußgesteinen und erscheint auf der obersten Fläche erodiert. Darüber befinden sich oft viele waagerechte Schichten, die unterschiedlich aussehen, aber insgesamt aus Ablagerungssteinen bestehen. Horizontale und damit parallele, an der jeweiligen Oberfläche nicht erodierte Schichten sind aber ein Kennzeichen für schnell hintereinander folgende Ablagerungsphasen während einer Flut. Das Grundgestein bildete sich mit seinen oft sehr schiefen verwitterten Lagen während einer Katastrophe, während die darüber liegenden parallelen Schichten durch eine große Flut erzeugt wurden. Gestört wird diese Schichtenfolge im Einzelfall durch größere oder kleinere örtliche Katastropheneinflüsse.
Da es die Evolution nicht gegeben haben kann, braucht man auch keine langen Zeiträume für die Bildung von Aminosäuren und der *zufälligen* Bildung eines Einzellers, dem Beginn der eigentlichen Evolution, anzusetzen. Dann könnte man vielleicht direkt weitere mehrere hundert Millionen Jahre streichen. Vielleicht ist die Urerde viel schneller erkaltet als man annimmt? Ist unser Mutterplanet in Wirklichkeit relativ jung?
Bis vor wenigen Jahren war ich nach intensivem Studium diverser Literatur fest davon überzeugt, daß die Menschheit aufgrund der beschriebenen Funde allermindestens 60 Millionen Jahre alt ist und die Erde damit auch ein gewisses Alter aufweist. Ein Einwand hiergegen hat mich immer beschäftigt: Wenn die Menschheit alt ist, warum sind dann die Erzlager nicht schon lange ausgebeutet? Wenn man be-

Abb. 5: Unterschiedliche Fossilienfunde. *Warum gibt es qualitativ unterschiedliche Fossilienfunde? Im Bereich A in der Nähe von kosmischen Einschlägen oder Erdaufbrüchen verglühte alles Lebendige: keine Funde. In etwas größerer Entfernung (Bereich B) war die Hitze so groß, daß das Körpergewebe verbrannt wurde, aber die Knochen blieben – manchmal schwarz wie verbrannt – übrig und wurden in dem Schlamm der Wassermassen begraben und konserviert, der dann schnell erhärtete. So kommen Skelette in massiven Fels. Ist die Entfernung vom Epizentrum noch größer (Bereich C), bleiben die Tiere mit Fleisch, Haut und Haaren erhalten und werden durch die gleichen Vorgänge wie im Bereich B konserviert. So kommen komplett erhaltene Tiere in massiven Fels. Im Bereich D gibt es keine hohen Temperaturen oder hohen Wellen. Auch die Schlammschichten sind nicht sehr stark ausgeprägt, so daß die Körper der Tiere durch die Wassermassen der Sintflut fortgespült wurden und teilweise in Massengräbern als ungeordnetes zerschmettertes Durcheinander begraben wurden. Beweis: Viele Massengräber der verschiedensten Tierarten auf der ganzen Welt.*

denkt, wieviel unersetzliche Grundstoffe wir in den letzten 100 Jahren verbraucht und abgebaut haben, dürfte nach mindestens 60 Millionen Jahren Menschheitsgeschichte nichts mehr übrig sein! Wenn man jedoch dem Gedanken der Koexistenz allen Lebens bis zur Sintflut vor maximal 10 000 Jahren folgt, dann fügt sich dieser Einwand der Argumentation einer jüngeren Erde logisch ein!

Funde in aller Welt

Bisher wurde hauptsächlich nur von den Funden im Gebiet von Glen Rose berichtet. Aufgrund der horizontal verlaufenden Gesteinsschichten sind Ausgrabungen in diesem Gebiet sehr ergiebig, jedoch existieren entsprechende Funde auf der ganzen Welt.

Der Archäologe Dr. Rex Gilroy, Direktor des »Mount York Museum« in Australien, fand versteinerte Spuren von riesenhaften Menschen und einen Schädel in der Nähe von Fußspuren eines Brontosauriers in Australien.[30]

In Hughenden, ungefähr 200 km nordöstlich von Winton in Queensland, werden auch heute noch marine Fossilien in großer Anzahl gefunden. Hier soll sich in Urzeiten ein Binnenmeer befunden haben. Die Attraktion dieser Stadt stellt ein 14 m hohes Skelett eines Dinosauriers dar, das in der Schlucht Porcupine George gefunden wurde.[31]

Südwestlich von Winton in Ostaustralien fand man viele Fußspuren, die zu jeder Zeit besichtigt werden können. Man kann sich selbst davon überzeugen, daß Tiere verschiedener Zeitepochen gleichzeitig gelebt haben. Es handelt sich dabei nicht nur um Fußspuren von Dinosauriern, sondern von allen möglichen Tieren verschiedener Größen, wie Emus und anderer Tiere. Wenn wir der Evolutionstheorie glauben, sind diese gleichzeitigen Funde in einer Gesteinsschicht natürlich auch nicht möglich, aber man kann die steinharten Beweise trotzdem sehen. Die entsprechenden Schichten werden aus geologischer Sicht auf ein Alter von 100 Millionen Jahre geschätzt.[32]

Auch Knochen und ganze Skelette von Dinosauriern findet man in Australien, und zwar von den gleichen Arten wie überall auf der Welt. Zur Lebzeiten der Dinosaurier muß es demnach zumindest Landbrücken zwischen den Kontinenten gegeben haben. Wahrscheinlich aber gab es zu diesem Zeitpunkt nur einen mehr oder minder zusammenhängenden großen Kontinent. Bei meinem Besuch im »Queensland Museum« von Brisbane im Jahr 1996 konnte ich das vollständig zusammengebaute Skelett eines großen Dinosauriers und ein Stück originalen Felsplateaus mit den Spuren dieses und anderer Tiere bewundern.

Neben Fußspuren von Dinosauriern in großer Anzahl und Skelettresten prähistorischer Tiere gibt es in Turkmenistan auch versteinerte Fußabdrücke von Menschen. Diese Funde lassen sich mit denen aus dem Gebiet von Glen Rose vergleichen. Damit ist belegt, daß es sich nicht um irgendwelche zufälligen Ereignisse in Texas

gehandelt hat. Biologische und geologische Parallelen liegen weltweit vor.
Versteinerte Dinosaurier-Fußspuren wurden auch in Afrika, Georgien, Usbekistan und auch Deutschland gefunden. In Münchehagen, Niedersachsen, kann man einige versteinerte Saurierspuren besichtigen, die teilweise durch eine Halle geschützt sind. Am Rand des Wieherngebirges sind in Barkhausen bei Bad Essen versteinerte Fährten von Sauropoden und eines Theropoden auf einer heutzutage steil angeordneten Felsebene zu begutachten. Insgesamt ergibt sich ein ähnliches Erscheinungsbild wie in Glen Rose, nur daß menschliche Fußabdrücke fehlen. Die zu Stein erstarrten Fußspuren stellen also kein örtliches Phänomen dar, sondern es muß ein weltweit gleichartiger Vorgang abgelaufen sein, der heutzutage nicht mehr zu beobachten ist.
Im Gadafaova-Tal in Niger, Afrika, existiert eine Art Massengrab für Dinosaurier. Auf einer Länge von 175 km starben Hunderte verschiedener Exemplare in dem ehemaligen Flußtal. Sie liegen maximal 10 m tief begraben, wobei die Wirbel teilweise als Kette kleiner Hügel aus dem Wüstensand herausragen. *Das Phänomen der oberflächennahen Funde nach 64 Millionen Jahren ist auch weltweit zu beobachten*, entspricht aber in keiner Art und Weise unserem derzeitigen geologischen Weltbild.
In der Wüste Gobi, Mongolei, gibt es reichhaltige Saurierfriedhöfe, wobei die Skelette größtenteils direkt frei an der Oberfläche liegen. In dem »Museum der Inneren Mongolei« in der Hauptstadt der Inneren Mongolei, Hohhot, befindet sich neben Saurier-Skeletten aus der Umgebung ein versteinertes Mammut, das in einer Kohlenmine gefunden wurde. Ein versteinertes Mammut ist eine echte Rarität, wobei der Fund in Zusammenhang mit Kohle interessant ist. Ob das Mammut in Stein- oder der jüngeren Braunkohle gefunden wurde, konnte ich nicht in Erfahrung bringen. Die Braunkohle im Rheinischen Revier und einigen Gebieten Asiens (Sibirien, Mongolei) entstand vor ungefähr 60 Millionen Jahren. Aber es sind auch Fundorte bekannt, die erst vor fünf Millionen Jahren entstanden sein sollen. Im ersten Fall gibt es ein Zeitproblem, denn die verschiedenen bis zu vier Meter großen

Mammuts entwickelten sich vor 24 Millionen Jahren und können daher im Gegensatz zu den Dinosauriern nicht in alten Kohleflözen gefunden werden. Die schweinegroßen Vorfahren der Mammuts lebten vor 55 Millionen Jahren, also auch erst *nach* dem Aussterben der Dinosaurier.

In der Nähe von Grand Junction (USA) befindet sich das »Dinosaur National Monument«. Die Attraktion des Parks ist eine Felswand, in der Skelette von Dinosauriern zu sehen sind. In einer den Felsen überdachenden Halle können Besucher aus der ganzen Welt den Präparatoren bei der Freilegung der fossilen Knochen zusehen. Bemerkenswert ist, daß diese Skelette fast senkrecht angeordnet sind, als wenn sie im Stehen versteinert worden wären. Dies bedeutet, daß diese Dinosaurier sehr schnell konserviert worden sein müssen, da die Knochen sonst durch den Verwesungs- und Zersetzungsprozeß in einer horizontalen Lage, also zweidimensional, angeordnet sein müßten. Diese Dinosaurier wurden demzufolge innerhalb kürzester Zeit ganz begraben und konserviert. Mehrere Meter starkes Gestein, die die Skelette einhüllen, müssen sehr schnell und nicht langsam über große Zeiträume hinweg entstanden sein.

Die Geologen begründen die fast aufrechte Lage der Dinosaurier ganz anders. *Nach* dem Aussterben dieser Urtiere sollen erst die Berge entstanden sein, was in dieser Reihenfolge auch stimmt, wodurch der kompakte Felsen von einer horizontalen in eine vertikale Lage geschoben wurde. Die Geologen glauben also an einen langsamen Prozeß der Auffaltung der Gebirge, praktisch *in kaltem Zustand der ursprünglichen Gesteinsschichten*. Wenn diese Ansicht richtig wäre, müßten die meisten Gebirge und Felsen jedoch viel mehr Risse aufweisen, da erkaltetes Gestein eine feste und keine elastische oder plastische Struktur aufweist.

Wird großer Druck auf eine solide horizontal liegende Felsschicht ausgeübt, so wird dieser Fels an vielen Stellen aufreißen, da Gestein nur sehr geringe Zugkräfte aufnehmen kann. Zur Verhinderung entsprechender Risse wird Beton mit einer Stahleinlage verstärkt, damit die durch die Biegung erzeugten Zugspannungen aufgenommen werden können, wozu der spröde Beton allein nicht in der

Lage ist. Wenn diese Kräfte nicht aufgenommen werden können, entstehen an den Stellen der höchsten Beanspruchung Risse. Die schnelle Umhüllung der fossilen Knochen und die Rissefreiheit gekrümmter Gesteinsschichten zeugen von einem plastisch-elastischem Zustand des ursprünglichen Gesteinsmaterials vor der Verformung. Wie sollten sonst auch Knochen *in einen soliden Fels* kommen? Die Antwort kann nur lauten: *Das Gestein war zum Zeitpunkt des schnellen Einschlusses weich.* Eine andere Lösung gibt es nicht.

Auf diese Weise sind auch versteinerte menschliche Fußspuren, deren Alter zwischen 150 und 600 Millionen Jahren angegeben wird, entstanden. Entsprechende fossile Funde entdeckte man in Kentucky, dokumentiert im Jahr 1938 im »Science News Letter«.[33]

Von ähnlichen Funden in Missouri berichten Henry Schoolcraft und Thomas Benton in »The American Journal of Science and Arts« im Jahr 1822.[34] Auch diese Fußabdrücke müssen aufgrund der Größe von sehr großen Menschen herrühren.

Im »Science News Letter« vom 29. Oktober 1938 wird von weiteren versteinerten menschlichen Fußspuren berichtet, die in Pennsylvania gefunden wurden.[35]

In einer kohlehaltigen Flözschicht im Fisher Canyon, Pershing County in Nevada, wurde im Jahr 1927 der Abdruck eines Schuhs entdeckt. Die Sohle ist so deutlich abgebildet, daß sogar Spuren einer Art Zwirns zu sehen sind. Das Alter dieses Abdrucks wurde auf 160 bis 195 Millionen Jahre geschätzt.[36, 37, 38]

Wenn dieser Fußabdruck erhalten geblieben ist, muß die kohlehaltige Schicht im Zeitpunkt der Hinterlassung dieser Spur weich und formbar gewesen sein. Die Parallele zu den im Kalkgestein hinterlassenen Abdrücken ist unübersehbar. Kohle kann daher nicht oder nicht nur durch einen Inkohlungsprozeß oder Verbrennung organischer Bestandteile entstehen.

Diese Kohle als Sedimentgestein war zu einem bestimmten Zeitpunkt weich und muß schnell erhärtet sein, da der hinterlassene Abdruck sonst erodiert wäre. Das Phänomen der schnellen Erhärtung der Sedimentgesteine beschränkt sich nicht auf spezielle Einzelfälle oder bestimmte Gesteinsarten.

Außergewöhnliche Funde in Kohleflözen

Laut unserem Wissensstand soll Kohle auch vor Millionen von Jahren entstanden sein. Es ist jedoch eine Tatsache, daß zu verschiedenen Zeiten und an verschiedenen Orten der Welt außergewöhnliche Funde in Kohlestücken oder kohlehaltigen Flözen gemacht werden.

So wurde ein Fingerhut gefunden, der in Kohle eingebettet war. Hierüber berichtete J. Q. Adams in »American Antiquarian« im Jahr 1883 unter der Überschrift »Eve's Thimble« (Evas Fingerhut).[39]

Im Juni des Jahres 1976 berichtete Harry Wiant in der periodisch erscheinenden Zeitung »Creation Research Society Quarterly« über einen in Kohle eingebetteten Löffel.[40]

Im selben Nachrichtenblatt veröffentlichte Wilbert Rusch im Jahr 1971 einen Artikel mit der Überschrift »Human Footprints in Rocks« (Menschliche Fußspuren in Stein). Hierin wurde der überraschende Fund eines eisernen Kessels in einem Kohlestück beschrieben.[41]

John Buchanan beschreibt im Jahr 1853 ein künstlich hergestelltes Instrument aus Eisen aus der Umgebung von Glasgow, Schottland, das in einem Kohleflöz lagerte.[42]

In einem Kohleblock aus der Tertiärzeit wurde im Jahr 1885 ein beinahe exakter Würfel mit einem Gewicht von 785 g gefunden, der bis 1910 im Salzburger Museum ausgestellt war. Er bestand aus einer harten Kohle-Nickel-Stahl-Legierung mit einem geringen Schwefelgehalt.[43]

Ein weiterer ungewöhnlicher Fund in Kohle war eine Goldkette von acht Karat. Dokumentiert ist dieser Fall in der Zeitung »Morrisonville Times« der Stadt Morrisonville in Illinois am 11. Juni 1891.[44]

Gemäß einem Bericht in der Zeitschrift »Scientific American« am 5. Juni 1852 befand sich auch ein metallenes Schiff oder Gefäß mit Silbereinlage in entsprechenden Schichten.[45]

Diese Auflistung könnte man noch erweitern, da die verschiedensten Objekte wie beispielsweise eine Glocke aus Bronze oder auch

Pflanzen der jüngeren Erdvergangenheit an Orten gefunden wurden, an denen entsprechende Funde nicht gemacht werden dürften. Außerdem müssen alle diese beschriebenen künstlich hergestellten Artikel älter als Kohle sein, da sie darin eingebettet waren.

Natürlich wurden an verschiedenen Orten auch Reste von Dinosauriern und anderen urzeitlichen Tieren in Kohleflözen gefunden. In einem Kohlebergwerk zu Bernissart, Belgien, wurde ein regelrechter Urweltfriedhof mit Überresten einer Dinosaurierart (Iguanodonten), Schildkröten, Krokodilen und vielen Fischen gefunden. Da die Kohle und auch die Dinosaurier sehr alt sein sollen, scheint es augenscheinlich keinen eklatanten Widerspruch zu geben. Bewiesen wird durch den gemeinsamen Fund von Kohle, Urzeittieren, Dinosauriern und künstlich hergestellten Gegenständen, daß diese Tiere und der Mensch *vor* der Entstehung der Kohle gelebt haben müssen, denn die Artefakte wurden ja *in* der Kohle gefunden. Dieser Sachverhalt muß immer wieder unterstrichen werden. Wenn alle Relikte aus der gleichen Zeitepoche stammen, stellt sich die entscheidende Frage: Lebten Säugetiere, Dinosaurier und Menschen vor mindestens 64 Millionen zusammen *oder* bevölkerten sie die Erde vor relativ kurzer Zeit? Die schon angesprochene weltweite Sintflut wäre eine logische Erklärung. Sie könnte für die Entstehung von Kohle und Erdöl verantwortlich sein, da durch eine gewaltige Flut Bäume und andere Pflanzen plötzlich begraben worden wären. Durch hohen Druck, beispielsweise verursacht durch die überlagernden Massen oder erzeugten Druckwellen, sowie einen die Sintflut begleitenden Effekt in Form von Hitzeeinwirkung unter Luftabschluß könnte der Inkohlungsprozeß der Bäume in Gang gesetzt worden sein. Je nach Art der Kohle bildet jedoch eine hohe Temperatur den wichtigsten Faktor. Wenn dieser Vorgang erst einmal begonnen hat, wird automatisch Hitze und auch Druck produziert, so daß es keiner weiteren Hitze- oder Druckzufuhr bedarf. Hierbei ist zu bedenken, daß Kohle in verschiedenen Erscheinungsformen wie Stein- und Braunkohle, Anthrazit oder auch Torf vorkommt. Der Unterschied dieser Arten von Kohle besteht vorrangig in dem Gehalt von Kohlenstoffverbindungen, der bei dem Inkohlungsprozeß angereichert wird: Torf besitzt 40–60 %, Braunkohle

60–70 %, Steinkohle 70–90 % und Anthrazit 90–99 % Kohlenstoffverbindungen.
Wurde Kohle genauso schnell gebildet wie die beschriebenen Kalksteinschichten? Neue Untersuchungen scheinen dies zu bestätigen. Die beschriebenen Einbettungen verschiedenartigster Objekte in Kohlevorkommen wären damit schlüssig zu beantworten.
Damit der Inkohlungsprozeß schnell ablaufen kann, bedarf es eines Katalysators zur Beschleunigung dieser chemischen Reaktionen. Es wurde beobachtet, daß viele Kohlevorkommen auf alten Ton- oder Lehmschichten liegen und in Verbindung mit vulkanischen Auswurfmaterialien vorkommen. Diese Voraussetzungen sind durch die Begleitumstände der Sintflut gegeben. Wenn man bedenkt, daß die Kohlevorräte dieser Welt vielleicht auf 5000 Milliarden Tonnen geschätzt werden, liegt es nahe, hierfür eine globale, also weltumspannende Ursache zu suchen. Davon unabhängig können natürlich im Einzelfall örtlich begrenzte Katastrophen für die Entstehung von Kohlevorkommen verantwortlich sein.

Mount St. Helens

Am 18. Mai 1980 brach der Vulkan Mount St. Helens an der Westküste der USA im Staat Washington aus. Dies führte 1982 zur Schaffung des Nationalparks »Mount St. Helens Volcanic Monument«, der das direkt betroffene Katastrophengebiet unter dem Schutz der Nationalparkbehörde stellte.
Bei dem damaligen Ereignis wurden ungefähr 150 Quadratmeilen Wald total vernichtet. Aus dem Vulkan ergossen sich große Mengen Lava in die Täler. Der Vulkankegel wurde um 400 m reduziert, und es blieb ein 1,5 km breiter nach Norden aufgebrochener Krater übrig. Dieser Park gehört heutzutage zu den eindrucksvollsten Naturwundern in Amerika. Hier wurden Hunderttausende von Stümpfen und Baumstämmen in den See Spirit Lake gespült, begleitet von einem großen Volumen von biologischem Material und vulkanischer Asche. Innerhalb weniger Jahre bildete sich am

Grund des Sees ein großes Lager aus organischen und vor allem hölzernen Materials, welches mit vulkanischer Asche angereichert und durchsetzt war. Der hierdurch entstandene Torf besitzt oft ähnliche Strukturen und Aussehen wie Kohle. Die Rinde der Bäume löste sich, sank zu Boden und bildete dicke Ablagerungsschichten. Die Baumstümpfe mit den Reststämmen wurden in dem vorhandenen Matsch teilweise in senkrechter Position abgelagert, da der schwerere Wurzelstock zuerst zu Boden sank.
Sollte sich ein Vulkanausbruch wiederholen, werden diese Bäume und die vorhandenen Torfschichten durch heiße Vulkanasche und andere Sedimente des Sees unter Luftabschluß komplett begraben. Damit wären dann alle Voraussetzungen für die endgültige Entstehung von bituminöser Kohle gegeben. Intensive Untersuchungen nahm Dr. Steve Austin im Jahr 1986 vor, und auch heute noch werden geologischen Vorgänge überwacht.[46] Aus diesen Gegebenheiten kann man schließen, daß der Entstehungsprozeß von Kohle nicht vor Millionen von Jahren und über einen langen Zeitraum hinweg abgelaufen sein muß, sondern daß dieser Vorgang unter den richtigen Bedingungen relativ schnell in sehr kurzer Zeit stattfinden kann.
In der Mine »Castle Gate« (Utah) fand man bereits 1924 den Abdruck eines dreizehigen Dinosauriers in einer Kohlemine.[47] Inzwi-

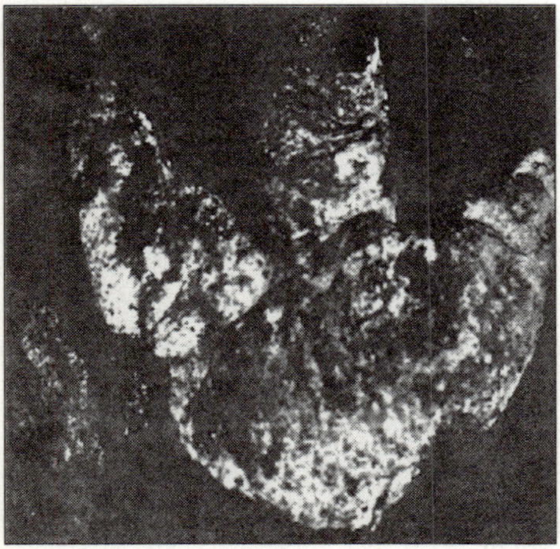

Abb. 6: Kohleabdruck. *In der Mine »Castle Gate« (Utah) wurde dieser Abdruck eines dreizehigen Dinosauriers 1924 an der Decke eines Kohleflözes mit Resten von Matsch des ehemals darüber befindlichen Gewässers aufgefunden.*

1

Das »Somervell County Museum« in Glen Rose.

Exponate im »Sommervell County Museum». Funde von Dinosaurierknochen und dem chädel eines Urrindes aus den gleichen geologischen Schichten.

2

3

3 *Die versteinerte Schwanzschleifspur eines Dinosauriers.*

4 *Ein Pfad mit dreizehigen Fußspuren eine Dinosauriers und große menschliche Fußabdrücke in einer einzigen Kalksteinschicht.*

5 *Ein versteinerter menschlicher Handabdruck.*

6 *Der versteinerte Abdruck einer Hundepfote in de Nähe des Abdrucks eines Dinosauriers.*

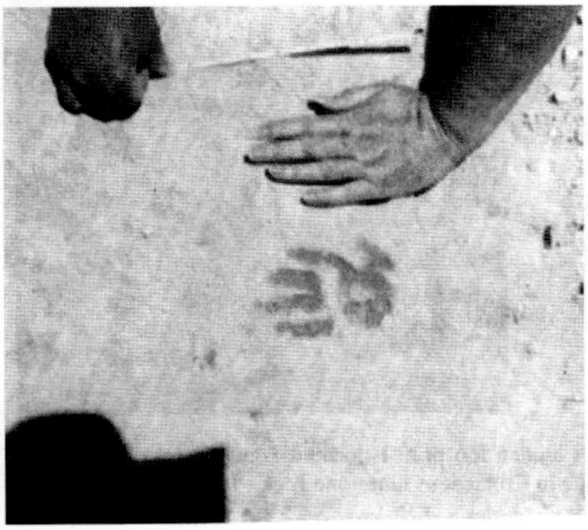

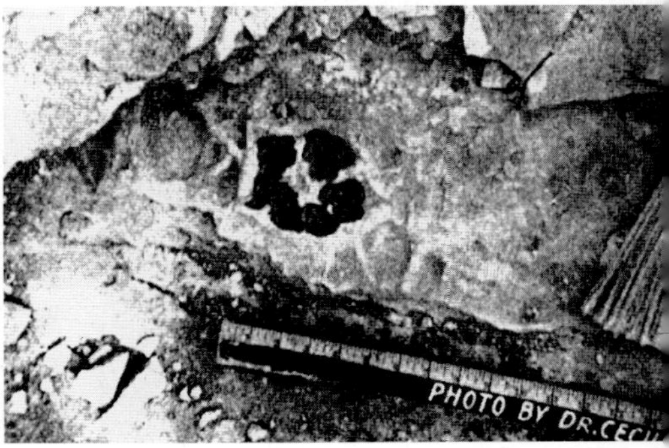

5

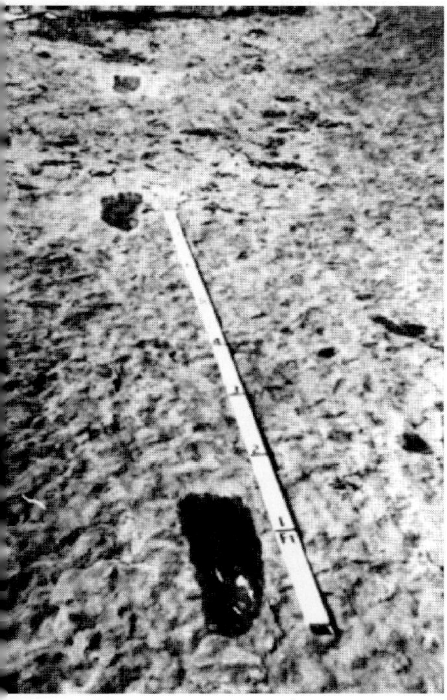

8

7 Drei hintereinander laufende menschliche Fußabdrücke, rechts-links-rechts, in richtigen Schrittabständen unter der Brücke des Highway 144, Glen Rose.

8 Fünf hintereinander laufende versteinerte menschliche Fußspuren 90 cm unter einer Gesteinsschicht mit versteinerten Dinosaurierspuren, in der Nähe von Glen Rose.

9, 10 Menschliche Fußspuren in Kalksteinschichten.
Sie wurden ungefähr 11 km westlich von Temple, Texas, gefunden.

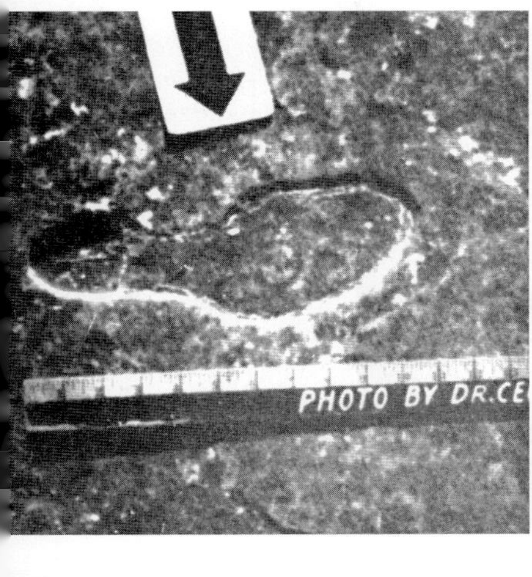

10

11 

11 Das fossile Skelett eines Säbelzahntigers wurde in Florida gefunden. Dieses Tier starb mi der Sintflut, wie viele andere Tierarten, urplötzlich aus. »Florida State Museum«, Gainesville

12 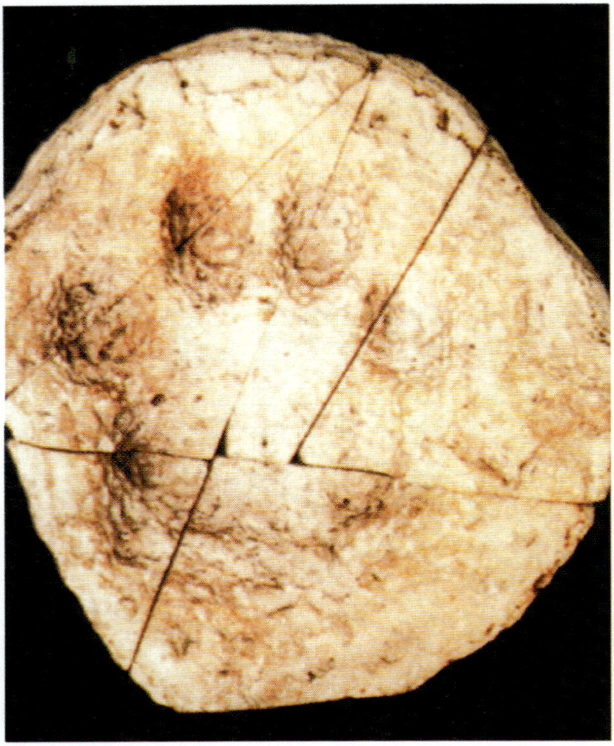

12 Der versteinerte Ab- druck einer über zwei Mete großen Katze, wahrschein- lich eines Säbelzahntigers, i uraltem Kalkgestein, der ne- ben den Abdrücken eines Di- nosauriers im Gebiet vo Glen Rose gefunden wurde Das Gestein wurde durc Sektionsschnitte zerlegt. Di Strukturierung des Kalk- steins beweist die Echthei des Abdrucks. Säbelzahn- tiger und Dinosaurier lebte gemeinsam. Baugh, »Crea- tion Evidences Museum«.

13

13 Vom Ufer aus kann man sich Fußspuren von Dinosauriern im Flußbett des Paluxy River ansehen.

14 Fußspuren von Dinosauriern direkt unter der Wasseroberfläche im Flußbett des Paluxy River.

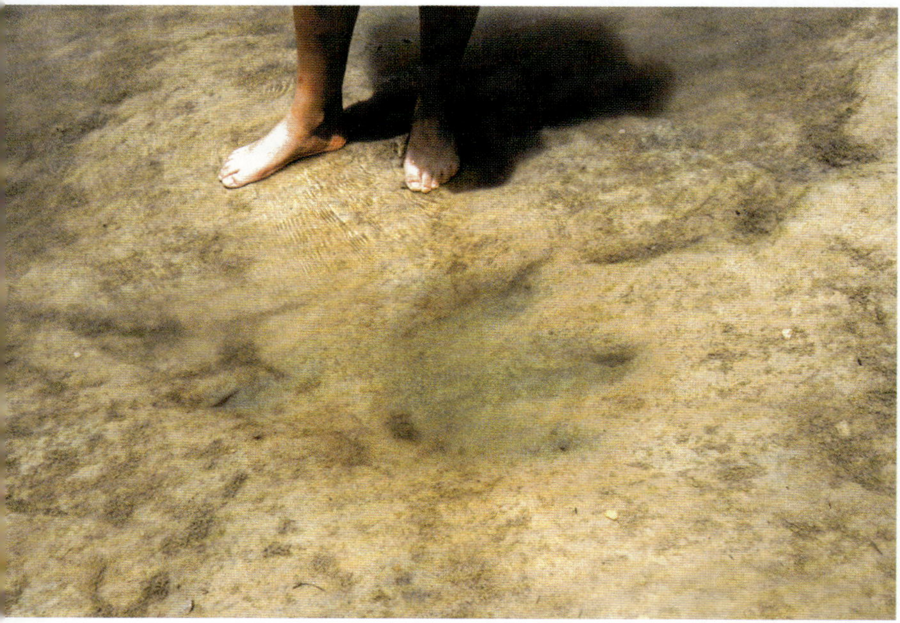

14

15

15 Dr. Carl Baugh bei dem ersten Besuch des Verfassers im »Creation Evidences Museum«.

16 Der Verfasser beim Sammeln von Fossilien am Ufer des Paluxy River.

17 Zwei der am Ufer des Paluxy River gefundenen schönen fossilen Muscheln. Man erkennt deutlich, daß diese Tiere mit angespannten Muskeln plötzlich gestorben sind, da die Schalen ansonsten geöffnet sein müßten.

18 Eine versteinerte Muschelbank mit geschlossenen Muscheln.

17

20

9 *Versteinertes Holz. Vom Verfasser im Flußbett des Paluxy River gefunden.*

0 *Ein komplett in massivem Fels versteinerter Fisch mit den Flossen. Ursache: plötzlicher :inschluß.*

1 *Ein sehr schöner versteinerter Trilobit. Dieser Urkrebs sieht aus wie ein normaler Stein nd erinnert an den fossilen Hammer von London (Texas), der ähnlich im Gestein einge-:hlossen war.*

2 *Der angeblich seit mindestens 400 Millionen Jahren ausgestorbene Trilobit ist auseinander-eklappt.*

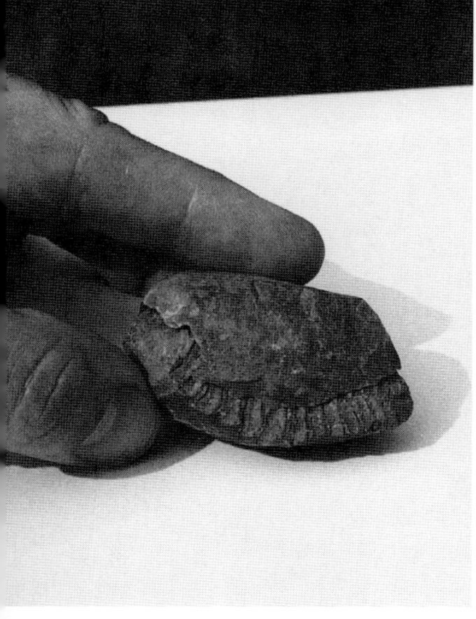

22

23

23, 24 Versteinerte Abdrücke eines dreizehigen Dinosauriers am Ufer des Paluxy River in Dinosaur Valley State Park. Das jetzige Kalkgestein muß zum Zeitpunkt der Entstehung de[s] Abdrücke weich gewesen sein.

24

schen wurden Hunderte von ähnlichen Spuren in Utah und Colorado gefunden, die manchmal aus ganzen Pfaden bestehen. Alle Abdrücke haben gemeinsam, daß sie jeweils an der Decke der Flöze gefunden werden. Außerdem sind sie oft mit Sand- oder Kalkstein verunreinigt

Wie kommen Fußspuren von Dinosauriern an die Decken der Köhleflöze? Diese Tiere müssen durch ein leicht verschlammtes Gelände gelaufen sein, sanken bis zur darunter liegenden Kohleschicht ein und hinterließen ihre Abdrücke in der obersten Schicht des Kohlevorkommens. Klar ist, daß die Kohle zu diesem Zeitpunkt *weich* gewesen sein muß, bevor sie schnell erhärtete, da Erosionseinflüsse die Spuren sonst ausradiert hätten. Es ergibt sich das gleiche Szenario wie bei der Bildung der versteinerten Spuren in Kalk- oder Sandstein.

Gemäß der wissenschaftlichen Lehrmeinung entsteht Kohle über dem Braunkohlestadium durch einen Inkohlungsprozeß, bei dem geochemische Prozesse (Druck, Temperatur) überwiegen. Woher kommt der nötige Druck und die erforderliche Temperatur, um Kohle oberflächennah in einem Seeboden erhärten zu lassen? Nur unter Berücksichtigung eines kataklysmischen Ereignisses kann Kohle entstanden sein, das aber aufgrund des weltweiten Vorkommens einen globalen Charakter gehabt haben muß.[48]

Laut wissenschaftlicher Ansicht soll die tote Vegetation als Ausgangsprodukt für die Kohle eine organische Schicht im Boden gebildet haben und sei so zugedeckt worden, daß kein Sauerstoff herankam, um sie zu zersetzen. Die erforderliche Wärme kam angeblich als geothermische Hitze ganz einfach aus dem *Erdinnern*. Mit der Zeit soll aus dieser Schicht ein Kohleflöz geworden sein. Und über diese erhitzte, vom Sauerstoff abgeschlossene Schicht, liefen die Dinosaurier? Reicht die normale Wärme aus dem Erdinneren an der Erdoberfläche für die Prozesse der Inkohlung aus?

Auf eine zur gängigen Lehrmeinung alternativen Entstehungsmöglichkeit von Kohle und Erdöl werde ich noch im Zusammenhang mit der Beschreibung der Sintflut näher eingehen.

Das Zeitparadoxon und die Evolution

Bei den von mir beschriebenen und vielen ähnlichen Funden stellt sich immer wieder das Problem der Zuordnung zu einer bestimmten Zeitepoche, da sie am falschen Platz und in einer angeblich wesentlich zu alten geologischen Schicht gemacht wurden. *Kategorisch* wird aus diesem Grund immer von *Fälschungen* gesprochen. Wer aber versteckt künstliche Gegenstände auf der ganzen Welt in tiefen Gesteinsschichten, die Hunderte von Millionen Jahre alt sein sollen? Wenn man den geologischen Aussagen über das Alter der Gesteinsschichten glauben will, ergeben Funde künstlicher oder organischer Herkunft in diesen Schichten unmögliche Ergebnisse. Oder kann der Mensch zur Zeit der Einzeller ohne andere Tiere und Pflanzen gelebt haben? Entweder sind alle entsprechenden Funde Fälschungen, was die Schulwissenschaft zur Erhaltung ihres Gedankenmodells auch *ohne Prüfung des Einzelfalles unbedingt behaupten muß, oder die Anerkennung nur eines einzigen Fundes* läßt die Theorie des großen Erdalters und der damit einhergehenden Evolution wie eine Seifenblase zerplatzen.

Setzt man also voraus, daß mindestens *ein Fund echt ist*, muß eine neue, ganz andere Theorie aufgestellt werden. Da die im Gestein oder auch in Kohle eingebetteten Objekte älter als das sie umgebende Material sein müssen, gibt es nur einen Schluß: Das Gestein ist wesentlich jünger, als bisher angenommen wurde, und muß zur Zeit der Einbettung des entsprechenden Gegenstandes eine weiche Konsistenz gehabt haben. Durch irgendeinen kataklystischen Vorgang, die weltweite Sintflut, wurden die von mir beschriebenen Funde in ein weiches oder flüssiges Material eingebettet. Dieser Vorgang müßte vor einer nicht allzu langen Zeitspanne stattgefunden haben. Das Zeitparadoxon wäre in diesem Fall aufgehoben. Die Echtheit der beschriebenen Funde stellt unter dieser Voraussetzung kein Rätsel, sondern ein *naturgegebenes zwangsläufiges Phänomen* dar.

Die unbequeme Konsequenz wäre allerdings wesentlich jünger zu datierende Gesteine. Folgerichtig wäre auch die Erdkruste wesentlich jünger als bisher angenommen wurde, wenn man von einem globalen Charakter und Ablauf der Ereignisse ausgeht. In diesem Fall kann es aufgrund des Zeitproblems auch keine Evolution gegeben haben. Für die Entwicklung der Arten war einfach zu wenig Zeit vorhanden! Dieser Schluß ist logisch zwingend! Wenn es aber keine Evolution gegeben haben kann, stellt sich die Frage: Woher kommen alle hochentwickelten Lebewesen? Es gibt nur eine Antwort: *Sie wurden erschaffen, von wem auch immer.*

Bis vor 200 Jahren glaubten die Menschen des Abendlandes an die Bibel. Und steht nicht geschrieben, daß Gott den Menschen nach seinem Ebenbild machte oder besser gesagt erschuf? Da Gott als Geistwesen, falls er existiert, wahrscheinlich nicht gesehen oder angefaßt werden kann, wurde der Glaube durch die auf den ersten Blick logisch erklärbarere Evolution ersetzt, denn sie stellte die aus jeder Sicht einzige Alternative in materieller, handfester Hinsicht dar. Man mußte fortan nicht mehr an ein göttliches Schaffen im Eiltempo glauben. Die Menschheit besaß mit der Theorie von Darwin eine reale Erklärung, an der es vorher mangelte. Alle in diesem Buch vorgestellten Fakten entlarven den Evolutionsgedanken jedoch als geistige Sackgasse.

5 Zeitfressende Monster

Die direkten Zeitbestimmungen durch die Geologie ergeben nur unter der Voraussetzung einigermaßen brauchbare Ergebnisse, daß die Gleichförmigkeitslehren von Lyell und Darwin während der langen Erdzeitalter Bestand hatten. Hat es einen Weltuntergang gegeben, können die Randbedingungen und Voraussetzungen ganz einfach nicht stimmen. Die direkten Datierungsmethoden müssen deshalb zwangsläufig unsinnige Phantasiewerte ergeben. Handelt es sich bei den direkten Datierungen um einen Fehler in der Theorie, *so wurden die indirekten (Vergleichs-)Methoden der Zeitbestimmung zur Stützung des Darwinismus regelrecht* manipuliert. *Ein bestimmtes Alter der Gesteine kann durch diese Methoden definitiv nicht nachgewiesen werden.*

Massengräber

Für die aus geologischer Sichtweise bewiesene Tatsache einer alten Welt spricht nur die wissenschaftliche Zeitbestimmung, angeblich eindeutig nachgewiesen in Form der direkten und indirekten Datierungsmethoden. Die einzelnen Zeitalter der Erdgeschichte sind bekannt, haben Namen wie Neozoikum, Mesozoikum, Paläozoikum oder Kryptozoikum, und auch deren Dauer wurde genau festgelegt. Wenn es die globale Sintflut aber doch gegeben hat, müssen die wissenschaftlichen Datierungsmethoden, sofern sie das Alter eines mehr als 5000, maximal aber 10000 Jahre alten Objekts bestimmen sollen, falsch sein. In diesem Kapitel werde ich die Altersbestimmungen der Geologen kritisch untersuchen und die Grundlagen der Zeitbestimmung als fehlerhaft nachweisen. Damit wäre dann aber gleichzeitig der uns allen bekannte Ablauf der Erdge-

schichte als grundsätzlich falsche Theorie und sogar freie Erfindung abqualifiziert.
Schätzungsweise sind 95 % aller bekannten Fossilien mariner Herkunft in Form von wirbeligen Tieren, und 4,75 % der Fossilien stammen von Pflanzen und Algen. Von den restlichen 0,25 % entfällt der größte Anteil auf andere wirbellose Tiere, wie Insekten. Der allerkleinste Teil der gesamten Fossilien entfällt auf Landtiere, darunter die Säugetiere und auch Menschen. Auf der ganzen Welt wurden mit steigender Tendenz ungefähr 1300 Skelette von Dinosauriern gefunden, und die Zahl der gefundenen Schädel sowie anderer fossilierter Knochenreste von Menschen ist noch wesentlich geringer. Damit überhaupt ein Fossil entsteht, muß dieses in Sedimentablagerungen unter möglichst fließendem Wasser eingebettet sein, damit die Luftporen mit harten Kalzit- oder Pyritkristallen gefüllt werden. Damit reduziert sich die Möglichkeit der Funde von entsprechenden Fossilien auf ganz spezielle Fälle.
Aufgrund der Art der meisten Funde kann auf eine marine Katastrophe geschlossen werden. Interessanterweise werden marine Fossilien auch in Höhen von mehreren tausend Metern gefunden. Bei einer so gewaltigen Flut bleiben naturgemäß nur geringe Reste von Landtieren und Menschen erhalten.
Außerdem kann man erwarten, daß bei einer entsprechenden Flut die Überreste der Landtiere zusammengeschwemmt wurden. Auch in hochgelegen Höhlen und Felsspalten sollten größere Mengen von Knochen der flüchtenden und Schutz suchenden Tiere zu finden sein. Tatsächlich kennt man auf der ganzen Welt regelrechte Knochenlager. In den Asphaltgruben und Höhlen von La Brea bei Los Angeles in Kalifornien fand man dicht gedrängt die Überreste vieler hundert Tiere der verschiedensten Arten und Gattungen wie Pferde, Faultiere, Kamele, Mammuts, Bisons, Pfauen und Büffel. Die Knochen dieser Tiere bildeten ein nicht zu identifizierendes Durcheinander, wie auf einer Müllhalde.
Charles Berlitz berichtet in seinem Buch »Die Suche nach der Arche Noah« über entsprechende Fundstätten auf der ganzen Welt:
»In Wales und Devonshire und in manchen Gebieten Südenglands

findet man auf Hügeln ganze Gräben voll mit zerschmetterten Knochen von Hyänen, Flußpferden, Elefanten, Polarbären und anderen bekannten Tieren. Auch im Westen des europäischen Kontinents kennt man solche Fundstellen. In den Felsspalten des Hügels Mont Genay in Frankreich liegen Knochen von Nashörnern, Elefanten, Löwen und Auerochsen; in den Schweizer Alpen die von Krokodilen, riesigen Straußen und Polarbären.

In Dakota wurden die Knochen von Kamelen und Pferden mit den Knochen von schwer identifizierbaren Tieren durch den großen Druck zu riesigen Blöcken gepreßt. In Nebraska findet man die Überreste von Nashörnern und Riesenschweinen.«[49]

Knochen eines Wales fand man nördlich des Lake Ontario 132 m und in Vermont 150 m über dem Meeresspiegel. Auf Hügeln und in Felsspalten in Mittelfrankreich lagerte eine Anhäufung gesplitterter Knochen von Mammuts, Wollnashörnern und anderen Tieren. In Burgund, Frankreich, liegt in über 400 m Höhe eine Sedimentschicht mit zersplitterten Überresten von Ren, Pferd, Mammut und anderen Tieren. Bei Plymouth in England fand man in zahllose Stücke zerbrochene Überbleibsel von verschiedensten Tierarten wie Löwe, Nilpferd, Bison, Wolf, Mammut, Nashorn, Bär und Pferd. Diese zerbrochenen Knochen der verschiedenen Tiere bildeten ein wahlloses Durcheinander, das mit scharfkantigen Steinsplittern vermengt war.[50]

Die Felsen von Gibraltar sind mit Felsspalten durchzogen, die mit zahlreichen zerbrochenen und zersplitterten Knochen der Überreste von Hasen, Rind, Nashorn, Luchs, Wolf, Bär, Hyäne, Panther und anderen Tieren gefüllt sind. Die in tausend Stücke zerbrochenen Überreste der Tiere sind nicht abgenutzt oder angenagt.[51]

In Nordsibirien trugen die Ljachow-Inseln früher den Namen Knocheninseln, da das Festland von Knochen völlig übersät war und auch im Meer entsprechende Funde gemacht werden konnten.[51]

Eine andere bekannte Massenfundstätte für Knochen verschiedenster Tierarten stellt die Cumberlandhöhle in Maryland, Vereinigte Staaten, dar. Bei der Grabung eines Geländeeinschnitts wurde im Jahr 1912 eine Höhle mit einer merkwürdigen Ansammlung von Tieren gefunden. Die Überreste der Tiere gehörten zu Bewohnern der unterschiedlichsten Klimazonen: kalt bis gemäßigt (Lemming, Hase, Stachelschwein) oder auch wärmer (Panzerechse). Ebenso wurden Reste von ausgestorbenen oder auch noch lebenden Tierarten (Eichhörnchen, Nerz) gefunden. Aber auch Knochen der Bewohner von Trockenregionen (Coyote, Dachs) sowie wasserreichen Gebieten (Biber, Bisamratte) oder von Waldbewohnern (Eichhörnchen) waren in dem wahllosen Durcheinander zu finden, wie auch Tiere des offenen Landes (Pferd). All diese unterschiedlichen Kreaturen starben *gemeinsam*. Die Ansammlung der Überreste von Tieren der unterschiedlichsten Klimazonen an einer bestimmten Stelle kann keinesfalls durch eine Abfolge von längeren eiszeitlichen Perioden im schulwissenschaftlichen Sinne erklärt werden. Gerade die Funde in der Cumberlandhöhle beweisen das genaue Gegenteil: Ein kataklysmisches Ereignis zu einem bestimmten Zeitpunkt. Aber eine andere Feststellung erscheint für die weiteren Untersuchungen in diesem Buch noch wichtiger: Die zerbrochenen Knochen in dieser Höhle zeigen keine Spuren von *längerer* Wassereinwirkung. Demzufolge können die Knochen nicht über einen längeren Zeitraum in einem Fluß getrieben haben. Es kann eher darauf geschlossen werden, daß die Tierkörper mit gewaltigen Flutwellen gegen die Felsen geschleudert wurden, wodurch die Skelette und Knochen zerbrachen und alle Tierarten durcheinander gewirbelt wurden, vermischt mit Geröll und Gestein.[51]

Nicht sehr gerne wird diskutiert, daß die Massengräber mit Tierleichen in *ganz verschiedenen geologischen Erdschichten* (Jura, Kreide, Tertiär) vorgefunden wurden, wie auch in tiefliegenden Kohleflözen. Massengräber mit den verschiedensten Tieren auf der ganzen Welt können nur durch eine plötzlich hereinbrechende Flutkatastrophe verursacht worden sein. Gleichzeitig sind Versteinerungsprozesse auch ein Kennzeichen für außergewöhnliche Umstände. Ein toter Tierkörper unterliegt einer mechanischen (Temperaturen), chemischen (Säuren) oder biologischen (Verwesung) Zerstörung. Deshalb findet heutzutage auch kein Versteinerungsprozeß statt, obwohl tagtäglich unzählige Lebewesen sterben. Damit ein Tierkörper vor der Zerstörung bewahrt wird und versteinert, muß das organische Material von einer schützenden Hülle umgeben werden. Da die Versteinerungen sich normalerweise in Gesteinsformationen befinden, muß dieses Gestein zu dem entsprechenden Zeitpunkt flüssig oder zumindest weich gewesen sein. Eine sich über einen langen Zeitraum hinziehende Versteinerung kann es nur im Ausnahmefall geben. Aber Fossilien bilden nicht die Ausnahme, sondern sind weltweit leicht zu findende Fundstücke.

In einer Kalkbank in England wurden unzählige Trilobiten in einer eigentümlichen Lage gefunden, denn sie waren eingerollt. Die Ringe des Rumpfes dieser dort gefundenen Trilobitenart bestanden aus Chitin, wie bei den uns bekannten Asseln. Diese Tiere haben die Fähigkeit, sich bei Gefahr einzurollen. Und genau in diesem Zustand fand man die Trilobiten, massenhaft verendet in einer eingerollten Lage bei einer plötzlich hereinbrechenden Katastrophe.[51]

Ein anderes Beispiel für das Massensterben stellen die Ammoniten dar. Deren plötzliches und vollständiges Verschwinden stellt ein wissenschaftlich ungelöstes Rätsel dar. Diese früher massenhaft verbreiteten Seetiere besaßen eine Art Schneckengehäuse und waren gute Schwimmer. Wieso starben diese Tiere, die fast *alle Meere bevölkerten*, weltweit aus? Die mit den Ammoniten eng verwandten Nautiliden überlebten aber mit einigen Arten bis zum heutigen Tag. Dieser anscheinende Widerspruch galt bisher als überzeugender Beweis gegen den globalen Charakter einer Katastrophe in der Erdvergangenheit, denn sonst hätten die Nautiliden angeblich *nicht überleben können*.

Die Lösung des Rätsels liegt im grundlegend *unterschiedlichen Schalenaufbau beider Tierarten*. Die Wölbung der Scheidewände war entgegengesetzt ausgebildet, wodurch die Nautiliden befähigt waren, tiefer zu tauchen als die Ammoniten, die nur in den Flachgebieten der Meere lebten.[52] Dieser Unterschied aber birgt die Lösung des Aussterbens der Ammoniten. Als Oberflächentiere waren sie der Urgewalt einer gewaltigen Flut und Absenkung der Temperatur hilflos ausgesetzt, während die Nautiliden in den Tiefen des Meeres mit konstanteren Temperaturen – Speichervermögen des Wassers – überleben konnten. Die Ammoniten bevölkerten die Meere in verschiedenen Arten seit ungefähr 400 Millionen Jahren

Abb. 7: Querschnitt Nautilus. *Man erkennt die nach hinten gewölbten Scheidewände. Deshalb überlebten sie im Gegensatz zu den Ammoniten in den Tiefen der Meere.*

und starben mit den Dinosauriern angeblich vor ungefähr 64 Millionen Jahren aus. Ein wissenschaftliches Rätsel und Argument gegen ein weltweites Massensterben bildet ein geradezu schlagkräftiges und *logisches Argument für eine weltweite Sintflut.*

Mit unserem Weltbild der sich nur langsam verändernden Erde sind die zu findenden Massengräber unterschiedlichster Tierarten nicht zu vereinbaren. Dieses weltweite Massensterben stellt eines der heftigst diskutierten Themen der jüngsten Vergangenheit dar. Unterschiedlich wird die Ursache für dieses Massensterben und Aussterben vieler Tierarten angesehen und entsprechend kontrovers diskutiert. Die zwischenzeitlich verpönte Katastrophentheorie wird jedoch in letzter Zeit wieder zunehmend diskutiert.

Gesicherte Altersbestimmung?

Bei der Altersbestimmung nach der Radiocarbonmethode[53] werden für dasselbe Objekt oft unterschiedliche Ergebnisse erzielt. Anderseits sind unglaubwürdige Ergebnisse kein Einzelfall.

Im Journal »Science« ist die Datierung der Schale einer Molluske (Weichtier) dokumentiert. Das Alter wurde mit der Radiocarbonmethode auf 2300 Jahre festgelegt. Der Schönheitsfleck war nur, daß es sich um ein noch *lebendes* Exemplar handelte.[54]

In einem anderen Fall ergab sich für das Schneckenhaus eines lebenden Tieres ein Alter von 27000 Jahren.[55]

Das der umstrittenen Radiocarbonmethode zugrunde liegende Prinzip basiert auf dem Zerfall des radioaktiven Kohlenstoffs und wurde von Willard Libby 1947 entdeckt. Alle Lebewesen nehmen kleine Mengen radioaktiver Isotope des Kohlenstoffs, chemischen Zeichen C, in ihren Stoffwechselkreislauf auf. Diese Isotope C-14 werden in den höheren Zonen der Atmosphäre durch die starke Höhenstrahlung unter Reaktion mit dem Stickstoffisotop der Luft erzeugt und dem Luftmantel eingestreut. Mit dem Tod des Lebewesens endet die Aufnahme dieser Isotope. Die bis zum Zeitpunkt des Todes im Körper angereicherten radioaktiven Atome zerfallen dann in bestimmten Raten, die unter dem Namen Halbwertzeit bekannt sind und für C-14 gerade nur 5730 Jahre beträgt. Nach der doppelten Zeit, in diesem Fall nach 11 460 Jahren, beträgt die Rate nur noch 25 % des ursprünglichen Ausgangswertes. Verdoppeln wir diese Zeit auf knapp 23 000 Jahre, dann beträgt die verbleibende

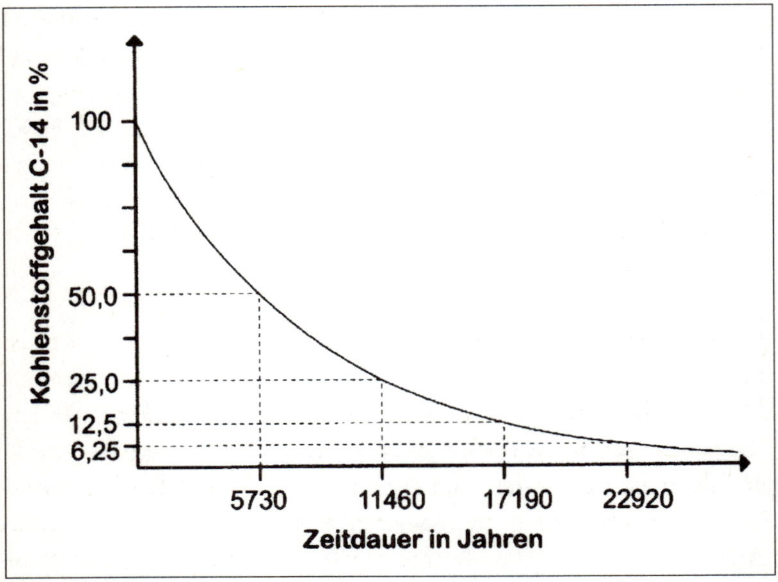

*Abb. 8: **Abnahme des Kohlenstoffgehalts.** Datierungen mit der Radiocarbonmethode erscheinen auch unter idealen Randbedingungen schon ab ungefähr 20 000 Jahren zweifelhaft.*

Anzahl der ursprünglich im Körper angesammelten Isotope nur noch 6,25 %. Das ist wenig genug, wenn man bedenkt, daß die Konzentration der C-14-Atome im Körper selbst schon relativ gering ist.

Aufgrund dieser Betrachtung können Altersbestimmungen über einen Zeitraum von 20 000 oder mehr Jahren nicht annähernd genau genug sein, da der prozentuale Anteil der noch vorhandenen Isotope auf Prozent fällt. Bei dieser Methode würden geringe Abweichungen zu sehr großen Meßfehlern führen. Nur für die letzten 5000 Jahre ergibt die Radiocarbonmethode oft brauchbare Ergebnisse mit einer Fehlerrate von vielleicht 10 %, da für längere Zeiträume die Anzahl der überhaupt noch zu messenden Isotope drastisch abgenommen hat und gegen Null tendiert.

Zu diesen meßtechnischen Unsicherheiten addieren sich Unsicherheitsfaktoren, die die Messungen grundsätzlich in Frage stellen. Bei der bisherigen Betrachtung ging man von einem relativ konstanten Kohlenstoffgehalt der Lufthülle während der Erdvergangenheit aus. Stimmt das überhaupt? Die verschiedensten Ereignisse können in der Vergangenheit einen mehr oder minder starken Einfluß auf die obersten Atmosphäreschichten ausgeübt haben, in denen die C-14-Isotope gebildet werden:

- Atmosphärische Verschmutzungen durch Vulkanausbrüche.
- Abgase und Emissionen jeder Art.
- Eine Änderung der Intensität der kosmischen Strahlung (Sonnenfleckentätigkeit).
- Atomversuche oder Unfälle in Kernreaktoren.
- In die Atmosphäre eindringende Meteore oder andere massive Himmelskörper.

Durch Erdkatastrophen ausgelöste klimatische Veränderungen und Umwälzungen haben einen signifikanten Einfluß ausgeübt. Sollte vor der Flut eine andere Atmosphäre mit weniger Kohlenstoffgehalt geherrscht haben, spiegeln Meßergebnisse ein viel zu hohes Alter vor. Ein bekanntes Beispiel stellen die Datierungen der Pflanzen dar, die direkt neben der Autobahn wachsen. Aufgrund des unnatürlich hohen Kohlenstoffgehalts der Pflanzen durch die Autoabgase kommen falsche Meßwerte zustande.

Es gibt also viele Ereignisse, die die Ozonschicht mehr oder minder schädigen oder auch nur die Höhenstrahlung verändern können. Durch diese Vorkommnisse wird die Bildung des radioaktiven Kohlenstoffs rasch anwachsen, da die Höhenstrahlung stark zunimmt. Die Messungen nach der Radiocarbonmethode werden aus diesen Gründen für längere Zeiträume zunehmend in Zweifel gezogen.

Die ganze Problematik wird bei folgendem Vergleich einfach aufgezeigt. Wenn man eine Kerze in einem geschlossenen Raum mit einem Fenster abgebrannt auffindet, kann man aufgrund des Sauerstoff- und Kohlendioxydgehalts des Raumes sowie der Größe und dem Restwachs der Kerze im Verhältnis zur Ausgangsgröße ausrechnen, wie lange die Brenndauer war. Es werden dabei konstante Rahmenbedingungen wie der geschlossene Raum und der vorhandene Sauerstoffgehalt angenommen und vorausgesetzt. Bis zu diesem Punkt entspricht diese Situation der gängigen wissenschaftlichen Altersbestimmung. Wer weiß aber, ob das Fenster, vergleichbar mit dem Himmel, nicht irgendwann geöffnet und nach einer bestimmten Zeit auch wieder geschlossen wurde? Wie lang dauerte die Unterbrechung? Gab es in der Vergangenheit, beispielsweise bei dem Öffnen des Fensters, besondere Bedingungen für ein beschleunigtes Brennen? Wurde die Kerze möglicherweise durch Wind oder andere Ereignisse in der Vergangenheit gelöscht und durch einen anderen Vorgang wieder entzündet? Einfache Fragen, aber keine Antworten.[56] Die Lebensdauer der Kerze ist nur unter bestimmten Annahmen und Voraussetzungen bestimmbar. Entsprechende unbekannte Randbedingungen gibt es auch bei der Datierung des Alters organischer und auch anorganischer Stoffe.

Das Alter von fossilen Schädelfragmenten unserer menschlichen Vorfahren wird normalerweise mit den indirekten Methoden datiert, da man andernfalls einen Teil der wenigen vorhandenen Knochenreste für die Untersuchung vernichten müßte. Dies erfolgt durch die Datierung des Alters der Erdschicht, in der die Knochenreste gefunden wurden. Aber dieses Thema hatte ich ja schon kontrovers diskutiert.

Da die Wissenschaft die von mir dargelegten Unsicherheiten der Altersbestimmungen zwar kennt, aber nicht berücksichtigt, entwickelte man wissenschaftliche Messungsmethoden, die die Datierungen nach den bisher beschriebenen Vorgehensweisen glaubhaft und beweisbar machen sollen.

Manipulierte Chronologien

Ein bekanntes Verfahren stellt die Dendrochronologie (Jahresringchronologie) dar. Bei diesem Verfahren werden die sich in den Baumstämmen unterschiedlich dick gebildeten Ringe verglichen und von verschieden alten Bäumen aneinander gereiht, so daß man angeblich einen Kalender der Jahresringbreiten besitzt, der einen lückenlosen Zeitraum von ungefähr 10 000 Jahren umfaßt.
Diese Methode, die von den Anhängern der Eiszeittheorie als unfehlbar bezeichnet wird, gehört jedoch zu den *ungenauesten Methoden der Altersbestimmung*. Kann es überhaupt als gesicherte Tatsache gelten, daß sich in der Vergangenheit immer nur ein Ring pro Jahr gebildet hat, wie es sich uns heutzutage darstellt?
Die Dicke eines Jahresrings hängt von den örtlichen klimatischen Verhältnissen und damit den Voraussetzungen für eine bestimmte Wachstumsrate ab. Auch dem Laien leuchtet es ein, daß das Klima überall sehr unterschiedlich ist. An Berghängen regnet es oft viel mehr als in der davor liegenden Ebene. Einfluß nimmt auch die Himmelsrichtung, denn beschattete Nordhänge bieten weniger gute Wachstumsbedingungen wie durch Sonne intensiver beschienene Südhänge. Bäume, die vielleicht nur wenige Kilometer entfernt voneinander wachsen, weisen damit im Extremfall unterschiedliche Breiten von Jahresringen auf und sind nicht mehr vergleichbar. Der Ort des Wachstums alter Bäume ist im Normalfall aber gar nicht bekannt. Die Überlappungen der Jahresringe verschieden alter Bäume muß unter diesem Gesichtspunkt als willkürlich erscheinen, besonders wenn man die relativ kurze Lebensdauer der Kiefern berücksichtigt, wodurch viele zu bestimmende Überlappungen erforderlich werden und die Fehlermöglichkeit erhöht

wird. Die Kiefern-Chronologie soll ununterbrochen die letzten 12000 Jahre zurückreichen. Professor Hans-Ulrich Niemitz und Christian Blöss veröffentlichten unter dem Titel »Der Selbstbetrug von C-14-Methode und Dendrochronologie« starke Zweifel an den Datierungsmethoden: »Der Kenner weiß, daß die C-14-Methode ohne Schützenhilfe der Drendrochronologie schon längst verloren gewesen wäre: Eine C-14-Messung muß, um aussagekräftig zu werden, kalibriert werden, und nur die Dendrochronologie liefert die dafür benötigte umfassende Kalibrierquelle.«[57] Gleichzeitig heißt es aber auch: »Dagegen ist kaum bekannt, daß die Dendrochronologie ohne C-14 niemals eine lückenlose Baumringsequenz… zustandegebracht hätte.«[57] Zwei unsichere Methoden stützen und beweisen sich gegenseitig. Damit entfaltet sich wieder die Methode des sich selbst beweisenden Beweises, analog des Systems, das zwischen Geologie und Darwinismus zur Bestimmung der Erdzeitalter angewendet wird. Wenn man ein entsprechendes Vergleichsverfahren anwendet, muß eine Meßmethode grundsätzlich unantastbar sein, was in diesen Fällen jedoch nicht gegeben ist. Aus zwei unsicheren Methoden kann sich auf keinen Fall ein Beweis entwickeln, höchstens eine Vermutung.

Eine noch unsicherere Möglichkeit der Altersbestimmung unserer jüngeren Erdvergangenheit bildet die Warwen-Methode. Diese Warwen (Bändertone) und jahreszeitliche Kalkfärbungen sollen absolut gesicherte Alterswerte für die letzten 10000 Jahre ergeben. Man geht einfach davon aus, daß sich pro Jahr eine Seeton-Schicht abgelagert hat. Wenn es die von mir in diesem Buch beschriebene globale Sintflut gegeben hat, sind aber allein in diesem Zeitraum unzählige Tonschichten hintereinander mit den verschiedenen Flutwellen entstanden. Zeitepochen von mehreren tausend Jahren können so auf vielleicht nur einen Tag zusammenschrumpfen. Willkür und Zufall sind bei dieser Methode Tor und Tür geöffnet.[58]

Entsprechende Überlegungen gelten für alle weiteren Datierungsmethoden, wie der »Magnetostratigraphie, die auf dem Paläomagnetismus der magnetischen und Sedimentgesteine beruht«.[59] Mit diesem Verfahren kann man angeblich Datierungen für Zeiträume von über 50000 Jahren vornehmen. Auch in diesem Fall kennt man

nicht die Bildungsrate pro Zeitraum und Intensität des bei der Erstarrung des Gesteins vorhandenen Magnetismus auf der Erde.
Alle beschriebenen Datierungsmethoden sind ungenau, da man die früheren und unterschiedlichen örtlichen Bedingungen in der Vergangenheit einfach nicht kennt. Immer wieder versucht man, heutige konstante Verhältnisse mit Hilfe der Gleichförmigkeitstheorien von Darwin und Lyell in die Vergangenheit zu projizieren.

Die fehlerhafte Datierung anorganischer Funde

Mit der C-14-Methode läßt sich nur das Alter organischer Materialien bestimmen. Anorganische Stoffe (Gestein) können mit dieser Methode nicht datiert werden. Für diesen Zweck wurden andere Verfahren entwickelt, wovon ich einige Methoden kritisch untersuchen möchte.
Bei den meisten Verfahren der Altersbestimmung (Thermolumineszenz-Analyse, Elektronenspinresonanz-Verfahren) dient die Halbwertzeit oder die freigesetzte Strahlungsmenge als Maßstab. Sie basieren auf den bekannten Mechanismen der Zerfallsreihen der natürlichen Radioaktivität, insbesondere des Urans 238, das in der Natur am weitesten verbreitet ist. Ich werde versuchen, diese Basis der Altersbestimmung in Frage zu stellen und damit die Datierung nur für einen theoretischen Spezialfall als richtig erscheinen zu lassen, der aufgrund der fehlenden Rahmenbedingungen jedoch nicht gegeben ist.
Es wird vorausgesetzt, daß nur die heute noch in der Atmosphäre vorkommenden radioaktiven Isotope auch in der Vergangenheit vorhanden waren. Sind im Gestein vielleicht Reste einer uns unbekannten und jetzt nicht mehr in der Lufthülle zu findenden Strahlung vorhanden? Aufgrund der anderen Zerfallszeit dieses Isotops, die ja dann linear in die Altersberechnung eingeht, würde sich ein ganz anderes Alter ergeben. Außerdem wird vorausgesetzt, daß sich die Intensität der radioaktiven Strahlung im Laufe der angeblich 4,5 Milliarden Jahre Erdgeschichte kaum geändert hat. Augenscheinlich und analog der bisherigen Ausführungen muß diese

theoretische Grundlage aller Altersbestimmungen grundsätzlich und damit die Methode als solche strikt abgelehnt werden. Sobald die Geologie diese Diskrepanz erkennt, den Darwinismus als Irrweg ablehnt und die Auswirkungen der Katastrophen in der Erdgeschichte berücksichtigt, kann man vielleicht bessere und richtigere Abschätzungen des Erdzeitalters vornehmen.

Schnelle Erhärtung der Sedimentgesteine

Seit einigen Jahren beschäftigen sich einige Wissenschaftler kritisch mit diesen Fragen der Altersbestimmung. Die Untersuchungen von Robert Gentry, die ich im nächsten Kapitel näher erläutere, bestätigen die Zweifel an den theoretischen Grundlagen der Datierung von Granit, einem Urgestein im Gegensatz zu den später entstandenen Sedimenten, das sind Ablagerungsgesteine wie beispielsweise Schiefer, Kalk- oder Sandstein.[60]

Kein Mensch konnte bisher eine Gesteinsbildung beobachten, wenn man von der Abkühlung glühender Lava absieht. Alle Erklärungen über die Entstehung oder besser gesagt des Verfestigungsprozesses der ursprünglichen Mineralkomponenten müssen daher fast *ausnahmslos Vermutungen* darstellen. Da man für eine Verfestigung losen Gesteinsmaterials im Normalfall hohe Temperatur und/oder enormen Druck benötigt, kann die Geologie das Vorhandensein entsprechender metamorpher, also aus Sedimenten oder Magma umgewandelten Gesteine (Beispiel: Kalkstein kristallisierte unter Druck zu Marmor) an der Erdoberfläche nur durch einen gewaltigen Umwälzungsprozeß erklären: Die Gesteine sollen -zig Kilometer tief in der Erdkruste durch Druck und Hitze gebildet worden sein. Jedoch erst nachdem sie durch Umschichtungen in der Erdkruste dorthin abgesenkt wurden, um danach wieder an die Oberfläche umgewälzt zu werden. Eine abenteuerliche und unter angeblich *gleichförmigen Bedingungen* während unserer Erdgeschichte höchst *unwahrscheinliche Reise*, die als Gedankenmodell nur erforderlich wird, damit man den für eine scheinbar erforderliche Pressung und damit Verdichtung der Sedimente notwendigerweise auszuübenden Druck erklären kann. *An der Erdoberfläche* kann unter den uns bekannten normalen atmosphärischen Voraussetzungen aus losem Material *kein fester Fels entstehen*, da Hitze und/oder Druck oder eine hydraulische Erhärtung (Kalziumkarbonat) erforderlich wäre.

Da sich die Erde nach den grundlegenden Theorien aber nur langsam verändern soll, kann dem Prozeß der Umwälzung von Erdschichten nur ein örtlicher Charakter zugebilligt werden. Deshalb nennt man diesen Vorgang wissenschaftlich auch *Regional*metamorphose, also ein räumlich begrenzt abgelaufener Vorgang. Seltsamerweise kann man entsprechend metamorph umgewandeltes Gestein auf der ganzen Welt finden: *Die Ausnahme ist die Regel.* Muß man daraus nicht auf einen weltweit abgelaufenen Prozeß schließen, eine *Global*metamorphose? Damit verbunden wären aber Erdkatastrophen, die es ja in dieser Art und dem Umfang nicht gegeben haben soll. Selbst unter den Geologen besteht Uneinigkeit, ob das Urgestein Granit metamorph umgewandelt wurde oder es sich um ein echtes Erstarrungsgestein handelt. Durch eine ganz andere Theorie werde ich versuchen, die schnelle Erstarrung dieser Gesteine und auch der Sedimente an der Erdoberfläche zu beweisen.

Das Ursprungsgestein Granit entstand aus der ehemals flüssigen Substanz der urzeitlichen Erde und verfestigte sich angeblich langsam über einen größeren Zeitraum hinweg in verschiedenen kristallinen Formen. Das körnige Tiefengestein besteht in der Hauptsache aus Quarz, Glimmer und Feldspat oder einem entsprechenden Konglomerat. Die Erdrinde besteht zu ungefähr 60 % aus Feldspäten, und diese kommen wiederum teilweise als *Kalk*natronfeldspäte vor. Das Verwitterungsprodukt von Feldspat ist Kaolin: der *Rohstoff für die Porzellanherstellung* (Porzellanerde). Ton besteht aber vorwiegend aus Kaolin und wird zusammen mit Sand und anderen Zusätzen durch Pressen bei hohem Druck und einem Brennvorgang mit Temperaturen über 900 °C zu keramischen Fliesen verarbeitet. Kann dieser Prozeß unter kataklysmischen Umständen in der Natur abgelaufen sein? Wenn man entgegen unserem schulwissenschaftlichen Weltbild eine entsprechend hohe Tempera-

tur während einer Katastrophe voraussetzt, muß diese Frage bejaht werden. Aber *unter diesen Voraussetzungen erhärteten die Gesteine schnell* wie Beton oder gebrannte Keramik.
Wie ich noch ausführlicher beschreiben werde, erzeugte der Sintflut-Impakt (= -Meteoriteneinschlag) Temperaturen von weit über 1000 °C und in der Nähe der Einschläge von bis zu über 100 000 °C, wie Computeranimationen gezeigt haben. Damit lagen alle Voraussetzungen für einen schnellen Brennvorgang des Erdegemisches vor.
Durch Brennen von Kalkstein und Ton (Mergel) bei hohen Temperaturen gewinnt man Zement, der für die schnelle Erhärtung von Beton verantwortlich zeichnet. Die wichtige Zementart Portlandzement enthält bis zu 5 % Gips oder Anhydrit. Für die Verfestigung des Erdegemisches ist *Kalzium* (Kalziumkarbonat) als hydraulischer Härtebildner verantwortlich, das als wesentliches *gesteinsbildendes Element* bei Kalkstein, Marmor, Dolomit und Gipsstein bekannt ist. Auch im heutigen Meerwasser sind Kalziumionen in geringer Konzentration enthalten, die als Härtebildner wirken. Der Kalziumgehalt der Urmeere war früher wahrscheinlich wesentlich größer,

- da der Meeresboden aus Basalt besteht und ein Austausch der entsprechenden Ionen stattfand;
- auch andere Salze und Mineralien aus dem Grund der Meere ausgewaschen wurden;
- durch die Flüsse Erosionsmaterial mit gelösten Stoffen in das Meer transportiert wurde;
- bei Austritt von flüssigem Magma in das Meerwasser ein Ionenaustausch ausgelöst wird.

Anderseits deutet die *Anhäufung der Sedimente* im Kambrium (nach geologischer Ansicht eine Zeitperiode vor 590 bis 500 Millionen Jahren) auf vermehrt zu verzeichnende Kalksteinbildung hin, und das stellt ein bisher nicht wissenschaftlich diskutiertes Rätsel dar. Der Erdkörper liefert eigentlich nur die Substanzen für die Bildung der Erstarrungsgesteine (= Erruptivgesteine: Granit und Basalt), aber *kaum Kalzium*. Unter diesem Gesichtspunkt kann dieses Element nur *aus dem Weltraum oder unserer damali-*

gen Atmosphäre gekommen sein. Wurde es mit den Sturzregen während der Sintflut aus der Atmosphäre ausgewaschen und auf die Erdoberfläche gespült? Auf diesen Aspekt werde ich noch näher eingehen.

Analog diesen Überlegungen konnte die durch gewaltige Erdaufbrüche und heftige Vulkantätigkeit zutage tretende flüssige Erdsubstanz durch das vorhandene Kalzium schnell verfestigt werden, und es entstand bei kaolinhaltigen Böden ein porzellanartiges Gestein, während bei überwiegend kalkhaltigen Zusammenmengungen Kalkstein oder auch eine Art Beton (Sandstein) entstand. Allerdings waren alle Arten von Mischungen möglich. Diese Theorie hört sich utopisch an, wird jedoch durch die Fakten und Erscheinungsbilder in der Natur bestätigt. Deshalb möchte ich die chemischen und geologischen Vorgänge etwas eingehender darstellen. Denn wenn meine Überlegungen zutreffen, muß unser Weltbild grundlegend geändert werden.

Ton entstand durch Verwitterung aus Mineralien der Urgesteine, insbesondere des Feldspats. Unter Einwirkung vor allem von kohlensäurehaltigen Wässern, die als Nebenprodukt der Vulkantätigkeit während der Sintflut entstanden sind, bildete sich:

Feldspat + Kohlensäure = Aluminium-Silikat-Hydrat (Ton/Kaolin) + K_2CO_3

Das Aluminium-Silikat-Hydrat ist nichts anderes als der feste *normale Ton*, der durch Wasserzugabe bildsam wird. Wenn der Ton in *reiner Form* vorkommt und eine weißliche Farbe aufweist, handelt es sich in diesem speziellen Fall um *Kaolin (Porzellanerde)*. Damit der Ton wasserbeständig und damit zu Tongestein wird, benötigt man einen Brennvorgang. Entsprechend hohe Temperaturen von mindestens 1000 °C waren während des Sintflutablaufs in großen Teilen der Welt vorhanden. Es entstand damals aus dem normalem Ton unter Freisetzung von Wasser *gebrannter* Ton (Aluminium-Silikat), der dann *wasserbeständig* ist! *Der ursprünglich weiche Matsch erhärtete unter kataklysmischen Umständen schnell zu hartem Gestein.*

Aluminium-Silikat und Kalziumhydroxid (gelöschter Kalk) bilden wiederum Kalzium-Aluminium-Silikat-Hydrat und Tri-Kalzium-Disilikat-Hydrat. Diese chemischen Vorgänge stellen aber nichts anderes als das *Erhärtungsschema der anhydrischen* (Anhydrit = wasserfreier Gips) *Bindemittel*, beispielsweise der Puzzolane vulkanischen Ursprungs, dar: Puzzolanerde, Santorinerde und *Traß*. Der *Kalk-Traß-Mörtel* wird auch heute noch für spezielle Bautechniken verwandt und war wiederum bei den Römern sehr beliebt, da er auch sehr gut *unter Wasser abbindet* (erhärtet) und deshalb gerne im Wasserbau (Talsperrenmauer, Brückenpfeiler) verwendet wird. Ich betone nochmals, daß *unter Berücksichtigung der Temperaturerhöhung in der Natur auf natürlichem Wege schnell erhärtende Bindemittel jeder möglichen Art entstanden*, die für die schnelle Erhärtung der Sedimente zu festem Gestein verantwortlich sind.

Die Reaktionsfähigkeit des gebrannten und feinkörnigen Tons mit der Kalkbase entsteht durch ein Aufsprengen des Kaolinitmoleküls bei Hitzeeinwirkung über 650 °C unter *Wasserabspaltung*. Durch diese chemischen Vorgänge, für die im Verhältnis zum Sintflutablauf relativ geringe Temperaturen vonnöten waren, wurden wiederum *neue Verbindungen* ermöglicht, und der Gesichtspunkt der *Bildung von freiem Wasser* spielt noch eine gewichtige Rolle.

Da die für diese chemischen Vorgänge erforderlichen hohen Temperaturen als Begleiterscheinung der Sintflut gegeben waren, was bei den bisherigen schulwissenschaftlichen Überlegungen bisher *nicht* berücksichtigt wurde, entstand vor ein paar tausend Jahren in kurzer Zeit:

- Eine Art gebrannter Ton bis hin zum »Porzellan«.
- Ein betonartiges Gestein aus Sand-Wasser-Gemischen mit Traß oder anderen hydraulischen Zuschlägen.
- Kalkstein, bei entsprechenden Druckverhältnissen auch Marmor, in verschiedenen Arten und Härtegraden, je nach Menge und Qualität der Beimengungen.
- Mischungen aus den vorgenannten Erscheinungsformen.
- *Überschüssiges Wasser.*

Es muß nur noch die Herkunft des Kalziumhydroxid geklärt werden. Wenn Kalkstein (Kalziumkarbonat) bei über 1000 °C gebrannt wird, entsteht gebrannter Kalk (CaO) und Kohlendioxid. Gebrannter Kalk und Wasser, das während der Sintflut reichlich vorhanden war, ergibt wiederum Kalkhydrat, den gelöschten Kalk, unter Freisetzung von Wärme. Der so entstandene gelöschte Kalk ging mit der bei den Vulkanausbrüchen freigesetzte Kohlensäure (Kohlendioxid plus Wasser) eine dauerhafte Verbindung ein: *Es entstand Kalkstein unter Freisetzung von Wärme und jeweils zwei Teilen Wasser pro Molekül.*

Kalkhydrat + Kohlensäure = *Kalkstein* + Hydratwasser + Wärme

Wichtig ist die Konsistenz von im Wasser verteilten Kalziumhydroxid: Es steht an der Grenze zwischen einer Dispersion und einer kolloiden Lösung und verhält sich aus diesem Grund wie ein *plastisches Gel.*

Die *schnelle Erhärtung des Kalksteins* und Konservierung der Fußspuren durch Überdeckung einer nach diesem Vorgang schnell erhärtenden gelartigen Masse ist damit *grundsätzlich geklärt*! Die Dinosaurier und andere Tiere liefen durch den Schlamm frisch überfluteter Gebiete. In diesen Fußspuren folgten dann auch Menschen, da es sich leichter gehen ließ. Der Schlamm erhärtete sehr schnell analog der beschriebenen chemischen Vorgänge. Diese Spuren wurden während einer erneuten Überflutung mit der beschriebenen gelartigen Masse (Schlamm) überdeckt und konserviert. Auch diese Schicht erhärtete als eine Art Betongemisch (Kalkstein, Sandstein) sehr schnell. So entstand mit den anlandenden Fluten Bodenschicht auf Bodenschicht innerhalb eines kurzen Zeitraumes. Dadurch wird auch erklärlich, daß Fußspuren von Menschen und Dinosauriern in mehreren übereinander liegenden Gesteinsschichten gefunden wurden, die geologisch gesehen, gemäß dem uns gewohnten Weltbild, Millionen von Jahren getrennt sein müßten.

Die abgelaufenen chemischen Vorgänge der Entstehung der Gesteinsschichten können je nach den örtlichen Gegebenheiten wesentlich komplizierter sein: Durch hydraulische Umlagerungen und Anreicherungen mit Aluminium, Silizium, Sulfat, Eisen, Kieselsäure, Tonerdegel und Sauerstoff in Verbindung mit gebranntem Kalk, der wie bereits beschrieben mit dem Brennen des Kalkgesteins entstand oder auch durch das frei vorhandene Kalzium gebil-

det wurde. Durch diese Prozesse konnten die Hauptbestandteile des Zements entstehen. Als Beispiele wären zu nennen: Tricalciumsilikat, Dicalciumsilikat, Tricalciumaluminat und Calcium-Aluminatferrit. Diese Zementsorten beinhalten als wichtigsten Faktor gebrannten Kalk (CaO), worauf die Namensgebung hinweist.
Zement entsteht durch Brennen eines Gemisches von Kalk und Ton bis zur Sinterung (Verdichtung unter Druck- und/oder Temperatureinwirkung bei Temperaturen unterhalb der Schmelztemperatur) bei ungefähr 1450 °C. Der Kalk wird bei diesem Vorgang praktisch restlos an Tonsäuren gebunden. Der Zementleim (Zement-Wasser-Gemisch) erhärtet durch Hydration (mittels Aufnahme von Wasser verursachte Quellung und Volumenvergrößerung) wie ein normaler Leim, geht jedoch auf *mineralischer Basis eine wasserbeständige Verbindung* ein. Chemisch handelt es sich bei der Hydration um das Einbinden des vorhandenen Wassers und damit der chemischen Umwandlung zu *Hydraten unter Freisetzung von Kalkhydrat* bei den Kalziumsilikaten. Damit ist auch die Herkunft und Entstehung des Kalkhydrat gelöst.
Zusammenfassend kann man feststellen, daß unter Berücksichtigung der hohen Temperaturen und Druckverhältnisse während des Sintflut-Geschehens die Sedimente (Kalkstein, Sandstein, Schiefer) neu entstanden sind und sich schnell verfestigten. Bedingt durch die örtlich herrschenden hohen Temperaturen ging die Erhärtung sehr schnell vor sich, im Extremfall innerhalb eines kurzen Zeitraumes wie bei Gips oder dem sogenannten Schnellbinder auf Zementbasis.
Dauerte es Millionen von Jahren bis sich große Teile der Erdkruste bildeten oder können die Gesteine als eine Art Betongemisch, gebranntes ton- und/oder porzellanähnliches Erzeugnis in Verbindung mit diversen Mineralien durch eine plötzliche Erstarrung entstanden sein? Die im Gestein konservierten Fußspuren der Dinosaurier auf der ganzen Welt bezeugen eine sehr schnelle Erhärtung der entsprechenden und auch der überlagernden Deckschicht, die heute als Fels in unterschiedlicher Festigkeit, je nach Anteil des enthaltenen Kalziums, zutage tritt.
Was sagt denn die Geologie zur Entstehung der Gesteinsschichten?

In dem Buch »Die Erde« wird ausgeführt: »Jedes Sedimentgestein hat seine eigene Ablagerungsgeschwindigkeit ... Schiefer ... benötigt etwa 3000–3500 Jahre für einen Meter, Kalkstein etwa 20 000 Jahre. Kalkstein braucht länger, weil er größtenteils aus Gehäusen und Skeletten von Lebewesen aufgebaut wird, deren Zuwachs langsamer vor sich geht als die Zufuhr von Sedimenten aus Flüssen.«[61] Bleibt aber eine Spur 200 Jahre erhalten, bis endlich *ein Zentimeter* Kalkstein darüber gewachsen ist? Eine weitere Frage bleibt offen: Woher kommt der Druck, um dieses lose Gestein in kalter Form verfestigen zu lassen?

Wichtig ist jedoch die Feststellung, daß bei den von mir beschriebenen Prozessen Wasser freigesetzt wurde, das vorher im Gestein chemisch gebunden war. Der Meeresspiegel hat sich während der Sintflut um vielleicht 150 m erhöht. Bisher wurde dieser Vorgang mit dem Abschmelzen der Gletscher während der zu Ende gehenden Eiszeit als überzeugendsten Argument begründet. Klar, wenn Eis schmilzt entsteht Wasser. Aber wenn es nie eine richtige Eiszeit gegeben hat, muß die Vermehrung des freien Wassers eine andere Ursache haben. Bisher wurde keine alternative schlüssige Erklärung für die Vermehrung des Wassers gefunden. Aufgrund der von mir beschriebenen chemischen Abläufe während der Sintflut ergibt sich jedoch als zwingende Notwendigkeit: Bei der Bildung von Kalkstein und ähnlichen chemischen Prozessen bei der Entstehung anderer Gesteinsarten wird pro Molekül Kalziumhydroxid ein Molekül Wasser abgespalten, das vor der Erhärtung chemisch gebunden war. Dieses Wasser entspricht der bekannten *Baufeuchtigkeit bei Neubauten*, die sich noch Monate nach der Erstellung des Bauwerks abspaltet und mit der die Bauherrn oder Mieter neu erstellter Wohnungen negative Erfahrungen gesammelt haben. Aus diesen analogen Zusammenhängen resultiert ein großer Teil des urplötzlich *zusätzlich auf der Erde vorhandenen Wassers*! Die während einer wärmeren Periode abtauenden Gletscher werden als Erklärung für die Entstehung des zusätzlichen Wassers nicht mehr benötigt! Durch diesen Aspekt wird dem bisher sichersten Standbein der Eiszeittheorie der Boden entzogen. Andere Untersuchungen bestätigen, daß Gestein nicht langsam gewachsen sein kann.

Kleine Monster und die Zerfallsreihen

Die bisher vorgestellten theoretischen Überlegungen werden durch wissenschaftliche Beweise erhärtet, die noch nicht genügend zur Kenntnis genommen wurden.
In Granit kommt das natürliche Uran (U) 238 (99,3 %) und U 235 (0,7 %) vor. Dieses natürliche Uran zerfällt nacheinander radioaktiv in neun verschiedene Isotope, das sind Atomarten eines Elements, deren Atomkerne gleich viele Protonen aber unterschiedlich viele Neutronen enthalten. Bei jedem Zerfall wird Strahlung abgegeben, die man im Gestein ablesen kann, da jedes Isotop der radioaktiven Zerfallskette einen unterschiedlich großen Abdruck in Form einer kleinen Strahlenkugel (Halo) hinterläßt, die der jeweiligen Strahlungsintensität entspricht und im Zentimeterbereich liegt. Schneidet man Granit durch ein darin enthaltenes ursprünglich radioaktives Uranatom, kann man die einzelnen Stufen der Zerstrahlung wie eine Art Zwiebel erkennen. Jede Stufe des radioaktiven Zerfalls besitzt eine charakteristische Schale. Da die Halbwertzeiten bekannt sind, kann man auf den Zeitpunkt der Erschaffung des Granits schließen. Aus der Menge der Endprodukte (falls damals nicht vorhanden) im Verhältnis zur Menge des Ausgangsprodukts wird der Zeitpunkt des Einschlusses berechnet. Wenn es sich um Granit aus der Zeit der Entstehung der Erde handelt, ergibt sich daraus das Alter der Erde.
Uran besitzt eine Halbwertzeit von 4,5 Milliarden Jahren und soll damit ungefähr dem Alter der Erde entsprechen. Die letzten Strahlung freisetzenden Glieder der radioaktiven Zerfallskette des U 238 bilden Polonium 218, 214 und 210, bevor stabile Bleiisotope entstehen. Diese Polonium-Isotope besitzen aber nur Halbwertzeiten von 3,10 Minuten, 164 Mikrosekunden und 138,4 Tagen. Aufgrund dieser geringen Zerfallszeiten könnte Polonium (chemisches Zeichen Po) *nur als Tochterprodukt des ursprünglichen Uran* im Gestein eingeschlossen sein und heute nachgewiesen werden. Polonium ist *ausschließlich ein Glied in einer Kette* mit dem Anfangsglied Uran und kann daher *nicht allein und unabhängig existieren*! Während der langsamen Entste-

hung der Welt und des Erhärtungsprozesses des Urgesteins hätte sich Polonium in der freien Natur als Element außerhalb der radioaktiven Zerfallsreihen sehr schnell *verflüchtigen* müssen und wäre *nicht nachweisbar.*

Einen Hinweis auf Polonium, das außerhalb des Zerstrahlungsprozesses des Urans selbständig in der freien Natur vorkommt, wurde wissenschaftlich bisher nicht nachgewiesen, oder wurden entsprechende Funde verschwiegen, da sie nicht in das Konzept der Evolution passen? Gentry fand bei seinen Untersuchungen Granit, in dem diese kurzlebigen Elemente ohne ihre Mutterelemente eingeschlossen (fixiert) waren. Wenn Polonium 210 als eigenständiges Element und gleichzeitig als Zerfallsprodukt in einer vorzeitlichen Atmosphäre vorkam, müssen die physikalischen Bedingungen der damaligen Welt ganz anders gewesen sein als heute. Außerdem kann das Gestein mit entsprechenden mutterlosen Einschlüssen der Polonium-Atome nicht ganz langsam erkaltet sein, wie uns die Geologie lehrt, denn sonst hätten sich die Polonium-Isotope wegen der kurzen Lebensdauer und isolierten Lage sehr *schnell vollständig zerstrahlen müssen.*

Gentry wies nach, daß Polonium gleichzeitig mit allen drei Isotopen oder auch nur in Kombination von Po 214 und Po 210 sowie allein als Po 210 vorkommt. Das Tochterelement Po 210 als vorletzte Zerfallsstufe bevor stabiles Blei gebildet wird *allein ohne ihre Mutterelemente Po 218 und Po 214*? Welche andersartigen Bedingungen herrschten zu damaliger Zeit?[60]

Die Erhärtung unseres Erdmantels soll -zig Millionen von Jahren gedauert haben. Da die Halbwertzeit von Polonium höchstens 140 Tage beträgt und dieses Element ohne ihre Mutterelemente im Gestein verewigt wurde, muß man daraus schließen, daß sich der Granit höchstens innerhalb dieses kurzen Zeitraumes verfestigt hatte.

Die möglichen chemischen Voraussetzungen für eine schnelle Erhärtung des flüssigen Urfluidums zu Gestein hatte ich schon im letzten Abschnitt diskutiert. Die isolierten Polonium-Isotope im Gestein beweisen eine schnelle Erhärtung, und damit erscheinen meine scheinbar phantastischen Überlegungen unter einem ganz

anderen Blickwinkel: wissenschaftlich untermauert. Grundsätzliche Überlegungen aus verschiedenen Erkenntnissen und Gedankenansätzen ergeben immer wieder ein ähnliches Ergebnis. Was meint die Wissenschaft? Natürlich alles Unsinn, denn jeder weiß doch, wie alt die Erde ist...
Wie auch immer, für alle Anhänger der Evolution bedeutet der Nachweis der isolierten Polonium-Isotope eine schreckliche Erkenntnis, denn man muß auf eine wesentlich jüngere, vielleicht auch ganz junge Erde schließen.
Neben den Uran-Zerfallsreihen U 238 und U 235 gibt es mit Thorium (Th 232) noch eine dritte natürliche radioaktive Zerfallsreihe in der Natur. Hierbei entsteht Polonium 212 und Po 208. Ungefähr jedes 5500. Atom Po 212 zerstrahlt mit einer ungefähr 20 % höheren Energierate. Dies wird von schulwissenschaftlicher Seite mit einer ursprünglich unterschiedlichen nuklearen Struktur erklärt. Man könnte aber auch auf ein ursprünglich vorhandenes langlebiges radioaktives Element schließen, das es in der vorzeitlichen Atmosphäre gegeben haben könnte, aber uns nicht mehr bekannt ist.
Ein heute nicht mehr nachweisbares uns unbekanntes radioaktives Element setzt ganz andere physikalische Bedingungen der Urerde voraus. Diese Feststellung ist keine pure Spekulation, sondern besitzt nach den bisherigen Beobachtungen einen sehr hohen Gehalt an Wahrscheinlichkeit. Sehr spekulativ wäre die Möglichkeit einer zusätzlichen nuklearen Spaltung der Kerne des selten in der Natur vorkommenden Uran 235 durch thermische Neutronen oder des häufig existierenden Uran 238 durch schnelle Neutronen, deren kinetische Energie einen Grenzwert überschreitet. In einem großen Körper – Erdkugel – werden diese kritischen Zustände eigentlich nicht erreicht. Aber während des Ablaufs des Sintflutgeschehens lagen ganz andersartige physikalische Bedingungen vor. Durch die Freisetzung der kinetischen Energie beim Aufprall der kosmischen Geschosse in der Erdkruste könnten die kritischen Grenzwerte unter Berücksichtigung der unvorstellbar hohen Temperaturen weit überschritten worden sein und eine nukleare Spaltung auf unserer Erde in Gang gesetzt haben.

Abb. 9: Zerfallsreihe des Uran 238. Die einzelnen Isotope der Zerfallsreihe besitzen eine unterschiedliche Strahlung, deren Reichweite in Zentimeter optisch im Gestein nachgewiesen werden kann. Von der kompletten Zerfallsreihe (U1) sind nur bestimmte Stufen des radioaktiven Zerfalls (U2) im Gestein durch die emittierte Strahlung nachweisbar. Die dargestellten Teil-Zerfallsreihen P1 (Po 218 bis Po 210), P2 (Po 214 bis 219) und P3 mit dem einzelnen Isotop Po 210 dürften gemäß der Theorie von Lyell in der Natur allein ohne vorgehende Mutterelemente *(U 238 bis Rn 226) nicht vorkommen, da sie nur für sehr kurze Zeiträume stabil sind. Trotzdem sind sie im Granit nachweisbar.*

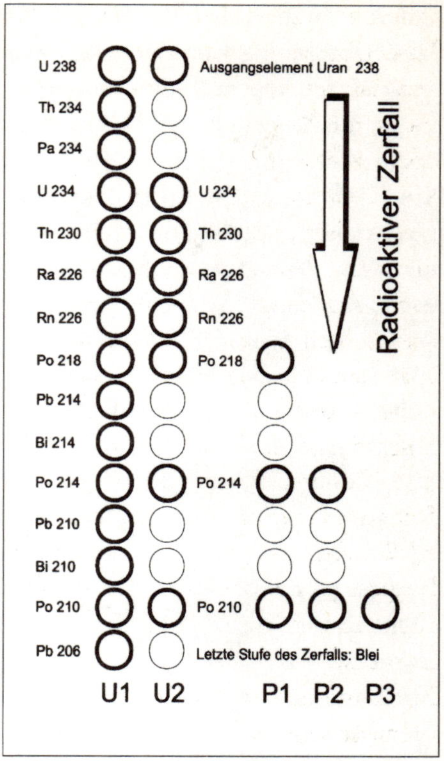

Der Prozeß des Zerfalls der radioaktiven Atome dauerte daher auch nicht Milliarden von Jahren, sondern geschah sehr schnell als Kettenreaktion in einem sehr kurzen Zeitraum. Eine rechnerische Zeitbestimmung muß daher falsch sein, da man dabei einen normalen langsamen Verlauf der Zerstrahlung von Uran oder Thorium unter idealen immer gleichförmigen Bedingungen während der gesamten Erdzeitgeschichte voraussetzt.

Auf jeden Fall deuten die kleinen eigenständigen Polonium-Isotope auf eine uns unbekannte natürliche Radioaktivität hin. Die sehr kurzen Zerfallszeiten dieser Atome beweisen ein schnelles Erhärten der Erdkruste. Mit anderen Worten: Der Zeitraum zwischen der Bildung der Isotope und der Kristallisierung des Gesteins, das diese kleinen Atome umschließt, war sehr kurz und stellt eine Momentaufnahme dar. Die isolierten Polonium-Isotope existierten aufgrund der ihr eigenen Halbwertzeit vor diesem Augenblick jedoch nur Minuten oder sogar Bruchteile von Sekunden. Da manchmal überhaupt keine Mutteratome vorhanden sind, könnte kurz vorher eine nukleare Spaltung vonstatten gegangen sein, oder es lagen damals eben ganz anders geartete physikalische Verhältnisse vor, die von uns nicht mehr nachvollzogen werden können. Anders kann man die beschriebenen Erscheinungen nicht erklären.

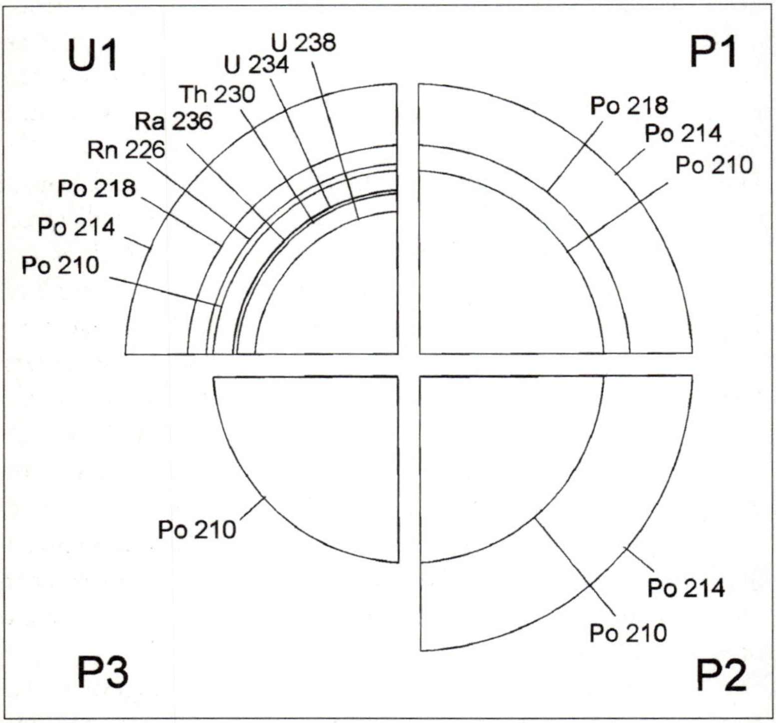

__Abb. 10: Strahlungskugeln.__ Die einzelnen Isotope der Zerfallsreihe besitzen eine unterschiedliche Strahlung, deren Reichweite optisch im Gestein nachgewiesen werden kann. Dadurch kann man die Strahlungskugel der eigenständigen Zerfallsreihen P1, P2 und P3 (siehe Abbildung 9) mit den Mutterelementen *Po 218, Po 214 und Po 210 eindeutig identifizieren.*

Wenn für die Anwesenheit der isolierten Polonium-Isotope in den Erstarrungsgesteinen keine andere Erklärung gefunden wird, ergibt die heute angewendete Altersbestimmung aufgrund der rechnerisch anderen Ausgangszahlen direkt proportional wesentlich geringere Werte. Auf jeden Fall widerspricht diese Entdeckung dem Evolutionsgedanken in einer grundsätzlichen Art und Weise. Die Annahmen aller Wissenschaftszweige, die sich mit Erdzeitgeschichte befassen, wären falsch und damit auch die Ergebnisse. Das uns gewohnte Weltbild wäre ein Muster ohne Wert.

Verschiedene Fragen drängen sich auf. Wie sah unsere Atmosphäre vor der Sintflut tatsächlich aus? Welche physikalischen Verhältnisse herrschten auf der damaligen Welt? Welche Elemente gab es damals außer den uns bekannten? Ferner stellt sich die Frage nach der Richtigkeit der Altersbestimmung unserer Erde und aller anorganischen Dinge. Die Antwort ist: Eine Datierung des Alters der Erde ist überhaupt nicht möglich.

Die Formeln für die Altersbestimmung beziehen sich auf Uran 238 mit einer sehr langen Halbwertzeit, das in der Natur den allergrößten Teil der spaltbaren Ausgangsprodukte einnimmt. Gab es aber kurzlebige Elemente in der Uratmosphäre, kann es keine genaue Bestimmung geben. Setzt man die sehr kleinen Halbwertzeiten von Polonium oder auch Mischwerte in die Berechnung der Altersbestimmung ein, so erhält man aus den einschlägigen Formeln der traditionellen Altersbestimmung direkt proportional eine sehr *junge Welt*! Entsprechendes gilt für die Verfahren nach der Thermolumineszenz-Analyse und der Elektronenspinresonanz, da der Energieverlust oder die Absenkung der elektromagnetischen Strahlung nicht über lange Zeiträume wie bei Uran, sondern kurzfristig wie bei Polonium vonstatten ging und ein anderes Energieniveau berücksichtigt werden muß.

Die Sedimente, auch Marmor als metamorphes Kalkgestein, entstanden aus einer schnell erhärtenden, ursprünglich weichen oder flüssigen Masse. So kann auch eines der bisher größten Rätsel gelöst werden. Im »American Journal of Science« wurde 1831 von einem Marmorblock berichtet, der ursprünglich 18 m tief unter der Erde gefunden wurde. Als er in Platten auseinander gesägt wurde, enthüllte einer der Einschnitte eine 4 x 1,5 cm große Vertiefung. Hieraus erhoben sich zwei regelmäßige Formen, die den Buchstaben I und U ähnlich sind.[62, 63] Dies deutet darauf hin, daß sie von Menschenhand gefertigt wurden. Marmor ist nach Ansicht der Geologie mindestens -zig Millionen Jahre alt. Zu damaliger Zeit gab es keine Zivilisationen, die die Schrift kannten, ja es gab zu dieser Zeit noch nicht einmal Menschen oder Affen. Das eigentliche Rätsel liegt aber auf der Hand: Wie geraten Buchstaben *in* einen geschlossenen Marmorblock? Das Ausgangsmaterial dieses Marmors muß weich gewesen sein und hat die Buchstaben umschlossen. Eine andere Möglichkeit gibt es nicht. Auch kann die Bildung dieses Steins nicht sehr langsam vonstatten gegangen sein. Aus der Logik heraus ergibt sich die schon mehrmals von mir beschriebene Erkenntnis, daß künstlich hergestellte Dinge, in diesem Fall Buchstaben, älter als das sie umgebende angeblich uralte Gestein sein müssen.

Atomreaktor in der Natur

In einer Uranmine in Oklo, Gabun, wurde hochradioaktives Plutonium in der freien Natur gefunden. Dieses Element kann jedoch nur durch Neutronenbeschuß – Kernkraftwerk – künstlich hergestellt werden. Eine spontane Kettenreaktion kann in der uns bekannten Natur nicht stattfinden, da die hierfür erforderliche kritische Menge nicht erreicht wird. Die Wissenschaft erklärt diesen erstaunlichen Fund trotzdem mit einem zufällig in der Natur entstandenen Atomreaktor. Für den Ablauf einer entsprechenden Reaktion muß aber ein enormer Druck vorgelegen haben, wie er nur in über 10000 m Tiefe erreicht wird. Da analog der Technik in den Atomkraftwerken auch Kühlmittel für den Ablauf benötigt werden, scheidet ein zufälliger Ablauf in der Natur aus, wenn man von dem normalen Weltbild einer sich gleichmäßig entwickelnden Erde ausgeht.

Betrachtet man das von mir vertretene Weltbild unter Berücksichtigung einer großen Erdkatastrophe, werden die natürlichen Plu-

toniumvorkommen erklärlich, da während der Sintflut große Drücke, hohe Temperaturen und das Wasser der Sintflut als Kühler zur Verfügung stand. In diesem Zusammenhang werden auch die isolierten Funde der verschiedenen Isotope des Poloniums verständlich.
Gestein nimmt bei seiner Erhärtung die vom magnetischen Feld der Erde abhängige Magnetisierung und Orientierung an. Über 580 °C (Curie-Punkt) verflüssigtes Gestein ist anderseits antimagnetisch. Da paläomagnetische Untersuchungen in weiten Gebieten oft mehrfach umgekehrt geänderte Polarität nachweisen konnten, muß sich das Erdmagnetfeld entsprechend oft umgekehrt haben: Der Nordpol wurde zum Südpol und umgekehrt.
Gesteine mit umgekehrter Polarisierung sind oft -zigmal stärker magnetisiert als es der *normale Erdmagnetismus* hätte bewirken können. Diese ungeklärte Tatsache ist mit einer gleichförmigen Entwicklung unserer Erde gemäß der Theorie von Lyell und den bekannten elektromagnetischen Effekten nicht vereinbar.
Ein die Erde von außen beeinflussendes Magnetfeld – Planetenannäherung, eisenhaltige Wolke – ruft in den Oberflächenschichten der Erde elektrische Erscheinungen hervor. Durch diesen thermischen Effekt würde sich das Gestein verflüssigen, begleitet von vulkanischer Tätigkeit. Fand ein von diesen Effekten begleiteter Weltuntergang in mehreren Phasen statt, sind auch wechselnde Polarisierungen in den erkalteten Gesteinsschichten nachweisbar. Außerdem bewirken die elektromagnetischen Phänomene einen *zusätzlichen Effekt.* Die von mir beschriebene schnelle hydraulische Erhärtung des verflüssigten Gesteins könnte durch diese elektrischen Phänomene noch beschleunigt worden sein, so daß Gesteine von einer auf die andere Sekunde erhärten.

6 Die Erde tanzt

Es gibt Untersuchungen und Gedankenmodelle, auf die ich in diesem Buch eingehe, mit dem Ergebnis, daß die Sintflut alle Umweltbedingungen, die Zusammensetzung unserer Lufthülle sowie alle Klimabedingungen grundsätzlich und extrem geändert hat. Eine weltweite Katastrophe widerspricht den grundlegenden Theorien von Lyell (Geologie) und der Evolutionstheorie von Darwin (Biologie). Während des Sintflutgeschehens wurde die Erdachse mit verheerenden Folgen für unsere Welt verschoben, und die Mammuts starben aus.

Antike Karten

Es ist inzwischen allgemein bekannt, daß die Wüste Sahara früher ein Meer und der Südpol eisfrei war. Auf der ganzen Welt sind gravierende klimatische Veränderungen vor sich gegangen. Dieser Wechsel vollzog sich entgegen der bisherigen wissenschaftlichen Ansicht nicht langsam über einen langen Zeitraum hinweg, sondern relativ kurzfristig als Folge des Sintflut-Impakts.
Fossile Reste von Palmen in Kanada, Bäume mit noch erhaltenen Früchten und ganze eingefrorene Wälder unter der massiven Eisdecke des Südpols sind Beispiele für die gravierenden Wandlungen in der Erdgeschichte. Auf jeden Fall muß die radikale Änderung der klimatischen Verhältnisse sehr schnell vor sich gegangen sein, da sonst leichtverderbliche Blätter oder Früchte hätten nicht erhalten bleiben können. Auch viele Tiere wurden eingefroren oder versteinert: während des Fressens, in einer natürlichen Bewegung oder ganz einfach wie im Schlaf. Oft sind diese Tiere komplett mit Fell, Fleisch und Organen erhalten geblieben. Das zeugt von einem

25

'5 Die Tochter des Verfassers und ein Mitarbeiter von Dr. C. Baugh begutachten einen beson-
lers schönen Fußabdruck aus dem »Clark Trail«.

'6 Detailaufnahme des oberen Bildes. Der Fußstapfen scheint gerade erst in Schlamm, heute
edoch fester Kalkstein, hinterlassen worden zu sein. Von der Geologie wird das Gestein auf ein
lter von über 100 Millionen Jahre geschätzt. Der Schlamm muß innerhalb kürzester Zeit
ach dem Hinterlassen des Abdrucks zu festem Kalkstein erhärtet sein. Eine langsame
ntstehung oder Bildung der ungefähr 40 cm dicken soliden Felsschicht scheidet aus.

26

27 

27 Das »Creation Evidences Museum« in Glen Rose vor dem Eingang zum Nationalpar »Dinosaur Valley State Park« beim Besuch des Verfassers im Jahr 1996.

28 Austellungsstücke im »Creation Evidences Museum«: Schädelknochen eines Urrind gefunden in den gleichen geologischen Kalksteinschichten wie die Überreste von Dinosaurier Außerdem ist ein Foto des über 2,50 m großen ehemaligen Einwohnerns von Glen Rose z sehen.

28 

29

9 *Nachbildungen von früher in dieser Gegend lebenden Dinosauriern im »Dinosaur Valley tate Park«.*

0 *Fossile und versteinerte Überbleibsel von Dinosauriern sind im »Creation Evidences Iuseum« ausgestellt.*

30

31

31 Der Vefasser betrachtet den stark verwitterten Abdruck eines Menschenfußes im Clar Trail, der erst im Jahr 1995 freigelegt wurde, aber bereits stark erodiert ist. Die Spuren ende vor einer ungefähr 30 cm dicken massiven Kalksteinschicht, die über einer dünnen Schicht a leicht verfestigtem Geröll liegt.

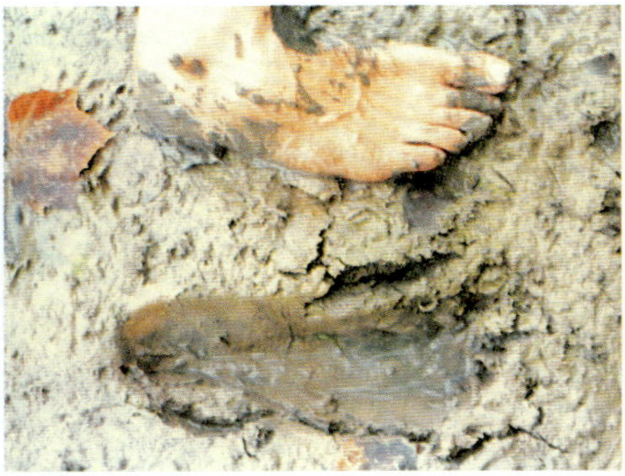

32

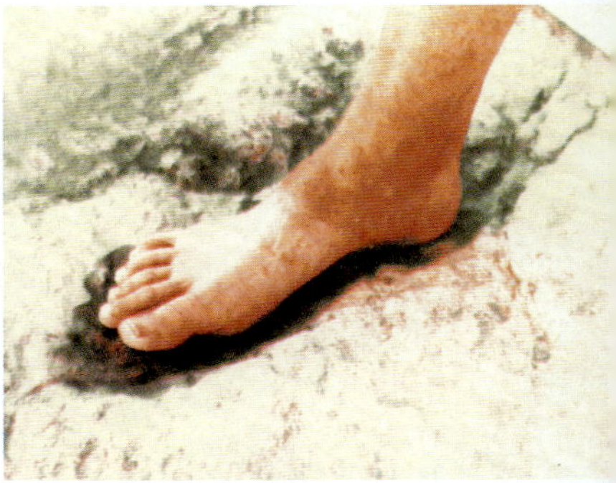

34

32 Ein frisch im Matsch erzeugter Fu abdruck.

33 Der versteinerte Fußabdruck »Ryals« der Nähe des »Taylor Trail«. Im Vergleich z Bild 32 ein deutlicher Abdruck.

34 Dieser Fußabdruck stammt aus de »Clark Trail« und wurde 1989 unter ein massiven Kalksteinschicht entdeckt.

38

5–37 Der letzte Abdruck +6L des »Taylor Trail«.

8 Detail des Abdrucks +6L.

39

39 Der Paluxy River am Ende des »Taylor Trail« mit Blick flußabwärts zum »Clark Trail«.

40 Der »Taylor Trail« Mitt der 70er Jahre. Zu sehe sind die Abdrücke -3 bis +3

41

41 Dr. Don Patton und de Autor bei der Freilegung de »Taylor Trail« im Jahr 1996.

2 Der »Taylor Trail« im Flußbett des Paluxy wird 1996 vom Geröll befreit.

3 Ein noch verschlammter
bdruck aus dem »Taylor
rail«. Man erkennt die drei
ehen eines Dinosaurierab-
rucks und am hinteren Ende
ne Spur mit der Form eines
enschlichen Fußes.

4 Sandsäcke wurden im
lußbett um den »Taylor
rail« aufgeschichtet. Man
ann die Fußspuren unter der
Vasseroberfläche schon se-
en. Danach wird das Wasser
bgepumpt.

45

45 Bei dem Abdruck 3BR aus dem »Taylc Trail« handelt es sich ur den linken menschliche Fußabdruck am linke Rand des dreizehige Fußstapfens eines Dinc sauriers, der zuerst tiefe im Schlamm steckte (A und dann herausgezoge wurde: C= Dicker Ze B= Zehen.

46 Kinderfußabdruck, ungefähr 12,5 cm lang.

47 Skizze des Höhenprofils des gesamten Abdrucks-3BR (Bild 45).

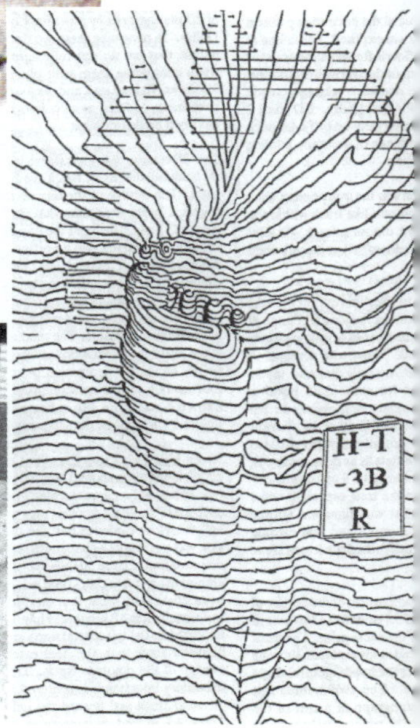

46

Sekundentod und gleichzeitig einem Vorgang, der dies alles konservierte. Der wichtigste Gesichtspunkt: Alles muß sehr schnell vonstatten gegangen sein. Normale uns bekannte Szenerien können dafür nicht verantwortlich sein.
Die Antarktis ist als eisfreies Gebiet bereits auf mehreren alten Karten aus dem *Anfang des sechzehnten Jahrhunderts eingezeichnet*. Der Südpol wurde aber erst *1818 offiziell entdeckt*. Wie konnte dann die Antarktis 300 Jahre vorher auf antiken Karten eingezeichnet sein? Auf den bis zur offiziellen Entdeckung des Südpols gebräuchlichen Karten war anstelle der Antarktis nur Wasser eingezeichnet, also keine Eisflächen, und erst recht ist nichts von einer Landmasse zu sehen! Erst seit 1957 ist uns die Topographie dieses Kontinents mit Bergen, Flüssen und den unter dem Eis verborgenen Küstenlinien bekannt.
Wie kann der Südpol, dazu noch eisfrei, in antiken Karten qualitativ richtig eingezeichnet sein? Das Standardwerk »Maps of the Ancient Sea Kings« (Landkarten der alten Meereskönige) von Charles Hapgood aus dem Jahr 1966 stellt die geradezu verblüffenden Ergebnisse des Studiums antiker Landkarten dar.[64]
Die Weltkarte von Oranteus Finaeus aus dem Jahr 1531 ist aus diversen noch älteren Karten mit verschiedenen Projektionen zusammengestellt. Auf dieser Karte sind die tatsächlichen Küstenregionen der Antarktis, das Ross-Meer und andere Einzelheiten im eisfreien Zustand eingezeichnet.
Die vom niederländischen Geographen Gerhard Kremer (1512–1594) hergestellten Mercator-Karten wurden 1569 zu einem Atlas zusammengestellt. Auf mehreren Karten wurde die Antarktis dargestellt. Auch die Karte von Finaeus ist in diesem Atlas enthalten.
Der Geograph Philippe Buache veröffentlichte im achtzehnten Jahrhundert eine Karte der Antarktis. Bei dieser Darstellung ist der südliche Kontinent *völlig* eisfrei gezeichnet! Außerdem ist die Topographie des heute unter dem Eis verborgenen Festlandes und eine Wasserstraße eingezeichnet, die den Kontinent bekanntlich in zwei Hälften teilt. Ich stelle noch einmal fest, daß *die Antarktis zum Zeitpunkt der Veröffentlichung dieser Karte im Jahr 1737 offiziell noch gar nicht entdeckt war*, und auch zu dieser Zeit wußte

man noch gar nichts über Landmassen unter dem Eis. Am Nordpol gibt es im Gegensatz zum Südpol kein festes Land, sondern *nur* Eisberge, wenn man vielleicht von Grönland und einigen Inseln absieht. Die Vorlagen für die antiken Karten scheinen älter zu sein als die Karten von Mercator und Finaeus selbst.[64, 65]

Die bekanntesten alten Karten stellen die Weltkarten des türkischen Generals und Kartographen Piri Reis aus dem Jahre 1513 dar, die erst 1929 im Topkapi-Palast in Istanbul entdeckt wurden und dort in Form von zwei Fragmenten lagerten. Zum Zeitpunkt ihrer Entdeckung mußten die eingezeichneten Einzelheiten als Auswüchse freier Phantasie interpretiert werden, denn man hatte damals natürlich noch nicht unseren Kenntnisstand. Da die Karte also einen Wissensstand dokumentiert, den man damals noch gar nicht erreicht haben konnte, ergibt sich von selbst, daß die Karte echt sein muß – oder gab es damals Hellseher? Die Authentizität dieser Dokumente steht außer Frage und wird auch nicht angezweifelt. Auf diesen Karten waren neben den Küstenlinien von Süd- und Nordamerika auch Einzelheiten dieser Kontinente enthalten, wie die Lage der Anden mit der Quelle des Amazonas. Die Falklandinseln wurden offiziell 1592 entdeckt, sind aber auf den Karten von 1513 bereits auf dem korrekten Breitengrad eingezeichnet. Interessant ist jedoch, daß auf den Karten des Piri Reis mit unglaublicher Genauigkeit die Landmassen, Berge, Buchten, Inseln und Küstenlinien der Antarktis richtig eingezeichnet waren, die sich heutzutage unter dem Eis befinden! *Uns ist diese Entdeckung erst 1957 durch spezielle Satellitenaufnahmen geglückt!* Woher kannte man vor fast 500 Jahren die Existenz eines Kontinents am Südpol und dazu noch die unter dem Eis verborgenen Küstenlinien? Stammen die Karten von Außerirdischen oder besaß man damals eine uns nicht bekannte Hochtechnik mit Präzisionsmeßinstrumenten und vielleicht auch Flugzeugen? Aber vor ein paar tausend Jahren gab es gemäß unserem wissenschaftlichen Weltbild doch nur Steinzeitmenschen …?

Dort wo sich heutzutage südlich von Feuerland Meer befindet, verläuft auf der Karte eine Landverbindung bis zur Antarktis. Man stellte mittels Echolotungen fest, daß es vor noch 11 000 Jahren eine

Landverbindung zwischen Südamerika und der Antarktis gegeben hat, die jetzt unter Wasser liegt, wenn man einen vor der Eiszeit/Sintflut niedrigeren Wasserspiegel voraussetzt. Folgende Fragen stellen sich:

- Wann wurden diese Karten tatsächlich erstellt, da die uns bekannten nur Abzeichnungen noch älterer Karten darstellen?
- Gab es vor der Sintflut überhaupt Eis am Südpol und eventuell auch am Nordpol oder war nur die Antarktis eisfrei?
- Erschien das Eis oder zumindest weite Teile des die Erde bedeckenden Eispanzers plötzlich, als Begleiterscheinung der Sintflut?
- Wurden diese alten Karten aufgrund von Beobachtungen aus der Luft gemacht oder gab es andere präzise Meßmethoden?
- Existierten während oder vor der angeblichen Steinzeit Kulturen, die hoch entwickelt waren, und über welche technischen Hilfsmittel verfügten sie?

Schon auf noch älteren Karten, wie die sogenannte Dulcert Portolano aus dem Jahr 1139 und die Zeno-Karte aus dem Jahr 1380 n. Chr., sind viele Orte in Afrika, Europa und nördlich bis Grönland mit korrekten Breiten- und Längengraden eingezeichnet.[64, 65]
Auf den Karten des Piri Reis befinden sich Afrika und auch Südamerika auf den richtigen Längengraden. Kann man entsprechende Ortsangaben aber überhaupt so einfach bestimmen?
Die Bestimmung der Breitenkreise kann man leicht mittels Winkelmessungen von Sonnen- und Sternenpositionen mit primitiven Apparaten durchführen. Die *Bestimmung des Längengrades ist wesentlich komplizierter* und wurde erst zu Anfang des achtzehnten Jahrhunderts näherungsweise und *seit 1761 auch genauer möglich.* Als komplizierter Faktor stellt sich die ellipsoide Gestalt der Erde heraus. Wenn man aber eine Karte mit richtigen Ortsbestimmungen auf einer planebenen Karte vornehmen will, muß man die Erdkrümmung berücksichtigen, und bei größeren Entfernungen sind mindestens Kenntnisse der sphärischen Trigonometrie oder anderer Projektionsmethoden erforderlich. Ohne Kenntnisse der höheren Mathematik, technischem Wissen und dem Gebrauch der nötigen Präzisionsinstrumente kann man eine genaue Landkarte erst gar nicht anfertigen.

Antikes Navigationsgerät

Amerika wurde nicht von Kolumbus entdeckt, was spätestens durch die beschriebenen antiken Karten bewiesen ist. Bereits Mitte des zweiten vorchristlichen Jahrtausends besuchten die Phönizier Amerika und umsegelten Afrika in dem Jahrtausend vor unserer Zeitrechnung. Es ist aber auch durchaus möglich, daß Amerika noch früher entdeckt wurde. Heinke Sudhoff stellt in ihrem Buch »Sorry, Kolumbus« viele Beweise für den Kulturaustausch und die Anwesenheit antiker Seefahrer in Amerika vor.[66] Es wurden Relikte aller Art gefunden, die die Anwesenheit von Chinesen, Phöniziern und anderen vorderasiatischen Völkern in Amerika eindeutig bestätigen. Auch Zeugnisse negroider Völker fehlen nicht und sind durch die steinernen Kolossalköpfe der Olmeken weltberühmt geworden.
Außerdem wurden die verschiedensten Inschriften an den unterschiedlichsten Orten in Amerika entdeckt. In Paraguay wurden eine iberisch-punische Inschrift, in Tennessee (USA) hebräische Buchstaben, in Oklahoma eine zweisprachige Inschrift aus keltisch und punisch, in Vermont (USA) eine Inschrift in keltisch, in Rhode Island (USA) eine iberische Felsinschrift und in Devenport, Iowa, die dreisprachige Davenport-Kalender-Stele gefunden. Außerdem gibt es viele Inschriften, deren Herkunft man auch heute noch nicht kennt.
Dr. Dougherty berichtet über unserer Kurzschrift ähnelnde Schriftzeichen, die 1891 in der Nähe von Cleveland, Tennessee, gefunden wurden. Interessant ist auch der Fund einer Kupfermünze, die 34 m tief unter der Erdoberfläche bei Lawn Ridge, Illinois, im Jahr 1970 gefunden wurde. Das Alter dieser Gesteinsschicht wurde auf 100 000 bis 150 000 Jahre geschätzt. Am Rand dieser Münze sind modern anmutende Schriftzeichen angebracht, die mehr unserer Kurzschrift ähneln. Auf der Rückseite kann man vielleicht ein Tier und auf der Vorderseite ein menschliches Gesicht mit einem Kind oder Puppe erkennen.[67] Die ersten Indianer sollen erst vor ein paar tausend Jahren in Amerika eingewandert sein, und vor 100 000 Jahren sollen die in Höhlen lebenden Menschen in Europa noch keine Schrift gekannt haben.

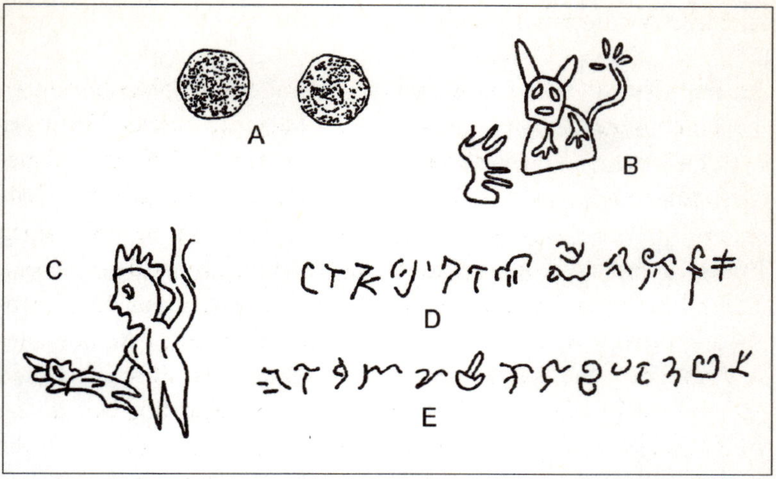

***Abb. 11: Münze.** In einer Tiefe von 34 m wurde eine Kupfermünze (A) in über 100 000 Jahre altem Gestein in Illinois gefunden. Am Rand der Münze befinden sich Buchstaben. Auf der Vorder- und Rückseite sind hieroglyphische Bildnisse dargestellt. Welche Kultur bearbeitete zu Zeiten von Höhlenbewohnern Metall und stellte moderne Münzen her? B = Detail der Rückseite, C = Detail der Vorderseite, D = Randbeschriftung Rückseite, E = Randbeschriftung Vorderseite.*

Wenn antike Völker weite Überseefahrten wiederholt unternehmen und die beschriebenen Projektionskarten herstellen konnten, brauchten sie genaue Navigationsgeräte. Schwammtaucher machten im östlichen Mittelmeerraum vor der ägäischen Insel Antikythera einen außergewöhnlichen Fund. Auf dem Meeresboden in über 60 m Tiefe fand man im Jahr 1900 ein Schiff, das im 1. Jahrhundert v. Chr. untergegangen war. Neben Marmor- und Bronzestatuen transportierte es auch Amphoren mit Wein, Olivenöl und andere Lebensmittel. Die geborgenen Gegenstände wurden nach Athen gebracht und untersucht. Darunter befanden sich ein Bronzeklumpen sowie abgebrochene Stücke. Nach der Reinigung ergab die Rekonstruktion dieses Objekts einen Präzisionsmechanismus mit vielen Zahnrädern, die auf verschiedenen Ebenen innerhalb einer ringförmigen Halterung in einem quadrati-

schen Kasten befestigt waren. Mittels mehrerer Differentiale waren die Zahnräder so miteinander verbunden, daß der Zyklus des Mondes und der Sonne bestimmt werden konnte. Auf den runden und winkelförmigen Teilen waren in griechischer Sprache Sternbilder des Tierkreises verzeichnet.
Es stellte sich heraus, daß es sich um ein Präzisionsgerät handelt und aufgrund der Art und Anzahl der Zahnräder, insgesamt 40 Stück, nur geringe Abweichungen und Toleranzen haben durfte.
Dieses Instrument wurde im Archäologischen Nationalmuseum in

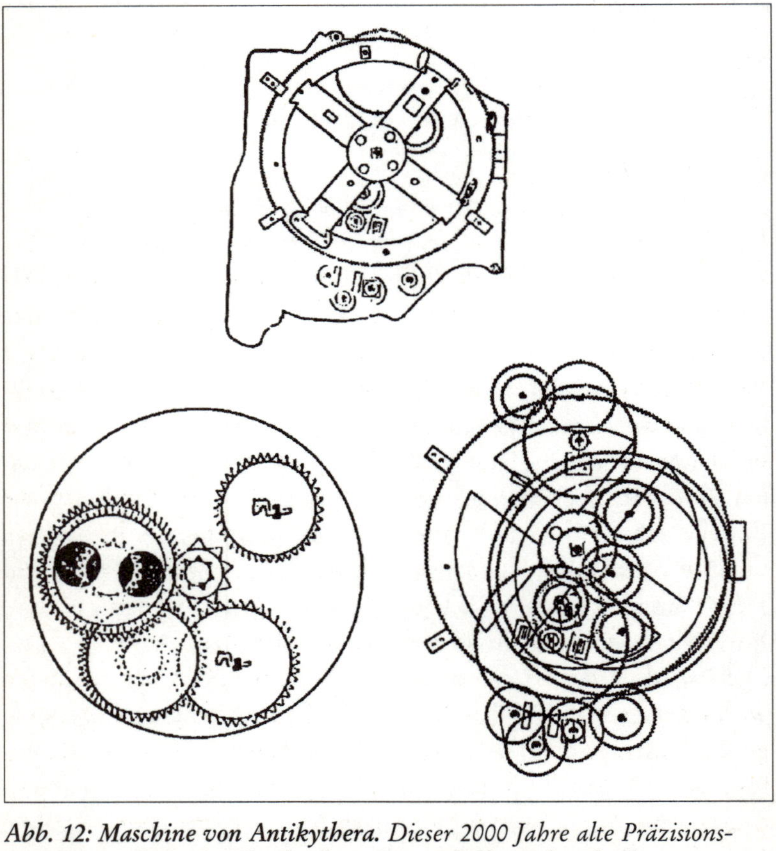

Abb. 12: Maschine von Antikythera. *Dieser 2000 Jahre alte Präzisionsapparat wurde in Griechenland in einem Schiffswrack gefunden.*

Athen ausgestellt und als eine kalendarische Sonnen- und Mondrechenmaschine aus der Zeit 80 v. Chr. bezeichnet.[68, 69]
Die ersten im Mittelalter gebauten primitiven Geräte lassen sich mit diesem wesentlich früher aus Bronze hergestellten Präzisionsgerät nicht vergleichen, da sie viel einfacher und plumper aus Messing gebaut wurden. Hingegen eignet sich Bronzeguß, wie im vorliegendem Fall, zur *Massenherstellung*. Entsprechend ist auch die Herstellung eines solchen Geräts viel schwieriger. Daraus ergeben sich Fragen nach anderen gleichwertigen Funden und eventuellen Vorläufermodellen, da einer solchen Erfindung normalerweise eine längere technische Entwicklung vorausgegangen sein muß. Entsprechende Entdeckungen wurden bisher aber nicht gemacht, oder lagert ein entsprechendes Teil unerkannt in einem Museum?

Eisfreier Südpol

Die Existenz der ohne Zweifel echten Karte des Admirals Piri Reis, auch wenn sie eine Abzeichnung und Zusammenstellung noch älterer Karten darstellt, in Verbindung mit den sich daraus ergebenden Konsequenzen, ist für unseren Wissensstand unfaßbar. Auf jeden Fall beweist diese Karte, daß der Südpol irgendwann eisfrei war. Da das Alter der Urzeichnung der Karte begrenzt sein muß, kann man bei der Schätzung von vielleicht 10 000 Jahren von einem maximalen Zeitraum ausgehen. Dieser Zeitpunkt fällt wiederum in die Epoche der Sintflut. Die Eisschicht der Antarktis, die heutzutage ungefähr eineinhalb Kilometer dick ist, hat sich anscheinend sehr plötzlich und nicht langsam über einen langen Zeitraum gebildet. Wie sollten sonst die alten Karten entstanden sein?
Die Antarktis war nicht nur eisfrei, sondern es herrschte auch ein warmes oder subtropisches Klima. 3000 m über dem Meeresspiegel fand man reiche Fossilienlager, Blattabdrücke und versteinertes Holz am Mount Weaver. Einen versteinerten Laubwald entdeckte man 400 km vom Südpol entfernt. Bohrproben aus dem Grund des Ross-Meeres beinhalteten feinkörnige Sedimente, die

auf ins Meer strömende Flüsse vor der Vereisung der Antarktis schließen lassen.[70]

In der »Südwest Presse« wurde am 11. April 1994 die Meldung verbreitet, daß nur 650 km vom geographischen Südpol entfernt in 4000 m Höhe die fossilen Überreste eines Dinosauriers entdeckt wurden. Insgesamt fand man in der Antarktis vier verschiedene Saurierarten. In Schnee und Eis, muß man direkt fragen?

Richard Lewis berichtete 1961 in dem Artikel »A Continent for Science« (Ein Kontinent für die Wissenschaft) über Funde von Kohle und fossiler Bäume mit einem Durchmesser von ungefähr 60 cm am Südpol.[71] Außerdem wurden 30 Schichten von Anthrazit (Steinkohle mit sehr hohem Kohlenstoffgehalt) entdeckt, wobei jede Schicht 90 bis 100 cm dick war. Auch in der Antarktis muß es demnach eine Flut gegeben haben, die die Bäume für die zur Versteinerung erforderliche Kristallisierung unter den Sedimenten begrub.

Es hat den Anschein, daß die weltweite Sintflut die Wälder vernichtet und begraben hat. Wenn dies so war, muß sich die Antarktis vor der Vereisung an einem anderen geographischen Ort befunden haben, da das jetzige arktische Klima entsprechende Vorgänge nicht zugelassen hätte. Welches Ereignis stürzte die Antarktis in die Eiszeit oder verschob die Klimazone von gemäßigt bis subtropisch auf arktisch? Sollte sich die Erdachse verschoben haben, müßten in der Vergangenheit auf der nördlichen Erdhalbkugel ähnliche Vorgänge zu beobachten gewesen sein, und die gab es tatsächlich.

Das plötzliche Ende der Mammuts

Das Aussterben der Mammuts ist ein anderes großes Rätsel der Gegenwart, das wissenschaftlich nicht sehr gern diskutiert wird. Der größte Teil des in Ostasien verwendeten Elfenbeins für Schnitzereien stammt auch heute noch aus den großen Elfenbeinlagern in Sibirien. Es handelt sich um Stoßzähne des schon lange ausgestorbenen Mammuts. Für die Elfenbeinschnitzerei, die eine alte traditionelle Form der fernöstlichen Kunst darstellt, wird relativ frisches

Material benötigt. Frisches Elfenbein von Mammuts, die seit Tausenden von Jahren ausgestorben sind? Spontan müßte man diese Frage verneinen.

Tatsache ist, daß seit dem 19. Jahrhundert Funde eingefrorener Mammuts sehr gut dokumentiert sind. Erste Berichte gehen eventuell sogar auf das Jahr 1693, spätestens 1723 zurück. Seither wurden über 50 verschiedene Funde in Sibirien und mindestens sechs in Alaska in der Literatur ausführlich beschrieben. Die Funde der Mammuts erstrecken sich insgesamt auf eine Länge von mehr als 5000 km in einem relativ schmalen Streifen am Rand des Nordpolarmeeres.

Mehrere wissenschaftliche Expeditionen wurden gestartet. 1977 entdeckte man zwei tote Mammutbabys knapp zwei Meter unter der Eisoberfläche. Das Eis, in dem diese Tiere gefunden wurden, war klar und durchsichtig bis leicht bräunlichgelb mit Verunreinigungen durch Mineralien, Schlamm, Lehm und organischen Partikeln. Es wurden weitere komplett erhaltene Mammuts, auch ausgewachsene, entdeckt. Diese Tiere sind noch so gut erhalten, daß sie den in Sibirien lebenden Tungusen seit langer Zeit, jedoch mindestens 1600 Jahren, als Nahrungsreserve dienten. Man hat sehr gut konservierte Mammuts gefunden, die an die Schlittenhunde verfüttert wurden. Das Fleisch ist tiefgefroren und nicht verfault. Die Genießbarkeit dieses Fleisches durch den Menschen wurde trotz gegenteiliger Gerüchte bisher nicht endgültig nachgewiesen. Auf jeden Fall werden immer noch entsprechende Funde von gut erhaltenem Mammutfleisch gemacht! Das lange zottelige rötliche Fell ist in vielen Fällen noch vorhanden. In den Mägen der Tiere fand man noch nicht verdaute Gräser, die man nur aus gemäßigten Zonen kennt. Das bedeutet, daß das Klima früher beträchtlich wärmer gewesen sein muß. Besonders gut erhaltene Mammuts hatten sogar noch Butterblumen, Gräser, wilde Bohnen, Lärchen- und Fichtennadeln im Magen oder, wie manchmal auch berichtet wird, im Maul. Auch die Augen waren so gut erhalten, daß diese die Entdecker förmlich anzusehen schienen. Während Vermessungsarbeiten der Neusibirischen Inseln durch den Arktisforscher Baron Eduard von Toll fand man die Überreste eines Säbelzahntigers und eines Obstbaumes mit einer ursprünglichen Höhe von 27 m. Der Baum war im Eis mit seinen reifen Früchten, grünen Blättern, Wurzeln und Samen als *komplette Einheit plötzlich konserviert*, praktisch schockgefroren worden.[72] Heutzutage kann man in dieser Gegend nur kriechenden Bewuchs finden.

Auch in anderen Teilen der Arktis muß früher ein gemäßigtes oder auch tropisches Klima geherrscht haben. In Spitzbergen fand man fossile Palmwedel und Korallen sowie eigentlich wesentlich südlicher beheimatete Schalentiere. Welche kataklysmische Veränderung ist hier vor sich gegangen? Die außergewöhnlichen Funde weisen auf eine radikale Änderung des Klimas hin.

William Hornaday berichtete 1926 über eine aus dem Russischen übersetzte Rede, die im »American Museum of Natural History« gehalten wurde.[73] Der Vermesser Benkendorf schlug im Jahr 1846 an dem sibirischen Fluß Indigirka mit seiner Gruppe ein Lager auf. Heftige Regenfälle ließen jedoch den Fluß anschwellen und die Ufer erodieren. Die Gruppe entdeckte ein großes Objekt im Fluß. Die Bemühungen, dieses große Etwas an Land zu ziehen scheiterten, da es am Boden des Flusses festgefroren war. Am nächsten Tag taute der Fluß weiter auf, und die Gruppe von 50 Leuten zog ein komplett erhaltenes Mammut an Land. Dieses Tier war ungefähr 4,50 m lang, knapp 4 m hoch und so gut erhalten, daß man beim Anblick der geöffneten Augen den Eindruck eines lebendigen Tieres hatte. Der Magen dieses perfekt und wohlgenährten Mammuts wurde geöffnet, und man fand, daß dieser mit zerkauten Blättern und anderen pflanzlichen Resten gefüllt war. Einige Stunden später brach das Ufer ganz ein, und das Tier wurde in Richtung des Ozeans fortgeschwemmt. Bemerkenswert ist erstens der Erhaltungszustand und zweitens die Lage des Tieres. Es wurde nämlich *stehend* entdeckt und war im Flußgrund *eingefroren*! Dies zeugt von einem urplötzlichen Einfriervorgang, da sonst eine seitliche Lage des Tieres normal gewesen wäre, denn Tiere sterben nicht stehend oder frieren in dieser Stellung ein.

Ein anderes interessantes Exemplar wurde 1900 am Fluß Berezovka auch in aufrechter Position gefunden, jedoch waren viele Knochen durch eine plötzliche Gewalteinwirkung mehrfach so gebrochen, daß dieses Mammut anscheinend auf den harten Untergrund gepreßt worden sein muß. Im Maul des Tieres befand sich angeblich noch die erst halb zerkaute Nahrung. Sogar das lange zottelige Fell war noch vorhanden. Es muß eine große Kraft von oben auf das Tier eingewirkt haben und zwar so schnell, daß das Futter weder verschluckt noch ausgespuckt werden konnte. Aufgrund des Zustandes der Nahrung und der aufrechten Position muß der Vorgang des Einfrierens innerhalb allerkürzester Zeit vonstatten gegangen sein. Dieses Tier wurde zur Untersuchung nach St. Petersburg abtransportiert.

Aufgrund der zahlreichen Knochenfunde und des auch in der Gegenwart andauernden Gebrauchs von altem Elfenbein schätzt man die ursprüngliche Anzahl der in Sibirien und Alaska beheimateten Mammuts auf mehrere hunderttausend, eventuell sogar Millionen Exemplare.

In künstlerischen und wissenschaftlichen Darstellungen wird das Mammut fast immer in einer winterlichen Umgebung und mit einem langen zotteligen Fell dargestellt. Stimmt diese Darstellung aber auch mit der Wirklichkeit überein, und war das Klima immer schon so kalt und arktisch wie heute?

Ein Mammut, dessen Größe zwischen denen eines indischen und afrikanischen Elefanten liegt, braucht sehr viel Futter. Die heutzutage vorhandene Vegetation und auch der knappe Wasservorrat würde für die Vielzahl der gefundenen Mammuts als *Futtervorrat nicht reichen*. Die in den Mägen gefundenen Reste von frischen Pflanzen weisen auf ein *wärmeres Klima* hin. Die langen Haare hingen bis zu den Zehen hinab und würden deshalb beim Durchqueren von Schneeflächen vereisen. Im Gegensatz zum Schaf hat das Mammut nur eine kurze Wolle während einzelne Haare wesentlich länger herabfallen. Tiere, die in Polregionen leben, haben im Gegensatz dazu dichte Felle aber keine langen fettlosen Haare. Die gefundenen Mammuts waren alle sehr gut ernährt und besaßen dicke Fettpolster. Bei arktischen Tieren, wie Elch oder Karibu, sind diese Fettschichten wesentlich dünner ausgebildet. Die Darstellung von Mammuts in *winterlicher Umgebung*, begründet durch das eisige Begräbnis, muß entgegen dem ersten Anschein *falsch sein*.

Zusammen mit den Mammuts starben auch Rhinozerosse, die auch heute noch bemerkenswert gut in schockgefrorenem Zustand erhalten sind. Diese Tiere kommen *auch* nur in wärmeren Gefilden vor. Außerdem fand man Teile mit noch vorhandenem Fleisch von verschiedenen Tieren wie Pferd, Kaninchen, Eichhörnchen, Vielfraß und einer Wühlmaus. Weiterhin wurde über den Fund eines Luchses von Michael Zimmermann und Richard Tedford in »Science« im Jahr 1976 berichtet.[74] Außerdem dokumentiert Harold Anthony 27 Jahre früher in »Natural History« die Entdeckung eines Bisons.[75]

Bei der Aufzählung dieser Tiere, deren Aufstellung sicher nicht vollständig ist, fällt auf, daß es sich um Bewohner von gemäßigten Breiten und damit wärmerem Klima handelte.

Da die Mammuts mit Haut und Haar in aufrechter Stellung, einschließlich dem leicht verderblichem Futter im Magen, sowie andere Tiere, die normalerweise in wärmeren Gefilden leben, mit noch erhaltenen Fleischstücken gefunden wurden und immer noch werden, kommt als Erklärung nur ein urplötzlicher Tod in Frage. Ein *langsames* Erfrieren durch die Verschlechterung der Umweltbedingungen (Eiszeiten) kann unter Berücksichtigung dieser Umstände *völlig ausgeschlossen* werden.

Da sich der Bereich der Katastrophe aufgrund der Funde weit über 5000 km von Sibirien bis Alaska erstreckt, kann eine örtlich begrenzte Ursache nicht in Betracht kommen. Es muß ein Ereignis von großem Ausmaß stattgefunden haben, das weite Bereiche der Erde beeinflußt hat. Parallelen zu dem Aussterben der Dinosaurier sind unübersehbar. Insbesondere die in *beiden* Fällen gefundenen Massengräber zeugen von der globalen Auswirkung einer oder mehrerer Katastrophen.

Nachdenklich macht auch, daß Dinosaurier und Mammuts zusammen mit Säugetieren gefunden wurden, die nach unserer Vorstellung zeitlich und klimatisch nicht zusammenpassen. Auch nach der heutigen Ansicht der Schulwissenschaft ist das Mammut vor höchstens 13 000 Jahren ausgestorben. Aber leider wird von der Geologie kein einschneidendes Ereignis dokumentiert, das als Ursache für den plötzlichen Tod der Mammuts und anderer Säugetiere in

Frage kommt, wenn man von dem angeblichen Ende der letzten Eiszeit absieht.
Insgesamt scheint sich aber doch ein schlüssiges Bild zu ergeben. Die Antarktis war zumindest in sehr großen Bereichen eisfrei und wurde plötzlich mit einem Eispanzer überzogen. Genau auf der anderen Seite der Erdkugel wird Sibirien mit einem gemäßigten Klima innerhalb von Stunden in einen arktischen Tiefkühlschrank verwandelt. In genau entgegengesetzten Teilen der Erdkugel fanden qualitativ dieselben Ereignisse statt, auch wenn sie schubförmigen Charakter besaßen.
In nordasiatischen Überlieferungen wird bei den Wogulen in Nordwestsibirien über eine im Zuge der Weltflut herabstürzende Schneewolke berichtet. Außerdem gibt es Sintflutmythen in Nordamerika.[76]
»Einmal während eines Winters geschah etwas absonderliches: Es fiel derart viel Schnee, daß die Erde damit wie begraben war und nur die Wipfel der höchsten Tannen hervorragten. Das war nicht zum Aushalten… auf der Erde, die reine Eisklumpen war, starb man vor Kälte und Hunger.«[77]
Weiterhin wird in der Sage über eine lange Nacht, nachfolgende Hitze und schließlich einsetzende Überschwemmung des Felsengebirges über die höchsten Gipfel hinweg berichtet. Genau diese Abfolge kennzeichnet jedoch einen größeren Asteroideneinschlag.
Auch die Eskimo-Sintflutsagen berichten von einem alles überflutenden Wasser *und anschließend entstehenden Gletschern.* Ebenso wird in Südamerika von plötzlichen Schneefällen und starkem Frost und Eis berichtet. Diese Sagen ergänzen das sich ergebende Erscheinungsbild des plötzlichen Kältetods der Mammuts sehr gut.
Es gibt aber noch andere Aspekte im Zusammenhang mit den eingefrorenen Funden in Sibirien. Viele Hügel, die Yedoma genannt werden, mit Höhen von fünfzehn bis sechzig Metern enthalten oft große Tieransammlungen, zerbrochene Baumstämme und äußerst feinkörnige Erde (Löß). Außerdem weisen sie einen hohen Salz- und *Karbonat*anteil sowie Schichten von Eis auf, wie Adolph Erman bereits im Jahr 1848 berichtete.[78]

Lößvorkommen

Dieses Lößvorkommen stellt eigentlich ein eigenes Rätsel dar und ist bestens bekannt durch das Erscheinungsbild der gelben Flüsse in China, die dieses Material in das Gelbe Meer transportieren. Von der Atlantikküste in Frankreich, über Mitteldeutschland, Ungarn, Südrußland, Inner- und Ostasien sowie Nordchina bis zum Gelben Meer breitet sich ein durchgängiges hügeliges Gebilde aus, eine Zone aus Banklöß.

Löß ist eine feinkörnige Lehmablagerung mit ocker- bis hellgrauer Farbe, die reich an quarzigen, glimmerigen und kalkigen Bestandteilen ist. Man unterscheidet den Banklöß oder ungeschichteten und den geschichteten Löß.

Der geschichtete Löß ist ein typisches Schwemmgebilde und konzentriert sich oft an Urstromtälern in Form von bergigen Strukturen. Der ungeschichtete Löß entsteht dagegen durch Verwitterung von Quarz und Kalziumoxid (gebrannter Kalk), das durch die Einwirkung der hohen Temperaturen während des Sintflut-Impakts entstand. Zur örtlichen Entstehung entsprechender Verwitterungsprodukte sind allerdings nicht genug Verwitterungsmassen (Gebirge) vorhanden. Aus Mangel an topographischen Erhebungen, die den Lößgürtel von Europa bis Asien begleiten müßten, entfällt auch die Möglichkeit der Anhäufung von Löß durch natürliche Fallwinde. Es ist daher nicht verwunderlich, daß über die Entstehung solch großer Massen von Löß die unterschiedlichsten Spekulationen angestellt wurden. Über die Herkunft des Löß aus dem Weltall diskutierte John Penniston im Jahr 1931.[79] Diese Vermutung ergibt sich aus dem Umstand, daß die Partikel des ungeschichteten Löß aus *kantigen* und nicht durch Wind und Wasser gerundeten Körnern bestehen. Außerdem findet man Lößvorkommen in allen Höhenlagen bis weit über 2000 m auf der ganzen Welt.

Wie kommt der ungeschichtete Löß nach Sibirien? Die Antwort muß bei der Sintflut gesucht werden. Der oder die Asteroidenteile schlugen durch die Erdrinde in die flüssige Magmaschale ein und erzeugten große Mengen von Asche als Rohstoff für den heute vorzufindenden Löß. Diese Vulkanasche wurde in die höheren Atmosphäreschichten verwirbelt, nach Europa und Asien getragen, dort abgesetzt und dann an den Rand der Sintflutwogen verschwemmt. Bei Otto Muck kann man in seinem Buch »Alles über Atlantis« nachlesen:

»Der Löß ist also nach dieser Auffassung kein phlegmatisch gebildetes Verwitterungsprodukt lokal benachbarter Kalk- und Quarzgebirge, sondern ein Fremdling aus weiter Ferne – in Tröpfchen zerrissenes Magma, das zur Vulkanasche wurde und sich mit den vom Atlantikboden hochgerissenen, kalkreichen marinen Sedimenten hoch oben in der Stratosphäre, von Tornados und Sturmhosen durchwirbelt, vermischt. Dies wäre das erdgeschichtliche Rezept für die Lößherstellung. Er verdankt seinen Kalkgehalt den marinen Sedimenten und seinem Quarzreichtum dem kieselsauren Oberflächenmagma. Es ist verwittertes Magma, mit Seeschlick vermischt. Die Verwitterung ist dabei bis in mikroskopische Bereiche vorgedrungen, so daß nur die chemische Konstitution, nicht aber die Struktur die vulkanische Herkunft erkennen läßt.

Aufgrund dieser Vorstellung vermag man sich unschwer ein plastisches Bild von der Entstehung der geschichteten Lößbänke zu machen. Die alle Vorstellungen übersteigenden Regenfluten waren niedergegangen.«[80]

Wenn die Sintflut global abgelaufen ist, muß es auch in anderen Teilen der Welt riesige Lößvorkommen geben. Auf der südlichen Hälfte der Erdkugel wurden entsprechende Funde gemacht. Der französische Naturforscher Alcide d'Orbigny (1802–1857) stellte fest, daß die großen Lößablagerungen der südamerikanischen Pampas durch eine gewaltige Flut abgelagert sein müssen, die auch die damalige Tierwelt vernichtete. Der gleiche Kataklysmus wuchtete nach der Ansicht Mucks die Anden empor. Der globale Charakter der erdumstürzenden Vorgänge wird durch diese Feststellungen eindrucksvoll bestätigt.

Man muß immer wieder unterstreichen, daß die Sintflut verheerende Folgen mit einem unvorstellbarem Ausmaß verursacht hat. Diese Sintflut war keine örtliche Überschwemmung in Mesopotamien.

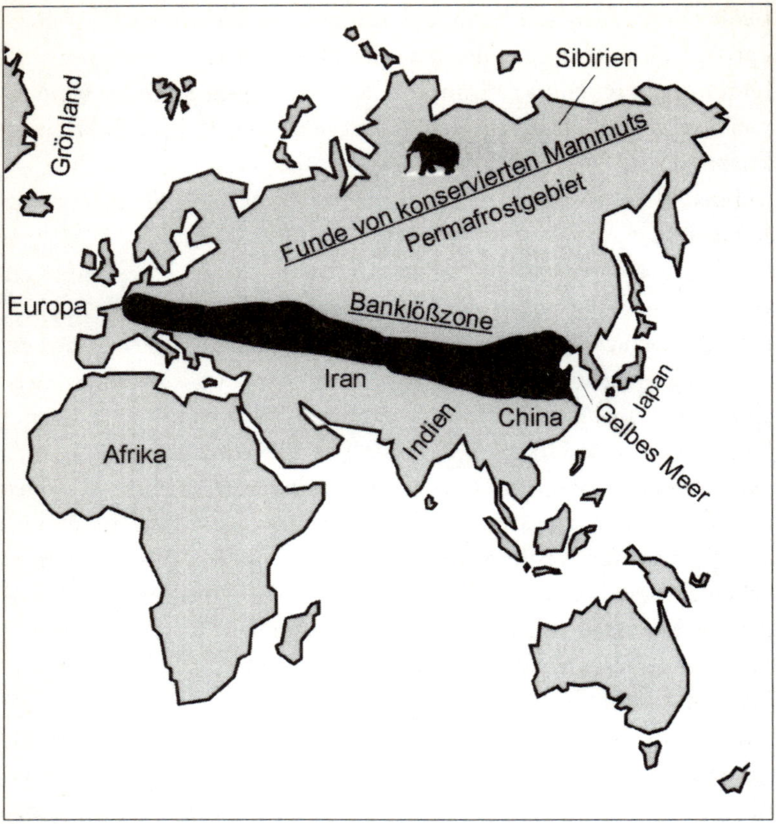

Abb. 13: Die Banklößzone. *Sie erstreckt sich von der französischen Atlantikküste bis zum Gelben Meer bei China. Die Lage des Lößgebiets ist in der Skizze nur qualitativ – unmaßstäblich und unabhängig von der Konzentration – eingezeichnet, wobei sich innerhalb dieser Banklößzone Zentren wie am Schwarzen Meer und in China befinden. Der Banklöß entstand aus dem Rohstoff Vulkanasche. Dieser wurde während der Sintflut verwirbelt und an den Rand der Sintflutwogen verschwemmt.*

Bei genauerer Betrachtung dieses Szenario werden auch andere Beobachtungen erklärbar, die für sich allein betrachtet ein Rätsel bleiben. Wissenschaftlich *ungeklärt* blieb bis heute die Tatsache, daß viele untersuchte Mammuts anscheinend *erstickt* waren. Es wurde bei verschiedenen Kadavern dieser Urtiere die außergewöhnliche

Beobachtung gemacht, daß die Lungen und Mägen mit kleinen Partikeln von lehmiger oder sandiger Herkunft verunreinigt waren. Durch die während des Impakt-Geschehens freigesetzten Mengen von Flugasche mit der einhergehenden Umweltgiftproduktion in Form von Gasen und Salpetersäure verursachten den Erstickungstod der Tiere, womit auch dieses bisher öffentlich nicht diskutierte Rätsel gelöst wäre.

Das in der Nähe der Mammuts gefundene Eis ist auch entsprechend verunreinigt und besteht teilweise aus Wasserteilchen, die sich durch kalte Luftschichten oder auch durch den Weltraum bewegt haben. Die Struktur des gefundenen Eises kann leicht gelöst werden und erinnert an gefrorenen Hagel oder Schneeregen. Über entsprechende Untersuchungsergebnisse berichtete W. H. Dall im »American Journal of Science« im Jahr 1881.[81] In den Luftblasen dieses Eises findet man daher auch mehr Kohlendioxid und weniger Sauerstoffanteile als in normalen Eisblöcken. Mammuts wurden unter, über und neben entsprechenden Eisfeldern gefunden.

Außerdem war bisher der hohe Schlammanteil verwunderlich. Mammuts wurden oft in gefrorenem Schlamm gefunden, der sich manchmal über den beschriebenen Eisvorkommen befindet. Er erreicht teilweise Mächtigkeiten von mehreren Metern. In den gefrorenen Schlammschichten befinden sich Blätter und sogar ganze Bäume, die teilweise noch ihre reifen Früchte trugen. Diese Pflanzen sind nicht fossiliert oder versteinert, sondern ganz einfach schockgefroren. Durch diesen Vorgang wurde ein Versteinerungsprozeß verhindert.

Das Eis ist oft von dünnen Schichten lehm- und sandartiger Herkunft durchzogen. Dieses Erscheinungsbild entspricht nicht der normalen Eisbildung, da der Schlamm durch die höhere Eigen- und Umgebungstemperatur das Eis aufgetaut hätte und mit dem entstehenden Schmelzwasser fortgeschwemmt worden wäre. Die Verunreinigungen dieser Eisvorkommen, anorganisch oder auch organisch in Form von Pflanzen, müssen mit dem Eis plötzlich eingefroren sein und waren kein Bestandteil eines Sees oder Flusses.

Auch die tiefer liegenden Schichten des Eises wurden von O. F. Herz und E. W. Pfitzenmayer näher untersucht und erschienen mit zunehmender Tiefe weißer und brüchiger.[82] Sobald man dieses Eis jedoch der normalen Luft aussetzte, bekam es eine *gelblichbraune* Farbe. Daraus kann man für die tieferen Eisschichten auf einen plötzlichen Einfriervorgang mit den organischen und anorganischen Verunreinigungen schließen. Bis in größere Tiefen ist das Eis der Regionen in Sibirien *nicht langsam Winter für Winter* gewachsen, sondern schnell entstanden. Deshalb stimmt die Datierung anhand von Eisbohrkernen auch nicht, da man von einer heute zu beobachtenden langsamen Bildungsrate mit einer Schicht pro Jahr ausgeht.

Die im Zusammenhang mit dem Impakt festzustellenden und im Kapitel über die Sintflut näher beschriebenen Abläufe von Impaktwinter, Sturzregen und Schneeflut in Verbindung mit einem Klimawechsel, der Lößbildung und Funden von plötzlich eingefrorenen und erhaltenen Tierkadavern lassen sich als Steine eines Puzzles sehr gut in ein Gesamtbild einfügen. Auch Dinosaurier, Menschen und Tiere in anderen Teilen der Welt sind von einer plötzlichen Katastrophe heimgesucht und teilweise ausgerottet worden. Hier Überschwemmung und dort Erfrierung. Beides gehört je nach den klimatischen Gegebenheiten und der entsprechenden Höhenlage zum Ablauf eines Impaktgeschehens. Keinesfalls handelte es sich bei der Sintflut um eine örtlich begrenzte Überschwemmung. Im Gegenteil, der Einschlag von ein oder mehreren Asteroiden, vielleicht verbunden mit einem anderen kosmischen Ereignis, verursachten ein weltweites Desaster. Damit wäre das Phänomen des plötzlichen Todes der Mammuts geklärt.

Der plötzliche Winter

Als eine der Folgeerscheinungen des Impakts herrschte ein Impaktwinter, der durch die Verdunkelung des Himmels infolge der sich in der Atmosphäre befindlichen Staubpartikeln verursacht wurde und zu einer drastischen Reduzierung der Temperaturen führte. In Sibirien war zu Lebzeiten der Mammuts ein gemäßigtes Klima vorherrschend. Mit den Impaktfolgen ging die milde auf die auch heute noch vorhandene eisige Klimatik über. Der Übergang muß relativ schnell gegangen sein. Fäulniserreger hatten keine Zeit, irgendwelchen Schaden anzurichten. Die Mammutkadaver wurden und werden auch heute noch wohl konserviert aus dem Eis geborgen. Bei einer langsamen Änderung des Klimas würde man nach relativ kurzer Zeit nur noch Skelette finden können. Der Klimawechsel muß also urplötzlich innerhalb von Stunden vor sich gegangen sein. Reicht der Vorgang des Impaktwinters allein als Folge des Asteroideneinschlags für das schnelle Einfrieren der Tiere aus? Das ist sehr schwer vorzustellen. Muck stellte fest, daß sich die Klimazone über Sibirien in kurzer Zeit um ungefähr 3500 km nach Süden verschoben haben muß.[83]

Gibt es andere Gebiete auf der Erde, in denen es ähnliche Erscheinungen gegeben hat? Hapgood stellte aufgrund von genauen Untersuchungen der bereits beschriebenen antiken Karten fest, daß die Antarktis früher eisfrei war. Auf dem Südpol fand man Überreste einer Flora, die in einem Gebiet mit arktischem Klima nicht vorkommen. Die Landmassen der Antarktis müssen sich ursprünglich ungefähr 3200 km weiter nördlich und damit in gemäßigten Klimazonen befunden haben.[84] Auch konservative Geologen schließen eine eisfreie Antarktis nicht aus, verlegen den entsprechenden Zeitraum jedoch weit in die erdgeschichtliche Vergangenheit zurück, und das bedeutet: -zig Millionen von Jahren. Wer hat unter dieser Voraussetzung aber die alten Karten mit der Darstellung einer eisfreien Antarktis angefertigt?

Die Lösung des Rätsels: Eine Verschiebung der Erdachse um mindestens 20 Grad bewirkte die ungefähr gleichen Vorgänge auf den genau entgegengesetzten Gebieten der Erdkugel. Hinzu kommt der steigernde Einfluß in den kälteren Höhenlagen der Gebirge und eventuell eines Impaktwinters im Zusammenhang des noch zu erläuternden Sintflutablaufs.

Graham Hancock schließt dagegen, gemäß der Erdkrustenverschiebungs-Theorie von Hapgood, auf eine Verschiebung der ganzen Antarktis auf dem Magmabett der Erde.[85] Aufgrund der enormen Reibungskräfte durch das Gewicht der Erdkrustenteile kann ein ganzer Kontinent ohne ein besonderes Ereignis nicht in ein paar

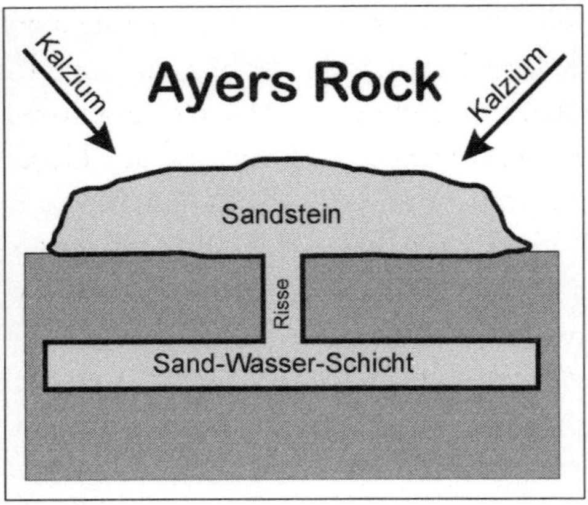

Abb. 14: Der Ayers Rock. Ein langsam gewachsener gewaltiger Sand(= Beton)-Klotz? Durch die hohen Drücke während der Sintflut wurde ein Sand-Wasser-Gemisch durch die aufreißende Erdkruste emporgedrückt und erhärtete durch das damals frei vorhandene Kalzium (Kalziumkarbonat) sehr schnell.

Stunden oder Tagen um 3000 bis 3500 km wegdriften, da er auf und in einem Magmabett verankert ist. Im Gegenteil: Durch die *behinderte Reibung* entstehen Risse und Löcher in der Erdschale, durch die das flüssige Magma an die Erdoberfläche dringt. Dieses härtere Material bleibt im Laufe der Zeit erhalten, während das umliegende weichere Gestein erodiert. So sind viele bekannte Naturwunder, wie der Ayers Rock in Australien, entstanden, nur daß in diesem Fall eine Sand-Wasser-Schicht infolge des Überdrucks durch Erdrisse an die Oberfläche gedrückt wurde und die beschriebene schnelle Erhärtung durch Zuführung von Kalzium stattfand. Deshalb besitzt dieser Monolith auch eine glatte Oberfläche wie Beton, denn Sandstein ist ja praktisch nichts anderes. Bei meinem Besuch dieses Felsens im Jahr 1996 konnte ich mich davon überzeugen, daß überall auf der förmlich polierten Oberfläche größere und kleinere Blasen vorhanden sind. Diese Poren waren ursprünglich mit Wasser (Hydratwasser) gefüllt, das nach dem Abbinden des Betons (Sandstein) verdunstete. Für mich als Bauingenieur ein alltägliches Erscheinungsbild bei erhärtendem Beton.

Aber betrachten wir die klimatischen Veränderungen auf der Erde. Die Kontinentaldrift-Theorie von Wegener kann für die Verschiebung der Klimazonen auch deshalb nicht verantwortlich sein, da die Bewegungen der Kontinente mit wenigen Zentimetern oder Millimetern pro Jahr, falls die Messungen wegen möglicher Meßtoleranzen *so* genau oder wenn überhaupt stimmen, zu gering sind. Ebensowenig würden sich die Klimazonen in Sibirien und der Antarktis nicht um eine ungefähr *gleiche* Entfernung verschoben haben, obwohl die höhere Anzahl der Einschläge auf der Nordhalbkugel dort naturgemäß auch direkt größere Folgewirkungen verursacht haben. Entscheidend ist ein ähnliches Maß der Verschiebung der Klimazonen und ein grundsätzlich vergleichbares außergewöhnliches Ereignis auf der nördlichen und südlichen Erdhalbkugel. An diesem Punkt scheitern alle anderen Theorien, oder der Zufall muß aufgrund fehlender Beweise aushelfen.

Muck vertritt die Auffassung, daß eine Polverlagerung und damit Verschiebung der Rotationsachse unserer Erde um etwa 20 Grad aufgrund eines gewaltsamen Asteroideneinschlags eingetreten ist.[86] Eine logische und zugleich einfache Erklärung, die mit den beschriebenen Phänomenen im Einklang steht. Fraglich ist, ob ein Planetoideneinschlag allein einen entsprechenden Effekt erzielen kann. Wahrscheinlich nicht, deshalb waren noch andere kosmischen Einflüsse maßgebend.

Aufgrund der Auswertung der Mythen verschiedener Völker kam Immanuel Velikovsky zu dem Schluß, daß vor nur ein paar tausend Jahren verschiedene Planetenannäherungen, beispielsweise von Erde und Venus, stattfanden. Wie auch immer, der die Sintflut auslösende Vorgang hat generell die Schiefstellung der Erdachse ausgelöst oder eine eventuell bereits vorhandene geringfügige Neigung zusätzlich *erheblich* vergrößert. Durch kosmische Ereignisse begann die Erde sofort zu taumeln (präzessieren). Dies belegen die Funde der konservierten Mammutkadaver. Mit der Verschiebung der Rotationsachse um mindestens 20 Grad, kurzfristig wahrscheinlich wesentlich mehr durch die erzeugte Pendelbewegung, haben sich auch die Klimazonen entsprechend schnell verschoben. Die durch diesen Vorgang erzwungene Vereisung erfolgte demzufolge nicht einmalig, sondern schubweise mehrfach hintereinander mit Flutwellencharakter. Diese Apokalyse bedeutete das Ende des Zeitalters der Mammuts durch die plötzliche Vereisung Sibiriens sowie den westlichen Teilen Alaskas auf der nördlichen wie auch der Antarktis auf der südlichen Erdhalbkugel.

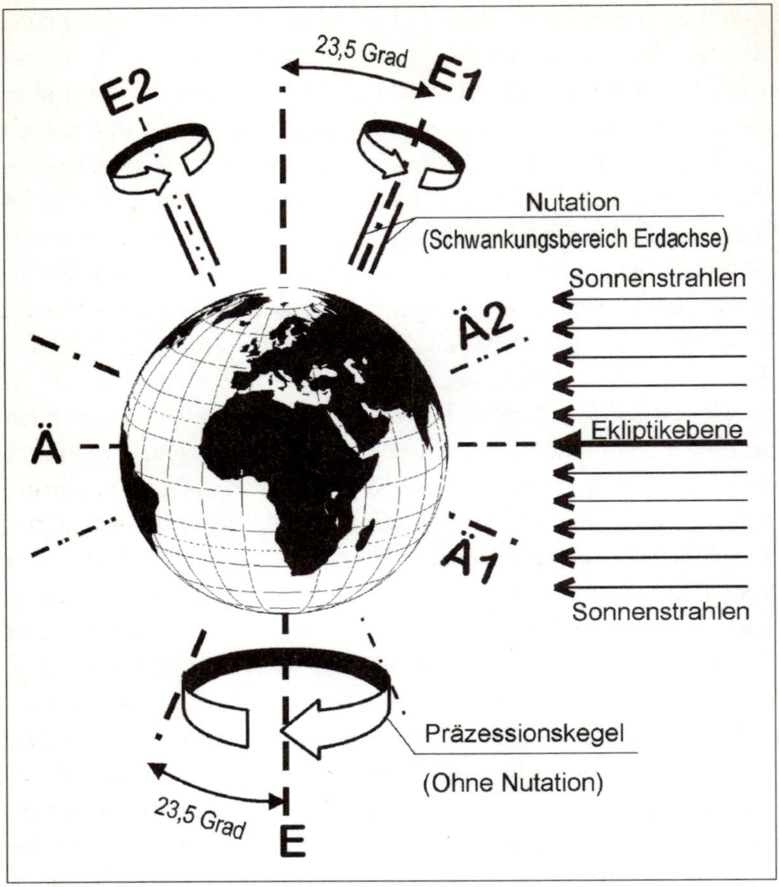

Abb. 15: Präzession der Erdachse. *Entgegen den Zeiten vor der Sintflut steht die Erdachse (E) heute 23,5 Grad schief (E1) und dreht sich kreisförmig (ohne Berücksichtigung der Nutation) um die senkrechte Achse (E) auf der Erdbahnebene (Ä = Ekliptikebene), die durch den Mittelpunkt der Sonne verläuft. In 12 890 Jahren (180 Grad des Präzessionskreises) verschiebt sich die Erdachse entgegen ihrem eigenen Drehsinn von E1 nach E2. Dieser Vorgang bewirkt, daß sich die Sterne scheinbar ständig verschieben und nur nach einem vollständigen Präzessionszyklus mit 360 Grad in ungefähr 25 780 Jahren wieder an derselben Stelle des Firmaments stehen. Zusätzlich muß jedoch das Schlingern der Erdachse (Nutation) berücksichtigt werden, die der Präzession überlagert ist und ungefähr eine Periode von 40 000 Jahre durchläuft. Ä1 = Äquatorlinie zu E1 im Zeitpunkt X; Ä2 = Äquatorlinie zu E2 im Zeitpunkt (X + 12 890) Jahre.*

Heutzutage weicht der Winkel der Erdachse um 23,5 Grad von der Senkrechten auf der Bahnebene der Erde um die Sonne ab. Durch diese Schiefstellung kommt es erst zu der Erscheinung der Jahreszeiten. Die Erde steht somit etwas schräg und verhält sich wie ein Kreisel, dessen Drehachse während der Rotation (Drehung) von der Senkrechten durch eine Krafteinwirkung abgelenkt wurde. Bei einem Kreisel kann dies anschaulicherweise durch das Antippen mit einem Finger geschehen. Der Kreisel, wie auch damals die Erde, beginnt zu taumeln. Diese Bewegung wird auch als Präzession bezeichnet. Die verlängerte Erdachse beschreibt am Himmel einen Kreis, der Präzessionskreis genannt wird und nacheinander alle zwölf Sternbilder durchläuft. Dieser Präzessionszyklus dauert *heute* ungefähr 25780 Jahre. Nur nach Ablauf dieses langen Zeitraums sieht man die Sterne wieder exakt am gleichen Punkt des Firmaments. Natürlich nur unter der Voraussetzung einer sich immer gleichförmig drehenden Erde. Der Winkel der Erdachse von 23,5 Grad, der auch Schiefe der Ekliptik genannt wird, ist jedoch nicht immer gleich, sondern schwankt in geringen Bereichen von 24 bis 22 Grad. Dieser Zyklus (Nutation) dauert etwas mehr als 40000 Jahre. Im Vergleich zu einem Kinderkreisel nippt die Erde.
Sollte die Erdachse nur ein einziges Mal zu einem bestimmten Zeitpunkt durch einen Asteroideneinschlag oder einem anderen Ereignis schief gestellt worden sein, würde dies bedeuten, daß es vor diesem Ereignis keine Jahreszeiten gegeben hat. Lebten die Menschen vor der Sintflut unter diesen Voraussetzungen vielleicht besser, da es gar keinen oder nur ungewöhnlich milde Winter gegeben hat? Bei gleichbleibenden Klimabedingungen würde es immer Früchte und andere Produkte der Natur im Überfluß zu essen gegeben haben. War diese Welt eine Art oder vielleicht *das* biblische Paradies?
Da der Asteroideneinschlag wahrscheinlich auch eine Änderung der Zusammensetzung der Atmosphäre verursacht hat und vielleicht die Ozonschicht, falls es sie damals überhaupt gab, beschädigt wurde, können vor der Sintflut ganz andere Umweltbedingungen geherrscht haben. In der Bibel, dem babylonischen »Gilgamesch-Epos« und anderen alten Schriften wird von Menschen be-

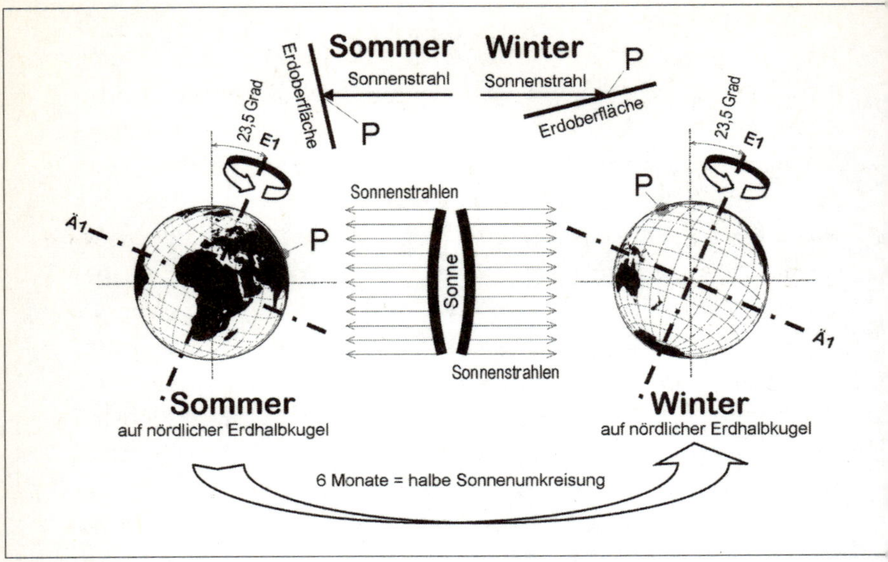

***Abb. 16: Die Entstehung von Jahreszeiten.** Diese entstehen* nicht *durch die unterschiedliche Entfernung von der Sonne aufgrund der elliptischen Umlaufbahn der Erde. Durch die um 23,5 Grad gegenüber der Senkrechten auf der Bahnebene der Erde geneigten Erdachse entstehen erst die Jahreszeiten. Die Sonne bescheint in der einen Jahreshälfte die nördliche Erdhalbkugel und in der anderen die südliche intensiver, da der Einfallswinkel der Sonnenstrahlen unterschiedlich ist und es somit zu einer unterschiedlichen Erwärmung der einzelnen Gebiete der Landoberfläche kommt. Ein beliebiger Punkt (P) repräsentiert einen Standort auf der Erdoberfläche im Winter- und Sommerhalbjahr. E1 = schiefe Erdachse und Ä1 = zugehörige Äquatorlinie.*

richtet, die ein paar Jahrhunderte alt geworden sein sollen. Wie jeder nachlesen kann, bewegten sich die in der Bibel aufgezeichneten Lebensalter der Menschen von Adam (930 Jahre: »Genesis« 5,5) über Set (807 Jahre: »Genesis« 5,7) bis einschließlich Noah (950 Jahre: »Genesis« 9,29) um die 900 Jahre. Allerdings nur bis zur Sintflut. Nach diesem Ereignis nahm die Lebenserwartung langsam aber stetig ab. Von Arpachschad (438 Jahre; »Genesis« 11,13) über Abraham mit 175 Jahren (»Genesis« 25,7) und Isaak mit 180 Jahren (»Genesis« 35,28) wurde Jakob schließlich

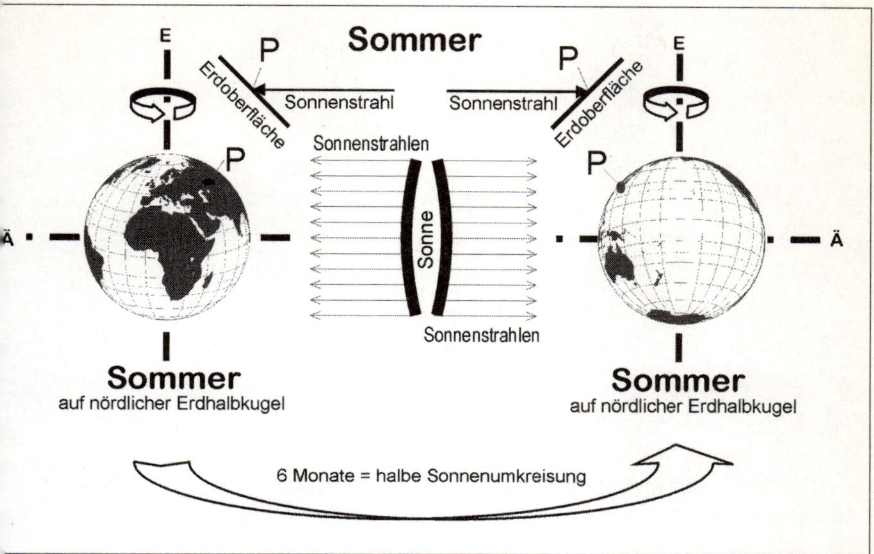

Abb. 17: ***Gerade Erdachse.*** *Vor der Sintflut stand die Erdachse ungefähr gerade, also senkrecht auf der Bahnebene unserer Erde. Dadurch konnten keine Jahreszeiten entstehen, denn der Einfallswinkel und damit die Intensität der Sonnenstrahlen ist für einen beliebigen Punkt auf der Erdoberfläche ganzjährig immer gleich. Die Folge war ein gleichbleibendes tropisch bis gemäßigtes Klima auf der ganzen Erde, wovon die Kohlevorkommen am Südpol und fossilen Korallenbänke in der Nähe des Nordpols zeugen. Durch die ständig geringere Sonneneinstrahlung an den Polen gab es Poleiskappen ähnlich denen auf dem Mars, jedoch keine Eiszeiten. Ein beliebiger Punkt (P) auf der Erdoberfläche wird das ganze Jahr über immer gleich von der Sonne bestrahlt. Ä = Äquator, E = gerade Erdachse.*

nur noch 147 Jahre (»Genesis« 47,28) alt, und die nachfolgenden Geschlechter erzielten die gleiche Lebenserwartung wie zu unserer Zeit. Sind in den genauen Angaben über das Lebensalter und dem Zeitpunkt der Geburt der Kinder sowie der genauen Datierung der Sintflut innerhalb dieses Geschlechtsregisters nur Phantasieangaben zu sehen oder handelt es sich nicht doch um qualitativ richtige Angaben, auch wenn ein Tag früher vielleicht nur 20 Stunden dauerte? War an der verringerten Lebenserwartung eine verminderte Abschirmung durch die in Mitleidenschaft gezogenen schüt-

zenden Schichten der Erdhülle maßgebend? Degenerierte die Menschheit nach der Flut durch die erhöhte kosmische Strahlendosis? Ist das der Grund für die vielen gräßlichen Monster in den Sagen und Mythen aller Völker? Riesen mit einem Auge und andere Ungeheuer werden in diesen Erzählungen genau beschrieben. Ähnlich schreckliche Erscheinungen kennen wir von den Atombombenabwürfen in Japan während des Zweiten Weltkrieges.
Wurde vielleicht auch die Umdrehungsgeschwindigkeit der Erde geändert? Durch einen Impuls gegen die Drehrichtung des Kreisels, in diesem Fall der Erde, könnte die Rotationsgeschwindigkeit geringfügig gemindert werden. Die bereits beschriebene Wanderung der Erdachse (Präzession) ist auf jeden Fall der Erddrehung *entgegengesetzt*. Wie jeder Kreisel versucht die sich drehende Erde infolge der inneren Reibungskräfte langsam wieder aufzurichten, wodurch sich der Winkel der ausgelenkten Erdachse langsam verringert und die Zeit für eine komplette Taumelperiode langsam weiter erhöht wird. Die Erde und damit auch die Erdkruste taumelt heute entsprechend langsam aus. In der Zeit nach dem Einschlag des Asteroiden muß die Taumelperiode kürzer gewesen sein. Anders ausgedrückt, die Zeitspanne zur Vollendung eines Präzessionskreises dauerte nicht 26 000 Jahre wie heutzutage, sondern analog der Kreiseltheorie vielleicht weniger als 1000 Jahre. Daraus folgt eine Störung der schützenden Schichten unserer Atmosphäre in der Zeit nach der Katastrophe. Die Strahlungsintensität muß noch länger nach der Sintflut sehr hoch gewesen sein und führte zu einer Degenerierung sowie Schädigung der Erbanlagen der wenigen den Weltuntergang überlebenden Tiere und Menschen.

Dauer der Sonnenjahre

Herrschten vor dem Einschlag des Asteroiden ganz andere physikalische Bedingungen auf der Erde? Gab es unter diesen veränderten Bedingungen die in der Bibel beschriebenen Riesen vor der Sintflut wirklich? Hatte ein Tag eine andere Länge als heute, eventuell analog der in biologischen Systemen mit fast 25 Stunden pro

Tag? *Warum stimmt der Biorhythmus nicht mit dem normalen 24-Stunden-Tag überein*, wie Gernot Geise zu bedenken gibt?[87] Wenn unsere Welt sich nicht grundlegend oder nur äußerst langsam geändert hat, dann müßte der Mensch sich aufgrund der angeblich langen Entwicklungsgeschichte doch ideal angepaßt haben, wenn Darwin recht hätte. Warum stimmt der innere Rhythmus nicht mit dem tageszeitlichen unseres Planeten überein?

Hatte das Sonnenjahr vor der Sintflut eine andere Dauer als heute mit 365,2422 Tagen? Spätestens die Mayas waren ausgezeichnete Mathematiker und berechneten das Jahr zu 365,2420 Tagen und bestimmten auch die Umlaufzeiten der anderen Planeten genau. Außerdem berechneten sie den Zeitraum des Mondumlaufs, wie auch der Venus um die Erde, mit einer ungeheuren Genauigkeit. Die Maya-Priester konnten anhand genauer Tabellen Mond- und Sonnenfinsternisse vorhersagen. Bei den Mayas und anderen alten Hochkulturen wurde das ursprüngliche Sonnenjahr aus zwölf Monaten mit je 30 Tagen gebildet. Die fehlenden restlichen fünf Tage wurden einfach addiert. Da die Mayas sehr gute Mathematiker waren, stellt sich die Frage, warum sie nicht wie wir verschieden lange Monate einführten? Oder hatte das Sonnenjahr zu früheren Zeiten nur 360 Tage und die restlichen fünf Tage wurden seit einem bestimmten Ereignis am Ende des jeweiligen Jahres einfach hinzugeschlagen? Was war der Grund für die Verlängerung des Sonnenjahres?

Es ist nicht bekannt, wann ein Kalender der Ägypter erfunden oder entwickelt wurde. Auf jeden Fall bestand bei dem von ihnen benutzten Kalendersystem das Jahr aus zwölf Monaten mit je drei Dekaden zu je zehn Tagen. An diese 360 Tage wurden, wie bei den Mayas, fünf Ergänzungstage angehangen. Diese zusätzlichen Tage waren eng mit den Göttern verbunden, so daß die Verlängerung des Kalenders religiöse Gründe hatte. Nach allgemeiner Auffassung waren die ägyptischen Götter jedoch mit den Sternen gleichzusetzen.

Die 360 Tage hatten natürlich auch ein direktes Verhältnis zum Kreis und damit auch zur Erde als idealisierte Kugel mit 360 Grad. Im Gegensatz zu unseren Vorfahren im Mittelalter kannten die

Mayas und andere Kulturvölker die Kugelgestalt der Erde. Es ist jedoch bekannt, daß die Ägypter nicht nur den Kalender selbst, sondern auch den Himmel in 36 Dekane zu je zehn Tagen und somit ebenfalls in 360 Tage eingeteilt hatten. Die restlichen fünf Tage sind bedingt durch die Schiefstellung der Erdachse und einer erweiterten Erdumlaufbahn. Ist die in diesem Zusammenhang steckende Harmonie von Zeit und Raum bezeichnend für die vorsintflutliche Periode? Es liegt nahe zu vermuten, daß auch die scheinbare Bewegung der Sonne um die Erde in 360 Grad eingeteilt wurde.

Falls das Kalenderjahr ohne Schiefstellung der Erdachse 360 Tage gedauert hat, ergibt sich eine ganz andere Sichtweise. Die alten Kalendersysteme stimmten ursprünglich in idealer Weise mit der Himmelsmechanik überein. Die Schiefstellung der Erdachse mit der erweiterten Umlaufbahn veränderte alles. Die durch die Katastrophe zusätzlich entstandenen fünf Tage pro Jahr wurden durch Zusatztage ausgeglichen, die bei den Ägyptern durch die Geburt der vier Kinder der Himmelsgöttin Nut: Osiris, Isis, Seth, Nephtys, und dem Sohn von Osiris und Isis, Horus, begründet waren. Diese fünf Zusatztage sind also mit Geburten verknüpft, was etwas Neues oder besser gesagt *Hinzugekommenes* bedeutet. Also gab es logischerweise eine Zeit vor dieser »Geburt«, die ohne diese neuen Tage ausgekommen ist. Demzufolge wäre das Kalendersystem älter als die durch Kometeneinschläge, eventuell in Zusammenspiel mit anderen kosmischen Ereignissen, verursachte Sintflut.

Nach der Erdkatastrophe änderte man das alte System grundsätzlich nicht, sondern erweiterte das Jahr um fünf Zusatztage. Mit diesem Verfahren konnte man leicht Bezug auf alte Daten und Berechnungen nehmen, ohne das System grundsätzlich ändern zu müssen. Logisch gesehen eigentlich naheliegend. Eine Änderung des Kalendersystems auf die neuen Gegebenheiten, analog unserem modernen Kalenderjahr, wäre sicher komplizierter gewesen.

Auch die Babylonier teilten das Jahr in dreimal 120 Tage ein. Die restlichen fehlenden fünf Tage wurden als besondere Einheit gesehen. Wahrscheinlich übernahmen die Babylonier dieses System bereits von den Assyrern und diese von den Sumerern, die als Erfinder des Kreises mit 360 Graden gelten. In diesem Zusammenhang sollte erwähnt werden, daß die Sumerer bereits alle uns bekannten Planeten und auch einzelne Monde kannten, die Galilei erst 1609 mit einem Teleskop entdeckte. Die den Sumerern bereits vor ungefähr 6000 Jahren bekannten Planeten Uranus und Neptun wurden *von uns erst 1781 und 1846 entdeckt*. Von einer gleichmäßigen Entwicklung der Menschen gemäß der Evolutionstheorie kann man unter diesen Gegebenheiten nicht sprechen. Eine Erklärung für die Kenntnisse der ersten uns bekannten Hochkulturen hat man offiziell nicht, außer man akzeptiert augenzwinkernde Erklärungen wie Fälschung oder Zufall.

Wie in dem Buch von Sudhoff überzeugend bewiesen wurde, fand weit vor der Geburt von Jesus Christus bereits ein Kulturaustausch über den Atlantik hinweg statt.[88] Eine Verbindung oder Übernahme des Kalenders durch ein anderes Volk ist daher durchaus denkbar. Die Parallelen zwischen den Kalendersystemen der Mayas, Ägypter, Babylonier und Sumerer sind nicht zu übersehen. Unabhängig voneinander kannten diese Kulturvölker auch die zwölf Tierkreiszeichen. Wenn aber auf beiden Seiten des Atlantiks die Anzahl der Sternbilder bei identischer oder ähnlicher Bezeichnung gleich war, müßte ein Zufall in Form von Duplizität der Ereignisse ausgeschlossen werden können.

Taumelnde Erdachse

Bei einer plötzlich größeren Auslenkung der Erdachse wird ein Beobachter auf der Erdoberfläche den Eindruck haben, daß sich die Sterne ruckartig bewegen oder sogar am Horizont verschwinden. Auch die Sonne kann aus dem Gesichtskreis verschwinden oder auch vor dem Untergehen wieder ihren Weg zum Zenit zurück finden. Kurz gesagt, herrscht in einem Teil der Welt längere Nacht, während in einem anderen länger die Sonne scheint.

Interessant ist der Fall, daß die Auslenkung so groß wird, daß für die der Sonne zugewandten Seite plötzlich die Sonne verschwindet und auf der der Sonne abgewandten Seite der Erdkugel die

Nacht zum Tag wird. In diesem Fall dreht sich die Sonne für den Beobachter der ursprünglich sonnenabgewandten Seite falsch herum! Ich unterstreiche die Aussage: *falsch herum*. Man sollte sich dies vielleicht an einem einfachen Modell klarmachen. Für einen Beobachter auf der Erde geht die Sonne unter diesen Voraussetzungen nicht im Osten, sondern im *Westen* auf. Dieser Vorgang kann sich bei einer zweiten oder dritten Taumelbewegung der Erdachse *wiederholen*, bevor die Auslenkung durch die Reibungskräfte, Gravitationseinflüsse oder Trägheit des Weltalls reduziert wird. Kalenderberechnungen sind dann in der Folgezeit nicht mehr möglich, da durch die sich langsam verringernde Auslenkung der Erdachse die Sterne und auch die Planeten unseres Sonnensystems nicht berechenbare Bahnen einnehmen, die sich ständig verändern.

In der Zeit vor der Zeitrechnung waren Kalenderrevisionen an der Tagesordnung. Dies lag nicht an einer mangelnden Beobachtung oder Berechnung der Umlaufbahnen der Sterne und Planeten durch unsere Vorfahren, sondern in der besonderen und sich dauernd verändernden Eigenbewegung unserer Erde.

Der babylonische König Nabonassar ließ im Jahr 747 v. Chr. einen neuen Kalender einführen. Der Anlaß war ein astronomisches Ereignis, das jedoch in den alten Quellen nicht näher bezeichnet wird. Eine Sonnenfinsternis hat sich in dieser Zeit nicht abgespielt, vorausgesetzt, die Erde drehte sich seither gleichmäßig weiter.[89]

Die chaldäischen Astronomen standen vor der Aufgabe, den jeweils gebräuchlichen Kalender den Veränderungen anzupassen. R. C. Thompson bestätigt in seinem Werk »The Reports of the Magicans and Astrologers of Ninive and Babylon« wie folgt:

»Aus verschiedenen Textstellen in den astronomischen Tafeln ist leicht zu erkennen, daß die Berechnung der Tages- und Jahreszeiten eine der Hauptaufgaben der Astronomen des Zweistromlandes war. Die Gelehrten fragen sich: Wie konnten diese eigens hierfür angestellten Leute so erhebliche Fehler machen.«[89, 90]

In der Bibel heißt es bei Jesaia (24, 18–20):

»... die Grundfesten der Erde beben. Es wird die Erde mit Krachen zerbrechen, zerbersten und zerfallen. Die Erde wird taumeln wie ein Trunkener und wird hin- und hergeworfen wie eine schwankende Hütte ...«

Treffender kann man die Folgen der Sintflut-Katastrophe und die Auswirkungen der taumelnden Erde nicht beschreiben.

Wechselnde Himmelsrichtungen

Der lateinische Schriftsteller Solinus berichtete über die Mythen der Völker an der Südgrenze Ägyptens. In diesen alten Überlieferungen wird über einen anderen Sonnenlauf als heute berichtet. Zu Lebzeiten deren Vorfahren soll die Sonne jetzt dort untergegangen sein, wo sie früher aufging. Die Chinesen berichteten über eine neue Ordnung. Erst seit dieser Zeit bewegen sich die Sterne von Osten nach Westen. Velikovsky stellt fest, daß die chinesischen Tierkreiszeichen in rückläufiger Richtung aufeinander folgen, also entgegen dem heutigen Lauf der Sonne.[91] Auch in Griechenland wird von gegenläufigen Bahnen der Sterne und unserer Sonne berichtet.

Der griechische Tragiker Euripides (ungefähr 485–406 v. Chr.) berichtete in »Elektra« über rückwärts gelenkte Sterne und auch über eine entsprechende Bahnänderung der Sonne. Außerdem schrieb er in »Orestes«:

»... des Sonnenwagens beflügelte Eile ... ändernd den westwärts gerichteten Lauf durch das Himmelsgewölbe, dorthin, wo rötlich flammend die Morgendämmerung aufstieg.«

Ein anderer Grieche, der Philosoph Platon (427–347 v. Chr.) schrieb in dem Dialog »Der Staatsmann« über den Wandel im Aufgang und Untergang der Sonne sowie der anderen Himmelskörper. Das Weltall soll sich außerdem in entgegengesetzter Richtung gedreht haben. Von einem Standpunkt auf der Erde bemerkt man nicht die Eigenbewegung unseres Planeten, sondern glaubt an eine Bewegung der Sterne und damit des Weltalls.

Die mittelamerikanischen Völker unterschieden vier vorweltliche Sonnen mit vier Bewegungen und gaben den Sonnen stellvertretend für die unterschiedlichen Himmelsperioden unterschiedliche Namen.

Auch im Koran wird von den beiden Osten und Westen gesprochen. Der Talmud und andere alte Quellen berichten von Störungen der Sonnenbewegung zur Zeit des Exodus, dem Auszug der Juden aus Ägypten.[91]

Der griechische Geschichtsschreiber Herodot (490–425 v. Chr.) schrieb im zweiten Buch seiner »Historien« über Gespräche mit ägyptischen Priestern während seines Besuchs in Ägypten. Es wurde ihm von 341 Generationen von Königen erzählt und daß in dieser Zeit die Sonne viermal entgegengesetzt wie normal aufgegangen sei. Zweimal beschrieb die Sonne ihren Weg auf der uns bekannten Himmelsbahn, und zweimal ging sie dort unter, wo sie jetzt aufgeht. Diese Niederschrift ist in den vergangenen Jahrhunderten kontrovers diskutiert worden. Wenn man jedoch während der gesamten Erdgeschichte immer nur eine konstante Drehung und Umlaufbahn der Erde voraussetzt, wird man entsprechende Überlieferungen nicht zu deuten vermögen.

Ägyptische Texte bezeugen mehrfach und eindeutig, daß »der Süden zum Norden wird und die Erde sich vornüber neigt« oder daß Sterne aufhörten im Westen zu leben und nun als neue im Osten erscheinen. Die Ägypter kannten auch verschiedene Namen für die westliche und östliche Sonne. Sind diese Beschreibungen nur Indizien für eine stark kreiselnde Drehbewegung oder wird sogar das mehrfache Überschlagen der Erdkugel beschrieben?

Eine alte Himmelskarte mit der Darstellung der Tierkreiszeichen und anderer Sternbilder fand man an der Decke des Grabes Senmuts, dem Baumeister der ägyptischen Königin Hatschepsut. Das südliche Blickfeld ist in umgekehrter Richtung dargestellt, und das Sternbild des Orion scheint sich nach Osten in der falschen Richtung zu bewegen. Insgesamt wurde eine Vertauschung von Ost und West sowie von Nord und Süd dargestellt. Augenscheinlich stellt das Bild eine Karte dar, wie der Himmel vor der Vertauschung der Pole zu sehen war.

Es gibt in diesem Grab aber noch eine andere Karte. Die hierauf vorgenommene Anordnung der Himmelsobjekte entspricht dem uns gewohnten Bild, obwohl alle Sternbilder verschoben sind. Mit dem uns heute bekanntem Maß der Präzession ist diese starke Abweichung nicht zu erklären. Während man in unserer Schulwissenschaft für das eine Bild gar keine Erklärung hat, läßt man bei der anderen Darstellung des Himmels die Abweichung der Position der Sterne außer acht oder betrachtet sie als eine überlieferte Karte aus alter Zeit, denn irgendwann in den letzten 26 000 Jahre – einem ganzen Präzessionszyklus – stimmte diese Darstellung mit zu dieser Zeit zu beobachtenden Anordnung am Himmel überein. Aber wann? Vor 20 000 oder 10 000 Jahren? Nach unserem Weltbild gab es damals noch keine Hochkulturen, die Aufzeichnungen über den Lauf der Gestirne vornahmen.

Wenn man beide Bilder als Momentaufnahme des Himmels vor und nach einer kosmischen Katastrophe mit dem Wechsel der Himmelspole versteht, geben beide Darstellungen ein exaktes Bild zu einem bestimmten Zeitpunkt unserer Vergangenheit, der nur ein paar tausend Jahre zurück liegt. Die verschobene Anordnung der Sternbilder bezeugt eine taumelnde Erdachse mit einem anderen Winkel der Erdachse, als wir ihn heute messen können. Ich hatte schon ausgeführt, daß die Auslenkung eines Kreisels am Anfang größer ist und sich dann langsam verringert. Wenn unser heutiges Weltbild über alle Zeitepochen hinweg von einer immer gleich schief liegenden Erdachse ausgeht, können frühere oder zukünftige Veränderungen nicht erklärt werden.

Aufgrund der Gesetze von Lyell und Darwin geht man vom heutigen Zustand der Erde aus und projiziert dieses Bild unverändert mit den heutzutage zu beobachtenden Schwankungen, die auch noch als konstant angesetzt werden, in die Vergangenheit. Starke Veränderungen in der Entwicklung der Erde darf es nach heutigen Thesen der Schulwissenschaft einfach nicht geben, obwohl man die vielfältigen Beweise für einschneidende geologische Umwälzungen neuerdings in der Art berücksichtigt, daß *örtlich begrenzte* Katastrophen in der Erdvergangenheit zugelassen werden. Akademisch gesehen ist es natürlich einfacher, wenn man bei der Aufstellung von Theorien immer gleiche und konstante Randbedingungen voraussetzt. Auch Gesetzmäßigkeiten lassen sich besser bestimmen, wenn man die Gleichförmigkeitstheorien von Lyell und Darwin als allzeit gültig voraussetzt.

Die in diesem Kapitel beschriebenen Veränderungen der Himmelsrichtungen anhand alter Überlieferungen und Niederschriften sind exemplarisch und könnte noch beliebig verlängert werden. Alte astronomische Tafeln der Inder, Sumerer oder Babylonier weisen oft unerklärliche Differenzen auf, als wenn diese an einem mehrere tausend Kilometer entfernten Standpunkt aufgezeichnet worden wären. Diese Berechnungen beweisen, daß in einer nicht allzu fernen Vergangenheit eine globale Katastrophe stattfand und sich die geographische Lage im Verhältnis zum Sternenzelt geändert haben muß. Oder aber die Wissenschaft hat recht, wenn sie behauptet, daß unsere Vorfahren zu dumm waren, genaue Berechnungen durchzuführen.
Die Folgen einer Katastrophe wie der Sintflut dauern länger an. Gesteinsbrocken oder mehrere auf eine Umlaufbahn um die Erde gezwungene Asteroiden oder Planetoiden können zeitlich um mehrere Jahrhunderte verzögert auf die Erde stürzen. Die genaue zeitliche Abfolge der Ereignisse soll für die von mir vorgenommene Betrachtung der jüngeren Erdgeschichte nach der Sintflut nicht vorgenommen werden. In den Überlieferungen sind entsprechend außergewöhnliche Ereignisse und Katastrophen bis ins vorchristliche Jahrtausend dokumentiert.

Der Stillstand der Sonne

Im Buch Josua (10,12–14) gibt es eine Beschreibung kosmischer Ereignisse, die bisher Anlaß zu den verschiedensten Spekulationen gab:
»... Sonne, bleib stehen über Gibeon und du, Mond, über dem Tal von Ajalon! – Und die Sonne blieb stehen, und der Mond stand still, bis das Volk an seinen Feinden Rache genommen hatte ... Die Sonne blieb also mitten am Himmel stehen, und ihr Untergang verzögerte sich, ungefähr einen ganzen Tag lang. Weder vorher noch nachher hat es je einen solchen Tag gegeben ...«
Auslegungen dieser Bibelstelle gibt es genug. Es lohnt sich nicht diese zu diskutieren, da keine Interpretation im Sinne unseres wis-

senschaftlichen Weltbildes auch nur annähernd glaubwürdig sein kann. Wenn die Darstellung in der Bibel richtig sein sollte, muß die Erdrotation für fast einen Tag ausgesetzt haben, denn die Sonne wird keine außergewöhnlichen eigenen Bewegungen ausgeführt haben. Mit einem gleichmäßigen Ablauf unserer Erdgeschichte kann man diese Aussage auf keinen Fall zur Deckung bringen. Es gibt eigentlich nur zwei, unter extremen Gesichtspunkten auch drei Möglichkeiten.

Wenn man den Bericht über den Stillstand der Sonne so auslegt, daß die Sonne zwar fast einen Tag am Himmel stand, sich jedoch während dieser Zeit trotzdem *etwas* bewegte, kann man eine Übereinstimmung mit dem bisher von mir beschriebenen Szenario während der Sintflut feststellen. Falls die Erdachse durch ein Ereignis stark in Richtung der Sonnenbahn ausgelenkt wurde und die Sonne nicht am Horizont verschwand, dann dauerte ein Tag eben länger als 24 Stunden. Für den menschlichen Beobachter wird die Sonne in diesem Fall in eine andere Richtung verschoben, um danach wieder ihren gewohnten Weg über das Firmament aufzunehmen. Am Wendepunkt der Pendelbewegung gibt es den bekannten Effekt eines gewissen Stillstandes der Bewegung als optische Täuschung.

Nimmt man die zitierte Bibelstelle wörtlich und billigt der Sonne überhaupt *keine Bewegung* – also völliger Stillstand – zu, ergibt sich ein ganz anderer Aspekt. In diesem Fall muß die Erdrotation für fast einen Tag tatsächlich zum Stillstand gekommen sein. Wenn sich die Erde danach aufgrund physikalischer Kräfte entgegengesetzt drehen würde, könnte man leicht die alten Überlieferungen über die gegenläufigen Sonnenbahnen erklären.

Die Folgen des Stillstands der Erdrotation wären wahrscheinlich verheerend. Deshalb ist die erste Version die vielleicht glaubwürdigere, insbesondere da entsprechend alle anderen Phänomene erklärt werden können. Das schließt eine Änderung der Umdrehungsgeschwindigkeit der Erde nicht aus. Aber eventuell stimmt auch die zweite Variante ...

Wie ich schon an anderer Stelle ausführte, dreht sich die Erde wie ein rotierender Kreisel. Die Erdachse kann theoretisch beliebig

weit bis in die Bahnebene gekippt werden, wie es *heutzutage beim Planeten Uranus* der Fall ist. Unter diesen Voraussetzungen ergibt sich der optische Eindruck des Anhaltens oder gar der Rückläufigkeit der Sonnenbahn, ganz im Einklang mit der zitierten Bibelstelle. Auf der einen Seite der Erdkugel wäre eine längere Phase der Dunkelheit zu beobachten gewesen, während auf der anderen Erdseite der Tag entsprechend länger dauerte.
Ab einem gewissen Maß des Neigens (über 90 Grad) der Erdachse verschwindet die Sonne am Horizont und geht für die Menschen auf der entgegengesetzten Seite des Globus außerplanmäßig auf. In diesem Fall bewegt sich die Sonne für den Betrachter entgegengesetzt zu ihrer üblichen Bahn! Ost und West werden vertauscht! Für einen Beobachter auf dem Planeten Venus geht die Sonne beispielsweise auch heutzutage im Westen auf, da sie sich retrograd, also *entgegengesetzt zum Drehsinn unseres Sonnensystems* und damit unserer Erde dreht.
Wenn man vielen uralten Überlieferungen glauben mag, muß der Vorgang einer anscheinend wechselnden Sonnenbahn mindestens zweimal abgelaufen sein. Warum sollte die Erde nicht mehrmals hintereinander eine starke Auslenkung ihrer Achse erfahren haben? Eigentlich muß es sogar so sein, da durch eine anfänglich heftige Auslenkung eine Pendelbewegung entsteht. Von der Seite, also zweidimensional betrachtet, schwang die Erdachse und damit die ganze Erdkugel hin und her.
Die zweite Pendelbewegung war zwar nicht mehr so heftig wie die ursprüngliche, reichte aber zur Erzielung des Effekts der gegenläufigen Sonnenbewegung auch noch aus: Die Sonne ging immer noch im Westen auf. Bei der dritten Schwingung verschwand die Sonne dann in der Folge vielleicht nicht mehr hinter dem Horizont, sondern *irrte auf bis dahin nicht gekannten Bahnen über das Firmament*. Jedoch ging die Sonne wieder wie *ursprünglich im Osten* auf und im Westen unter.
Eine wesentliche Störung des Drehmoments der Erde fand nicht statt. Die Umlaufbahn der Erde um die Sonne wurde wahrscheinlich weiter *nach außen verlagert*, und die Dauer der Umlaufzeit erhöhte sich von 360 auf 365 Tage. Dies belegen die alten antiken

Kalender. Auch die Geschwindigkeit der Erdumdrehung wurde verlangsamt. Hierdurch veränderten sich zwar die physikalischen Gegebenheiten auf der Erde, jedoch überlebte unser Planet diese Katastrophe.
Wenn die Bibel recht hat und die bisherigen Ausführungen richtig sind, muß auf der entgegengesetzten Seite der Erde fast einen ganzen Tag Dunkelheit geherrscht haben. Zecharia Sitchin fand heraus, daß ein entsprechendes Ereignis bei den Andenvölkern dokumentiert ist. Dort wird berichtet, daß die Sonne zwanzig Stunden, also fast einen ganzen Tag, wegblieb. Dieses Ereignis soll während der Regierungszeit von »Titu Yupanqui Pachacuti II.«, dem fünfzehnten Monarchen in alter Zeit, stattgefunden haben. Zecharia Sitchin glaubt, daß beide Ereignisse zur selben Zeit stattfanden, und datiert dieses Ereignis auf ungefähr 1400 v. Chr.[92] Unabhängig voneinander sind zwei anscheinend *unglaubhafte Beschreibungen eines gegensätzlich erscheinenden Phänomens als richtig erwiesen worden.*

Mehrere Katastrophen

In der vorchristlichen Zeit scheinen große Veränderungen vor sich gegangen sein. Es ist fraglich, ob man alle Ereignisse in einen Zeitrahmen von wenigen hundert Jahren zusammenfassen kann. Die Sintflut ereignete sich frühestens vor 10000 Jahren. Es ist jedoch auch möglich, daß diese Katastrophe 4000 Jahre später stattgefunden hat. Dadurch wäre die große zeitliche Lücke bis zum Beginn der ersten uns bekannten Hochkultur um ungefähr 3500–3000 v. Chr. besser geschlossen und würde weniger als 1000 Jahre gedauert haben. Das Rätsel, warum fast alle uns bekannten Hochkulturen ungefähr zum gleichen Zeitpunkt entstanden, wäre aus dieser Sichtweise logisch gelöst.
In diesem Zusammenhang möchte ich nochmals deutlich zum Ausdruck bringen, daß die Erde nach der weltweiten Sintflut mehrfach durch entsprechende Katastrophen getroffen wurde. Die schwankende Erdachse und ein wahrscheinlich nicht komplett abgeschlos-

senes oder sich wiederholendes kosmisches Ereignis wirkte auch nach der Sintflut fort. Es lassen sich mehrere entsprechende Ereignisse herausfiltern, speziell für das 8. und 15. vorchristliche Jahrhundert.

Velikovsky merkt an: »In der Mitte des zweiten Jahrtausends vor der Zeitenwende machte die Erdkugel zwei Verlagerungen durch, und im 8. Jahrhundert oder 7. Jahrhundert drei oder vier weitere. In dem dazwischenliegenden Zeitraum verschoben sich auch die Umlaufbahnen von Mars, Venus und unserem Mond.«[93]

Eine Untersuchung des zeitlichen Ablaufs des gesamten Katastrophengeschehens würde den Rahmen dieses Buches sprengen. Wichtig ist es herauszustreichen, daß es vor diesen Ereignissen einen regelrechten Weltuntergang (Sintflut) gab. Gleichzeitig wird aber ein schubweiser Ablauf kataklysmischer Vorgänge deutlich. Die von mir in diesem Buch beschriebenen Szenerien sind in bestimmter oder abgeschwächter Form mehrfach in größerem Rahmen abgelaufen. Die dadurch entstehenden Schichtungen der Erdkruste und des Eises der Polkappen sind demzufolge innerhalb weniger Jahre schubweise entstanden und nicht stetig über einen langen Zeitraum von Millionen Jahren hinweg. Dieser Umstand und die Feststellung, daß es überhaupt einen förmlichen Weltuntergang in Form der globalen Sintflut vor relativ kurzer Zeit gegeben hat, widerspricht aber grundsätzlich den Gleichförmigkeitstheorien von Lyell und Darwin und damit unserem Weltbild.

Hopi-Mythos

Bei den Hopi-Indianern fällt besonders die in den Überlieferungen enthaltene Erinnerung an die Schiefstellung der Erdachse auf. Gemäß den Mythen der Hopi-Indianer leben wir jetzt in der vierten Welt. Die erste Welt wurde durch Feuer vernichtet. Die zweite Welt wurde durch die *Schiefstellung der Erdachse* beendet, wobei *alles mit Eis bedeckt* wurde. Eine Flut vernichtete schließlich die dritte Welt. Haben die Hopis recht? Die Fakten scheinen es zu bestätigen.

Die Schilderung über die Schiefstellung der Erdachse bei gleichzeitig erscheinendem Impaktwinter und der entsprechenden Eisbildung entspricht dem Ablauf während des Sintflutgeschehens in der richtigen Reihenfolge. Durch dieses Szenario starben die Mammuts aus.
Scheinbar mit Phantasie geschwängerte Mythen und neuere wissenschaftliche Erkenntnisse stellen sich als deckungsgleich heraus. Handelt es sich nur um einen Zufall?

7 Der Rollentausch

Der Geologe Dr. Horst Friedrich stellt in seinem Buch »Jahrhundertirrtum Eiszeit« fest:
»Der interessierte Laie mag sich fragen, wie denn die Wissenschaft glaubt herausgefunden zu haben, daß es ein Großes Eiszeitalter von rund einer Million Jahren Dauer (zu Ende gehend angeblich um 8000 v. Chr.) gab. Die Antwort auf diese Frage ist furchtbar einfach: Lyells von der Schul-Geologie ewig nachgebetete ›Doctrine of Uniformity‹ (Lehre von der Gleichförmigkeit, d. V.), in Verbindung mit dem (seinerseits ebenfalls auf der ›Doctrine of Uniformity‹ beruhenden) Darwinismus, verlangt das so!«[94]

Unbrauchbare Theorien

Unseren Großeltern und vielleicht auch noch Vätern wurde von einer Sintflut, damals auch Sündflut im Sinne des Christentums genannt, in der Schule gelehrt. Sie hatte die Welt überschwemmt und vernichtet. Findlinge und andere entsprechende Funde wurden als sichtbarer Beweis herangezogen. Nachdem sich aber die Geologie mit der Theorie von Lyell und das Gesetz von Darwin endgültig durchgesetzt hatten, konnte man die Sintflut als Erklärung der verschiedensten Erscheinungen nicht mehr heranziehen, denn die Evolutionstheorie ließ einer weltweiten Flut keinen Platz. Klar ausgedrückt heißt das: Entweder Sintflut oder Evolution. Beides schließt sich aus, wie Feuer und Wasser. Aber die Findlinge und das Geröll konnte man immer noch sehen. Wie sollte man diese Phänomene jetzt erklären? Mit einer gleichmäßigen Entwicklung der Erde waren fossile Reste in mehreren tausend Metern Höhe, Funde von großen gerundeten Gesteinsblöcken in den Ebenen oder aber der mit Granitbrocken übersäte Untergrund aus Kalkstein des Schweizer Jura mit der Evolutionstheorie nicht zu erklären. *Deshalb mußten die Eiszeiten ganz einfach erfunden werden!* Es gab keine andere Wahl. Sie waren jetzt für alle Phänomene verantwortlich, die bis dahin die Sintflut verursacht haben sollte.

Peinlich für die Verfechter der Eiszeittheorie ist allerdings »die Tatsache, daß völlig identische errastische Blöcke auch in definitiv niemals vereist gewesenen Gebieten zu finden sind, teilweise sogar in großer Zahl« wie in der Nähe von San Diego in Kalifornien. »Der Peloponnes hat, der Eiszeit-Lehre zufolge, niemals eine Eiszeit... erlebt. Aber die Landschaft dort ist oft unserem – angeblich eiszeitlich geformten – Alpenvorland, in den Formungen der Erdoberfläche, doch sehr ähnlich.«[94]

Im Jahr 1787 veröffentlichte der Schweizer Rechtsanwalt Bernard Friedrich Kuhn eine Theorie, die besagt, daß die Granitblöcke des Schweizer Jura durch Gletscher an ihren gegenwärtigen Lagerort gelangt seien. Lois Agassiz, ebenfalls ein Schweizer, zeichnete im Jahr 1837 das Bild von einer weltweiten Vereisung.[95] Er stieß zwar zuerst auf Ablehnung, jedoch gilt dieses Weltbild heute als *unumstößlich* gesicherte Tatsache. Durchgängig schlüssige Beweise gibt es bisher jedoch immer noch nicht, obwohl viele Abhandlungen über dieses Thema geschrieben worden sind.

In den letzten paar hunderttausend Jahren soll es in periodischen Abständen zu mindestens drei Eiszeiten und vielen Zwischeneiszeiten gekommen sein. Bereits Agassiz war von einer großflächigen Eisdecke vom Nordpol bis zum Mittelmeer und dem Kaspischen Meer überzeugt. Die Eiszeittheorie scheitert aber an der geographischen Ausdehnung der Eisdecke. Warum gab es in Europa bis zum 50. Breitengrad und in Nordamerika bis zum 40. Breitengrad Gletscher, wenn es aber im Nordosten Sibiriens nördlich des 75. Breitengrads, der kältesten Stelle der Erde, zur *gleichen Zeit eisfrei* war? Beweise für das vormals gemäßigte Klima in Sibirien mit den Funden der konservierten Mammuts hatte ich schon vorgestellt.

Als Paradoxon gilt der Fundort von marinen Fossilien in über 300 m Höhe über dem heutigen, also 400–500 m über dem voreiszeitlichen Meeresspiegel in Skandinavien, Nordamerika und

Schottland: Derartig hohe Schwankungen des Meeresspiegels können Eiszeiten nicht verursacht haben. Thomas Jamieson lieferte 1865 dann eine angeblich brillante Begründung, durch die die Eiszeittheorie entscheidend gestützt wurde: Der durch das Gewicht der Gletscher ausgeübte Druck soll die Erdkruste verformt und in die darunter liegenden zähflüssigen Schichten eingedrückt haben.[96] Nach dem Abschmelzen der Gletscher sollen das Land und damit die Meeresfossilien durch die Entlastung wieder in die Höhe befördert worden sein. Dagegen sprechen mehrere Gründe.

Da die Höhenlage der fossilen Funde in Amerika und Europa genau gleich ist, müßte sich die Erdkruste auf beiden Seiten des Atlantiks *gleichmäßig* um mehrere hundert Meter gehoben haben, obwohl die geologischen Verhältnisse und damit die Voraussetzung für die Setzungsbedingungen unterschiedlich sind. Außerdem haben neueste Radaruntersuchungen auch eine Inhomogenität für das Erdinnere ergeben. Andererseits ist fraglich, ob die großen Kontinentalschollen, die in den zähen Erdmantel eingetaucht sind, nach der Entlastung durch die abtauenden Eisberge wieder aufschwimmen. In begrenztem Umfang ist dieser Vorgang theoretisch denkbar, jedoch kann das Eintauchen eines festen Körpers in eine zähflüssige Masse nicht gänzlich reversibel (umkehrbar) gemacht werden: Er bleibt zu einem gewissen Teil eingetaucht. Können sich die sehr hoch liegenden Küstenlinien nicht schon immer auf dieser Höhenlage seit der Sintflut befunden haben? Die Lösung liegt auf der Hand: Sie wurden durch die Sintflut erzeugt.

In einem späteren Kapitel werde ich die heute vorzufindende Schiefstellung des südamerikanischen Kontinents diskutieren, die sich anscheinend nicht wieder zurückgebildet hat. Wie auch immer, viel wichtiger ist zu klären, warum überhaupt eine Eiszeit entstehen kann.

Keiner kann genau sagen, warum es überhaupt eine oder sogar mehrere Eiszeiten hintereinander gegeben haben muß. Die Gründe für die Entstehung und Beendigung von Eiszeiten liegen auch heute *noch im dunkeln*. Vermutungen gibt es viele. Die meisten sind ohnehin unglaubwürdig und an den Haaren herbei gezogen. Ein heutzutage favorisierter Grund, den man in vielen einschlägigen Büchern nachlesen kann, soll in der elliptischen Erdumlaufbahn liegen, da die Sonne durch die unterschiedlichen Entfernungen manchmal mehr oder weniger intensiv auf die Erdoberfläche strahlt. Die Intensität der Strahlung wird durch die schief gestellte, schwankende Erdachse zu gewissen Zeiten verstärkt oder vermindert. Für die Bildung geringerer Mengen Eises an den Polen mag diese Erklärung ausreichend erscheinen. Richtige Eiszeiten mit geschlossenen Eisdecken auf der nördlichen Erdhalbkugel kann man mit dieser Theorie nicht plausibel erklären. Nicht nur der britische Astronom Fred Hoyle wies darauf hin, daß die durch diesen Prozeß ausgelöste Erwärmung von vier Prozent zu gering sei, um eine Eiszeit auszulösen. Auf der südlichen Erdhalbkugel ist gegenwärtig eine Erwärmung von vielleicht drei Prozent zu verzeichnen, ohne daß es zu einer wesentlichen Auswirkung auf die antarktischen Gletscher gekommen ist.

In den meisten Fällen wurden Theorien über das Zustandekommen von Eiszeiten von Geophysikern und Astronomen, aber nicht von Geologen aufgestellt. Alle Gedankenmodelle setzen nur eine normale Klimaverschlechterung voraus. Das bedeutet jedoch, daß es aus irgendwelchen Gründen auf der ganzen Erde einfach nur kälter geworden sein soll. In diesem Ansatz liegt der grundsätzliche Fehler. Unter der Arktis befindet sich im Gegensatz zur Antarktis *kein Land*. Das bedeutet, daß bei einer großflächigen Vereisung das Wasser des Ozeans gefriert, aber *es entsteht durch diesen reinen Abkühlungsprozeß kein Eisberg*, sondern es entsteht eine *glatte* Eisfläche wie bei einem gefrierenden See. Unabhängig von der Temperatur entsteht auf einer entsprechend gefrorenen Oberfläche kein Eisberg.

Um die riesigen Gletscher an der Arktis, ohne darunter befindliche Berge, entstehen zu lassen, müssen enorme Niederschläge stattgefunden haben, die sich in Form von Schnee oder Eisregen übereinander türmten. *Nur* durch diesen Vorgang können Eisberge emporwachsen.

Niederschläge (Schnee, Eis, Regen) setzen jedoch eine große Menge von Wasserdampf (Wolken) in der Atmosphäre voraus. Wolken entstehen nur durch eine intensive Verdampfung von Flüssigkeit (Wasser). Für diesen Vorgang ist jedoch *unbedingt* Wärme – beispielsweise in der Nähe des Äquators – erforderlich. Ein warmes Klima in weiten Teilen der Erde widerspricht aber einer *weltweiten Klimaverschlechterung, der Voraussetzung für jede Eiszeittheorie*, in einer grundsätzlichen Art und Weise. Folgerung: *Ohne Erwärmung gibt es keine Niederschläge und folglich keine Eisberge.*

Aber genau diese Voraussetzung war während der Abfolge des Sintflutgeschehens vor ein paar tausend Jahren tatsächlich gegeben, da durch die Vulkanausbrüche Wasserdampf erzeugt wurde, der in kühleren Gegenden und größeren Höhenlagen der Gebirge als Schnee zur Erde zurücksank. Genau zu diesem Zeitpunkt entstanden die heute anzutreffenden Eisberge dann wirklich, und die Mammuts, andere Säugetiere sowie Pflanzen oder ganze Bäume mit Früchten wurden im Permafrost schockgefroren.

Ich möchte den inneren Widerspruch in der Eiszeittheorie nochmals deutlich machen, weil dieser Punkt sehr wichtig ist: Für die Bildung eines Eisbergs sind gefrierende und sich übereinander türmende Niederschläge in Form von Schnee oder Eis erforderlich, was wiederum eine Verdampfung von Wasser in gemäßigten Klimazonen und damit wärmere Temperaturen voraussetzt. Unter der Voraussetzung einer globalen Klimaverschlechterung kann keine Eiszeit mit auch noch angeblich wandernden Eisbergen entstehen!

Als sichtbarer Beweis für angebliche Eiszeiten findet man in jeder einschlägigen Publikation eindrucksvolle Bilder von völlig glatt geschmirgelten Gesteinsschichten auf der ganzen Welt, sogar in der heutigen Wüste Sahara. Dieses Gebiet soll sich früher einmal im Bereich des heutigen Südpols befunden haben. Wie die antiken Karten – Piri Reis – nachweisen, gab es aber an der Antarktis früher gar keine Gletscher. Auch konsequente Verfechter der Sintfluttheorie, wie der Engländer William Buckland im Jahr 1824, scheiterten an der Interpretation des Erscheinungsbilds polierter Steinschichten in der Ebene, wie sie in auch Schottland zu finden sind.[97] Im neunzehnten Jahrhundert wußte man aber noch nicht genug über den wirklichen Ablauf der Sintflut, denn *vor* der heranrollenden Flutwelle wurde die Erde durch einen Weltenbrand

und Feuersturm heimgesucht. Die neuesten wissenschaftlichen Erkenntnisse und den Ablauf der Katastrophe werde ich noch genauer beschreiben. Auf jeden Fall entstehen durch die Vulkan- und Erdaufbrüche Temperaturen bis zu mehreren tausend Grad, die die Erze in den Bergen und auch das Gestein schmelzen ließen. Ein Weltuntergang durch Feuer wird in der altpersischen Religion geschildert, da »alle Metalle in den Bergen flüssig wurden«.[98] Entsprechend einfach war es für die Sintflutwogen, die weichen Gesteinsschichten glatt zu polieren wie Knetmasse. Danach erhärtete das weiche Fluidum wieder schnell zu solidem Fels, wie ich bereits ausführlich beschrieben habe. Da die Sintflut früher nur mit sehr viel Wasser, aber nicht mit hohen Temperaturen in Verbindung gebracht wurde, konnten bestimmte Phänomene zu damaliger Zeit auch nicht ausreichend erklärt werden. Die anscheinend mit Phantasie geschwängerten Überlieferungen beschreiben realistische Vorgänge in unserer Erdvergangenheit.
Natürlich gibt es in den Gebirgen durch Gletscher abgeschmirgelte Felsplatten. Das streite ich nicht ab. In diesem Fall bewirken jedoch die Gebirgshänge durch ihre abschüssige Oberfläche eine *natürliche schräge Gleitebene*! Ein Abrutschen ist unter diesen Umständen vorprogrammiert. Wie auch immer, die polierten Felsen in den Ebenen und teilweise auch in den Gebirgen entstanden durch die Folgewirkungen der Sintflut.
Bereits in den sechziger Jahren unseres Jahrhunderts schien die Eiszeittheorie nicht mehr zu halten gewesen sein. *In Kiesschichten* im Alpenvorland, die mindestens 20 000 Jahre alt sein sollen und damit vor der letzten Eiszeit entstanden sein müßten, wurden *römische Ziegel* und *nacheiszeitliche Baumstämme* entdeckt. In einer anderen bis dahin unangetasteten Kiesschicht, die aus der Eiszeit stammen soll, wurde ein *verrostetes Fahrradteil* gefunden, wie Windsor Chorlton ausführt.[99] Dieser Fund hätte den Garaus für die Eiszeiten bedeuten müssen, denn zu damaliger Zeit gab es nur Steinzeitmenschen, oder sind unsere Urahnen doch schon Fahrrad gefahren? Seltsamerweise konnte der Eiszeittheorie wieder *neues Leben* eingehaucht werden, denn es gab im Sinne der Evolution *keine Alternative*, bis heute.

Eiszeit oder Sintflut?

Wenn die Erdachse vor der Sintflut geradestand, gab es damals keine Jahreszeiten. Anstatt dessen jedoch auf der ganzen Welt eine mit Wassermolekülen angereicherte Atmosphäre, die einen Treibhauseffekt bei gleichzeitiger Abschirmung gegen kosmische Strahlungen erzeugte. Für die Entstehung einer Eiszeit bestand überhaupt kein Grund.

Alle jemals angedachten Gründe für die Entstehung einer Eiszeit sind gegenstandslos, wenn die Vermutung stimmt, daß die Erdachse vor der Sintflut geradestand. In diesem Fall kann es vor diesem Zeitpunkt definitiv nie eine Eiszeit gegeben haben. Ich möchte nochmals unterstreichen: *Bei geradestehender Erdachse gibt es keine Jahreszeiten, und damit sind Eiszeiten ausgeschlossen.* Vor diesem Hintergrund fällt neues Licht auf die angeblich geologisch nachgewiesenen Eiszeiten zu verschiedenen Epochen des Erdzeitalters.

Unter den idealen klimatischen und physikalischen Verhältnissen vor der Sintflut gab es an den Polen vielleicht jedoch Polareis, äußerlich ähnlich demjenigen, das heute auf dem Mars oder auch auf dem Mond anzutreffen ist. Eine Eiszeit kann man darunter aber nicht verstehen. Dieser Standpunkt rüttelt an den Fundamenten der Geologie und Paläontologie. Die Logik spricht jedoch für sich.

Bei der universalen Erdkatastrophe wurde der Winkel der Erdachse um mindestens 20 Grad verschoben, wodurch die Voraussetzung für eine beginnende Eiszeit überhaupt erst geschaffen wurde. Den Beweis liefern die plötzlich eingefrorenen Mammuts in Sibirien und Alaska.

Der inzwischen verstorbene Velikovsky, der in den fünfziger Jahren mit seiner Theorie über immer wiederkehrende Katastrophen während der Erdzeitgeschichte Aufsehen erregte, stellte in dem Buch »Welten im Zusammenstoß« fest:

»Die Pole hatten nicht immer ihre heutige Lage, und die Veränderungen waren keineswegs allmähliche Vorgänge. Die glaciale Eisdecke war nichts anderes als Polareis. Die Eiszeiten endeten mit katastrophaler Plötzlichkeit, Gegenden mit mildem Klima gerie-

ten in ganz wenigen Stunden in den Polarkreis. Die Eisdecken Amerikas und Europas begannen zu schmelzen; große Mengen von der Meeresoberfläche aufsteigenden Wasserdampfes vermehrten die Niederschläge und förderten die Bildung einer neuen Eisdecke. In viel stärkerem Maße als das Vorrücken des Eises brachten riesige Wellen, die über die Kontinente hinwegzogen, den Geschiebeschutt und die Findlingsblöcke mit, die über große Entfernungen hin weggetragen und auf fremden Gesteinsschichten abgesetzt wurden.
Betrachten wir die Grenzen der Vereisung auf der nördlichen Halbkugel, so erkennen wir einen Kreis, dessen Mittelpunkt an der Ostküste Grönlands oder an dem Meeresarm zwischen Grönland und Baffinland in der Nähe des gegenwärtigen magnetischen Nordpols liegt und der mit einem Durchmesser von etwa 3600 km den Bereich der Eisdecke während der letzten Eiszeit umschreibt. Der Nordosten Sibiriens liegt außerhalb dieses Kreises; das Tal des Missouri bis herab auf 39 Grad nördlicher Breite liegt innerhalb. Der östliche Teil Alaskas ist mit eingeschlossen, nicht dagegen der westliche. Nordwesteuropa liegt innerhalb des Kreises; eine Strecke hinter dem Ural biegt die Grenzlinie nach Norden ab und überschneidet den heutigen Polarkreis.
Das führt uns zu der Frage, ob der Nordpol nicht am Ende in vergangener Zeit um 20 Grad oder mehr von seiner heutigen Lage entfernt an Amerika lag, während der alte Südpol um dieselben 20 Grad von seinem gegenwärtigen Platz entfernt war, etwa in der Gegend des Queen-Mary-Landes auf dem antarktischen Kontinent.«[100]

Ich stimme mit Velikovsky überein, daß dieses Szenario stattgefunden hat und die heutzutage anzutreffende Vereisung der Polarregionen durch eine globale Katastrophe ausgelöst wurde. Betont werden muß allerdings, daß mehrere Vorstöße der Eisgrenze analog der mehrfachen Schwankung der Erdachse erfolgten. Wie bereits dargelegt, wiederholten sich entsprechende Vorgänge in unterschiedlicher Intensität. Die dadurch entstandenen Eisschichtungen entstanden nicht in Millionen von Jahren, sondern während eines relativ kurzen Zeitraumes.

Die Moränen

Die mit einer drastischen Verschiebung der Erdachse einhergehenden Phänomene erklären viele Rätsel unserer Zeit. Bisher wurden die Moränen als Endablagerung in Form von Geschiebelehm und Gestein, Findlingen oder Geröll der fortschreitenden und sich dann zurückziehenden Eisgrenze betrachtet. Dieser sichtbare Beweis als Überbleibsel der letzten Eiszeit hat bisher fast jeden Schüler überzeugt.

Durch die mehrfach überfluteten Landstriche während der Sintflut sind diese Moränen, logisch gesehen, viel besser zu erklären. Außerdem wird, bedingt durch die Wellenbewegungen, auch die gerundete Form der Findlinge besser erklärt, als wenn eine Eisgrenze oder das Schmelzwasser diese Steine langsam vor sich herschieben würde. Es muß die grundsätzliche Frage gestellt werden: Können Eismassen oder deren Schmelzwasserströme überhaupt größere Findlinge in erheblicher Anzahl auf ebenem oder sogar leicht ansteigendem Untergrund über längere Strecken vorwärtsschieben? Wenn die Antwort gegen meine Überzeugung positiv ausfallen würde, heißt die nächste Frage: Können die Steine durch diese Bewegung so oft gedreht und der Reibung ausgesetzt werden, daß sie wie abgeschmirgelt zurückbleiben? Kann ein Eisberg im flachen Gelände überhaupt etwas über längere Strecken transportieren? Nur im Gebirge durch die naturgegebene schiefe Gleitebene kann ein Effekt der Bewegung von ursprünglich eingefrorenen Steinen auftreten, nicht aber in der Ebene, denn durch das Gewicht eines Eisberges würde sich der Boden eindrücken und zwar in der Mitte mehr und am Rand weniger. In der Bodenmechanik nennt man diesen Effekt »Setzungsmulde«, und er tritt bei jedem Neubau auf. Diese größere Absenkung der Bodenschichten im mittleren Bereich würde eine horizontale (waagerechte) Bewegung verhindern, ja sogar einen umgekehrten Prozeß in Gang setzen, nämlich zum Zentrum des Eisberges hin!

Durch die abtauenden Eismassen entstehende Wassermengen könnten die Steine zwar bewegen, aber auf keinen Fall werden durch einen solchen Prozeß Findlinge bis zu einer Größe von mehreren

Metern wie von Sandpapier geglättet und abgerundet wie eine Murmel. Schmelzwasserströme können höchstens in kleineren Bereichen, jedoch nicht über Hunderte von Kilometern hinweg für ähnliche Erscheinungen sorgen. Eine ungeheure Sintflut mit vielleicht kilometerhohen Flutwellen würde im Gegensatz dazu aber durchaus in der Lage sein, große Felsbrocken sehr weit bewegen zu können. Diesen Vorgang kann man bei entsprechenden heftigen Sturmfluten in den Ozeanen sehr gut beobachten. An den Küstenlinien findet man fast nur gerundete Steine. Für die Erzeugung von Findlingen, Kies und Sand ist Wasserkraft in Form der Fluten eines Meeres verantwortlich und nicht eine geschlossene Eisdecke. Auch die Art und Form der Ablagerungen, *geschlossene Linien* der Fundstätten wie an der Küste, zeugen von der Einwirkung der Flutwellen einer großen Überschwemmung infolge der Sintflut.

Aus diesen Gründen merkt Velikovsky an:

»... neigen wir zu der Ansicht, daß die errastischen Blöcke und der Geschiebelehm nicht vom Eis, sondern von dem Schwall riesenhafter Flutwellen mitgeführt werden, die durch eine Veränderung in der Erdrotation ausgelöst wurden; auf diese Weise fanden wir eine Erklärung für die Moränen, die vom Äquator aus nach höheren Breiten und Höhen (Himalaja) wanderten oder vom Äquator über Afrika hinweg zum Südpol.«[100]

In diesem Zusammenhang ist ebenso das Rätsel des Lößgürtels zu sehen, der sich von Frankreich bis nach China hinzieht und als Randablagerung der Sintflut anzusehen ist. Moränen und Lößgürtel sind auf dasselbe Ereignis zurückzuführen, und das Ergebnis ist ein Überbleibsel der vernichtenden Sintflut. Eine isolierte Betrachtung der Phänomene Moränen und Lößgürtel führt zu einem falschen Bild.

Die Darstellung einer eisfreien Antarktis auf den Landkarten des Piri Reis stellt somit eine Momentaufnahme dieses Kontinents vor der Sintflut dar. Vor höchstens 10 000 Jahren war der Südpol eisfrei.

Die damals vorhandenen kleinen Polareiskappen begannen mit der Sintflut zu schmelzen, und durch die Verschiebung der Erdachse wurde diese arktische Region in Richtung Sibirien und Alaska ver-

schoben. Der Sintfrost in Zusammenhang mit dem Ablauf des Sintflutgeschehens erzeugte ein arktisches Klima und eine noch heute andauernde Eiszeit. Das bedeutet, daß nicht früher, sondern in unserer Zeit eine Eiszeit stattfindet! Es besteht eine Verbindung zwischen Sintflut, Eiszeit, Verschiebung der Erdachse und der plötzlichen Vernichtung fast aller Geschöpfe auf dieser Erde.
Unter dem Meeresspiegel liegen antike Städte, und die unter Wasser liegenden Kontinentalsockel zeugen von einem vormals niedrigeren Meeresspiegel. Es gilt daher als gesicherte Tatsache, die auch von konservativen Wissenschaftlern anerkannt wird, daß der Meeresspiegel vor der Eiszeit (Sintflut) mindestens 100, vielleicht auch maximal 200 m tiefer lag als heute. Durch das Schmelzen der Eiskappen während der letzten Eiszeit soll der Meeresspiegel dann auf den heutigen Stand erhöht worden sein. Wenn es aber gar keine Eiszeit gegeben hat, sondern erst in jüngster Zeit durch die Verlagerung der Erdachse vermehrte Eisbildung zu verzeichnen ist, stellt sich die Frage: Woher stammt das zusätzliche Wasser in den Ozeanen? An der Beantwortung dieser Frage sind die früheren Verfechter der Sintfluttheorie jedoch im Endeffekt gescheitert.
Für die Schulwissenschaft ist klar, daß durch höhere Temperaturen und damit zusammenhängendem Abschmelzen der Gletscher genug Wasser freigesetzt wurde. Wenn es jedoch gar keine Eiszeit gegeben hat, muß das fehlende Wasser woanders herkommen.
Bereits in der Bibel wird von den Wassern der Tiefe berichtet. Diese wurden durch die Kometeneinschläge freigesetzt. Wasser ist zu einem großen Teil in unseren Gesteinen gebunden. Außerdem bestand unter der Erdkruste wahrscheinlich eine verbundene Wasserschicht, analog dem heutigen Grundwasser. Es ist bekannt, daß durch Vulkanausbrüche größere Mengen von Wasser freigesetzt werden. Ferner können Kometen auch Wasser mit sich geführt haben. Ebenso kann ein Teil des Wassers durch die sich auflösende Polareiskappe entstanden sein. In der Bibel wird von Wassern geschrieben, die unter und auch über dem Gewölbe sind. Mit dem Wasser über dem Gewölbe kann eine Atmosphäre mit Wasserdampf oder auch eine Wasserhülle gemeint sein, die die ganze Erde umspannt hat. Nicht auszuschließen ist auch das gemeinsame Auf-

treten beider Phänomene. In einem der folgenden Artikel werde ich auf diese Fragen noch näher eingehen.
Der entscheidende Grund für die Erhöhung des Meeresspiegels muß in der von mir entwickelten Theorie über die bereits beschriebene Freisetzung des im Gestein gebundenen Wassers zu suchen sein. Durch die hydraulischen Vorgänge und die chemischen Prozesse wurde das Hydratwasser freigesetzt, das sich daraufhin langsam in den Meeren sammelte. Das Rätsel des erhöhten Wasserspiegels in den Ozeanen ist damit gelöst, auch ohne die Berücksichtigung abschmelzender Eisberge. Mit der in diesem Buch vorgestellten alternativen Theorie läßt sich der ganze Ablauf des Sintflutgeschehens logisch erklären. Eine Eiszeit wird zur Erklärung der beschriebenen Phänomene nicht mehr benötigt.

Eine andere Atmosphäre

In der Bibel wird von den Wassern geschrieben, die unter dem Gewölbe sind und sich von den Wassern trennten, die darüber sind. Ist mit dem Wasser über dem Gewölbe die Flüssigkeit auf anderen Planeten sowie Kometen im Weltraum gemeint oder bildete sich in unserer Atmosphäre ein Baldachin aus Wasser? Für die erdgebundene These würden wiederum die Angaben aus der Bibel im Zusammenhang mit der Sintflut sprechen. In der Offenbarung (6,14) wird berichtet: »Der Himmel verschwand wie eine Buchrolle, die man zusammenrollt, und alle Berge und Inseln wurden von ihrer Stelle gerückt.«
Außerdem wird in der »Genesis« (7,11) mitgeteilt: »... brachen alle Quellen der großen Urflut auf und die Schleusen des Himmels öffneten sich. Der Regen ergoß sich vierzig Tage und vierzig Nächte lang auf die Erde.«
In der evangelischen Bibelübersetzung wird anstatt *Urflut* das Wort *Brunnen der Tiefe* benutzt. Durch diese Wortwahl wird das aus der Erde herausschießende Grundwasser oder die Freisetzung des im Gestein gebundenen Wassers besser charakterisiert. Mit den Schleusen des Himmels ist sicher ein Sturzregen gemeint,

oder kollabierte eine Wasserhülle? Eine mit Wassermolekülen angereicherte Atmosphäre kann man auch bei anderen Planeten beobachten. Die Venus soll einmal mit Wasser bedeckt gewesen sein. Diese Flüssigkeit ist verdampft, bedingt durch die hohen Temperaturen in der Venusatmosphäre, und heute wahrscheinlich im Gestein gebunden.

Carl Sagan macht für die hohen Temperaturen auf der Venus einen Kohlendioxid-/Wasserdampf-Treibhauseffekt verantwortlich. Auf dem großen Saturnmond Titan – mit einem Durchmesser von 5000 Kilometern etwa knapp halb so groß wie Erde – wurde durch Nahaufnahmen der Raumsonde Voyager ein blauer Dunstschleier oberhalb einer dicken Dunstschicht nachgewiesen, der diesen Mond lückenlos einhüllt und den Blick auf die Oberfläche verhindert. Die genaue Zusammensetzung der Dunstteilchen ist bis heute nicht geklärt, jedoch enthält er nach den bisherigen Erkenntnissen Bestandteile in Verbindung mit Wasser.[101]

Die Geologen stellen fest:

»... Sintflut ... ein Chaos, in dem die Wasser vom Himmel und von der Erde nicht mehr zu trennen waren, weil der Mensch sah, wie Meeresflut und Sturzregen ineinanderflossen. Und man glaubte von China bis Babylon und darüber hinaus zu wissen, woher die Wasser stammten: Sie waren offensichtlich zum Teil oberhalb des Himmelsgewölbes beheimatet, von wo sie beim Weltenbeben nach dem ›Bruch einer Säule des Himmelsgewölbes‹ herabstürzten. Sie waren aber ebenso offenkundig in einer zweiten Wasserschale unter der festen Erdkruste der Erde gespeichert, weil bei diesem Weltenbeben zugleich ›alle Brunnen der Tiefe aufbrachen‹.«[103]

In der »Genesis« (1,6–8) wird berichtet:

»Und Gott sprach: Ein Gewölbe entstehe mitten im Wasser und scheide Wasser von Wasser. Gott machte also das Gewölbe und schied das Wasser unterhalb des Gewölbes vom Wasser oberhalb des Gewölbes ... und Gott nannte das Gewölbe Himmel.«

Eine konservative Interpretation identifiziert dieses Wasser über dem Himmelsgewölbe mit dem Wasserstoff, Eis oder auch flüssiges Wasser auf den anderen Planeten oder Himmelskörpern. Die wörtliche Auslegung der Bibel steht dazu jedoch in exaktem Einklang

mit den von mir beschriebenen Gegebenheiten einer die Erdkugel umhüllenden Wasserhohlkugel in den Zeiten vor der Sintflut.
In diesen Zusammenhängen ist auch ein entsprechender Teil der zusätzlich aufgetretenen Wassermassen nach der Sintflut zu sehen, die den Meeresspiegel hatten ansteigen lassen, denn das Wasser über dem Himmelsgewölbe regnete herab auf die Erdoberfläche. Setzt man eine durch Wasserdampf angereicherte Atmosphäre voraus, lagen auch andere physikalische Voraussetzungen vor. Auf diesen Zusammenhang hatte ich schon hingewiesen.
Fast wie bestellt, erschien dann am 12. August 1997 in der Tageszeitung »Bild« ein Artikel unter der Überschrift »Sensationelle Entdeckung«: »Der deutsche Forschungssatellit Christa-Spas hat in der oberen Erdatmosphäre überraschend Spuren von Wasserdampf entdeckt. Dies könnte die umstrittene Theorie stützen, daß kleine Kometen die Erde mit Wasser *beschießen*. Unklar ist, wo das Wasser herkommt.« Auch wenn die Herkunft des Wassers unklar ist, gibt es also auch heute noch eine zumindest dünne Wasserhülle. Meine Vermutung wird zumindest dahingehend bestätigt, daß sie durchaus eine wissenschaftliche Grundlage besitzt, was ja auch letztlich durch die alten Schriften bestätigt wird.
Ein realer Beweis für eine ganz andere Atmosphäre vor der Sintflut stellt die Stahlzusammensetzung des ausführlich beschriebenen fossilen Hammerkopfes dar. Dieser Stahl konnte nur unter ganz anderen atmosphärischen Voraussetzungen als den heutzutage zu beobachtenden hergestellt werden. Zum damaligen Zeitpunkt müssen wahrscheinlich mindestens zwei Atmosphären Druck anstatt einem – analog den heutigen Verhältnissen – geherrscht haben. Auch Untersuchungen alter in Eis eingeschlossener Luftblasen weisen auf eine andere Zusammensetzung unserer Lufthülle in früheren Zeiten hin. Der Sauerstoffgehalt der Lufthülle war vor der Sintflut wesentlich höher als in unserer heutigen Atmosphäre. Außerdem verursachte der Schutzschirm ein gleichmäßiges mildes Klima auf der ganzen Erde. Dadurch war ein konstantes Wachstum aller Pflanzen über das ganze Jahr hinweg gewährleistet. Da die Erdachse vor der Sintflut ungefähr geradestand, gab es auch keine Jahreszeiten. Es herrschte ein etwas diffuses, aber helles Licht auf

der Erde. Ein Baldachin aus Wasser stellte einen idealen Schutzschirm gegen die verschiedensten Strahlungen aus dem Weltraum dar. Brach mit der Sintflut diese Wasserhohlkugel ein, »zusammengerollt wie eine Schriftrolle«, und gibt es erst seit dieser Zeit eine uns gefährdende Strahlung auf dieser Welt?

Unter diesen Bedingungen wäre der Größenwuchs vor der Sintflut erklärbar. Nicht nur die Dinosaurier wurden sehr groß, sondern auch die Menschen erreichten eine Größe von zweieinhalb bis vier Metern. Die versteinerten Fußspuren von bis zu 50 cm Länge, die auf der ganzen Welt gefunden wurden, beweisen dies. Daß es früher riesengroße Farne, Schachtelhalme und andere Pflanzen gegeben hat, beweisen die Versteinerungen an den verschiedensten Fundorten auf der ganzen Welt. Es scheint damals einfach alles größer gewesen zu sein als heute. Für den Größenwuchs zu einer bestimmten, angeblich längst vergangenen Zeit in der Erdgeschichte wurde bisher *keine wissenschaftliche Erklärung* angeboten. Er wird als ein naturgegebenes, wissenschaftlich nicht zu erklärendes Phänomen hingenommen.

Da ich die Koexistenz von Dinosauriern und Menschen nachgewiesen habe, ist es nur natürlich, daß die damaligen Menschen größer waren als nach der Flut. Der Wasserbaldachin oder eine mit Wasserdampf angereicherte Atmosphäre würde die Erde und damit alle Geschöpfe vor der schädlichen kosmischen Strahlung abschirmen und eine höhere Temperatur durch den vorhandenen Treibhauseffekt – Greenhouse-Effekt – erzeugen. Vergleichen kann man dies mit einem riesigen Wintergarten. Unter diesen Voraussetzungen gibt es keine extremen Klimaschwankungen. Demzufolge existierten ideale Bedingungen für vermehrtes Wachstum bei geringeren Strahlungsschäden. Was Hitze und Feuchtigkeit in der Natur bewirken, kann man auch heutzutage in Breiten mit subtropischem Klima in der Nähe des Äquators beobachten. Hier gab es bessere Wachstumsbedingungen als in den anderen Gebieten. Vor der Sintflut herrschte im Gegensatz zum heutigen Tag ein entsprechendes Klima auf der *ganzen Welt*.

Hat die Bibel also doch recht, wenn sie den Menschen vor der Flut *durchweg* ein Lebensalter (eventuell auch bei Tagen mit weniger als

20 Stunden Dauer[102]) von ungefähr 900 Jahren zuschrieb und eine nach der Sintflut ständig abnehmende Lebenserwartung auf uns bekannte Werte dokumentiert? Nach der Sintflut war die Menschheit den intensiven Strahlungen aus dem Weltall schutzlos ausgeliefert und degenerierte. Diese Feststellung steht im Gegensatz zur Evolutionstheorie, die eine ständige Weiterentwicklung der Geschöpfe, auch während der vergangenen Epochen, proklamiert.
Das Paradies vor der globalen Sintflut hatte damit folgende Bedingungen:

- Es gab keine Stürme.
- Es gab keine Wüsten und auch kein Eis, außer einer geringen Polvereisung.
- Von Pol zu Pol gab es ein moderates warmes Klima ohne große Schwankungen.
- Es gab keinen Regen und keine Wolken.
- Pflanzen konnten das ganze Jahr wachsen.
- Pflanzen und Tiere besaßen wahrscheinlich eine wesentlich längere Lebenserwartung.
- Der Wasserdampf selbst oder auch in Verbindung mit Kohlendioxid schützte unsere Erde vor bestimmten Strahlungen aus dem Weltraum.
- Es herrschte eine Art diffuses Licht auf der Erdoberfläche, also keine volle direkte schädigende Sonneneinstrahlung.

In der Bibel sind Hinweise auf die anderen Gegebenheiten vor der Sintflut aufgezeichnet. In der »Genesis« (2, 5) wird unter der Überschrift »Das Paradies« berichtet: »... denn Gott, der Herr, hatte es auf die Erde noch nicht regnen lassen, und es gab noch keinen Menschen, der den Ackerboden bestellte ...«
Diese Aussage wurde gemacht, nachdem die Erde von Gott erschaffen wurde, also der Himmel und auch die Ozeane sowie das trockene Land existierten bereits, aber es regnete anscheinend nicht! In diesem Fall scheint es jedoch ein Problem zu geben, denn woher kamen die Ozeane, wenn es nicht regnete? Waren die Wassermassen bei der Geburt unserer Erde vielleicht schon vorhanden? Ja, denn es wird in der Bibel bestätigt. Am zweiten Tag der Schöpfung, also nachdem der Himmel, die Erde und der Urozean bereits

vorhanden waren, aber bevor die Sonne und der Mond am Himmel erschienen, wurde das bereits vorhandene Wasser (Urflut) geschieden: Je ein Teil über- und unterhalb des Gewölbes. Geregnet hatte es aber noch gar nicht. Das geschah erst mit der Sintflut. Dieser Umstand wird in der Bibel ausdrücklich bestätigt. Unmöglich meinen Sie? Eine ungewöhnliche, aber mit den sumerischen Überlieferungen und den Angaben in der »Genesis« übereinstimmende Erklärung werde ich noch diskutieren.

Bleiben wir aber zuerst bei den neuen klimatischen und meteorologischen Verhältnissen, die mit der Sintflut entstanden. In der »Genesis« (9,13–15) steht geschrieben:

»Meinen Bogen setze ich in die Wolken; er soll das Bundeszeichen zwischen mir und der Erde sein. Balle ich Wolken über der Erde zusammen und erscheint der Bogen in den Wolken, dann gedenke ich des Bundes… zwischen mir und euch… und das Wasser wird nie wieder zur Flut werden, die alle Wesen aus Fleisch vernichtet.«

Erst mit der Sintflut wurde erstmals ein Regenbogen (Bogen) sichtbar, und es wird von erscheinenden Wetterwolken berichtet, *die es vor der Sintflut gar nicht gegeben hat.* Die Beschreibung in der Bibel ist sehr exakt! Und um die Sache klar und deutlich zu machen, versprach Gott seinem Diener Noah (»Genesis« 8,22): »Solange die Erde besteht, sollen nicht aufhören Aussaat und Ernte, Kälte und Hitze, Sommer und Winter, Tag und Nacht.«

Also begann erst alles mit der Sintflut! Vor diesem Ereignis brauchte man nicht zu säen, da ohne ablaufende Jahreszeiten alles im Überfluß vorhanden war, und zwar das ganze Jahr über. Auch Frost oder Hitze gab es nicht. Durch das diffuse Licht wurde auch die Nacht erhellt. Es gab keine totale Finsternis und damit auch keinen ausgeprägten Tag-Nacht-Wechsel. Dies deutet auf die von mir beschriebene Wasserdampf-Atmosphäre oder den Wasserbaldachin (Wasserhohlkugel) hin. Die diffusen Lichtverhältnisse werden auch durch die Schöpfungsgeschichte der Bibel bestätigt, denn es steht in der »Genesis« (1,14) geschrieben:

»Und Gott sprach: Lichter sollen am Himmelsgewölbe sein, um Tag und Nacht zu scheiden… sie sollen Lichter am Himmelsge-

Schöpfung gemäß Altem Testament	**Entwicklung gemäß wissenschaftlichem Weltbild: Evolution**
1. Tag	**4. Tag**
Himmel, Erde, Ozean	Licht, Sterne, Planeten
2. Tag	**1. und 2. Tag**
Himmelsgewölbe, **kein Regen**, Wasser oben und unten	Land, Himmelsgewölbe, **dann heftiger Regen**
3. Tag	**1. und 3. Tag**
Wasser sammelt sich, Land, Pflanzen	Wasser sammelt sich, Urozean
4. Tag	**5. Tag**
Licht, Sonne, Mond und Sterne zu sehen	Leben im Wasser
	6. Tag
5. Tag	Landtiere
Tiere im Wasser und in der Luft	**5. Tag**
6. Tag	Vögel
Landtiere und Mensch	**6. Tag**
Sintflut	Mensch
Erstmals Wolken, Regen und Jahreszeiten	**Keine** Sintflut

*Abb. 18: **Vergleich Schöpfung und Evolution.** Die Beschreibung der Entwicklung unserer Erde im »Alten Testament« steht im krassen Gegensatz zu der wissenschaftlichen Evolutionstheorie. Die Schöpfungstage der Genesis wurden zur besseren Übersicht den angeblichen Entwicklungsstufen der Evolution zugeordnet.*

wölbe sein, die über die Erde hin leuchten ... Gott machte die beiden großen Lichter ... auch die Sterne.«

Erstaunlich ist an dieser Aussage nur, daß dies erst am vierten Tag der Schöpfung geschah, also *nachdem* bereits die Pflanzen und Bäume erschaffen worden waren. Nach unserem Verständnis ist

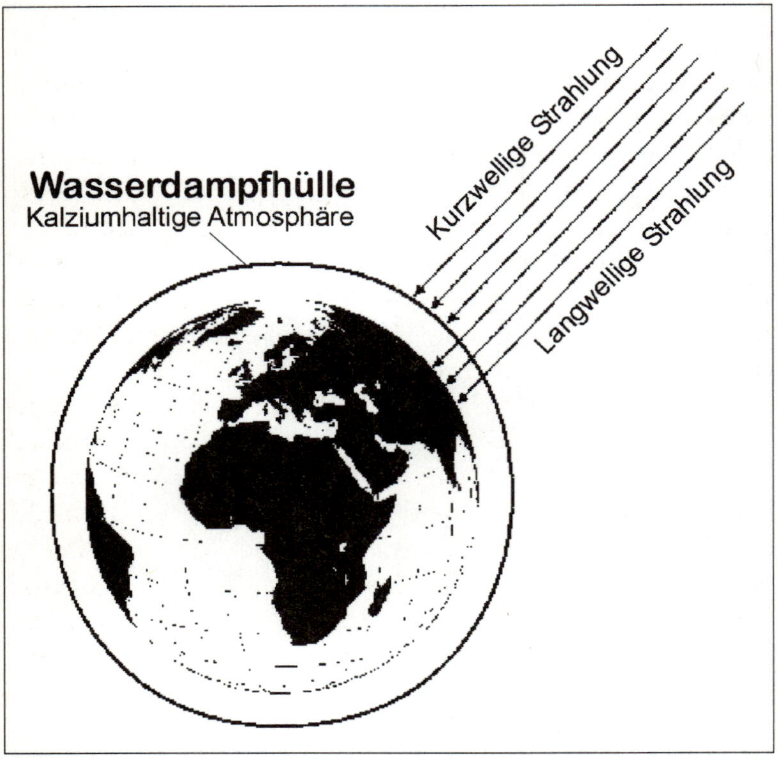

Abb. 19: Wasserdampfhülle der Erde. *In der Genesis der Bibel wird von den Wassern über der Erde geschrieben und daß die Sterne erstmals nach der Sintflut zu sehen waren. Vor dieser Katastrophe gab es eine andere Atmosphäre mit mindestens zwei Atmosphären Druck anstatt einer wie heutzutage. Außerdem wurde die Erde wahrscheinlich durch einen dünnen durchsichtigen Wasserbaldachin oder eine Wasserdampfhülle gegen die schädliche kosmische Strahlung geschützt. Dadurch herrschte auf der ganzen Erde ein mildes gleichförmiges Klima. Mit der Sintflut brach diese Wasserhohlkugel zusammen, und man konnte erstmals die Sterne sehen.*

das Weltall und Sternenzelt einschließlich unserer Sonne älter als die Erde. Ganze Generationen von Bibelforschern haben bereits versucht, diese augenscheinliche falsche Reihenfolge der Entstehung unseres Weltalls zu interpretieren. Berücksichtigt man jedoch die anderen physikalischen Bedingungen unserer Atmosphäre vor der Sintflut, wird diese Textstelle verständlich: Die Hohlkugel aus Wasser über unserer Lufthülle oder auch nur die durch Wasserdampf angereicherte Lufthülle erzeugte ein diffuses Licht. Man konnte die Gestirne zu dieser Zeit gar nicht deutlich sehen. Erst nachdem die urzeitliche Atmosphäre mit dem Ablauf der Sintflut kollabierte und das Wasser als heftiger Regen zur Erde niederfiel, wurden Sonne, Mond und Sterne sichtbar, wenn man einen Standpunkt auf der Erdoberfläche berücksichtigt. Hat die Bibel also doch recht? Auf jeden Fall wird ein krasser Unterschied in dem Ablauf des Entstehens unserer Erde deutlich, denn in der Bibel wird eine ganz andere Chronologie geschildert, als wir von unserem wissenschaftlichen Weltbild, begründet durch die Theorien eines Lyell oder Darwin, gewohnt sind.

In der Zeit zwischen der Entstehung der Erde und dem Sintflutgeschehen gab es eine Zeitepoche, die sich eben von der nachsintflutlichen total unterschied, denn »mit zweifelsfreier Durchschlagskraft beweist eine Fülle dieser Versteinerungsfunde, daß in der Primärzeit der Erde tatsächlich ein tropisches Klima von Pol zu Pol geherrscht hat, daß wir hier nur die in den Polargebieten aufgefundenen Korallenbauten und tropischen (!) Kohlenwälder erwähnen wollen«, wie auch Dr. Albert Vollmer zutreffend feststellt.[104]

8 Zwangsgeburt Erde

Die Erde entstand wahrscheinlich durch eine interplanetarische Katastrophe. Die Asteroiden des Planetoidengürtels jenseits des Mars, die Kometen und Meteoriten bilden die Splitterreste dieses kosmischen Ereignisses. Die Erde irrte durch das Sonnensystem mit mehreren Planetenannäherungen (Erde-Mars, Venus-Erde), bis sich insgesamt wieder stabile Verhältnisse (Umlaufbahnen) eingestellt hatten. Dann schlugen viele kleinere und mehrere größere umherirrende kosmische Splitter als »Nachwehen« der kosmischen Kollision in die Erdkruste ein.

Weltweite kosmische Einschläge

Große Meteore werden durch die Atmosphäre kaum gebremst. Der Einschlag eines Asteroiden mit zehn Kilometer Durchmesser, wie bei dem Impakt nördlich der Halbinsel Yukatan vor angeblich 64 Millionen Jahren, der für die Vernichtung der Dinosaurier verantwortlich sein soll, setzt eine ungeheure Energie frei. Sie soll fünf Milliarden Hiroshima-Bomben entsprechen oder vergleichsweise die gewaltige Krakatau-Explosion von 1883 in Indonesien um ein Millionenfaches übertreffen. Es entstehen Temperaturen von über 100 000 °C im Kernbereich, die das Projektil und die Gesteine des Einschlagsgebietes verdampfen lassen können. In sumerisch-babylonischen Mythen wird berichtet, daß bei einem Einschlag im Ozean sogar der blanke Meeresboden zu sehen war.
Bei einem Impakt tritt eine Verdampfung auf, falls eine genügend hohe Aufprallgeschwindigkeit erzielt wird. Außerdem kann eine Schock- und Hitzewelle verursacht werden, die noch in Hunderten Kilometern Entfernung Blindheit und Taubheit erzeugen kann. Be-

gleitet wird dies durch glühenden radioaktiven Niederschlag. Eine ungeheure Druckwelle rast in wenigen Stunden um die Welt, und der Schock des Luftdrucks kann noch in Entfernungen von mehreren tausend Kilometern tödlich sein.
Nach Computersimulationen wird mindestens das Hundertfache der Materie hochgeschleudert, die der Asteroid selbst besitzt. Riesige Mengen an Staub und Dampf werden in die Atmosphäre geblasen und verdunkeln den Himmel. Der schnellste Computer der Welt berechnete die Folgen des Einschlags eines nur einen Kilometer großen Kometen im Meer. Es ergab sich eine 20 km mächtige und 50 km hohe Wassersäule, und Flutwellen von 100 m Höhe brachen über die Küsten herein. Gewaltige Orkane mit einer Geschwindigkeit von 800 km/h rasten bei dieser Simulation um den Globus. Was passiert aber, wenn mehrere, wahrscheinlich auch wesentlich größere Brokken die Erde treffen? Zweifellos ein Weltuntergang.[105]
Durch den Einschlag eines entsprechend schnellen und massigen Himmelskörpers werden große Iridiummengen freigesetzt. Entsprechende Konzentrationen sind in den Auswurfschichten auf der Erde konzentriert. Durch entsprechende Messungen und Beobachtungen kann man einen *Impakt eindeutig nachweisen.*
Bei Henoch, einem der Urväter des »Alten Testaments«, ist von sieben Sternen wie große brennende Berge und in babylonischen Traditionen von sieben Köpfen der großen Schlange des Untergangsungeheuers die Rede. Der Vergleich mit einer Schlange oder einem Drachen ist passend, da ein Komet oder Meteor einen Schwanz aus Rauch und Qualm wie eine brennende Fackel hinter sich herzieht.
Die Geologen Dr. Edith und Prof. Dr. Alexander Tollmann – weltweit anerkannter Geologe und Vorstandsmitglied des tradionsreichen Wiener Universitätsinstituts – haben sich mit dem Sintflutproblem und den damit zusammenhängenden kosmischen Einschlägen intensiv auseinandergesetzt. Außer dem Einschlag des Asteroiden am Nordrand der Halbinsel Yukatan (Mexiko) haben sie in ihrem Buch »Und die Sintflut gab es doch« sieben Haupteinschlagsgebiete aufgrund der Gesamtheit der geologischen und mythologischen Indizien lokalisiert. Sie liegen im Ostpazifik östlich

von Mexiko, im Südpazifik östlich von Feuerland, südlich von Tasmanien bei Australien, südlich von Indien im Indischen Ozean, in der Südchinesischen See, im Mittelatlantik nahe den Azoren und im Nordatlantik. Ein großer Festlandtreffer ist außerdem bei Köfels in Österreich zu verzeichnen.[103]

Auf der ganzen Welt gibt es Einschlagskrater, obwohl nach der bisher angenommenen Entstehungstheorie der Erde und des Weltalls zuwenig Krater vorhanden sind. Wenn die Erde fast fünf Milliarden Jahre alt sein soll, müßte es von Kratern auf der Erde nur so wimmeln, auch wenn von einer intensiveren Erosion auf unserer Erde ausgegangen werden kann. Im Vergleich zu anderen Planeten besitzt unser Planet nur wenige Einschlagskrater. Auch dieser Faktor läßt auf das bereits vermutete jüngere Alter der Erde schließen. Allerdings konzentrieren sich die Krater auf dem Mond und am Südpol des Mars auf ein begrenztes Gebiet. Sie müssen durch ein spezielles explosionsartiges Ereignis im kosmischen Rahmen erzeugt worden sein.

Neben den Hauptfragmenten gab es weitere Splittereinschläge auf der Erde. In Begleitung der jeweiligen großen Himmelsgeschosse verursachten Brocken mittlerer Größe Krater mit Durchmessern von einhundert bis mehreren tausend Metern. Begleitet wurden diese Einschläge durch Schauer von Sternschnuppen. In den nordischen Mythen wird von feurigen Söhnen berichtet, die dem Kometen, genannt Surtur, folgten. Außerdem gab es einen Regen von kleinen und kleinsten Splittern, die ein eindrucksvolles Feuerwerk veranstalteten. In der Offenbarung (6,13) heißt es bei Johannes: »Die Sterne des Himmels fielen herab auf die Erde, wie wenn ein Feigenbaum seine Früchte abwirft, wenn ein heftiger Sturm ihn schüttelt.«

Planetoiden

Zwischen dem roten Planet Mars und dem riesigen Jupiter klafft ein auffällig großer Abstand. Schon der deutsche Astronom Johannes Kepler (1571–1630) und andere Forscher schoben in diese Lücke einen gedachten Planeten. Auch die einfache Berechnung der Sonnenabstände unserer Planeten nach der Regel von Johann Titius (1729–1796) und Johann Elert Bode (1747–1826) operiert mit einem fiktiven (gedachten) Zwischenplanet, der im Abstand von 2,8 AE (= astronomischen Einheit, entspricht dem Abstand der Erde von der Sonne mit 149,598 Millionen Kilometern) einer Umlaufbahn um die Sonne folgen müßte. Erst 1801 entdeckte Giuseppe Piazzi einen Kleinplaneten jenseits des Mars, der unter dem Namen Ceres weltbekannt wurde. In den folgenden Jahrzehnten wurden über fünftausend dieser größeren und kleineren bis kleinsten Planetoiden entdeckt. Insgesamt sollen über 50 000 Kleinplaneten mit einem Durchmesser größer als einem Kilometer existieren. Ceres als größter Kleinplanet besitzt immerhin einen Durchmesser von 930 km. Diese Planetoiden, meist unregelmäßig geformte Körper, bilden einen Gürtel, den sogenannten Planetoidengürtel. Der deutsche Mathematiker Carl Friedrich Gauß (1777–1855) berechnete eine kreisförmige Bahn für Ceres in

Planet	Entfernung (AE) von der Sonne	Entfernung nach Titius-Bode-Relation ohne Neptun	Entfernung nach Titius-Bode-Relation mit Neptun
Merkur	0,39	-	-
Venus	0,72	0,40	0,40
(Erde)	(1,00)	0,70	0,70
Mars	1,54	1,60	1,60
Phaeton/Tiamat	2,79	2,80	2,80
Jupiter	5,20	5,20	5,20
Saturn	9,54	10,00	10,00
Uranus	19,27	19,60	19,60
(Neptun)	30,21	-	38,80
Pluto	39,84	38,80	77,20

Abb. 20: Titius-Bode-Relation. *Rechnerisch ergibt sich in Höhe des Planetoidengürtels ein Planet. Nur der Neptun (Pluto) fällt bei dieser Berechnung aus der Reihe heraus. AE = mittlere Entfernung Sonne–Erde.*

2,78 AE, die dem ermittelten Wert von 2,8 AE nach der Titius-Bode-Relation ziemlich genau entspricht.
Zwischen Mars und Jupiter fehlt also anscheinend ein Planet, der durch den Planetoidengürtel (Ceres) oder den gemäß der griechischen Mythologie gedachten Planeten Phaeton repräsentiert wird. Ist die Lücke zwischen Mars und Jupiter dadurch nur rein mathematisch geschlossen oder bildete dieser Ring von unförmigen Gesteinsbrocken früher tatsächlich einen ganzen Planeten?
Viele Astronomen werden entgegnen, daß die Masse aller Bruchstücke des Planetoidengürtels nicht zur Bildung eines Planeten ausreicht. Aber vielleicht hat man noch nicht genau genug gesucht? Falls sich an der Stelle des heutigen Planetoidengürtels früher tatsächlich ein Planet befand, muß dieser auseinandergebrochen sein, was wiederum auf ein katastrophales Ereignis hinweist. Klar ist, daß auch die Erde in Mitleidenschaft gezogen worden wäre. Man müßte die Gegebenheiten unseres Sonnensystem auf dieses Ereignis hin neu untersuchen. Handelt es sich neben dem Planetoidengürtel bei den Ringen um Jupiter und Saturn, den unzähligen Kratern auf dem Mars sowie unserem Mond, den vielen sonderbaren Monden der verschiedenen Planeten unseres Sonnensystems, den außergewöhnlich geformten Marsmonden Phobos und Deimos (Angst und Schrecken), den Kometen, Meteoriten und vielleicht sogar unserem Mond um Reste des verlorengegangenen Planeten Phaeton oder dessen damaligem Mond, wie es die Sumerer bereits vor 6000 Jahren in der Schöpfungsgeschichte niederschrieben?
Zerbarst dieser Planet vielleicht und stießen Teile dieses Planeten mit der Erde zusammen? Oder stimmt die auf den sumerisch-babylonischen Tontafeln verewigte Geschichte über die Geburt unserer Erde?
Auf einem ungefähr 4500 Jahre altem akkadischen Rollsiegel ist unser *gesamtes* Planetensystem aufgezeichnet. Auch die Größe der einzelnen Planeten ist in der Relation richtig dargestellt. Seltsamerweise sind elf anstatt der uns bekannten zehn Planeten zu erkennen. Zwischen dem Mars und Jupiter befindet sich ein zusätzlicher großer Planet an der Position des heutigen Planetoidengürtels. Der Planet Pluto wurde andererseits zwischen Saturn und Uranus ein-

Planet	Entfernung (AE) von der Sonne	Verhältnis der Zunahme ohne Erde, mit Phaeton	Verhältnis der Zunahme mit Erde, ohne Phaeton	Verhältnis der Zunahme mit Erde, mit Phaeton
Merkur	0,39	-	-	-
Venus	0,72	1,84	1,85	1,85
(Erde)	(1,00)	-	1,38	1,38
Mars	1,54	2,13	1,52	1,52
Phaeton/Tiamat	2,78	1,80	-	1,80
Jupiter	5,20	1,87	3,42	1,87
Saturn	9,54	1,83	1,83	1,83
Uranus	19,27	2,01	2,02	2,02
(Neptun)	30,21	(1,56)	(1,56)	(1,56)
Pluto (mit Neptun)	39,84	(1,31)	(1,31)	(1,31)
Pluto (ohne Neptun)	39,84	2,06	2,06	2,06

Abb 21: Verhältnis der Planetenabstände. *Berechnet man das Verhältnis der Entfernungen zweier Planeten von der Sonne untereinander, wobei die Entfernung Sonne–Erde mit 1,00 (= AE) angesetzt wird, ergibt sich ein relativ konstanter Faktor. Voraussetzung: Man läßt die Erde aus dieser Berechnung heraus und berücksichtigt anstelle des Planetoidengürtels einen gedachten Planeten. Nur* ohne Berücksichtigung der Erde – *mit oder ohne Phaeton/Tiamat – ergibt sich ein geordnetes Bild mit ähnlich großen Faktoren der Zunahme der Planetenabstände.*

gezeichnet, also an einer falschen Position. Seltsamerweise ergibt die Titius-Bode-Relation für die beiden äußeren Planeten Neptun und Pluto falsche Werte. Woher hatten die Akkadier ihr Wissen? Mit dem bloßen Auge konnte dieses Volk vor 4500 Jahren die Planeten Uranus, Neptun und Pluto gar nicht erkennen. Wenn sie aber dieses Wissen aus unerklärlichen Gründen besaßen, warum sollte dann die Darstellung des zusätzlichen Planeten Phaeton in Höhe des heutigen Planetoidengürtels falsch sein? Und wenn diese Angabe richtig ist, *muß es diesen Himmelskörper noch in relativ junger Vergangenheit gegeben haben*. Das akkadische Rollsiegel kann im »Vorderasiatischen Museum« in Berlin besichtigt werden.

Gewaltsame Geburt unserer Erde?

Auf den sumerisch-babylonischen Tontafeln steht geschrieben, daß der ursprüngliche Planet Phaeton, bei den Sumerern Tiamat genannt, mit einem anderen Himmelskörper kollidierte. Der heute nicht mehr auf der Umlaufbahn in Höhe des heutigen Planetoidengürtels vorhandene Planet Phaeton/Tiamat brach auseinander. Zusammen mit seinem damaligem Mond Kingu wurde das größere Stück von Tiamat/Phaeton in die heutige Umlaufbahn der Erde geschleudert. Demnach wäre die Erde der Rest des ursprünglichen Planeten Phaeton und unser Mond sein damaliger Begleiter Kingu. Auffallend groß und bis zu elf Kilometer tief ist das Loch in der Erde, das heute durch das Wasser des Pazifischen Ozeans gefüllt ist. Es ist durchaus möglich, daß dieses Gebiet die Wunde der damaligen Kollision darstellt, insbesondere da die Bestimmung des Alters des Meeresbodens einen wesentlich geringeren Wert als für die Kontinentalsockel ergab, nämlich nur 200 Millionen Jahre im Gegensatz zu mehreren Milliarden Jahren.
Der Meeresboden ist somit auch aus wissenschaftlicher Sicht wesentlich jünger als das Gestein der Kontinente. Bestätigt wird dies durch neuere Satellitenaufnahmen, die eine digitale Alterskarte des Meeresbodens (Foto 88) zeigen. Die jüngsten Gebiete im Atlantik befinden sich demnach naturgemäß nur an den Rändern der tektonischen Platten, da dort heißes Magma aus dem Erdinnern strömt. Andererseits scheint der *gesamte* auch heute noch in bis zu 11 km Tiefe liegende Pazifikboden zur selben Zeit, also gleichzeitig, entstanden zu sein, von der amerikanischen bis zur asiatischen Küste und nicht nur an den Rändern der Kontinentalplatten wie im Atlantik. Da der Boden des Pazifik auch aus geologischer Sicht jung ist, könnte es sich um die Wunde der Planetenkollision handeln, die in den Keilschrifttexten beschrieben wurde.
Eigentlich geht unser Weltbild von einer kugeligen Gestalt der Erde mit abgeflachten Polen aus. Diese Ansicht widerspricht meinen Überlegungen, da eine Planetenkollision Narben hinterlassen haben muß. Im April 1995 wurden von der ESA (Europäische Weltraumorganisation) mehrere Satelliten in eine 760 km hohe

Erdumlaufbahn geschickt. Der Europäische Radar-Satellit (ERS-1) kann auch bei Nacht durch die dichtesten Wolken sehen. Die Auswertung der Bilder vom März 1996 war eigentlich eine stille Sensation, denn sie zeigten für die Form unserer Erde eine mehr nierenförmige, kartoffelige und nicht die erwartete rundliche Gestalt. Im Bereich des Stillen Ozeans befindet sich tatsächlich das vermutete riesige Loch, obwohl die Einflüsse der Erosion und geologische Vorgänge diese Wunde teilweise geschlossen haben. Wieder einmal stellt sich unser Weltbild als falsch heraus, und alten Überlieferungen wird ein unheimlich wirkender Wahrheitsgehalt eingehaucht. Handelt es sich nur um reine Zufälle?
Unter diesen Umständen erscheint es selbstverständlich, daß das Material des Ozeanbodens sich geologisch total von dem der Kontinentalsockels unterscheidet und beide eine ganz andersgeartete Vergangenheit besitzen.
Wenn man bedenkt, daß die Sumerer ihre Interpretation der Entstehungsgeschichte unserer Erde vor 6 000 Jahren niederschrieben, muß man sich fragen, woher sie dieses Wissen nahmen. Widerlegen kann man diese ungewöhnliche Schöpfungsgeschichte nicht. Viele Rätsel unseres Sonnensystems könnten durch das beschriebene Szenario

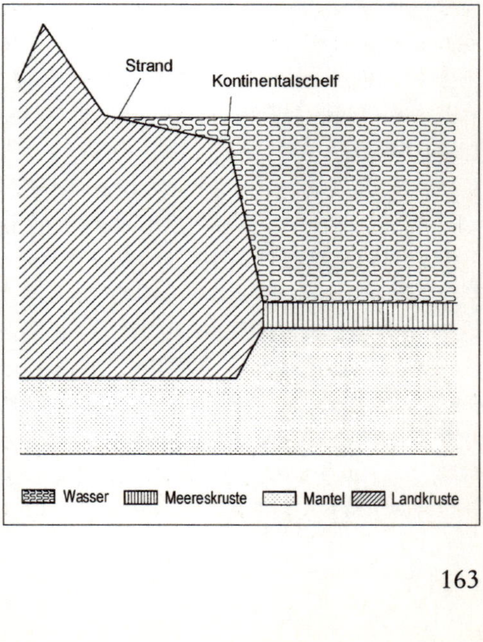

Abb. 22: Kontinentalsockel. *Die Kontinentalsockel fallen bis zu 10 km Tiefe steil in die Ozeane ab. Die dünne Meereskruste besteht aus schwerem Basalt, während die wesentlich dickere Landkruste aus dem leichten Granit besteht. Beide Krusten sind unterschiedlich schwer, dick und alt. Die Messungen ergaben für den Meeresboden ein zigfach jüngeres Alter gegenüber der Landkruste.*

logisch gelöst werden. Ein mehrere Jahrtausende altes Weltbild erscheint logischer zu sein als unser modernes. Die für uns bisher nicht zu erklärenden Widersprüche in der Schöpfungsgeschichte werden durch neue Erkenntnisse nach und nach bestätigt. Man muß sich fragen, *wann* der Fortschritt stattfand? Heute oder schon vorvorgestern zum angeblichen Beginn unserer Kulturgeschichte?
Gemäß den Angaben in der »Genesis« war das Wasser (Urflut) der Ozeane bereits bei der Erschaffung der Welt ohne Regen vorhanden. Wenn die Erde der Rest des ursprünglichen Planeten Phaeton/Tiamat darstellt, dann war das Wasser bereits vorhanden. Die sumerischen Keilschrifttexte bestätigen, daß bereits Tiamat/Phaeton ursprünglich mit Wasser bedeckt war. *Setzen wir jetzt die Erschaffung der Welt, analog den Angaben in der »Genesis«, mit dem Auseinanderbrechen Phaetons/Tiamats gleich*, ergeben die vorher anscheinend widersprüchlichen Angaben einen Sinn: Die Erde wurde durch eine kosmische Katastrophe geboren, besaß aber schon das ursprünglich auf dem Planeten Tiamat/Phaeton vorhandene Wasser, das sich dann in der tiefen Wunde an der Stelle des heutigen Pazifischen Ozeans sammelte. Dadurch wurde das trockene Land sichtbar, denn »Gott sprach: Das Wasser unterhalb des Himmels sammle sich an einem Ort, damit das Trockene sichtbar werde« (»Genesis« 1,9).
Ein Teil des Wassers verdampfte und bildete die Wasserdampfhülle unserer Erde, die bis zur Sintflut Bestand hatte.
Auf die gravierenden Unterschiede in der Darstellung der Entstehung unserer Welt im »Alten Testament« und der Evolutionstheorie hatte ich schon hingewiesen. Mit dem zuvor geschilderten Sachverhalt ergibt sich eine logische Begründung für die korrekte Wiedergabe der erdgeschichtlichen Abläufe in der biblischen Schöpfungsgeschichte. Wie ich bereits feststellte (»Genesis« 1,2–3) gab es das Wasser bereits, bevor das Licht unseren Planeten erhellte: »...und Gottes Geist schwebte über dem Wasser. Und Gott sprach: Es werde Licht!« Ein eklatanter Widerspruch zu den wissenschaftlichen Theorien, da die Erdkruste und die Urflut bereits vorhanden war, ehe die Sonne zu scheinen begann und sich danach die ersten Regenwolken bildeten.

Vor der Sintflut gab es wahrscheinlich eine Wasserhohlkugel, oder unsere Atmosphäre war mit Wasserdampf und Dunkelwolken aufgrund der kataklysmischen Vorgänge während des Auseinanderbrechens Phaetons/Tiamats derart angereichert, daß eben kein Licht zur Erdoberfläche durchdringen konnte: *Sonne, Mond und Sterne konnte man erst nach dem Auflösen der dichten Wolkendecke sehen. Das Wasser war aber schon vorher vorhanden.* Aus dieser Sichtweise hat die Bibel doch recht.

Unter diesen Umständen gab es eben bereits einen älteren Grundkörper für unsere Erde, aber er wurde durch die kataklysmischen Vorgänge neu und gemäß den von mir beschriebenen chemischen und geologischen Vorgängen schnell gebildet. Es gab damals eben ganz andere atmosphärische Verhältnisse.

In den verschiedenen Bibelausgaben der letzten Jahrhunderte sind die ursprünglichen Texte oft mißverständlich wiedergegeben, weil eine wörtliche Übersetzung anscheinend widersinnige Resultate zu ergeben schien. Gleich die ersten zwei Worte der Bibel (»Genesis« 1,1) wurden nicht exakt übersetzt, aber gerade der Urtext dokumentiert ein unheimlich anmutendes Geheimwissen. »Im Anfang« müßte präziser mit »Aus dem, was am Anfang war« übersetzt werden.[106] Hierdurch wird ein entscheidender Unterschied sichtbar. Der biblische Schöpfer erschuf nicht alles von Anfang an, sondern es war bereits etwas vorhanden: Der Erdkörper und auch die Urflut. Das Leben wurde dann erst neu erschaffen. Vor allem aber wird klar, daß der Erdkörper vor der göttlichen Schöpfung bereits existierte, und dies entspricht exakt meiner Darstellung der Geburt unserer Erde vor nur ein paar tausend Jahren.

War unser Mond der frühere Begleiter Phaetons/Tiamats in Höhe des heutigen Planetoidengürtels, und explodierte Phaeton/Tiamat, dann werden auch die jeweils einseitig konzentrierten Einschlagskrater auf unserem heutigen Begleiter und dem Mars als damalige unmittelbare kosmische Nachbarn verständlich. Nach dieser Katastrophe in unserem Sonnensystem befand sich die neu entstandene Erde ja noch gar nicht auf ihrer heutigen Umlaufbahn. Sie mußte erst ihren Weg aus der Bahn des Planeten Phaeton/Tiamat (Planetoidengürtel) am Mars vorbei finden und näherte sich auf diesem Weg vielleicht auch der Venus. Gerade diese Annäherungen der Planeten untereinander beschreibt Velikovsky aufgrund der Auswertung vieler Mythen auf der ganzen Welt sehr ausführlich.[107] Jedoch würde die genaue Betrachtung der kosmischen Abläufe den Rahmen dieses Buches sprengen. Wichtig bleibt weiterhin festzustellen, daß die Voraussetzungen für einen Weltuntergang, im Gegensatz zu unserem gleichförmig ausgerichteten Weltbild, durchaus vorliegen und dies durch die Überlieferungen und alten Aufzeichnungen auch bestätigt wird.

Genaugenommen gab es dann aber zwei große und wahrscheinlich zwei oder drei kleinere Folgekatastrophen. Mit der Explosion Phaetons und der gleichzeitigen Geburt unserer Erde vollzog sich die erste und mit der Sintflut nur ein paar hundert oder auch tausend Jahre später die zweite Weltkatastrophe.

Die Erdkugel überschlug sich auf dem Irrweg durch das Sonnensystem wahrscheinlich mehrfach. Der Tag und das Jahr hatten keine feste Dauer. Der ganze Vorgang dieser Instabilität dauerte bis zur Zeitenwende vor 2000 Jahren, wie die anscheinend chaotischen Kalenderberechnungen fast aller alten Kulturvölker bestätigen.

Der Erzbischof James Ussher von Armagh errechnete im siebten Jahrhundert aus der Schöpfungsgeschichte des »Alten Testaments« das Datum der Erschaffung der Erde auf das Jahr 4004 v. Chr. Diese Berechnung im Sinne der Schöpfungstheorie gilt heute als Paradebeispiel für die Unwissenheit unserer Vorfahren.

In der Bibel ist das Geschlechtsregister aller erstgeborener Söhne, beginnend mit dem ersten Menschen Adam, hintereinanderfolgend über eine Periode von 2369 Jahren aufgezeichnet. Nach den biblischen Angaben fand die Sintflut 1656 Jahre nach der Erschaffung Adams und damit unserer Welt durch Gott statt. Der Tod Josephs, des letzten Mitglieds in der aufgezeichneten Ahnenreihe, wird in der Literatur meistens zwischen 1600 und 1700 v. Chr. angesetzt. Daraus ergibt sich die Erschaffung der Welt laut den Angaben in der »Genesis« auf ungefähr 4000 v. Chr., und damit wäre unsere Welt oder besser Erdkruste – nicht die Erdkugel – 6000–7000 Jahre alt. Die Sintflut fand knapp 2000 Jahre später statt. Der *eigentliche Grundkörper der Erde*, besser gesagt Phaetons, ist natürlich *älter*. Berücksichtigt man diesen Gesichtspunkt jedoch nicht, kann man eine ungefähre Übereinstimmung mit der bisher verlachten Berechnung Armaghs und damit den biblischen Zeitangaben in bezug auf die *Neubildung der Erdkruste* feststellen.

Diese Darstellung stellt nur eine utopische Spekulation dar? Vielleicht doch nicht, denn praktisch alle von mir diskutierten Fakten bestätigen ein junges Erdalter, obwohl das ganze Ereignis auch tausend Jahre früher stattgefunden haben kann, da der Todestag Josephs nicht genau bekannt ist. Eine weltweite Sintflut vor ungefähr 5500 anstatt 4500 Jahren würde sich in die uns bekannte Kulturgeschichte, wenn sie denn bis zu diesem Zeitpunkt überhaupt stimmt, besser einordnen lassen. Ich mache diese Einschränkung, da es durchaus ernstzunehmende Hinweise gibt, daß im Mittelalter um die Zeit »Karls des Großen« sogar mehrere Jahrhunderte frei erfunden worden sind. Aber auch wenn man die von mir geschilderten Abläufe für möglich hält, sie aber 10 000, 100 000 oder auch eine Million Jahre weiter in die Vergangenheit verlegen würde, ändert sich an meinen grundsätzlichen Feststellungen überhaupt nichts: Nur die Zeitangaben müßten geändert werden, *die Evolution analog unserem Weltbild könnte aber aus Zeitknappheit trotzdem nicht stattgefunden haben*!

Wie auch immer, es gab also eine Zeit vor der Sintflut, in der alles anders war. Der atmosphärische Druck war höher, und unter diesen Bedingungen konnten damals auch wesentlich größere Tiere als heute, wie die Dinosaurier, existieren. Diese Epoche wurde jedoch mit der Sintflut jäh beendet, wahrscheinlich bedingt durch die beschriebenen kosmischen Einschläge als »Nachwehen« des Auseinanderbrechens Phaetons, da damals bei der Kollision entstandene Planetensplitter mit einer gewissen Verzögerung auf der Erde einschlugen. Die Erdkruste wurde nochmals in großen Teilen neu gebildet, und durch diesen Weltuntergang begann alles neu und unter wiederum ganz anderen Bedingungen. Nachdenklich macht aber, daß aus Zeitnot keine Evolution stattgefunden haben kann. Hat die

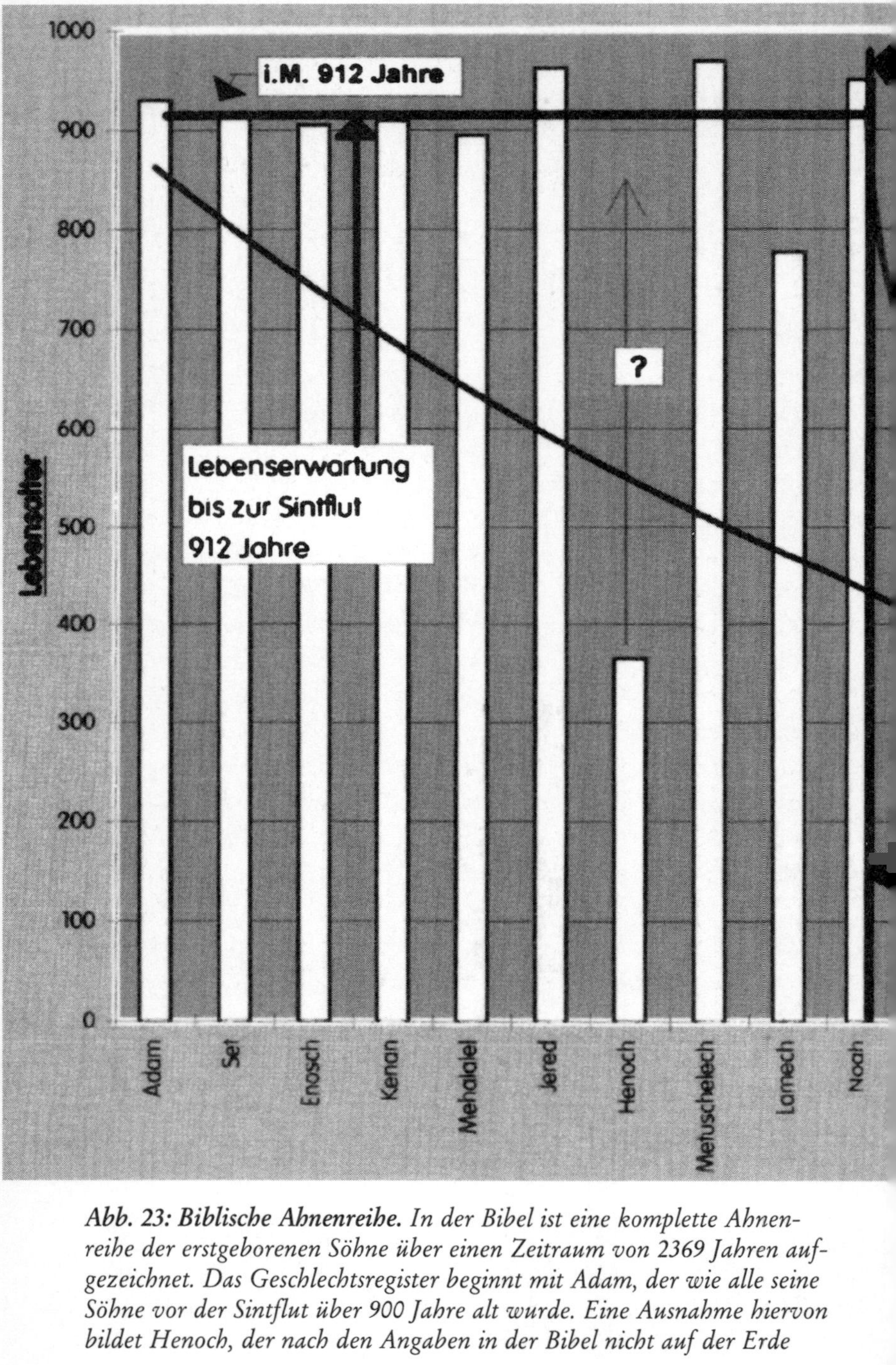

Abb. 23: Biblische Ahnenreihe. *In der Bibel ist eine komplette Ahnenreihe der erstgeborenen Söhne über einen Zeitraum von 2369 Jahren aufgezeichnet. Das Geschlechtsregister beginnt mit Adam, der wie alle seine Söhne vor der Sintflut über 900 Jahre alt wurde. Eine Ausnahme hiervon bildet Henoch, der nach den Angaben in der Bibel nicht auf der Erde*

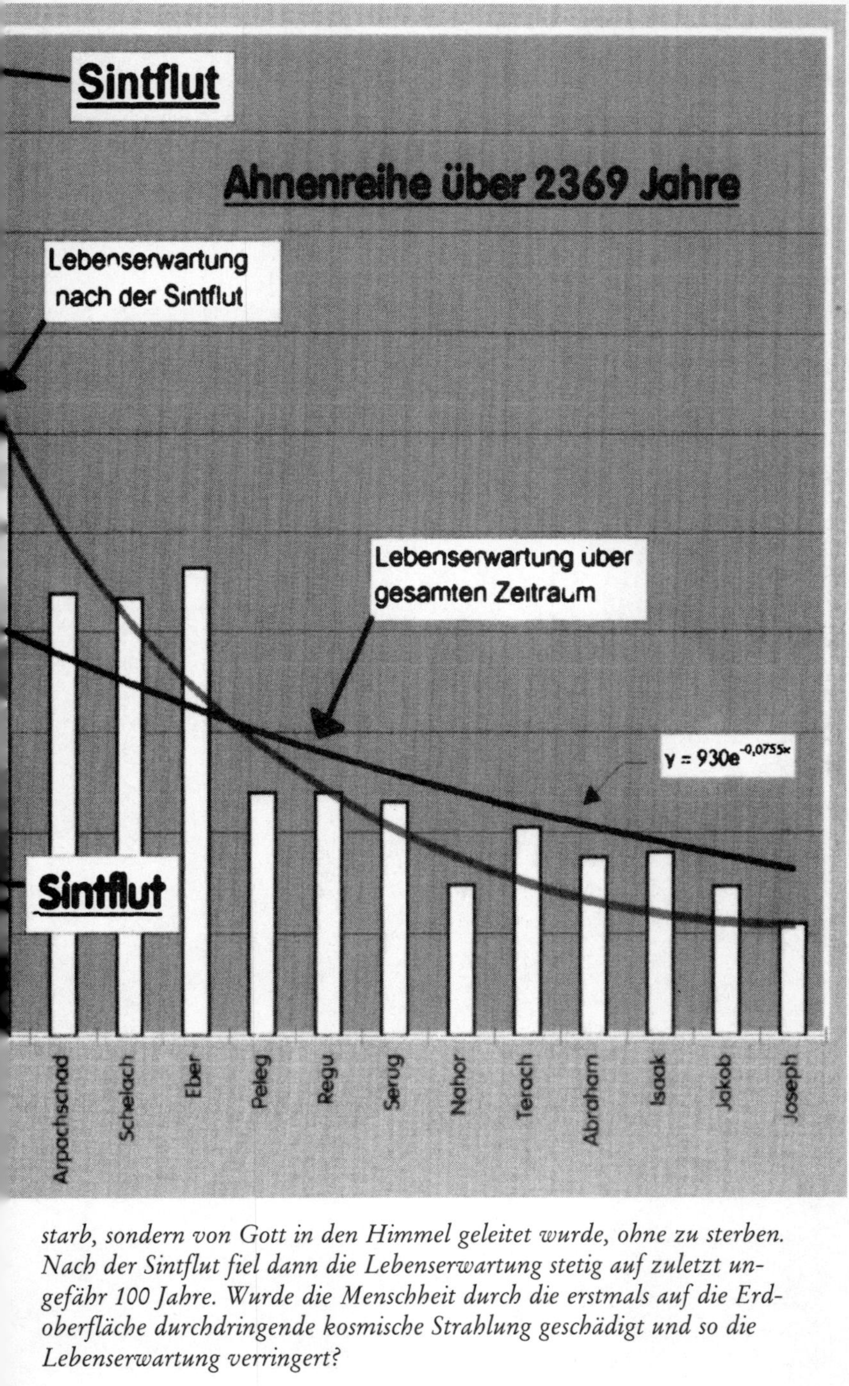

starb, sondern von Gott in den Himmel geleitet wurde, ohne zu sterben. Nach der Sintflut fiel dann die Lebenserwartung stetig auf zuletzt ungefähr 100 Jahre. Wurde die Menschheit durch die erstmals auf die Erdoberfläche durchdringende kosmische Strahlung geschädigt und so die Lebenserwartung verringert?

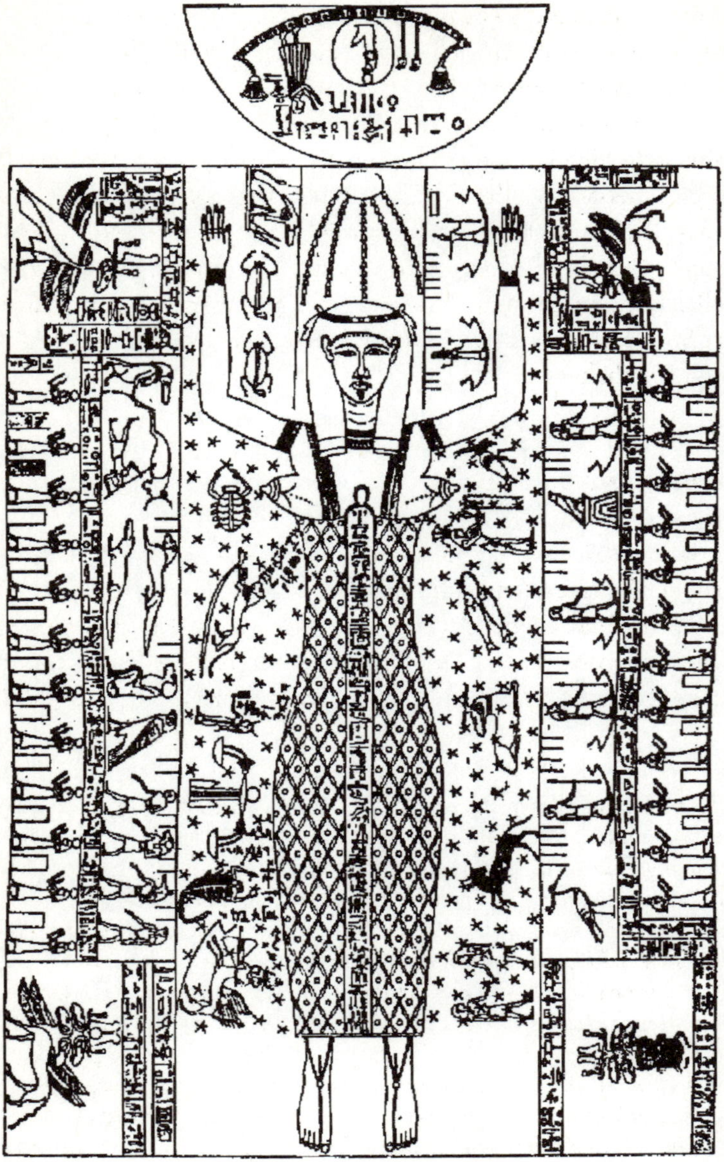

Bibel auch recht, wenn sie behauptet, daß die Menschen und die Tiere erschaffen wurden?
Bevor ich jedoch die (verpönte) Erschaffung der Geschöpfe intensiver diskutiere, möchte ich noch einen aus dieser Sichtweise interessanten Aspekt untersuchen.
Der Orientalist Sitchin interpretiert in seinem Buch »Der zwölfte Planet« die Schöpfungsgeschichte der Sumerer dahingehend, daß der Himmelskörper, der mit Tiamat/Phaeton zusammenstieß, einen zusätzlichen, uns nicht bekannten Planeten in unserem Sonnensystem darstellt.[108] Unmöglich, denn es ist doch alles erforscht? Vielleicht nicht, denn die Existenz eines größeren Planeten in unserem Sonnensystem wird auch von verschiedenen Astronomen für möglich gehalten.

Sternenkarte von Theben

Im Jahr 1857 fand Heinrich Karl Brugsch in einem Grab in Theben, Ägypten, eine Himmelskarte. Auf dem Sargdeckel war die Göttin Nut abgebildet, umgeben von den zwölf Tierkreiszeichen. Außerdem kann man die zwölf Stunden des Tages und der Nacht erkennen. Die Planeten sind als Himmelsgötter dargestellt,

Abb. 24: Himmelskarte. *Diese Himmelskarte wurde 1857 auf einem Sargdeckel gefunden. Die Göttin Nut ist von den zwölf Tierkreiszeichen umgeben abgebildet. Außerdem kann man die zwölf Stunden des Tages und der Nacht erkennen. Die Planeten sind als Himmelsgötter dargestellt, und die Himmelsbarken symbolisieren die uns bekannten Umlaufbahnen. Oben sind die Planeten Merkur und Venus neben der Sonne abgebildet. Auf der linken Seite befinden sich die Erde, Mond, Mars und Jupiter in ihren Himmelsbarken. Rechts sind die Planeten Saturn, Uranus, Neptun und Pluto in ihrer richtigen Reihenfolge, jedoch ohne Barke abgebildet, da die Umlaufbahnen damals nicht genau bekannt waren. Auch Pluto wurde abgebildet, obwohl er erst im Jahr 1930 von uns entdeckt wurde. Außerdem befindet sich über dem Kopf der Göttin die riesige Barke eines uns nicht bekannten zusätzlichen Planeten in unserem Sonnensystem. Handelt es sich um dem Planeten X/Nibiru?*

und die Himmelsbarken symbolisieren die uns bekannten Umlaufbahnen.
Oben sind die Planeten Merkur und Venus neben der Sonne abgebildet. Auf der linken Seite befinden sich die Erde, Mond, Mars und Jupiter in ihren Himmelsbarken. Rechts sind die Planeten Saturn, Uranus, Neptun und Pluto in ihrer richtigen Reihenfolge, jedoch ohne Barke abgebildet, da die Umlaufbahnen damals nicht genau bekannt waren.
Lange Zeit glaubte man, daß unsere Vorfahren nur die mit bloßen Augen sichtbaren Planeten kennen konnten. Die Sternenkarte von Theben mit einer anderen als der damals bekannten wissenschaftlichen Darstellung des Sonnensystems wurde lange Zeit als falsch oder verwirrend abgetan. Kein Wunder, wenn man bedenkt, daß der Planet Pluto von uns erst im März 1930 *offiziell* entdeckt, aber bereits 73 Jahre vorher auf dem Sargdeckel verzeichnet aufgefunden worden war. Die Interpretation, der ungewöhnlichen Himmelskarte durch die Archäologen stammen aus dem letzten Jahrhundert, also aus einer Zeit, in der man den Planeten *Pluto selbst noch gar nicht kannte*. Aber wer revidiert freiwillig einmal von wissenschaftlichen Kapazitäten gemachte Aussagen? Eine wichtige Frage stellt sich: Woher kannten die Ägypter aber die Existenz der ohne Fernrohr nicht sichtbaren Planeten schon vor mehreren tausend Jahren?
Aber es wird noch interessanter. Über Nuts Kopf ist ein zusätzlicher Planet eingezeichnet, den wir bisher gar nicht kennen. Die riesige Barke kennzeichnet eine sehr große und damit lange Umlaufbahn. War diese Bahn zu Zeiten der Ägypter genau bekannt wie die des Mars oder der Venus?
Oft wird dieser Planet als der fehlende zwölfte bezeichnet. Die Zahl zwölf geht auf die Sumerer und die von ihnen erfundenen Tierkreiszeichen zurück. Das Gegenstück hierzu wären eigentlich zwölf Planeten, die es mit dem uns bisher nicht bekannten Himmelskörper – Planet X oder Phaeton – ja auch sind. Diese Betrachtungsweise setzt allerdings voraus, daß der Mond und die Sonne als größere sichtbare Himmelskörper mitgezählt werden.

Die Sonne wurde bereits von den Sumerern als *Mittelpunkt* des Sonnensystems dargestellt. Galilei galt für ähnliche Behauptungen im Mittelalter noch als Ketzer. Warum wußte man vor 6000 Jahren wesentlich mehr über unser Sonnensystem als unsere Vorfahren im Mittelalter, und scheint es nicht so, daß ihr damaliges Wissen sogar das unserer Tage übersteigt? Viele Angaben auf den Tontafeln von Ninive werden auch heute noch belächelt, aber nach und nach wird die anscheinend gut erfundene Science-fiction-Geschichte durch neueste wissenschaftliche Erkenntnisse bewiesen.

Der zwölfte Planet

Die Suche nach einem zusätzlichen Planeten in unserem Sonnensystem beschäftigt die Astronomen schon seit langer Zeit. Die Entdeckung des Planeten Pluto im Jahr 1930 war eigentlich kein Zufall. Aus Störungen in den Umlaufbahnen der Planeten Uranus und Neptun schloß man vor der Entdeckung von Pluto auf den Einfluß eines zusätzlichen Planeten. Die Entdekkung des kleinen Pluto war also nur eine Frage der Zeit und eine Fleißaufgabe.

Erst 1978 stellte man fest, daß Pluto viel kleiner war als es die Auswertung der physikalischen Gesetze ergeben hatte. Außerdem besaß dieser Planet einen bis dahin nicht gekannten Mond, Charon. Diese neuen Erkenntnisse lassen auf einen weiteren Planeten in unserem Sonnensystem schließen, da die Größe und Masse von Pluto nicht für die gemessenen Bahnstörungen der anderen Planeten ausreicht.

Viele Astronomen akzeptieren die Notwendigkeit eines weiteren, uns bisher nicht bekannten Planeten in unserem Sonnensystem, halten die Suche nach dem zwölften Planeten jedoch für überflüssig, da er angeblich weit draußen im Weltall als vereister Steinbrocken um die Sonne kreisen müßte. Wenn der Einfluß auf die anderen Planeten erheblich ist, muß dieser Himmelskörper eine nicht zu unterschätzende Größe besitzen, die von der Entfernung der Umlaufbahn von der Sonne abhängt.

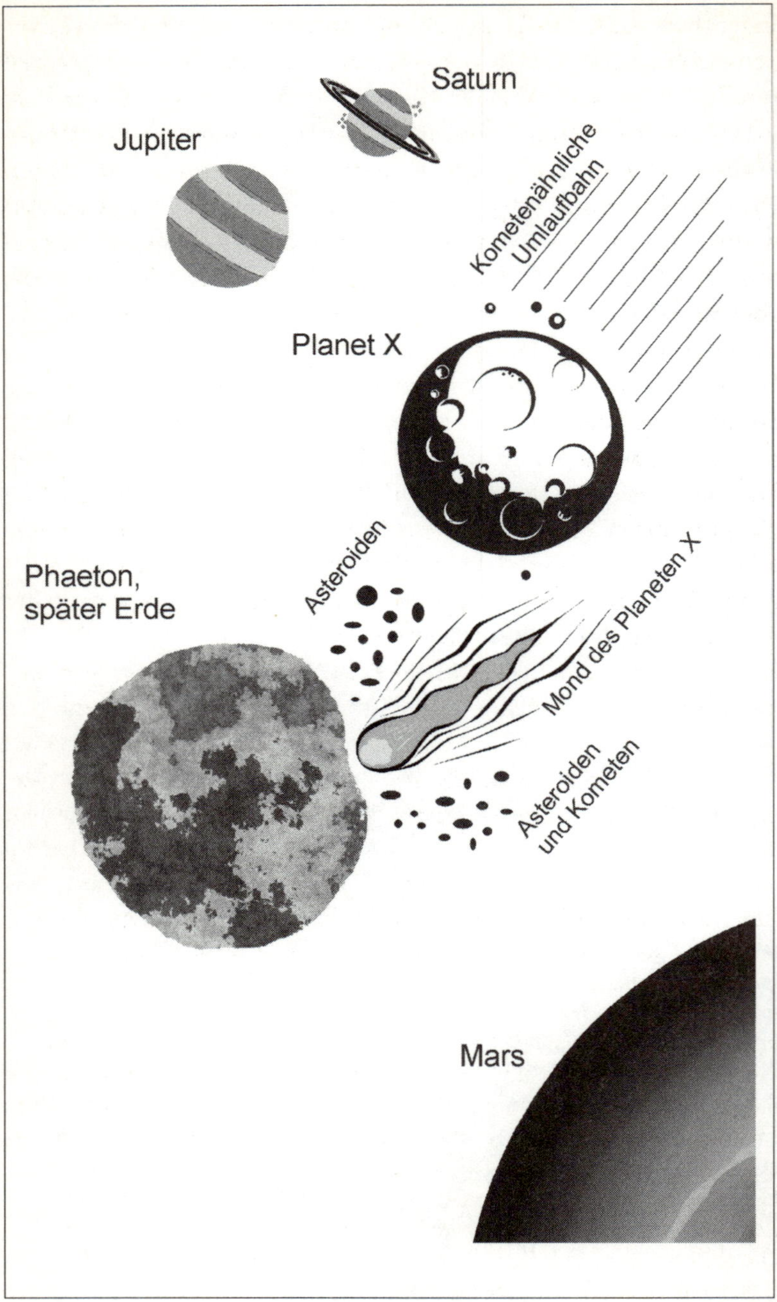

Saturn
Jupiter
Kometenähnliche
Umlaufbahn
Planet X
Asteroiden
Phaeton,
später Erde
Mond des Planeten X
Asteroiden
und Kometen
Mars

Eigentlich stellt die Entdeckung eines zwölften Planeten keine Sensation dar. Man muß sich dann aber fragen, woher die Sumerer ihre Kenntnis nahmen. Nach ihrer Ansicht war dieser uns nicht bekannte Planet Nibiru (Planet X) durch eine hochtechnisierte Rasse – Anunnaki – bewohnt. Außerdem soll dieser Planet auf seiner kometenähnlichen Bahn alle 3600 Jahre wieder in unser inneres Sonnensystem bis zur Höhe des Planetoidengürtels zurückkehren.[108] In diesem Fall müßten in periodischen Zeitabständen zwei sehr helle Objekte am Himmel zu sehen sein: der zwölfte Planet und die Sonne.

Wenn ein Planet aufgrund seiner Helligkeit früher als strahlende Sonne dargestellt wurde, müßten hierfür auch bildliche Dokumente vorhanden sein. Tatsächlich gibt es in Mesopotamien viele Darstellungen mit zwei Sonnen. Eine solche Darstellung (Bild 92) gibt aus religiösen oder wissenschaftlichen Gründen keinen Sinn. Es muß sich hierbei um eine reale Szene aus unserer Vergangenheit handeln, insbesondere da mit den beiden Sonnen auch immer unser Mond abgebildet wurde.

Es ist jedoch nicht auszuschließen, daß eine Planetenannäherung zwischen Erde und Venus oder Mars bei ihrem Irrweg durch das Sonnensystem dargestellt wurde, entsprechend der Interpretation alter Überlieferungen durch Velikovsky. Aus dieser Sichtweise ergibt sich analog der in diesem Buch vorgestellten Theorie ein

Abb. 25: Planetenkollision. *Der uns nicht bekannte zwölfte Planet (Planet X) kam aus der Tiefe des Weltalls und näherte sich dem ursprünglichen Planeten Phaeton. Dieser Planet wurde in zwei Teile zerbrochen. Die eine Hälfte wurde zerstückelt und ein Teil der Bruchstücke bildet heute den Planetoidengürtel sowie die Kometen unseres Sonnensystems. Die andere Hälfte von Phaeton wurde aus der ursprünglichen Bahn geschleudert und wurde zur Erde. Der Umriß der abgebildeten Erde stellt eine Abzeichnung durch den Verfasser des generierten Bildes aus Daten des ERS-1-Satelliten von Michael Anzenhofer für das GeoForschungsZentrum Potsdam dar. Man erkennt deutlich das große Loch, das sich im Bereich des heutigen Pazifik befindet (siehe Foto 89). Die Erde ist keine Kugel, sondern eine Art unregelmäßige Kartoffel. Ein Ergebnis der Planetenkollision?*

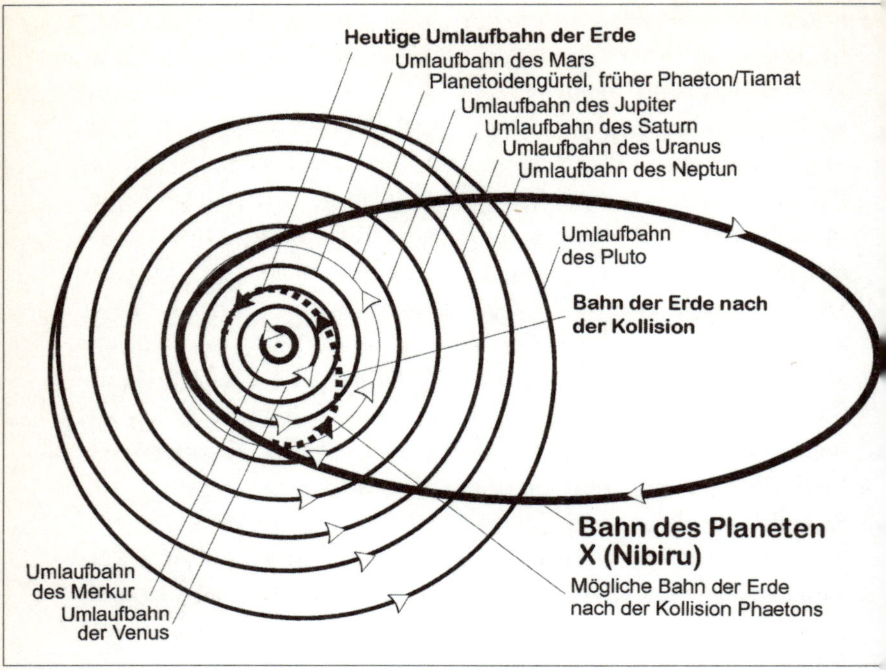

Abb. 26: ***Umlaufbahn des Planeten X.*** *Aus der sumerisch/babylonischen Schöpfungsgeschichte ergibt sich die Existenz eines zusätzlichen Planeten in unserem Sonnensystem, der eine Umlaufzeit von 3600 Jahren haben soll und eine kometenähnliche Umlaufbahn durchläuft. Wenn ein Himmelskörper in Planetengröße in unser inneres Sonnensystem vordringt, kann es zu kosmischen Katastrophen und einer Planetenankollision kommen. Der ursprüngliche Planet Phaeton zerbrach. Daraus entstand der Planetoidengürtel und die Erde.*

realistischer Grund für Planetenannäherungen, an dem es ansonsten mangelt. Wie auch immer, es müssen außergewöhnliche kosmische Ereignisse dargestellt worden sein.

Verschiedenste Satelliten, wie die Pioneer-Sonden, untersuchen inzwischen die Auswirkungen eines zusätzlichen Planeten auf unser Sonnensystem. Der Infrarotsatellit IRAS wurde 1983 gestartet und war auch mit der Aufgabe betraut, diesen zusätzlichen Planeten zu suchen. Sitchin gibt ein Interview des wissenschaft-

lichen Mitarbeiters dieses Projekts O'Toole wieder, das in der »Washington Post« – und anderen Zeitungen – unter dem Titel »Ein riesiges Objekt am Rande des Sonnensystems gibt Rätsel auf« erschien:
»Ein Teleskop, das IRAS heißt, hat in der Richtung des Sternbildes Orion einen Himmelskörper entdeckt, der möglicherweise so groß ist wie der riesige Jupiter und vielleicht der Erde so nahe, daß er unserem Sonnensystem angehören könnte.
So rätselhaft ist das Objekt, daß die Astronomen nicht wissen, was es ist, ein Planet, ein Riesenkomet, ein Protostern, der nie heiß genug wurde, um ein Stern zu werden, eine ferne Galaxie, die noch so jung ist, daß die ersten Sterne im Begriff sind, sich zu bilden, oder eine Galaxie, die so sehr von Staubwolken umhüllt ist, daß das Licht ihrer Sterne nicht hindurchdringt.«[108]
Es wurde weiter berichtet, daß der Himmelskörper zweimal innerhalb von sechs Monaten aufgenommen wurde, und daß er sich in dieser Zeit kaum bewegt hatte. Ein Komet kann es daher nicht sein. Behalten die Sumerer recht? Wenn ja, dann würde ein solch riesiger Planet, der regelmäßig bis zur Höhe des Planetoidengürtels vordringt, katastrophale Folgewirkungen nicht nur für die Erde, sondern für das ganze Sonnensystem ausüben. Auch Planetenkollisionen, beispielsweise die Zerschlagung von Phaeton in der Bahn des heutigen Planetoidengürtels, sind aus dieser Sicht durchaus vorstellbar.
Astronomische Angaben auf den Tontafeln der »Königlichen Bibliothek« zu Ninive stellen »drei Planetensysteme« ausführlich dar. »Die einzelnen Planeten werden in all ihren Bewegungen nach drei verschiedenen Systemen festgehalten ... Jedes dieser Systeme ist bis ins kleinste Detail durchgeführt, aber nur das letzte Planetensystem und das letzte Mondsystem entsprechen der heutigen Weltordnung.«[109]
Durch die Einwirkung eines starken Magnetfeldes bei einer Planetenannäherung kann die Rotation der Erde verlangsamt oder vielleicht auch ganz zum Stillstand gebracht worden sein. Es gibt Planeten, die sich nur äußerst langsam, ja fast gar nicht oder wie unser Mond nur rotationsgebunden ohne eine Rotation um die ei-

gene Achse drehen. Unsere Erde muß sich also nicht notwendigerweise in der gewohnten Art und Weise schnell drehen. Da sich die Drehung der Erde in den letzten Jahren durchschnittlich in 500 Tagen um eine Sekunde (leap second) verringert hat, wird unsere Erde bei auch in Zukunft konstanter Rate in weniger als 120 000 Jahre keine Rotation um die Erdachse mehr aufweisen. In diesem Fall zeigt immer die gleiche Erdhälfte zur Sonne, wie es heute beim Mond im Verhältnis zur Erde zu beobachten ist. Berücksichtigt man eine nicht immer gleiche Geschwindigkeit der Erddrehung, könnten auch viele der von mir beschriebenen Unregelmäßigkeiten in den Kalenderaufzeichnungen der alten Kulturvölker erklärt werden.

9 Geologie und Mythos

Alte Überlieferungen berichten von Sintfluten und anderen gewaltigen Katastrophen. Ein bekannter Mythos handelt vom Untergang der vorsintflutlichen Kultur von Atlantis. Im Atlantik ging mit dem Weltuntergang eine große Insel an einem Tag unter.

Die Geologie im Spiegel der Zeit

Bis vor zwanzig Jahren waren nur ganz wenige Einschlagskrater von Meteoriten oder Asteroiden auf der Erde bekannt. Die Anhänger des Darwinismus und der Evolution verneinten heftig eine kataklysmische Katastrophe und stuften entsprechende Ereignisse als ein örtlich begrenztes Desaster ohne größere globale Auswirkungen ein, da ein entsprechendes Szenario grundlegende Konsequenzen nach sich ziehen würde, die mit einer gleichförmigen Entwicklung nicht zu vereinbaren waren.
Der Nobelpreisträger (Physik 1968) Luis Walter Alvarez (1911–1988) führte eine Bewußtseinsänderung herbei und eröffnete der Geologie im Jahr 1980 ein neues Betätigungsfeld: die Suche nach Einschlägen von Meteoriten, Kometen, Asteroiden sowie von den größeren Planetoiden und die Auswirkung eines solchen Impaktes auf die Erde. Alvarez untersuchte und dokumentierte den Einschlag eines Asteroiden mit einem Durchmesser von zehn Kilometern. Dieser Impakt soll sich vor 64 Millionen Jahren ereignet haben und wird durch die verheerenden Folgewirkungen für die Vernichtung der Dinosaurier verantwortlich gemacht.
Grundsätzlich muß man diese Untersuchungen begrüßen, da ein Umdenkungsprozeß in Gang gesetzt wurde, dessen Endpunkt

noch gar nicht abzusehen ist. Die Kritik an den damals erfolgten und heute noch andauernden Untersuchungen muß nur in der Bestimmung des Alters dieses Impaktes liegen. Die Zeitbestimmung erfolgte im festen Glauben an den Darwinismus und der Theorie von Lyell. Da Menschen und Dinosaurier zusammengelebt haben, muß man dieses Ereignis um viele Millionen Jahre in die Nähe unserer Gegenwart rücken oder im anderen Fall der Menschheit ein wesentlich höheres Alter zubilligen.

Die in diesem Buch vorgestellten Beweise und Theorien werden durch verschiedene Untersuchungen und Veröffentlichungen der letzten Jahre unterstützt. Über das Problem und den Mythos der Sintflut sind Tausende von Publikationen in über 70 Sprachen veröffentlicht worden. Die uns bekannteste Darstellung kann man in der Bibel nachlesen.

Fast alle Veröffentlichungen wurden jedoch unter der Voraussetzung herausgegeben, daß die Evolutionstheorie von Darwin völlige Gültigkeit hat. Die Geologie und der Darwinismus sind im Augenblick unzertrennbar miteinander verknüpft. Daher müssen Rückschlüsse auf weit zurückliegende Zeitalter falsch sein. Da sich die großen Sedimentschichten der ganzen Erde relativ schnell gebildet haben und sich die angeblich über 60 Millionen Jahre Differenz zwischen dem Zeitalter der Dinosaurier und dem Beginn der Menschwerdung nur als eine reine Erfindung der Evolutionstheorie herausstellte, geht die Geologie von falschen Voraussetzungen aus.

Sobald man versucht, die gewonnenen Erkenntnisse neu zu bewerten, ohne die Vorgaben des Darwinismus als unumstößliches Gesetz anzuerkennen, werden wir ganz neue Erkenntnisse und damit ein revolutionierendes Weltbild im Sinne der in diesem Buch diskutierten Prinzipien erhalten. Der Kernsatz lautet: *Dinosaurier und Menschen lebten gemeinsam*, und diese Koexistenz beweist die Unrichtigkeit der Evolutionstheorie.

Sicherlich ist die Geologie neben der Astronomie eine der ältesten Wissenschaften der Welt, aber im Laufe der Jahrtausende wurden auch die Ansichten und damit *das jeweils aktuelle Weltbild ständig gewechselt*. Aus diesem Grund gehört die Geologie trotz ihrer langen Vergangenheit *nicht* zu den exakten Wissenschaften.

Lange Zeit betrachtete man Fossilien als Laune der Natur. Da versteinerte Muscheln auch in höheren Gebirgsgegenden der ganzen Welt gefunden wurden, betrachtete dies die Kirche als sicheren Beweis für die Sintflut der Bibel. Noch im achtzehnten Jahrhundert wurden diese Funde von dem französischen Schriftsteller Voltaire (1694–1778) im Sinne der damals keimenden Aufklärung interpretiert: Es handele sich um Gegenstände, die von Pilgern verloren worden waren. Bis zu diesem Zeitpunkt herrschte die Meinung vor, daß die Sintflut tatsächlich stattgefunden hat und für die Bildung aller Fossilien der Erdgeschichte verantwortlich war. Nachdem bereits Herodot vor 2000 Jahren in den Fossilien versteinerte Schalen von Meerestieren erkannte und daraus auf vom Meer überflutete Gebiete schloß, wurde die Bibel spätestens seit dem dritten nachchristlichen Jahrhundert wörtlich ausgelegt. Die Interpretation der Bibel läßt nur den Schluß auf eine oder mehrere große Katastrophen zu. Auch der deutsche Reformator Martin Luther (1483–1546) war im Sinne der kirchlichen Lehre von der alles verschlingenden Sintflut überzeugt und bewegte sich damit im Rahmen der wissenschaftlichen Auffassungen zu jener Zeit. William Buckland war einer der letzten Verfechter dieser Ansicht und stellte die alte Lehrmeinung 1823 in seinem Buch »Beobachtungen über die geologischen Erscheinungen, die eine universelle Flut erzeugen« vor.

Im Jahr 1812 wurde die Katastrophenlehre von Georges Cuvier (1769–1832) vorgestellt. Sie zeichnete sich durch eine Anerkennung von mehreren Sintfluten während der ganzen Erdgeschichte aus, die jeweils abrupte Umwälzungen der Tier- und Pflanzenwelt mit sich brachten.

Leonardo da Vinci (1452–1519) definierte erstmals die Grundprinzipien der *modernen* Geologie und war von der unendlich langen Entstehungsgeschichte der Fossilien als Überreste von Meerestieren überzeugt. Bei einer derartigen Betrachtungsweise fällt die Sintflut als Erklärung für die Entstehung der Fossilienschichten weg. Langsam setzte sich die Meinung durch, daß es sich bei der Sintflut nur um ein regionales Phänomen gehandelt hat und nicht um eine universelle Sintflut. Die Kirche folgte leider dieser Meinungsänderung.

Bis zum heutigen Tag herrscht die 1830 von Lyell vorgestellte Doktrin von der sich über die Erdzeitalter kaum verändernden Welt vor und stellte einen Sinneswandel zu den bis zu diesem Zeitpunkt vorherrschenden Katastrophentheorien dar und verdrängte diese schließlich völlig. Die Theorie von Lyell vertritt strikt die Alleinwirksamkeit winziger aktueller Kräfte an der Veränderung der Erdoberfläche und läßt keinen Raum für kataklysmische Großereignisse.
Die aus diesem Gedanken gefolgerte langsame, gleichmäßige und kaum wahrnehmbare Entwicklung der Erde und aller Geschöpfe entspricht dem Darwinismus, was sich auch in der Kontinentaldrift-Theorie von Alfred Wegener widerspiegelt. Beispiele für diese Theorie sind die angeblich langsame Erosion der Täler durch Flüsse und Hebung des Geländes von wenigen Millimetern pro Jahr, was aber unter Berücksichtigung der langen Erdgeschichte zur Bildung von Gebirgen führt.
Im Verlauf der letzten Jahre wurde jedoch nicht mehr ausgeschlossen, daß die uniforme Entwicklung der Erde, die das geologische Normalgeschehen darstellen soll, durch eine äußerst seltene Katastrophe unterbrochen worden sein könnte. Ein weltweiter Einfluß eines solchen Ereignisses wurde jedoch erst durch den Nobelpreisträger Alvarez in geologischen Kreisen ansatzweise denkbar und somit hoffähig gemacht.
Mit den eingehenden Untersuchungen von Alvarez erlebt die Katastrophentheorie von Cuvier nach knapp zweihundert Jahren eine nie für möglich gehaltene Auferstehung. Dieser neuen Sichtweise der Geologie ist auch die Erforschung der durch einen Impakt entstehenden Begleit- und Folgeerscheinungen zu verdanken.
Der Uniformismus eines Lyell wird durch die neuen Untersuchungen zumindest eingeschränkt, während der Darwinismus jedoch beibehalten wird. Die Entwicklung der Arten soll durch einschneidende Ereignisse nur untergeordnet beeinträchtigt worden sein. Durch dann jedoch auftretende Mutationen soll eine Weiterentwicklung der Arten erfolgt sein. Da ich auf dieses Thema noch näher eingehen werde, möchte ich an dieser Stelle nur darauf hinweisen, daß sprunghafte oder auch stetige Fortent-

wicklungen der Arten durch einschneidende globale Katastrophen zumindest in Frage gestellt sind. Gerade eine gleichförmige Entwicklung war ja per eigener Definition die Voraussetzung für eine Evolution.

Sintflutmythen

Sagen und Mythen wurden lange Zeit in die Nähe von Märchen gerückt. In letzter Zeit hat man entdeckt, daß die in den Überlieferungen beschriebenen Ereignisse früher falsch interpretiert wurden, da es keine entsprechenden Erkenntnisse und wissenschaftlichen Forschungen in diesen Bereichen gab.

Die falsche Deutung der Mythen entstand durch die anscheinend *krassen Widersprüche* der überlieferten Berichte. Viele der früheren Ereignisse wurden aus diesem Grund durch *zeitliche Zwischenräume getrennt, so daß unabhängige Geschichten entstanden.* Winter, Hitze und Flut waren ganz einfach Phänomene, die schlecht miteinander verknüpft werden konnten. Die Forschung der letzten Jahre beschreitet aber neue Wege und gewinnt andere Erkenntnisse, wie die Geologen Tollmann ausführen:

»Für uns Geologen liefert aber gerade diese Kombination von Weltenbeben, Sintbrand, Sintflut, Sintnacht und Sintfrost, die in den meisten Sintflutberichten als sehr eng miteinander verknüpft dargestellt werden, eine logische Grundlage für ihre natürliche Erklärung. Diese merkwürdige Kopplung von scheinbar widersprüchlichen Naturerscheinungen ist durch die geologischen Forschungen der achtziger Jahre am Beispiel des Dinosaurier-Impaktes sehr genau herausgearbeitet worden …«[110]

Die Mythen müssen je nach der geographischen Lage der von den alten Völkern besiedelten Gegenden unterschiedlich sein. Bei den Bewohnern des Nordens – Eskimos, Nordindianer, Nordgermanen – und des Südens – in Feuerland sowie der Hochländer – muß der Sturzregen schnell in kräftige Schneefälle übergegangen sein. Einem Impaktwinter zu Herbstbeginn auf der nördlichen Halbkugel muß ein entsprechend harter Winter auf der Südhalbkugel

zum Frühlingsbeginn gegenüberstehen. Anhand der jeweils in den Mythen beschriebenen Ereignisabläufe und anderer Mechanismen, wie der Überprüfung in geologischer und ethnologischer Hinsicht, kann man den Wahrheitsgehalt der Überlieferungen überprüfen.
Auch Beschreibungen rein lokaler Katastrophen aufgrund fehlender Impaktmerkmale und durch Missionare verfälschte oder aufgepfropfte Teile in den Erzählungen – oft in Zusammenhang mit der Arche Noah – lassen sich auf diese Weise neutralisieren.
Die Auswertung der Mythen half auch bei der Bestimmung der Art des Sintflut-Impaktes und den Ablauf des gesamten Geschehens mit den entsprechenden Folgewirkungen. Die uns bekannteste Version der Sintflut ist in der »Offenbarung des Johannes« (6,12–15) wahrscheinlich im Jahr 96 n. Chr. aufgezeichnet:
»Da entstand ein gewaltiges Beben. Die Sonne wurde schwarz wie ein Trauergewand, und der Mond wurde wie Blut. Die Sterne des Himmels fielen auf die Erde... der Himmel verschwand wie eine Schriftrolle... alle Berge und Inseln wurden von ihrer Stelle weggerückt... alle Sklaven und Freien verbargen sich in Höhlen und Felsen der Berge.«
Es wird ein Teilbereich des Ablaufs nach einem Impakt deutlich beschrieben: Erdbeben beim und nach dem Einschlag, Verdunkelung der Sonne und des Mondes durch den in die Atmosphäre geschleuderten Staub, teilweise oder zu Beginn rötlicher Schein des Himmels, bedingt durch an Staubteilchen angereicherte Wassertröpfchen und Kristalle, sowie das Herabfallen von Kometen- oder Planetoidensplittern. Das oft beschriebene Herabstürzen der Sterne kann auch als Effekt einer Verschiebung der Erdachse gesehen werden. Für die Menschen bewegt sich in diesem Fall nicht die Erde, sondern im Gegenteil, die Sterne scheinen eine Bewegung auszuführen. Das Verstecken der Menschen in Höhlen und Spalten wird durch die bereits beschriebenen Massengräber der verschiedenen Tierarten bestätigt und ist als Schutzsuche vor einer hereinbrechenden Katastrophe anzusehen.
Weiterhin wird in der »Offenbarung« (8,1–13) über sieben Engel

(Kometen oder Asteroiden) berichtet, die nacheinander Unheil über die Erde brachten:

»... da begann es zu donnern und zu dröhnen, zu blitzen und zu beben ... fielen Hagel und Feuer, die mit Blut vermengt, waren, auf das Land. Es verbrannte ein Drittel des Landes, ein Drittel der Bäume und alles grüne Gras ... Da wurde etwas, das einem großen brennenden Berg glich, ins Meer geworfen. Ein Drittel des Meeres wurde zu Blut. Und ein Drittel der Geschöpfe, die im Meer leben, kam um und ein Drittel der Schiffe wurde vernichtet ... Da fiel ein großer Stern vom Himmel; er loderte wie eine Fackel und fiel auf ein Drittel der Flüsse und auf die Quellen. Der Name des Sterns war ›Wermut‹. Ein Drittel des Wassers wurde bitter, und viele Menschen starben durch das Wasser, weil es bitter geworden war ... Da wurde ein Drittel der Sonne und ein Drittel des Mondes und ein Drittel der Sterne getroffen, so daß sie ein Drittel ihrer Leuchtkraft verloren und der Tag um ein Drittel dunkler wurde und ebenso die Nacht.« Und weiter (9,1–15): »... Da sah ich einen Stern, der vom Himmel auf die Erde gefallen war; ihm wurde der Schlüssel zu dem Schacht gegeben, der in den Abgrund führte. Und er öffnete den Schacht des Abgrunds. Da stieg Rauch aus dem Schacht auf, wie aus einem großen Ofen, und Sonne und Luft wurden verfinstert ... Aus dem Rauch kamen Heuschrecken über die Erde, und ihnen wurde Kraft gegeben wie sie Skorpione ... haben ... Es wurde ihnen befohlen, die Menschen ... nur zu quälen, fünf Monate lang. Und der Schmerz, den sie zufügen, ist so stark, wie wenn ein Skorpion einen Menschen sticht ... Da wurden vier Engel losgebunden, die auf Jahr und Monat, auf Tag und Stunde bereit standen, um ein Drittel der Menschheit zu töten.«

Diese Schilderung unterscheidet sich von der vorigen Version und beschreibt einen anderen Impakt. Insgesamt werden verschiedene Teilimpakte, eventuell auch zeitlich verzögerte Ereignisse, dargestellt. Besonders auffällig wird auf die Rotfärbung von Land und Meer hingewiesen. Dieser Hinweis ist besonders interessant, denn diese Stelle wurde in der Vergangenheit immer falsch interpretiert, da man von den physikalischen und chemischen Vorgänge während eines Impakts keine genauen Vorstellungen besaß. Diese Rotfärbungen kann man nicht mit Blut erklären, sondern ist in dem Niederschlag der Salpetersäure, eine Folge des Impakts, in Form von verätztem Regen begründet, der alles rot färbte und das Wasser vergiftete, so daß das Wasser wie Wermut schmeckte. Auch die Menschen litten unter dieser Verätzung wie unter dem Gift von Skorpionen.

Weiterhin wird in der »Offenbarung« (16, 1–20) mit dem Hinweis auf sieben apokalyptische Ereignisse aus der Hand von sieben Engeln berichtet: »Geht und gießt die sieben Schalen mit dem Zorn Gottes über die Erde … goß seine Schale über das Land. Da bildete sich ein böses und schlimmes Geschwür an den Menschen … goß seine Schale über das Meer. Da wurde es zu Blut, das aussah wie das Blut eines Toten; und alle Lebewesen im Meer starben … goß seine Schale über die Flüsse und Quellen. Da wurde alles zu Blut … goß seine Schale über die Sonne. Da wurde ihr Macht gegeben, mit ihrem Feuer die Menschen zu verbrennen … goß seine Schale über den Thron des Tieres. Da kam Finsternis über das Reich des Tieres, und die Menschen zerbissen sich vor Angst und Schmerz die Zunge … goß seine Schale über den großen Strom, den Euphrat. Da trocknete sein Wasser aus … goß seine Schale über die Luft … Und es folgten Blitze, Stimmen und Donner; es entstand ein gewaltiges Erdbeben, wie noch keines gewesen war, seitdem es Menschen auf der Erde gibt … Alle Inseln verschwanden und es gab keine Berge mehr. Und gewaltige Hagelbrocken, zentnerschwer, stürzten vom Himmel auf die Menschen.«

Diese Beschreibung der Apokalypse ist noch deutlicher und mit Details versehen. Der Farbton des Meeres, verursacht durch den Regen aus Stickoxiden und Salpetersäure, wird genau beschrieben. *Rotbraun und nicht hellrot, wie frisches Blut, ist das Blut der Toten.* Diese Farbe entspricht derjenigen von stickoxidgesättigter Salpetersäure.[110] Auch die durch den Säureregen verursachten Geschwüre auf der Haut der Menschen werden beschrieben. Durch die enorme Hitze in der Nähe eines Impakts wurden auch große Flüsse verdampft. Entsprechende Beschreibungen kennt man ebenso aus den Schilderungen des Sagenguts vieler Völker.

Die gewaltige Sintflut überspülte die Inseln und auch höhere Berge oder Gebirge. Diese Aussage läßt auf ein großes Sintflutgeschehen schließen und nicht auf viele lokale Katastrophen. Dem steht nicht entgegen, daß ein Impakt aus vielen zeitlich verzögerten Teilimpakten bestehen konnte, da der Himmelskörper vor dem Einschlag in viele Teile zerbrochen war oder aus einem *Schwarm von Planetoiden* (Bruchstücke des Planeten Phaeton) bestand. Auch sind um Jahre verzögerte Einschläge möglich, da bestimmte Teile in eine Erdumlaufbahn eingeschwenkt sein könnten, die dann irgendwann auf die Erde abstürzten.

Auf der ganzen Welt gibt es Hunderte von Sintflutsagen, die sich je nach Entfernung zum Einschlagsort und der so unterschiedlich wahrgenommenen Phänomene unterscheiden. Erst durch die Forschung der letzten 20 Jahre konnten die durch die Ethnologen zusammengetragenen Originaldarstellungen richtig gedeutet werden. Die Mythen stellen in ihrer Gesamtheit ein unschätzbares Dokument über den Ablauf des Sintflut-Impaktes dar und dokumentieren mehrere Einschlagstellen auf unserem Globus. *Daß die Erde von mehreren Himmelsgeschossen getroffen wurde, bestätigt die Geologie durch die intensive Forschung seit 1980.*

Der amerikanische Kontinent muß von der Sintflut besonders betroffen worden sein, da bei fast allen Indianerstämmen eindrucksvolle Erlebnisberichte vorhanden sind. Die Navajos berichten von einer *Flut so hoch wie ein Gebirge*, die überall war, außer im Westen. Die Choctaw-Indianer besitzen überlieferte Kenntnisse von einer lang andauernden Dunkelheit und einer danach anrollenden gewaltigen Woge, die aus dem Norden erschien und so hoch wie große Berge war.[111]

Alte tibetische Überlieferungen berichten von einer Überflutung des Hochlandes von Tibet, und nach alten chinesischen Chroniken, »Schu-King«, wurde die Lage der Himmelsrichtungen neu bestimmt, die Bewegungen sowie das Erscheinen von Sonne, Mond und den Tierkreiszeichen neu berechnet und dargestellt sowie die Dauer der Jahreszeiten ermittelt. Es wurde ein neuer Kalender aufgestellt. Velikovsky faßt die Begründung für die alten chinesischen Überlieferungen über die Notwendigkeit dieser Änderungen treffend zusammen:

»... ruft den Eindruck hervor, daß während der Katastrophe die Umlaufbahn der Erde und damit das Jahr, die Neigung der Erdachse und damit der Jahreszeiten sowie die Umlaufbahn des Mondes und dann der Monat sich geändert hatten.

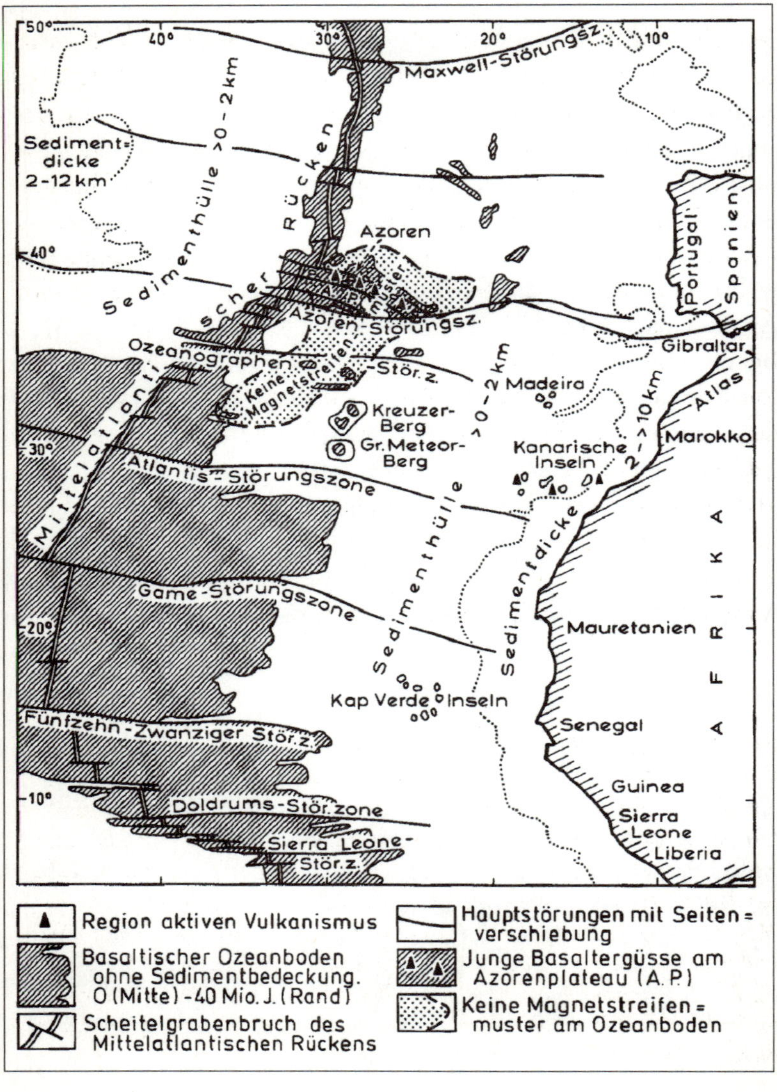

Wir erfahren nicht, was diesen Weltumsturz verursachte, aber in den alten Annalen steht geschrieben, daß während der Regierungszeit Yahous ein glänzender Stern aus dem Sternbild Yin auftauchte.«[112]

Platons Erzählung

Seit über 2500 Jahren sind viele Menschen überzeugt, daß es irgendwo zwischen Spanien, Afrika und Amerika eine große Insel gegeben haben soll. Es werden die verschiedensten Spekulationen angestellt. Was wir über diese Insel wissen, ist in den Dialogen Platons (427–347 v. Chr.) enthalten, die unter den Namen »Timaios« und »Kritias« bekannt sind. »Kritias«, der Mutterbruder Platons, streicht ausdrücklich heraus, daß es sich um eine seltsame, aber wahre Geschichte handeln soll, die der weise Solon einst von Ägypten nach Griechenland mitbrachte.

Bei der Insel handelt es sich um das sagenumwobene Atlantis. Platon erwähnt ausdrücklich, daß sie sich nicht im Mittelmeer, sondern jenseits der Säulen des Herakles (Gibraltar und das Atlasgebirge) befand. Platon führte weiter aus:

»Die Insel war größer als Libyen und Asien zusammen, und von ihr aus konnte man damals zu anderen Inseln hinüberfahren, und von diesen auf das gesamte gegenüberliegende Festland, das den wahren Ozean umschließt. Denn alles, was diesseits der Straße des

Abb. 27: Atlantis. *Im Erdmantel der geologischen Position des Azorenplateaus im Mittelatlantik befindet sich ein »Hot spot«, ein heißer Fleck mit heißem, aufsteigendem Magma. In diesem Bereich der Azoren sind fast keine Magnetstreifenmuster vorhanden. Daraus kann man auf eine andere Entstehungsgeschichte als für das umliegende Gebiet in der Nähe des Mittelatlantischen Rückens schließen, da hier das ausströmende Magma zum Zeitpunkt der Erstarrung Magnetstreifenmuster hinterläßt. Die heutigen Azoren bilden die Berggipfel der früheren Berge von Atlantis. Die Beschreibung der Insel durch Platon – im Norden ein Gebirge und im Süden eine Tiefebene – stimmt mit den topografischen Gegebenheiten dieses Gebiets qualitativ überein.*

Herakles liegt, ist nur eine hafenähnliche Bucht mit enger Einfahrt. Jenes andere Meer aber ist ein echtes Meer, und das es umschließende Land darf mit Fug und Recht ein Kontinent genannt werden.«

Die Genauigkeit der Beschreibung ist unglaublich, wenn man bedenkt, daß die Geschichte zwar von Platon niedergeschrieben wurde, aber auf noch älteren ägyptischen Quellen beruhen soll. Es wird nicht nur das Mittelmeer mit der Straße von Gibraltar beschrieben, sondern auch ein anderes Festland – Amerika – jenseits des Ozeans, des Atlantiks. Dazwischen soll einst eine Insel, so groß wie ein Kontinent, gelegen haben. Man muß bedenken, daß die damals bekannten Gebiete von Asien wesentlich kleiner waren als das riesige Gebiet des heutigen Asiens. Wer wußte ungefähr eintausend Jahre vor der Entdeckung des Kontinents Amerika durch Kolumbus, daß es jenseits des Atlantiks Festland, also keine Insel, gab? Genaugenommen hat Kolumbus noch nicht einmal das Festland betreten. Wenn sich diese Beschreibung mehrere hundert Jahre später als richtig herausgestellt hat, warum sollte die Beschreibung der Insel dann nicht auch wahr sein? In den vergangenen 2500 Jahren wurde die Existenz einer großen Insel im Atlantik jedoch als Jux oder reine Erfindung abgetan. Die Geschichte erscheint unglaubhaft, da man über dem Meeresspiegel keine Spur von dieser Insel fand, wenn man von den kleinen Inselgruppen wie zum Beispiel den Kanarischen Inseln, Madeira, den Azoren und eventuell den Bahamas oder Bermudas absieht.

Aristoteles, ein Schüler Platons, hat die Geschichte über Atlantis als Erfindung kritisiert. Jedoch bestätigte er, daß die Phönizier tatsächlich eine große Insel im Atlantik kannten, die Antilla genannt wurde. Die Ähnlichkeit der Namen von Antilla und Atlantis fällt direkt ins Auge. Es gibt diesseits und jenseits des Atlantiks entsprechend viele Namengebungen, die an Atlantis erinnern.

Die nordwestafrikanischen Völker an der Atlantikküste wurden in alten Schriften als Atalantes oder Atarantes bezeichnet. Über ein kriegerisches Königreich Attala wissen die Berberstämme zu berichten. Die Wikinger nannten Atli ein märchenhaftes Land im Westen. In alten Schriften Indiens wird auf eine Insel mit Namen

Attala verwiesen, die eine halbe Welt von Indien entfernt im westlichen Ozean gelegen haben soll. Die Azteken glaubten, daß sie ursprünglich von der Insel Aztlan im östlichen Ozean, also von Mittelamerika aus gesehen im Atlantik, stammten.[113] Handelt es sich nur um rein zufällige Ähnlichkeiten in der Namensgebung?

Der Atlantik und das Atlasgebirge erinnern durch die Namensgebung direkt an Atlantis. Grönland liegt an der Grönlandsee, Mexiko am Golf von Mexiko, Indien liegt am Indischen Ozean, Persien am Persischen Golf, warum liegt Atlantis dann nicht im Atlantik?

Platon beschreibt Atlantis ausführlich mit allen Einzelheiten der Topographie mit Flüssen, Kanälen und Bergen sowie die Staatsform, Bevölkerungszahl, Anzahl der Krieger und die Tierwelt.

Es wird weiter berichtet, daß ein ägyptischer Priester aus Sais, einer großen Stadt im Nildelta, erklärte:

»... es haben viele Vernichtungen der Menschen stattgefunden ... Was auch bei euch erzählt wird, daß einst Phaeton, des Helios Sohn – nachdem er des Vaters Wagen bespannt, es aber nicht vermocht hätte, auf des Vaters Wegen zu fahren –, alles auf Erden verbrannt habe und selbst durch einen Blitzschlag getötet worden sei ... das Wahre davon ist aber die Bahnabweichung der um die Erde am Himmel sich bewegenden Gestirne und die nach langen Zeiträumen durch viel Feuer erfolgende Vernichtung von allem was sich auf der Erde befindet.«

Bestätigt wird eindeutig die apokalyptische Einwirkung von einem aus der Bahn geratenen Himmelskörper, auch wenn von einem Einschlag direkt keine Rede ist. Die fast totale Vernichtung der ganzen Erde wird jedoch eindeutig bestätigt. Eine örtliche Katastrophe scheint nicht gemeint zu sein.

Weiter wird der Untergang der Insel Atlantis beschrieben:

»Später jedoch, als ungeheure Erdbeben und Überschwemmungen eintraten, versank während eines einzigen schlimmen Tages und einer einzigen schlimmen Nacht ebensowohl das ganze zahlreiche streitbare Geschlecht bei euch unter der Erde, und ebenso verschwand die Insel Atlantis, indem sie unter das Meer versank. Deswegen ist auch jetzt das Meer dortselbst unbefahrbar geworden und nicht zu durchschiffen, weil der sehr hoch liegende Schlamm, den die Insel bei ihrem Untergang verursacht hatte, dies behindert.«

Gerade diese Passage wurde immer als unglaubwürdig dargestellt. Wie kann eine große Insel oder ein kleiner Kontinent an einem einzigen Tag verschwinden? Die Theorien von Lyell und Darwin mit dem Gedankengut einer nur sehr langsamen Veränderung der Erdoberfläche und Tierwelt ließen für eine derartig große Katastrophen keinen Platz und stehen hierzu in krassem Widerspruch. Es wird im Sinne der Gleichförmigkeitstheorien entschieden bestritten, daß *gewaltige geologische Umwälzungen in diesem verheerendem Ausmaß jemals stattgefunden haben* und eine ganze Großinsel mit vielleicht 200000 Quadratkilometern ohne zurückbleibende Anzeichen untergehen könnte. Aus diesen Gründen wurde die Atlantistheorie bis heute rigoros abgelehnt.

Die neuesten Forschungsergebnisse der Geologie zeigen, daß *mindestens* sieben Hauptteile eines Kometen oder diverse Himmelskörper in verschiedenen Ozeanen der Erde weit verstreut einschlugen. Ein Teilimpakt konnte genau oder in der Nähe des von Platon beschriebenen Gebiets noch nicht identifiziert werden. Atlantis lag aber anderseits in der *labilsten und gleichzeitig größten Nahtstelle* der Erde, der mittelozeanischen Grabenbruch-Riftzone.

»Hier steht die extrem dünne Erdkruste, die dünnste des ganzen Globus, unter permanenter Zugspannung und ist noch dazu von einem dichten Netz riesiger Längs- und ebenso bedeutender Querbrüche durchsetzt. Und dieser außergewöhnliche Krustentypus lagert noch zusätzlich auf einer oft Dutzende Kilometer breiten Lavakammer, also einem dünnflüssigen, rund 1200 °C heißen Basaltlavakissen. Daß es bei solch instabil gelagerten, kühlen und daher dichteren und schwereren Krustenschollen über der heißen, spezifisch leichteren Lava im Untergrund bei einem Weltenbeben unvorstellbarer Stärke zu einem Zusammenbruch dieser Kruste kommen muß, ist vorherbestimmt … wir erst heute wissen, daß gerade in der entscheidenden Region im Mittelatlantik im Bereich der Azoren sich einer der wenigen ›heißen Flecke‹ (Hot spots) der Erde befindet, an dem heiße Magmaströme aus der Tiefe des Erdmantels aufsteigen und zusätzlich für eine Mobilität der Lava sorgen.«[114]

Neueste Computersimulationen aus dem Jahre 1996, die am renommierten »Sandia National Laboratory« in New Mexiko (USA) durchgeführt wurden, beweisen, daß beim Aufprall eines Asteroiden mit zehn Kilometer Durchmesser in neun Sekunden ein 30 km tiefer Krater erzeugt wird. Die beim Aufprall ausgelösten Schockwellen pflanzten sich durch den gesamten Erdball fort. Sie wurden im Erdinnern wie von einer optischen Linse gebündelt und auf die andere Seite des Planeten gerichtet, wo in der Nähe vielleicht gerade ein anderer Einschlag zu verzeichnen war. Unter diesen Erschütterungen brach die Erdkruste auf, so daß es zu gewaltigen Vulkanausbrüchen kam. Natürlich bricht die Erdkruste an besonders dünnen Stellen entlang den vorhandenen Reißlinien zuerst auf, und dies geschah bei der Atlantis-Katastrophe.

Bei einem Seebeben südlich von Tokio am 1. September 1923 sanken Teile des Meeresbodens um über 450 m ab, während andere Teile um 250 m angehoben wurden.[114] Wie viel stärker müssen die Folgen des Sintflut-Impaktes gewesen sein.

Als Folge entsprechender Vorgänge wurde auch die Insel Atlantis relativ schnell um mehrere tausend Meter abgesenkt. Der Atlantik bildet eine große Wanne und wird durch ein bis zu über 2500 m

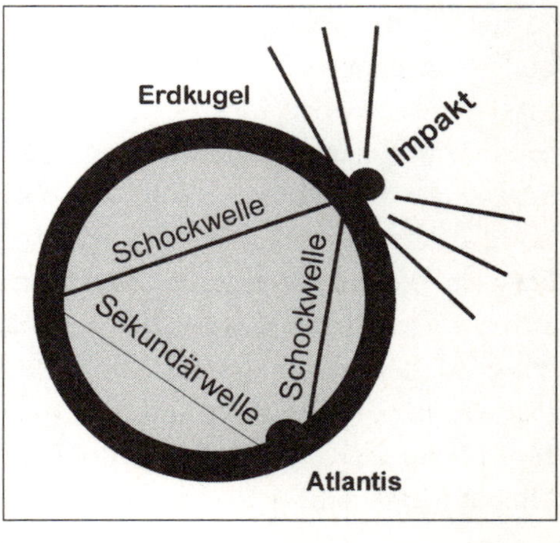

Abb. 28: Schockwellen. Der Einschlag eines Himmelskörpers auf der Erde erzeugt eine Schockwelle, die durch den Erdmantel mehrfach nach allen Seiten reflektiert wird. Dadurch entstehen Erdaufbrüche, Vulkane und Beben auch in Gebieten, die von dem ursprünglichem Einschlagsgebiet weit entfernt, ja sogar auf der anderen Seite der Erdkugel liegen.

hohes unterseeisches Gebirge, den Atlantischen Rücken oder auch Dolphinrücken genannt, in zwei Teile geteilt. Das westliche Becken ist im Mittel ungefähr 6500 m tief und damit vielleicht 2000 m tiefer als der Teil östlich des Atlantikrückens, der die Bruchlinie zwischen den Kontinenten darstellt, aus der auch heute noch Magma austritt.

Muck wies nach, daß gerade die immer kritisierte Zeitangabe des Untergangs mit einer Dauer von 24 Stunden, aufgrund der beschriebenen geologischen Eigenart dieses Gebiets, besonders genau zutrifft und berechnete die Sinkgeschwindigkeit der Großinsel mit etwa 4 bis 5 cm/sec.[115]

Der Ablauf der Sintflut-Katastrophe stimmt mit der Beschreibung bei Platon überein: Erdbeben, Überschwemmungen, Erdrisse, Landeinbrüche und Absenkung des Meeresbodens. Bleibt noch die Überprüfung der Aussage Platons über das verschlammte Meer, so daß angeblich keine Schiffahrt möglich gewesen sein soll.

Grobstoff, Ascheflocken und Feinstaub bilden die Bestandteile der Auswurfmassen historischer Vulkanausbrüche. Der Grobstoff bei vulkanischen submarinen Eruptionen ist nicht kompakt wie fließende Lava, sondern durch das Zusammenwirken von Wasserdampf und flüssigem Magma sehr porös. Der durch diesen Prozeß entstehende *Bimsstein* bildet eine erhebliche Menge im Verhältnis zum Gesamtauswurf und schwimmt dank der eingeschlossenen kleinen Luftporen lange an der Meeresoberfläche. Bei starken Vulkanausbrüchen kann sich sogar eine zusammenhängende Decke bilden, die dann auch die moderne Schiffahrt stören kann. Die Wellenbewegungen des Meeres zerreiben die Bimssteine langsam zu Sand. Durch den enormen Auswurf an Ascheflocken entsteht eine zusätzliche Schlammschicht auf dem Wasser.

Bei dem Ausbruch des verhältnismäßig kleinen Inselvulkans Krakatau in Indonesien im Jahr 1883 wurde deutlich, daß die herumschwimmenden Bimssteine die Schiffahrt gefährdeten und auch teilweise ganz verhinderten, obwohl die Schicht damals vielleicht nur 25 cm dick war. Aufgrund dieser Erkenntnisse berechnete Muck die Dicke der nach der Atlantis-Katastrophe im Ozean schwimmenden Schicht aus Bimssteinen auf 100 m. Platon bestätigte: »... das Meer dortselbst unbefahrbar ... nicht zu durchschiffen, weil der sehr hoch liegende Schlamm ... dies behindert.«[115] Auch in diesem Punkt beschrieb Platon etwas Ungewöhnliches, jedoch gerade in diesen Details erkennt man den tiefen Wahrheitsgehalt der Geschichte. Einfach zu gut, um erfunden zu sein, und das in Übereinstimmung mit unseren neuesten Erkenntnissen.

Der Meeresboden im Azorenraum muß relativ schnell um mindestens 2000 m abgesunken sein. Die unterseeische Landschaft ist gekennzeichnet von scharfen Kanten, Felszacken und tiefen Rissen. Wäre dieses Gebiet sehr alt, würden die chemischen und mechanischen Einflüsse die feinen Profilierungen gerundet haben.

Charles Berlitz und Otto Muck berichten über charakteristische Funde vom Meeresboden im Azorenraum, die eigentlich auf der Erdoberfläche zu finden sein müßten.[115, 116] Johannes von Buttlar beschreibt in seinem Buch »Adams Planet« entsprechende Entdekkungen im Azorenraum:

»Im Verlaufe eines 1973/74 von der Universität Halifax durchgeführten Forschungsprojektes wurden dem Mittelatlantischen Rükken Bohrproben entnommen und analysiert. Dabei stellte sich heraus, daß sich die jetzt in 800 Meter Tiefe liegende Gesteinsformation einst oberhalb des Meeresspiegels gebildet haben muß. Die schwedischen Forscher R. Mailaise und P. Kolbe hatten bereits 1956 eine besondere interessante Entdeckung gemacht. Es war ihnen nämlich gelungen, am Atlantischen Rücken in 3700 Meter Tiefe die Überreste von Kieselalgen zu identifizieren, die vor 10 000 bis 12 000 Jahren in Süßwasserseen gelebt haben mußten.

Im Jahr 1898 wurde 750 km nördlich der Azoren das Transatlantikkabel repariert. Bei der Suche nach der Bruchstelle ergab sich, daß der Meeresboden in diesem Gebiet aus Tälern, Berggipfeln und zerklüfteten Felsen besteht. Die daraus in 3100 Meter Tiefe entnommenen Gesteinsproben erwiesen sich als Tachylit (Basaltglas). Doch da sich Tachylit ausschließlich unter atmosphärischem Druck bildet, kann es nur über dem Meeresspiegel entstanden sein. Außerdem zersetzt sich Lava erst nach 15 000 Jahren, demzufolge muß der Mittelatlantische Rücken vor diesem Zeitpunkt noch eine Landmasse gewesen sein. Diese Theorie wurde 1977 durch eine sowjetische Expedition bestätigt, die nördlich der Azoren aus über 2000 m Tiefe Gesteinsbrocken – also auf der Erdoberfläche – ans Licht brachte.[117]

Verschiedene Untersuchungen von Sedimentpfropfen ergaben, daß das gesamte Gebiet im Azorenraum um 2500 bis 3000 m abgesunken sein muß. Man fand zum Beispiel Globerinenkalk in 7300 m Tiefe. Diesen Fund dürfte man aber nur in Tiefen von 2000–4500 m machen. Demzufolge müßte das untersuchte Gebiet um mindestens 2800 m abgesunken sein. Die heutigen Inseln der Azoren sind die Bergspitzen der früheren Großinsel Atlantis.

Diese Geschichte über Atlantis schrieb Platon nicht in der Ichform und bezichtigte jeden der Lüge, der diese Geschichte als Mythos abstempeln wollte. Sokrates, Platons Lehrer, stellt im »Timaios«-Dialog fest: »... und zudem den großen Vorzug hat, daß er nicht ein erdichteter Mythos, sondern eine wahre Geschichte ist.« Die heutigen wissenschaftlichen Erkenntnisse bestätigen die geographischen und geologischen Angaben in Platons Atlantiserzählung in vollem Umfang. Vielleicht stimmt dann auch der restliche Teil der Geschichte über das Volk der Atlanter? Gab es nicht nur eine untergegangene Großinsel Atlantis, sondern auch ein hochentwickeltes Volk aus der Zeit vor der Sintflut? Wenn das stimmt und dieses Volk die Welt beherrschte, wie vielfach spekuliert wird, findet man Atlantis überall auf der Welt, nämlich als Kolonien, und vielleicht waren diese Städte alle ähnlich aufgebaut. Dieser Gedanke kam mir bei dem Studium der verschiedensten Ansichten über die sehr kontrovers diskutierte Lage von Atlantis. Vielleicht lohnt es sich, über diese Überlegung weiter nachzudenken.

Wie auch immer, da der Atlantik vor der Sintflut aufgrund des Abdriftvorganges der Kontinente und einem zwischen 100 und 200 m tieferen Meeresspiegel als heute schmaler gewesen sein muß und es eine große Insel, Atlantis, mit einer Länge von ungefähr 1100 Kilometern gegeben hat, war eine leicht überbrückbare Verbindung zwischen Europa und Afrika mit Amerika gegeben. Die Ähnlichkeiten verschiedener Kulturen beiderseits des Atlantiks und die gefundenen Artefakte sowie Schriftzeichen aus der Alten Welt in

Amerika stellen aus diesem Blickwinkel kein Rätsel mehr dar, sondern sind Ausdruck normaler Handelsbeziehungen.

Kontinentalverschiebung im Widerspruch?

Wenn aber die Beschreibung des Untergangs einer Großinsel im Atlantik richtig ist, steht diese Aussage nicht im Widerspruch zur allgemein anerkannten Theorie von Wegener? Diese Anfang des 20. Jahrhunderts vorgestellte Kontinentaldrift-Theorie besagt, daß es in Urzeiten nur einen einzigen großen Kontinent gegeben hat. Dieser Urkontinent ist später in Teilschollen zerfallen. Irgendwann und aus irgendwelchem Grund begannen die Kontinente auseinanderzudriften. Richtig an dieser Theorie ist, daß Südamerika direkt an Afrika angegrenzt haben muß. Mit einem Blick auf die Weltkarte kann man diese Aussage nachprüfen. Außerdem fand man in beiden Kontinen-

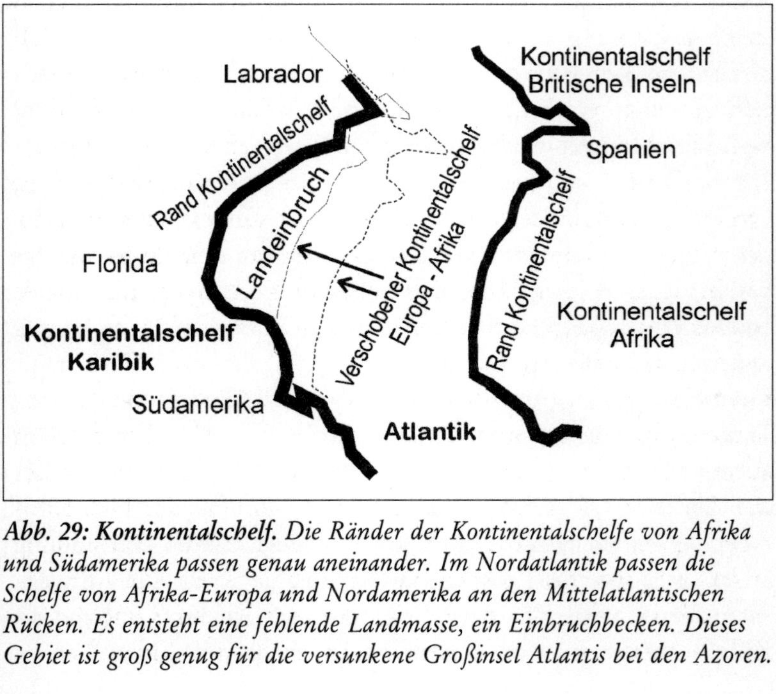

Abb. 29: Kontinentalschelf. *Die Ränder der Kontinentalschelfe von Afrika und Südamerika passen genau aneinander. Im Nordatlantik passen die Schelfe von Afrika-Europa und Nordamerika an den Mittelatlantischen Rücken. Es entsteht eine fehlende Landmasse, ein Einbruchbecken. Dieses Gebiet ist groß genug für die versunkene Großinsel Atlantis bei den Azoren.*

ten dieselben Gesteinsschichten. Entgegen der Darstellung von Wegener passen die Schelfe im Nordatlantik jedoch nicht aneinander, sondern die *Ränder des im Atlantik unter Wasser vorhandenen Atlantikrückens.* Zwischen Afrika und Europa auf der einen und Kanada auf der anderen Seite entsteht ein *Loch* nordwestlich des eingebrochenen mexikanischen Beckens.

Die Entstehung dieses Einbruchbeckens muß für die Erde verheerende Folgen gehabt haben. Allein die Auswirkung eines einzigen Einschlags wird durch die Vervielfachung der Schockwellen für die Erde als katastrophal bezeichnet. Die Verdunkelung der Sonne und ein ausgeprägter Klimaschock war die Folge. Was aber passiert, wenn hintereinander sieben, acht oder mehr große und viele kleine Einschläge verzeichnet werden? Die Erdkruste wird durch die Vulkanausbrüche, Erdbeben und andere Folgeerscheinungen fast gänzlich vernichtet, umgeschichtet und ein neuer Aufbau der Erdrinde erzeugt. Auf- und Einbrüche der Erdkruste laufen innerhalb kürzester Zeit ab. Gebirge werden aufgefaltet, Täler erzeugt und mächtige Sedimentschichten abgelagert. Plateaus sinken ab oder entstehen neu durch das aus dem Erdinnern austretende Magma.

Unter diesen Umständen, die eine Sintflut unter ganz anderen Gesichtspunkten erscheinen lassen, muß auch die Kontinentaldrift mit anderen Augen betrachtet werden. Gewaltsame erdumstürzende Veränderungen sind mit den Theorien von Lyell und Darwin nicht vereinbar. Diese beschriebenen Ereignisse während des Sintflut-Impakts erfordern ein ganz anderes Gedankenmodell als das uns gewohnte. Der Vorgang der Kontinentaldrift geschah im Rahmen der beschriebenen kataklysmischen Vorgänge relativ schnell und nicht langsam im Laufe von -zig Millionen Jahren, wenn auch vielleicht in zwei oder drei größeren Schüben. Der große Urkontinent, genannt Pangea, brach gemäß dem von mir skizzierten Ablauf der gewaltsamen Geburt unserer Erde vielleicht direkt nach der Explosion von Phaeton/Tiamat auseinander. Wenige Jahrtausende später wurden dann mit der Sintflut die Kontinente noch einmal weiter auseinander geschoben. Vor der Sintflut war aus diesen Gründen ein Kulturaustausch zwischen den einzelnen Völkern der verschiedenen Kontinente durchaus denkbar und auch leichter möglich.

Vielleicht kann man so auch die auf allen Kontinenten gleichen Wortstämme der unterschiedlichsten Sprachen erklären. Ja man geht davon aus, daß es zu irgendeiner Zeit eine einheitliche Sprache auf unserer Welt gegeben haben soll. Dieses Rätsel könnte mit meiner Theorie auch gelöst werden: *Ein durch Götter erschaffenes Urvolk besitzt auch nur eine Sprache.* Nach der Besiedlung aller Lebensräume entwickeln sich die Sprachen weiter. Außerdem fand eine gegenseitige Beeinflussung durch den Handelsaustausch zwischen den enger zusammenliegenden Kontinenten regelmäßig statt. In diesem Zusammenhang paßt auch die biblische Geschichte vom Turmbau zu Babel mit der aufgetretenen Sprachverwirrung. Sie bezeugt, daß es irgendwann eben eine gemeinsame Sprache aller Menschen gab, und dieser Zeitpunkt kann in nicht allzuferner Vergangenheit gelegen haben.
Anderseits konnten die Tiere früher vorhandene, nach der Sintflut aber untergegangene Landbrücken nicht mehr benutzen und wurden zu blinden Passagieren auf den schnell wegdriftenden Kontinentalschollen. So ist es erklärlich, daß *in Australien und Amerika gleiche Dinosaurierarten* vorkamen.
Auf Madagaskar fand Lawrence Witmer von der Ohio-Universität in Athen, USA, den Schädel eines vor 65–70 Millionen Jahren ausgestorbenen Dinosauriers vom Typ Tyrannosaurus. Der Fund dieses Sauriers auf einer Insel und in anderen Teilen der Welt beweist, daß es eine Landverbindung zwischen Afrika, Asien und Südamerika gegeben haben muß. »Madagaskar war einst Teil eines riesigen Südkontinents namens Gondwana, der während der Blütezeit der Dinosaurier in verschieden große Segmente zu zerbrechen begann.«[118] Die Antarktis war Teil dieser urzeitlichen Landmasse und damit in der jüngeren Erdvergangenheit zumindest teilweise eisfrei.
Andererseits bezeugt die Anwesenheit vieler gleicher Urtiere – Saurier und andere fossile Säugetiere – auf fast allen Kontinenten, daß es *vor gar nicht allzu langer Zeit* und zu Lebzeiten der Saurier Landbrücken gegeben haben muß. Damit wird aber bestätigt, daß die Kontinente »wesentlich länger als bisher angenommen, miteinander in Verbindung standen.«
Wenn die Kontinente aber erst viel später auseinanderdrifteten,

müßte die Driftgeschwindigkeit früher auch entsprechend höher gewesen sein als man bisher angenommen hat. Sind diese unterschiedlichen Prozesse mit den Gleichförmigkeitstheorien einer sich nur langsam verändernden Erde überhaupt zu vereinbaren? Es muß ein Grund vorgelegen haben, falls sich die Kontinente irgendwann schneller bewegt haben sollen.

In diesem Buch beweise ich die Anwesenheit der Dinosaurier vor noch ein paar tausend Jahren. Da auch die Geologen von einem einzigen Urkontinent und zu Lebzeiten der Saurier von Landbrücken ausgehen, bleibt nur ein logischer Schluß: *Die Kontinentalplatten bildeten vor nur ein paar tausend Jahren eine zusammenhängende Landmasse*. Die wissenschaftlich anerkannte Kontinentaldrift-Theorie von Wegener ist unter diesem Umständen richtig. Nur, die Verschiebungsprozesse der Kontinente liefen schnell und nicht über -zig Millionen Jahre hinweg ab.

10 Die globale Sintflut

Die weltweite Sintflut überschwemmte und verbrannte die Erde vor nur ein paar tausend Jahren. Während dieser Ereignisse bildete sich Erdöl, Kohle und Bernstein, aber auch viele Berge und Gebirge wurden aufgefaltet.

Ablauf der Sintflut

Die Streuung der kosmischen Einschläge über den ganzen Erdball wird durch die Erdrotation verursacht. Gleichzeitig bedeutet dies einen hintereinander geschalteten Ablauf der Ereignisse.
Neben dem von Alvarez identifizierten Einschlagskrater bei Yukatan gibt es noch weitere große Löcher im Atlantikboden, die auch von größeren Himmelskörpern stammen. In der Nähe von Puerto Rico findet man auch heute noch zwei über 7000 m tiefe Löcher im Meeresboden, die auf fast jeder Karte eingezeichnet sind. Muck vermutet hier den Einschlag zweier Teilstücke riesiger Planetoiden mit einem Gewicht von einer Billion Tonnen aus nordwestlicher Richtung. Solche Brocken würden eine Flutwelle von zehn Kilometer Höhe erzeugen, so daß selbst der Mount Everest, der zu früheren Zeiten vielleicht auch noch niedriger war, überflutet würde. In der Bibel und in anderen Mythen wird eine entsprechende Flutwelle ausdrücklich bestätigt, und die Fossilienfunde in den höheren Lagen der großen Gebirge beweisen dies.
In den Mythen wird teilweise von mehr als einem Einschlag berichtet. Die Sintflut-Sage der Yámana in Feuerland weiß von zwei getrennten Impakten zu berichten. Nach dem Ablauf einer Katastrophe wird von einer weiteren berichtet, die die Berge mit einer zeitlichen Verzögerung überschwemmte.[119]

Die Azteken berichten in ihren Mythen von Weltenjahren, die den Ablauf eines Sintflut-Impaktes deutlich beschreiben. Es wird von vier Weltkatastrophen berichtet, die die Menschheit vernichtet haben sollen. Heutzutage soll das fünfte und vollkommene Menschengeschlecht leben. Die erste Menschheit wurde durch den Dunkelheitsdämon beendet, der die Menschen fraß. Das zweite Zeitalter wurde vom Wind weggerissen. Am Ende des dritten Zeitalters wurde die Menschheit durch Feuer vom Himmel verbrannt. Danach wird von der Wassersonne berichtet, die mit dem Einsturz des Himmels auf die Erde endete, womit die Sturmregenflut gemeint ist. Das andauernde fünfte Zeitalter steht im Zeichen der Erdbebensonne. Auch diese Charakterisierung ist richtig, da durch die Einschläge der Sintflut-Impakte die Erdkruste stark erschüttert, zerbrochen und durchlöchert wurde. Heutzutage andauernde Erdbeben und Vulkanausbrüche in bestimmten Gebieten können als Spätfolgen der gewaltigen Sintflut-Katastrophe gesehen werden.
Die Geologen Tollmann fassen die Erkenntnisse der letzten Jahre über den Ablauf des Sintflut-Impaktes zusammen:

- Der Einschlag des Kometen (Asteroiden/Planetoiden).
- Das Impaktbeben.
- Der entfesselte Vulkanismus.
- Feuersturm und Weltenbrand.
- Die Flutwelle (Sintflut).
- Die Impaktnacht.
- Der Impaktwinter.
- Sturzregen, Schneeflut und kochender Ozean.
- Umweltgiftproduktion.
- Ozonabbau und Strahlung.
- Der Treibhauseffekt.
- Massensterben im Gefolge des Impakts.
- Die Explosion des Lebens.[119]

Da vor den Untersuchungen durch Alvarez alle Ereignisse isoliert betrachtet und als örtlich begrenzte Geschehnisse dargestellt wurden, fehlte der globale Zusammenhang. Ein einzelnes Szenario wie der Impaktwinter und die damit zusammenhängende Schockgefrierung der Mammuts konnte daher bis zur heutigen Zeit nicht vernünftig erklärt werden.

Die brennende Erde

Die bereits angesprochenen Computersimulationen, die am »Sandia National Laboratory« in Albuquerque (New Mexico) durchgeführt wurden, ergaben für den Asteroideneinschlag in Yukatan eine Verdunkelung der Sonne durch große Staubmengen. Die daraufhin folgende Abkühlung löste einen Klimaschock aus, den viele Lebewesen (Dinosaurier, Mammuts) nicht überlebten. Neben diesen Erkenntnissen ergab sich für das Einschlagszentrum eine Temperaturerhöhung um mehrere tausend Grad, so daß auf einen einzigen Schlag 100 Milliarden Tonnen Gestein verdampften. Durch den Schwefelgehalt legte sich eine dichte und sehr stabile Schwefelwolke über die Atmosphäre.

Aus dem großen Loch in der Erdkruste müssen ungeheure Mengen von Magma geflossen sein, die sich über große Flächen ausbreiteten und alles unter sich begruben. Auf diese Weise ist eventuell auf dem Indischen Subkontinent das über 500000 Quadratkilometer große Dekkan-Plateau entstanden.

Der vom Explosionsherd in großer Geschwindigkeit ausstrahlende Hitzeimpuls kann als Beginn eines gewaltigen Weltenbrandes angesehen werden. Der so ausgelöste Orkan und Gluthitzesturm konnte mit einer Geschwindigkeit von 1200 km/h vorwärts rasen und riß noch Wälder in mehreren tausend Kilometern Entfernung wie Streichhölzer nieder. Kometensplitter und nachfolgender glühender Fallout (radioaktiver Niederschlag) erzeugten verheerende Flächenbrände, die sich von verschiedenen Zentren aus nach allen Richtungen ausbreiteten. Die Gluthitze sprengte Felsen, trocknete Flüsse aus und brachte die Seen und Meere zum Kochen. Der Vergleich mit Großbränden in Städten und herkömmlichen Flächenbränden läßt auf Temperaturen von weit über 1500 °C schließen. Demnach wird in den Mythen nicht übertrieben, wenn von den verflüssigten Erzen der Berge erzählt wird.

Damit wird auch meine Theorie der schnellen Erhärtung der Gesteine gestützt.
Über Metalle, die in den Bergen flüssig wurden und sich als glühender Strom über die Erde ergossen, berichtet demzufolge wahrheitsgemäß die altpersische Religion. Der Schmelzpunkt von Kupfer liegt beispielsweise bei 1083 °C, von Silber bei 961 °C, Gold bei 1063 °C und reinem Eisen bei 1535 °C. Diese Temperaturen werden bei einem Weltenbrand übertroffen, und mit diesem Wissen erscheinen die alten Mythen nicht im Glanz einer mit Phantasie geschwängerten Überlieferung, wie bisher angenommen wurde.
Durch die Rußschicht in der Atmosphäre wurde die Hitze reflektiert und erhöhte die Austrocknung der Erdoberfläche. Auch Sintererscheinungen einzelner Materialien sind möglich. In bis zu 1000 km Entfernung wurden die zur Erde zurückfallenden, bereits erkalteten Auswurfelemente wieder aufgeschmolzen. Der Himmel glühte und fiel förmlich in einer vernichtenden Glutwolke auf die Erdoberfläche nieder. Man fand in den Grenztonschichten Ruß, der hauptsächlich von verbrannten Nadelwäldern und ihrem Harz stammt. In altindischen Überlieferungen wird von herabregnender glühender Holzkohle erzählt. Die Quiché in Guatemala wiederum hatten es mit einer vom Himmel fallenden harzigen Masse zu tun, und es wurde »ein großes Brausen über ihren Häuptern« gehört, wie von einer Feuerbrunst.[120]
Velikovsky berichtet über das buddhistische Buch der »Visuddih-Magga«, das auch ein Kapitel über Weltzyklen enthält: »Es gibt drei Zerstörungen: Die Zerstörung durch Wasser, die Zerstörung durch Feuer und die Zerstörung durch Wind … nachdem eine lange Zeit seit dem Aufhören des Regens verstrichen war, erschien eine zweite Sonne … es gibt keinen Unterschied von Tag und Nacht … eine unaufhörliche Hitze brennt auf die Welt …«[120] In den »Sibyllischen Büchern« wird erläutert: »Die neun Sonnen sind neun Zeitalter … Gegenwärtig ist die siebte Sonne.« Velikovsky fragt, ob der Grund für den Gebrauch des Wortes Sonne anstelle Zeitalter darin zu suchen ist, »daß sich mit jedem Weltalter das Aussehen des Gestirns und seine Bahn am Himmel änderte?«[120]

Die Flutwellen

In der zeitlichen Reihenfolge erschien nach dem Beben der Erdkruste bei gleichzeitigem gigantischem Vulkanismus, nachfolgendem Feuersturm und Weltenbrand das, was man eigentlich unter der Sintflut versteht: die gewaltige Flutwelle. Eine berghohe Wasserwand raste in einem durch die Flugasche erzeugten Zwielicht mit anschwellendem Getöse von Horizont zu Horizont in das Landesinnere. Durch die Vulkantätigkeit und die aus den Erdrissen austretenden glühenden Auswurfmassen wurde das Wasser der Meere erhitzt. Die kochenden Wasserwogen überstiegen viele Berge und auch höhere Gebirge. Alles was bis zu diesem Zeitpunkt noch vorhanden war, wurde verbrüht und versengt. Gleichzeitig wurden aber die lodernden Brände gelöscht. So blieben künstliche Gegenstände und Blätter in größeren zu Kohle verbrannten organischen Ansammlungen erhalten. Für diese außergewöhnlichen Funde, die gemäß dem uns vertrauten Weltbild ganz einfach ohne nähere Prüfung *gefälscht sein müssen*, da sie am »falschen« Ort und in einer geologisch zu frühen Zeitepoche abgelagert sein sollen, wird mit der Sintflut eine überzeugende logische Erklärung gefunden, an der es der Schulwissenschaft schon im Ansatz zwingend mangeln muß.

Die gigantischen Flutwellen haben in den höheren Lagen der Alpen, dem Himalaja und anderen Gebirgen fossile marine Spuren hinterlassen, die fast jeder Wanderer kennt. Reste von großen Schiffen und Steinanker fand man in Höhenlagen von 4000 bis 5000 m in Ostanatolien, Türkei, auf dem Berg Ararat, dem eventuellen Landeplatz der Arche Noah.

Über die Mächtigkeit der Flutwellen weiß die »Genesis« (7, 19–21) zu berichten:

»Das Wasser war auf der Erde gewaltig angeschwollen und bedeckte alle hohen Berge, die es unter dem ganzen Himmel gibt. Das Wasser war fünfzehn Ellen über die Berge hinaus angeschwollen und hatte sie zugedeckt. Da verendeten alle Wesen aus Fleisch ...«

Ganz klar kommt das ungeheure Ausmaß der großen Flutwelle zum Ausdruck: *über alle hohen Berge.* Die geologischen Funde, alte Überlieferungen und andere Hinweise, die ich in diesem Buch vorstelle, bestätigen diese Aussage, auch wenn man von eventuell etwas niedrigeren Bergen vor der großen Flut ausgehen kann, da mit der Sintflut teilweise auch die Gebirge erst endgültig aufgefaltet wurden.

Die Mythen vieler Völker auf der ganzen Welt bestätigen diese unvorstellbare Flut. Im »Gilgamesch-Epos« wird von ins Wasser getauchten Bergen berichtet. Im »Totenbuch« der Ägypter berichtet der Sonnengott Ra von der von ihm geschaffenen großen Flut, und der Gott Atum droht die Vernichtung der Erde an: »Diese Erde soll Wasser werden, ein Ozean durch Überschwemmung, wie sie am Anfang war.«[121]

Die Cheyenne und andere Indianerstämme besitzen Kenntnis von einer viermaligen Flut in ihrer ursprünglich südlicher liegenden Heimat. Die letzte Flut soll *viele hundert Jahre später* erfolgt sein! Die Hauptkatastrophe soll aus Erdbeben, Vulkanausbrüchen, großen Fluten und einem langen Winter bestanden haben.

Im chinesischen »Buch der Schriften« aus dem 6. Jahrhundert v. Chr. wird von einer ungeheuren Flutwelle berichtet, die die ganze Welt überschwemmte und die höchsten Gebirge unter Wasser setzte. In der Sage des Bergvolkes Jau-dze in Südkanton wird von hochsteigenden Wassern gesprochen, so daß die höchsten Berge dem Meer glichen.[122]

Die Eskimos beschreiben die Flut ähnlich: »Das Wasser floß über die Gipfel der Berge, und das Eis trieb über sie hinweg. Als die Flut sich dann zurückzog, strandete das Eis und bildete überall auf den Gipfeln der Berge Eishauben.«[122]

Interessant ist die Aussage über die Bildung der Gletscher, denn diese entstanden eventuell während der Sintflut und nicht vorher durch angebliche Klimaschwankungen. Ob in Nordsibirien, in Indien, der Mongolei, in Vietnam, Sumatra, Australien oder Südamerika, in den Überlieferungen wird von hohen Wasserwogen berichtet, die auch die hohen Berge überfluteten.

Amerika ist besonders reich an Flutsagen. Die Navajo-Indianer erzählen in ihren Mythen von Wasser wie eine Bergwand ohne Lücke und von einer Flut wie ein den ganzen Horizont einnehmendes

Gebirge. Entsprechende Aussagen sind in den Überlieferungen der Choctaw-Indianern im Oklahoma-Mississippi-Gebiet sowie in Peru und in aztekischen Texten enthalten.[122]

Die gesamte Sintflut lief nicht mit einer einzigen großen Flutwelle ab. Insgesamt gab es mehrere Impakte in verschiedenen Teilen der Welt. Außerdem gingen Beben von der überall aufreißenden Erdkruste aus, die im Meer die gefürchteten Flutwellen – Tsunamis – erzeugten. Die verschiedenen Impakte und die Aufbrüche der Erdkruste erzeugten mehrere gigantische Flutwellen, die von Nachläuferwellen begleitet wurden und sich in verschiedenen Teilen der Welt überschnitten und überlagerten.

Aus den Überlieferungen der Indianer in Nordamerika lassen sich bis zu vier unabhängige und zeitlich getrennte große Flutwellen identifizieren. Diese verschiedenen Flutwellen hinterließen im Gebiet des Paluxy River bei Glen Rose übereinanderliegende Gesteinsschichten mit Mächtigkeiten von 30 cm bis zu drei Metern. Die einzelnen Gesteinslagen besitzen ein unterschiedlich festes Gefüge und lassen sich wie die Schalen einer Zwiebel abschälen. Hier kann man besonders gut erkennen, daß die einzelnen Gesteinsschichten nicht langsam gewachsen sind, wie die Geologen behaupten, sondern daß es sich um schnell erhärtende Ablagerungen verschiedener hintereinander folgender Überflutungen handelt.

Die Dunkelheit

In fast allen schon zitierten oder erwähnten Mythen wird auch von der Verfinsterung der Sonne erzählt. Meistens wird von der *Dauer einer langen Nacht* oder *für lange Zeit* und im »Gilgamesch-Epos« von ausgelöschten Sternen, Sonne sowie Mond bei einhergehender Finsternis berichtet.

Bei dem Ausbruch des kleinen Inselvulkans Krakatau in der Sundastraße in Indonesien im Jahr 1883 wurde eine verhältnismäßig geringe Auswurfmenge verzeichnet, die weniger als 100 Kubikkilometer betrug. Die Staubpartikel wurden 30 km hoch in die Stratosphäre getragen, verteilten sich um die ganze Erde und wurden

dort zwei Jahre schwebend nachgewiesen. Dies führte zu dem bekannten Effekt des roten Scheins am Himmel, den man auch bei anderen Vulkanausbrüchen beobachten konnte.
Aufgrund der größeren aktiven Reißlinie im Atlantik ergibt sich vielleicht das 40000fache Auswurfvolumen gegenüber der Explosion des Krakatau. Da gleichzeitig an mehreren Stellen riesige Mengen von Staub, Rauch und Flugasche in die Atmosphäre geblasen wurden, breitete sich eine -zig Kilometer dicke Dunstwolke rasch über alle Kontinente aus.[123]
Die Mythen berichten vielerorts von dem *Eintreffen der Flut während der bereits ausgebreiteten Dunkelheit*, die in den einzelnen Regionen unterschiedlich lang andauerte. Aufgrund der vorherrschenden Windrichtungen und mehr konzentrierten Einschläge auf der nördlichen Erdhalbkugel lassen die Untersuchungen auf eine stärkere Konzentration der Wolken über dem Nordraum der Erdkugel schließen. Daraus resultiert eine längere Phase der Dunkelheit und verstärkte Eisbildung sowie heftigerer Schneefall über Nordeuropa als in der Antarktis. Im südlichen Mittelmeerraum bis nach Mesopotamien dauerte die Impaktnacht sicher nicht so lange. Die nördlichen Völker benötigten deshalb für den Neuaufbau länger, da hier die Dunkelheit und später das Zwielicht viel länger andauerte.[123] Entsprechende Hinweise findet man in den nordischen Sagen. Die Vereisung und der starke Schneefall, bedingt durch den Impaktwinter und die Verschiebung der Erdachse, wich unter der Dunkelwolke nur sehr langsam zurück und behinderte die Entwicklung der nordischen Rassen.
Die Zeit vor Errichtung der Hochkulturen bezeichnet die Archäologie gerne als Steinzeit. Aufgrund der dargestellten fast totalen Vernichtung der Welt durch die Sintflut mußten die Menschen nach dem Weltuntergang von vorne beginnen, besaßen aber noch Erinnerungen und wenige technische Überbleibsel aus der Zeit vor der Sintflut. Deshalb gibt es viele Relikte, die anscheinend zu alt sind und nicht in das gewohnte Bild der Evolution und der damit einhergehenden langsamen Entwicklung der Menschheit passen. Eine Steinzeit als Entwicklungsstufe der gesamten Menschheit ist das sicher nicht, auch wenn die Menschen unter sehr primitiven Bedin-

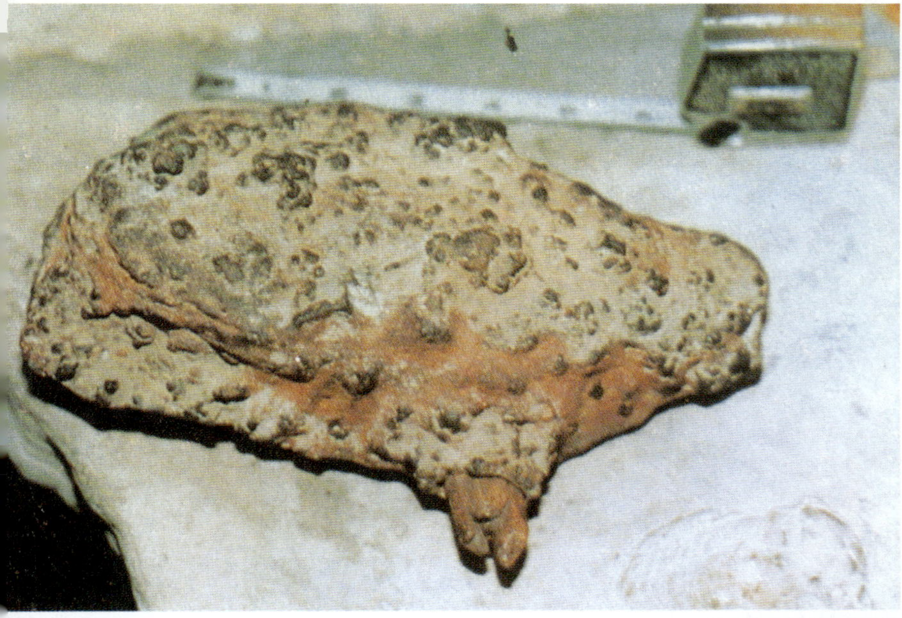

48

49

48 Der Hammer von London (Texas) war komplett in altem Sandstein eingehüllt. Nur der versteinerte Hammerstiel schaute aus dem Felsbrocken heraus. Das Alter des Sandsteins wird auf 140 Millionen Jahre geschätzt.

49 Der Hammer ist nach der Öffnung des Steins abgebildet. Vorne am Hammerkopf erkennt man eine kleine Beschädigung als silbrige Stelle, die bis zum heutigen Tag nicht gerostet ist.

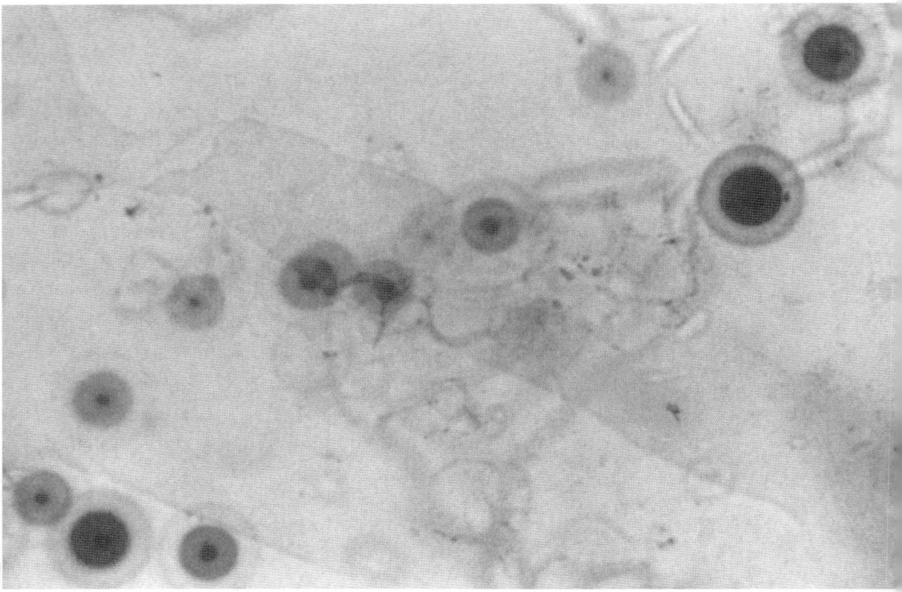

50

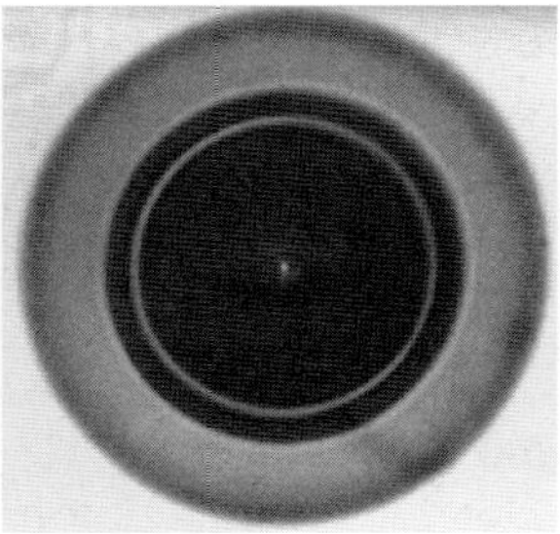

51

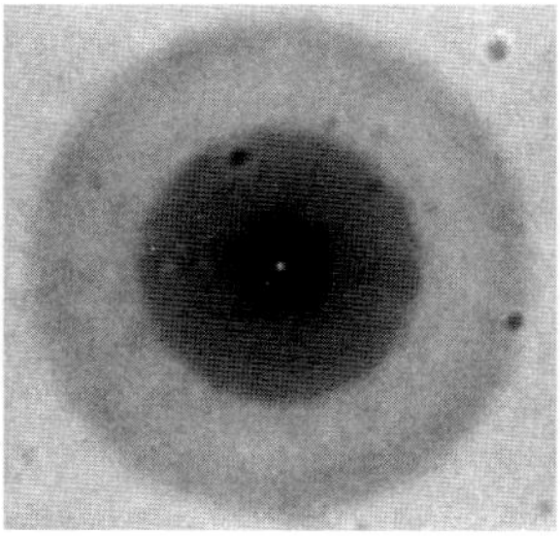

52

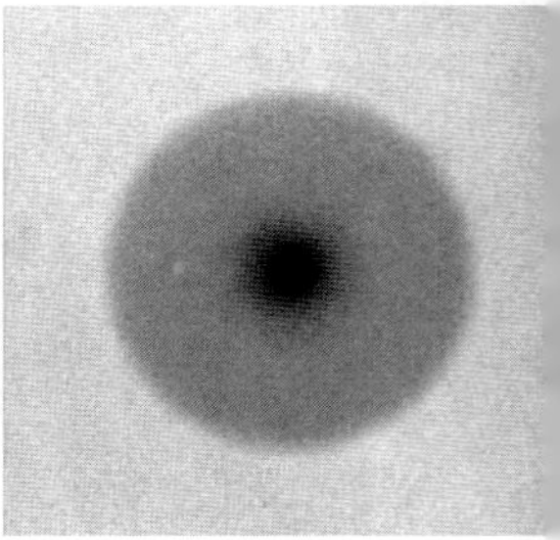

53

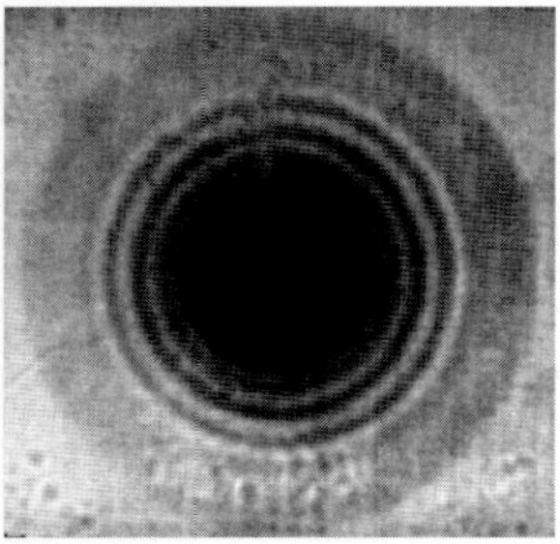

54

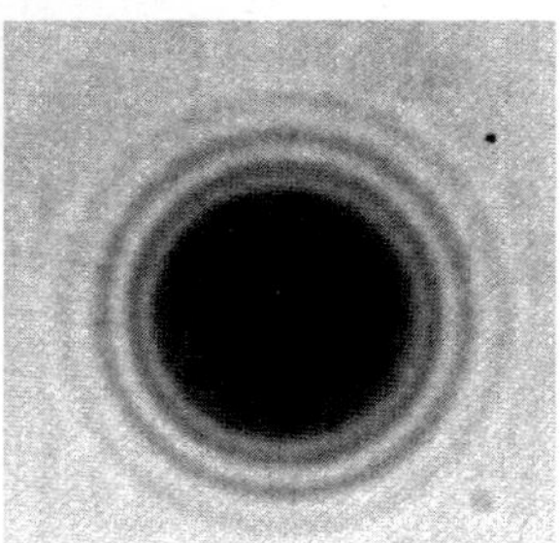

55

50 Verschiedene Polonium-Halos in Biotit (Glimmergestein).

51 Der Halo von Polonium 218, 214 und 210 ohne jede Srahlungskugel der Mutterelemente U 238.

52 Der Halo von Polonium 214 und 210 ohne jede Srahlungskugel der Mutterelemente U 238 und auch Polonium 218.

53 Der Halo von Polonium 210 ohne jede Srahlungskugel der Mutterelemente U 238 und auch Polonium 218 und 214.

54, 55 Der Halo des radiaktiven Zerfalls von U 338 mit den Tochterprodukten Polonium 218, 214 und 210.

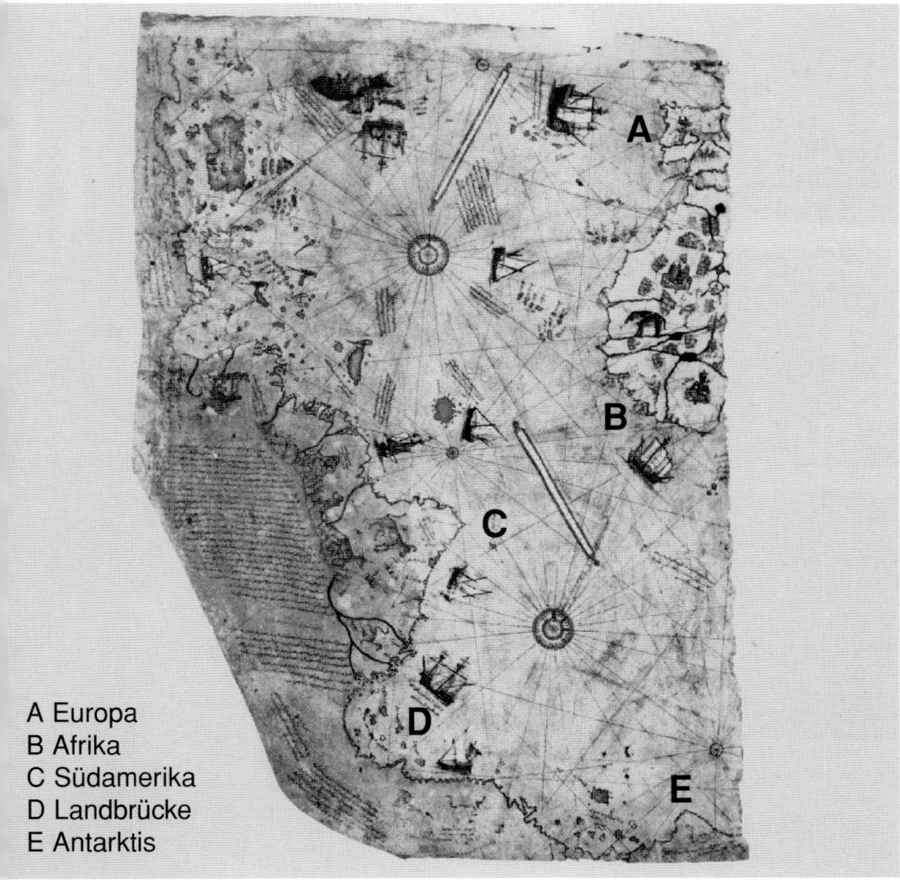

56

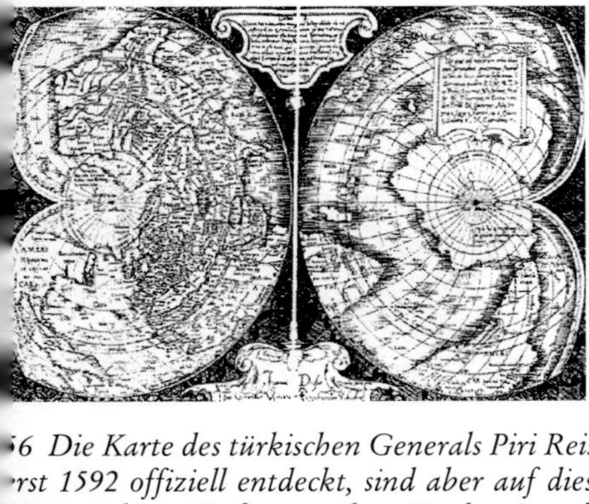

58

56 Die Karte des türkischen Generals Piri Reis aus dem Jahr 1513. Die Falklandinseln wurden erst 1592 offiziell entdeckt, sind aber auf dieser Karte bereits auf dem richtigen Breitengrad eingezeichnet. Daß unter dem Eis der Antarktis im Gegensatz zur Arktis Eis vorhanden ist, wurde von uns erst im Jahr 1957 entdeckt. Die Landmasse, bestehend aus zwei Großinseln, ist auf dieser Karte schon richtig eingezeichnet.

57 Die Mercatokarte von 1569. Die Antarktis ist mit eisbedeckten Bergen sowie Flüssen eingezeichnet, obwohl sie offiziell erst 200 Jahre später entdeckt wurde.

58 Die Buachkarte von 1737. Es sind die Landmassen der Antarktis ohne jedes Eis eingezeichnet. Diese Situation war vor der Sintflut gegeben.

59

60

61

59, 60 Detailaufnahmen der Enden des fossilen Hammerkopfes von London (siehe Bild 48, 49).

61 Einer der gefundenen fossilen Zähne (dunkel) im Vergleich mit einem menschlichen Zahn (hell). Die Zähne unterscheiden sich sehr stark in der Emailstruktur.

62 Die Öffnung von neuen Spuren unter einer Kalksteinschicht durch Dr. Baugh im Jahr 1989 unter Anwesenheit von Pressevertretern.

63 Die fossilen Knochen einer ungefähr 2,10 m großen Frau wurden in Panther Cave in der Nähe von Glen Rose in den gleichen geologischen Schichten wie die Fußspuren der Dinosaurier entdeckt.

64

65

64 Schnitt durch einen versteinerten menschlichen Finger. Man kann die konzentrische Struktur der Knochen erkennen.

65 Der fossile Finger ähnelt dem eines modernen Menschen, ist aber ungefähr 20% größer. Er wurde in der Nähe von Glen Rose in den gleichen geologischen Schichten wie die Fußspuren der Dinosaurier gefunden.

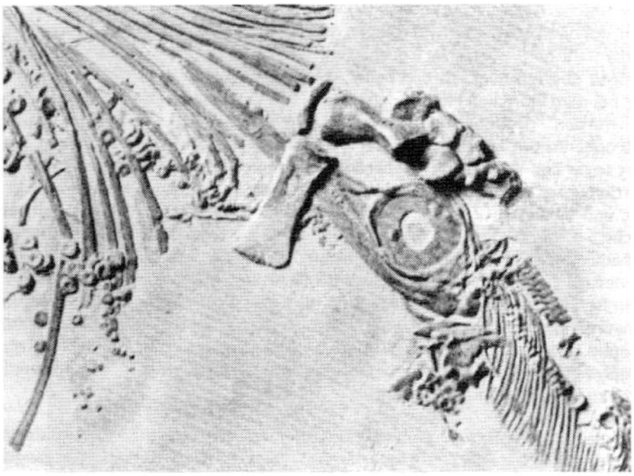

66

66 *Die versteinerte Geburt eines Ichtysau rier in Schiefer, Holzmaden. Der Kopf lieg noch zwischen den Beckenknochen de Mutter-tieres.*

67 *Plötzlicher Tod und Versteinerun während der Mahlzeit.*

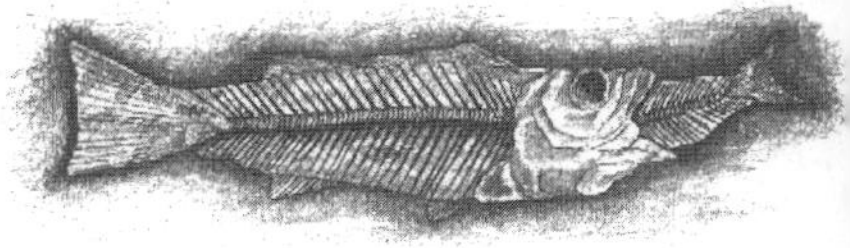

68

68 Eine fossile Wurzel durchstößt mehrere mas sive Felsschichten, für deren Bildung nach geolo gischer Ansicht Millionen Jahre erforderlich sin

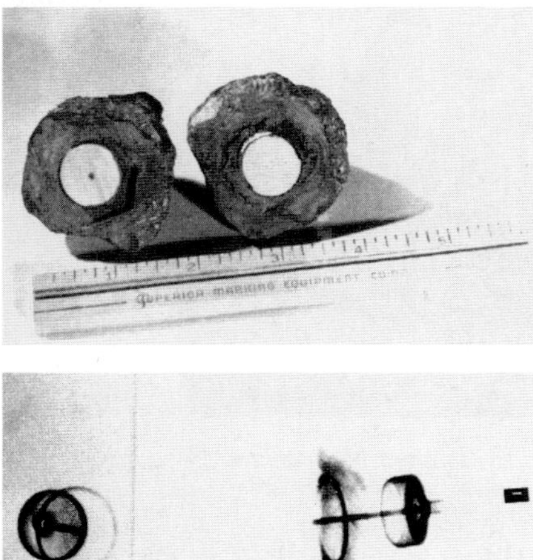

70

69 Der von W. J. Meister 1968 gefundene ve steinerte Schuhabdruck. An einer Hacke befin det sich ein zertretener Trilobit, der angeblic vor 400 Millionen Jahren ausgestorben sein sol

71

70, 71 Die 1961 in Kalifornien gefunden Steingeode. Im oberen Bild sind die beiden au geschnittenen Hälften zu sehen und unten ei Röntgenbild, das ein nicht identifiziert Metallobjekt zeigt.

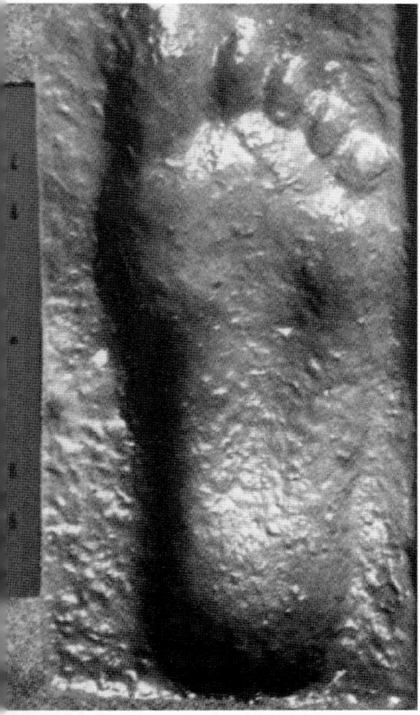

73

2 Der von dem Geologen Billy Caldwell gefundene menschliche Fußabdruck gilt bei ritikern als zu perfekt. Dieser Abdruck wurde in ursprünglichem Kalkstein gefunden, der mit ossilien durchsetzt war.

3 Der Detweiler genannte Fußabdruck ist schmaler als der Caldwell. Man erkennt alle fünf umerierten Zehen.

4 Ein versteinertes Nest mit Dinosauriereiern aus Florida. Man erkennt, daß das Gestein veich gewesen sein muß, da die Eier umschlossen und konserviert sind. Kann dieses Nest langam versteinern?

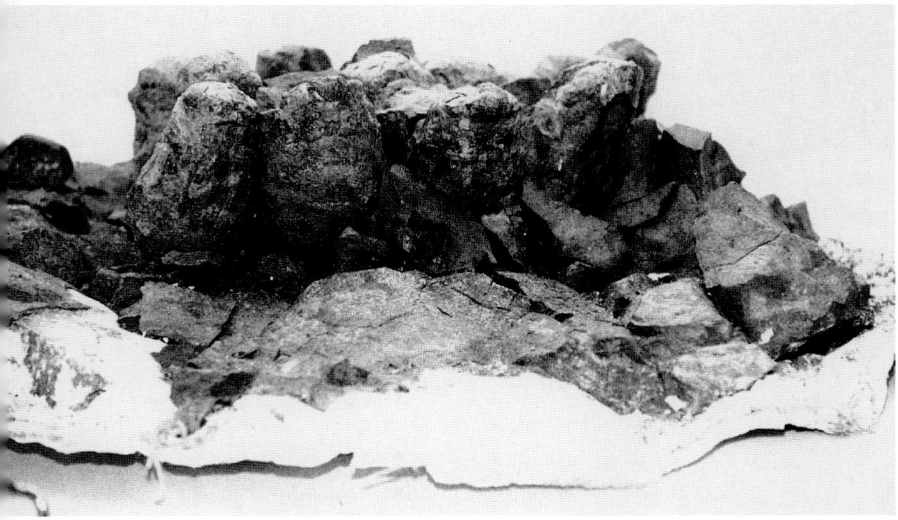

74

75

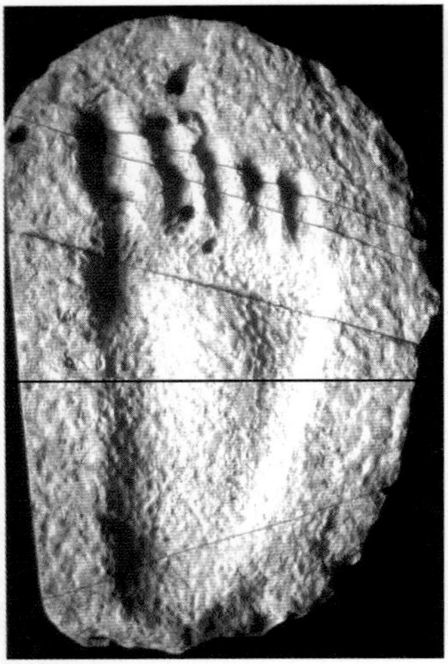

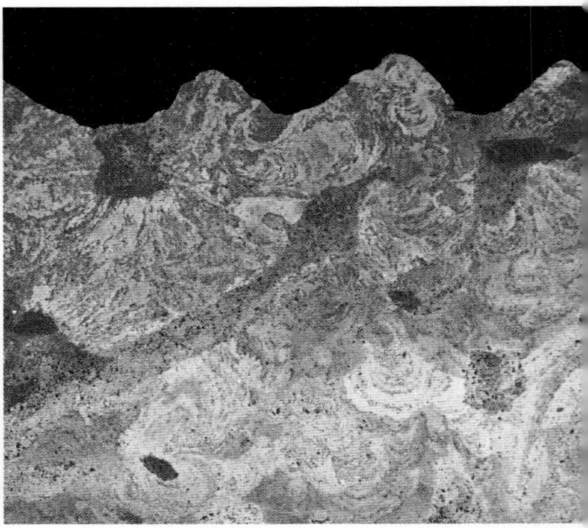

75 Im Bereich des Paluxy River wurde der besonders schöne Burdick-Fußabdruck gefunden Erkennbar sind die einzelnen Sektionsschnitte.

76 Detailaufnahme aus dem Schnitt durch den Zehenbereich des Burdick-Fußabdrucks. Ma erkennt, wie der ursprüngliche Schlamm förmlich um die Zehen geflossen war. Eine Fälschun durch eine steinmetzmäßige Bearbeitung des Gesteins ist daher ausgeschlossen. Außerdem mu der Schlamm schnell zu Kalkstein erhärtet sein.

77 Bei dem Schnitt durch den Hackenbereich des Burdick-Fußabdrucks erkennt man deutlic daß der ursprünglich weiche Boden durch den Druck der Auflast des menschlichen Körpe zusammengepreßt und verdichtet wurde.

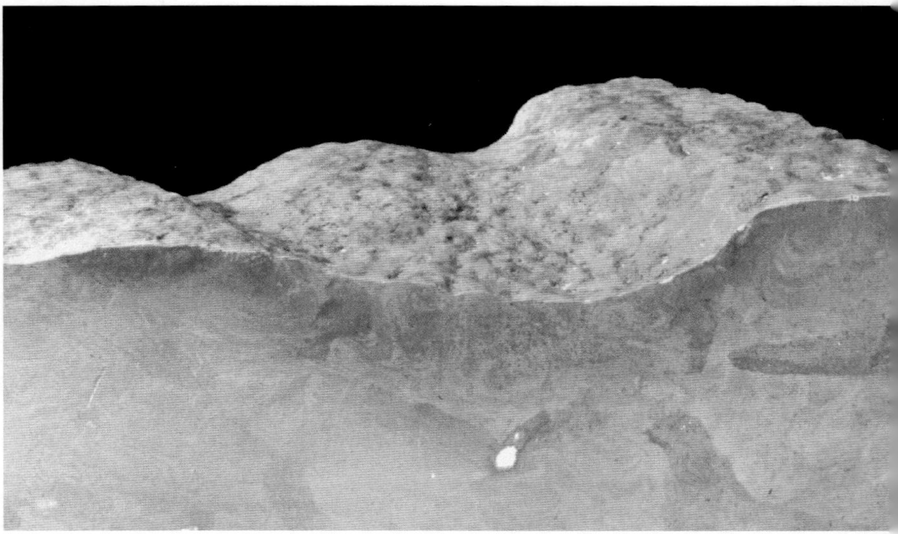

77

gungen leben mußten. Daher ist die Epoche der Steinzeit eine Erfindung der Archäologie und Anthropologen.
Bekannt ist die Wirkung langen Lichtmangels auf die Pflanzen. Blätter und Stengel bleichen durch den verminderten Chlorophyllgehalt aus. Unter der Dunkelwolke besaßen die Pflanzen nur kümmerliche Lebensbedingungen. Entsprechend ging es den Tieren und Menschen zur Zeit der Dunkelheit nach der Sintflut, die einige Jahre andauerte. Die Zahl der roten Blutkörperchen verringerte sich, die Menschen wurden blutärmer und bleichgesichtiger. Muck fragt demzufolge: Entstand so eine pigmentarme helle Hautfarbe und damit die weiße Rasse?[123] Zugegeben: Eine sehr provokante Frage, die aber einen gewissen Reiz besitzt.
Allein die Auswirkung der Dunkelwolke auf die Tier- und Pflanzenwelt war einschneidend. Dinosaurier, Mammuts und andere Tiere starben plötzlich aus. Die großwüchsigen Pflanzen, bekannt durch die vielen Versteinerungen, verkümmerten und regenerierten sich nur noch im Miniformat. Der bekannte Riesenwuchs zu angeblich früheren Zeiten der Erdgeschichte ging deshalb erst mit der Sintflut zu Ende und nicht vor -zig Millionen Jahren.

Temperatursturz, Schnee und Sturzregen

In den nordischen Sagen wird von einem sich bis zum Himmel erhebenden Meer, heftigen Stürmen, aus allen Richtungen kommenden Schneemassen, strengem Frost und drei Wintern ohne dazwischen liegendem Sommer berichtet. Die Wogulen in Nordwestsibirien erinnern sich an eine herabstürzende Schneewolke im Zusammenhang mit der Weltflut.[124] Auch die Tschuktschen an der Behringstraße in Nordostasien kennen einen furchtbaren Schneesturm, der die meisten Menschen tötete. Bei den Indianern der nördlichen Regionen Amerikas wird von einer langen Nacht, Hitze, Überschwemmung der Gebirge und Schneefall berichtet, der fast alle Tannen unter sich begrub.[120] Analog gibt es an der Südspitze Amerikas in Feuerland ähnliche Überlieferungen über Schneestürme und Schneefälle, die mehrere Monate dauerten.[121]

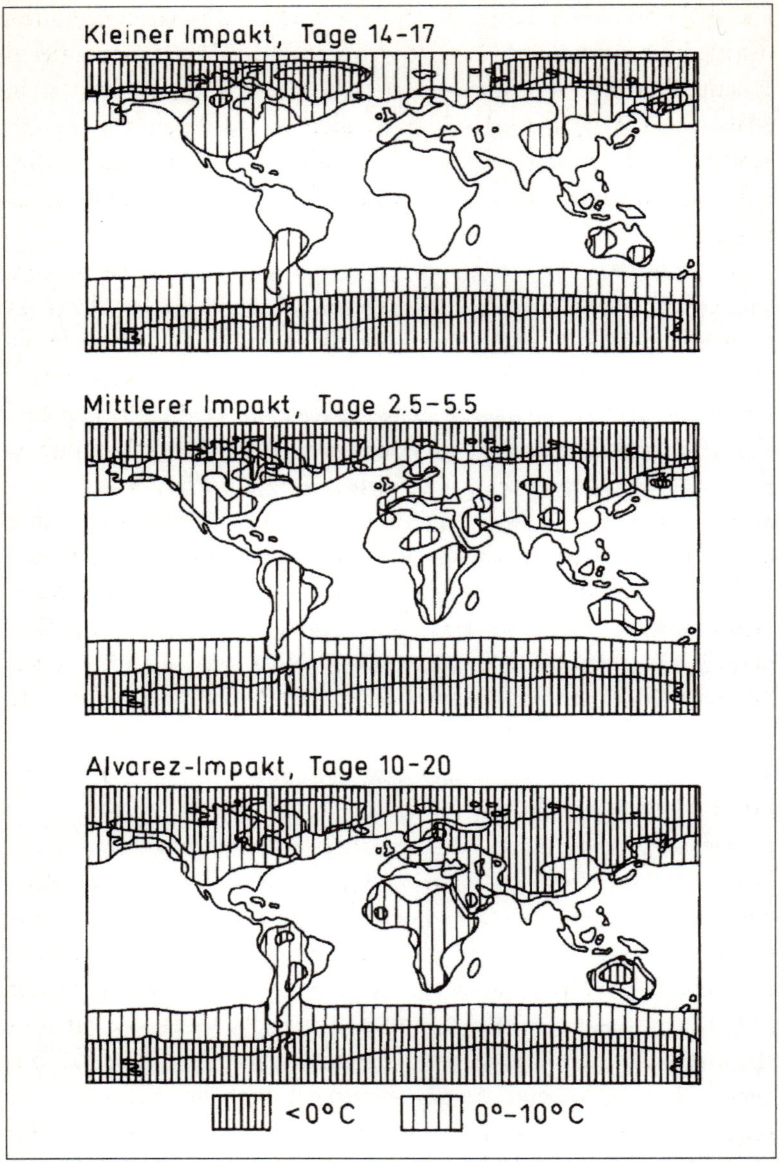

Abb. 30: ***Temperaturen nach Impakt.*** *Die Oberflächentemperatur der Erde kühlte nach Modellberechnungen für einen bestimmten Zeitraum – je nach Größe des Impakts hin – ab. An den Polen und in Sibirien stellten sich tiefe Temperaturen ein.*

Die Abkühlung der Temperaturen war weltweit gravierend. Durch die niedrige Temperatur der Atmosphäre in der Impaktnacht fielen die durch die Eruptionen hochgeschleuderten Wassermassen in Höhenlagen von mehr 1000 m als dichter Schneefall auf die gesamte Erde hernieder. Wie schon ausführlich beschrieben, ist dies das entscheidende und allein mögliche Szenario zur Bildung eines Eisberges.
In den anderen Gebieten der Erde war in tieferen Lagen kein Schneefall, sondern heftiger Sturzregen zu verzeichnen, der alles hinwegschwemmte. In den Sagen ist die Rede von den vom Himmel fallenden siedend heißen Wassermassen, die alles versengten. Die auf den ersten Blick widersprüchlichen Meldungen ergeben ein schlüssiges Gesamtbild und zeugen von der unbeschreiblichen Katastrophe, die über die ganze Welt hereingebrochen war.
Wie die Geologen Tollmann anmerken, entstanden die Eisgletscher im hohen Norden Amerikas teils aus den in Firn verwandelten Schneemassen und teils aus den Eisschollen, die beim Rückfluß der Wassermassen des Eismeeres zurückgeblieben waren und über deren Herandriften mit der Flutwoge vom arktischen Ozean her die Zentraleskimos berichtet haben.[121]

Folgeschäden der Sintflut

Mit den Eruptionen wurden gewaltige Mengen von Umweltgiften wie Kohlensäure, Schwefeldioxid und andere Gase in die Atmosphäre geblasen. Außerdem wurden Salpeter- und andere Säuren produziert. Die Hitze des Weltenbrandes und die Verflüssigung der Erze in den Bergen aktivierte die Schwermetalle und setze entsprechende gefährliche Gifte und Gase frei. Als Folge davon fiel ein heißer Säureregen zur Erde nieder und verätzte alles Lebende.
Neben den Stickgasen, die bei der relativ kleinen Eruption des Mont Pelée auf der Insel Martinique im Jahr 1902 über 30 000 Menschen töteten, und dem hohen Anteil von Kohlensäure wird bei Vulkanausbrüchen verhältnismäßig viel Wasser in die Atmosphäre geblasen.

Auf das Phänomen der Rotfärbung bin ich schon näher eingegangen. Sie entsteht als chemische Reaktion durch konzentrierte Salpetersäure, die mit Stickoxiden gesättigt ist. Aus der Stickstoffüberdüngung der im Kalkboden neutralisierten Salpetersäure in Verbindung mit dem Schlamm resultiert die spätere Fruchtbarkeit des Bodens.

Die Ozonschicht wurde, falls damals überhaupt schon vorhanden, gänzlich abgebaut, da große Mengen von Sauerstoff verbraucht wurden. Die harte UV-Strahlung konnte nach dem Rückzug der Dunkelwolke und dem Zusammenbruch der schützenden Wasserdampfhülle fast ungehindert bis zur Erdoberfläche vordringen. Durch diese Strahlung in Verbindung mit den produzierten Umweltgiften wurden die Keimzellen und das Erbgut stark geschädigt. Mißgeburten und Unfruchtbarkeit waren die Folge. Vielleicht resultieren hieraus auch die Beschreibungen verschiedener Ungeheuer in unserer Sagenwelt, wie die einäugigen Zyklopen bei den Griechen.

Da vor der Sintflut ganz andere Umweltbedingungen herrschten, lebten die Menschen und Tiere damals wahrscheinlich wesentlich länger. Erst durch die Umweltgifte und Strahlungsschäden reduzierte sich die Lebenserwartung der Menschen erheblich. Auch die Biologen sind überzeugt, daß der Mensch rein biologisch in der Lage ist, die Lebenserwartung unter idealen Voraussetzungen um ein Mehrfaches zu steigern, was bei Mäusen durch Genmanipulationen bereits gelungen ist. Die Lebensspanne, auch beim Menschen, ist genetisch vorprogrammiert. Nach maximal 100 Zellteilungen ist beim Menschen eine bei der Geburt vorgegebene Anzahl von bestimmten Molekülen (Telomeren) ganz einfach aufgebraucht, wie bei einem leeren Tank. Durch Erneuerung und Kontrolle dieser Moleküle wird die Lebenserwartung wesentlich erhöht. Mit dieser Methode kann der Mensch durchaus mehrere hundert Jahre alt werden. Das ist für den Stand der Wissenschaft keine Utopie mehr. Vor ein paar Jahren wären solche Gedanken noch als Auswüchse der Phantasie abgestempelt worden.

In der »Genesis« (6,3) wird bestätigt: »Da sprach der Herr: Mein Geist soll nicht für immer im Menschen bleiben, weil auch er

Fleisch ist; daher soll seine Lebenszeit hundertzwanzig Jahre betragen.«

Klar und deutlich kommt eine willkürlich begrenzte Lebenserwartung zum Ausdruck. Diese Aussage entspricht auch dem heutigen wissenschaftlichen Kenntnisstand. Das heute durchschnittliche Lebensalter ist *nicht von der Natur gegeben*, sondern wurde in unser Erbgut (DNA) anscheinend *künstlich eingebaut*. Interessant ist der Gebrauch des Wortes »auch« im Zusammenhang mit einem weltlichen Körper. Bedeutet diese Wortwahl, daß der Herr oder nur seine Göttersöhne, die in diesem Zusammenhang erwähnt werden, menschenähnlich waren? Benötigt ein wirklicher Gott Söhne oder fleischliche Helfer?

Kohle- und Erdölerzeugung

Die Steinkohle entstand aus pflanzlichen Elementen, während das Erdöl nach geltender wissenschaftlicher Überzeugung auch aus organischen Bestandteilen – überwiegend Tierkadavern und anderen biologischen Überresten – besteht. Lagerstätten von Erdöl und Kohle gibt es rings um den ganzen Erdball, ja selbst in arktischen Regionen wie Alaska und auf Spitzbergen. Erdölvorkommen wären demnach Massengräber der verschiedensten Tiere. Wenn man den riesigen Verbrauch und die weit mehr als 100 Milliarden t Reserven dieser Rohstoffe berücksichtigt, ergibt sich einerseits eine *globale Ursache* für die Bildung dieser Rohstoffe und andererseits eine riesige Zahl von abgestorbenen Organismen. Da dieser Vorgang weltweit vonstatten gegangen sein muß, bietet sich nur die Sintflut als auslösender Vorgang an, denn nur durch das bloße Absterben wird kein Organismus konserviert, sondern er verwest und verfällt ganz einfach durch mechanische (Temperaturschwankungen, Frost und Hitze), biologische (aasfressende Tiere und Verwesung) und chemische (Säuren) Einflüsse. Daraus ergibt sich wiederum das immer wieder zu beobachtende Szenario: Es muß alles schnell gegangen sein, damit überhaupt Erdöl oder Steinkohle entstanden sein können, und das nicht nur in einem örtlich begrenzten

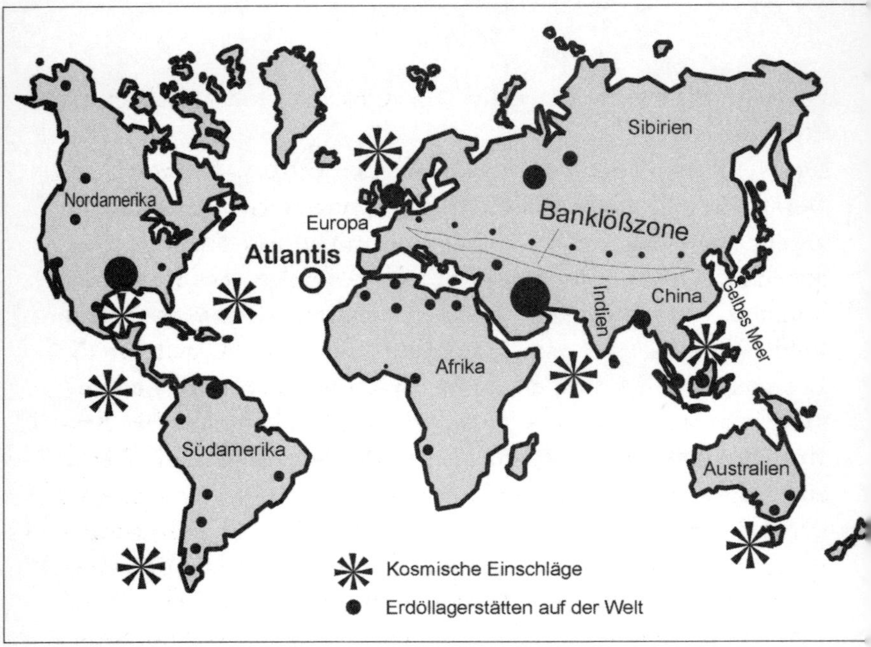

Abb. 31: Impakte und Erdöl. *Es wurden sieben große Einschläge von Himmelskörpern auf der Erde aufgrund der Funde von Tektitenfeldern und Auswertung der Mythen lokalisiert, wobei der Einschlag im Südpazifik bei Feuerland, Südamerika, nicht eindeutig gesichert ist. Der Dinosaurier-Impakt bei Yukatan (Mexiko) vor angeblich 65 Millionen Jahren wird von der Geologie den anderen Einschlägen zeitlich nicht zugeordnet. Das gesamte Erscheinungsbild der Funde in Texas (USA) und die fehlerhafte Zeitdatierung durch die Geologie läßt jedoch auf einen zeitlichen Zusammenhang aller Einschläge schließen. Die Erdölvorkommen dieser Welt liegen in der Nähe dieser Einschläge, da dort die Druck- und Hitzeverhältnisse extrem hoch waren oder am Rand der Sintflutwogen. Von der Nordsee über Deutschland bis zum Gelben Meer in China zieht sich das Erdölvorkommen parallel zur Banklößzone als Rand der Sintfluten hin.*

Gebiet, sondern auf der ganzen Welt, wie die verstreute Lage der Fundstätten beweist. Alleine das Vorkommen dieser Rohstoffreserven zeugt von einem kataklysmischen Ereignis und widerspricht einer gleichförmigen langsamen Entwicklung der Erde, speziell der Tier- und Pflanzenwelt. Aber auch die globale Verteilung ist interessant, da große Erdölvorkommen in der Nähe der Sintflut-Impakte liegen, wie in Texas, am Persischen Golf oder auch in der Nordsee.

Die weltweiten Funde des Erdöls und der Kohle stellen also einen Beweis für die globale Sintflut dar. Andererseits kommen mir Zweifel, ob es früher überhaupt so viel biologische Masse gegeben haben kann, daß diese riesigen Erdölvorkommen gebildet werden konnten. Ganz abgesehen von den mächtigen Flözen der Braunkohle. Gibt es ein anderes mögliches Gedankenmodell für die Entstehung von Erdöl, das ohne ein Vorhandensein von organischen Substanzen auskommt? »Natürlich ja«, muß die Antwort lauten. Wenn *Wasserstoff und Kohlenstoff* – beides früher in ausreichenden Mengen vorhanden – in den Gesteinsschichten der Erde unter großem Druck und entsprechender Hitze zusammengebracht werden, *entsteht Petroleum.* Die Theorie der anorganischen Entstehung des Erdöls ohne eine biologische Masse paßt in das von mir skizzierte Modell einer globalen Sintflut, da die ausschlaggebenden geochemischen Voraussetzungen für diesen Prozeß – Druck und Hitze – während dieser Katastrophe in unterschiedlicher Intensität weltweit vorlagen.[124] Erdöl entstand als chemische Reaktion, während bestimmte Kohlearten auch aus organischen Substanzen gebildet wurden. Die Schulwissenschaft kann diese Überlegung aus den dargelegten Gründen keinesfalls akzeptieren, da so enorme Druck- und Hitzeverhältnisse gemäß den Theorien von Lyell und Darwin nicht weltweit vorgelegen haben können, denn die Evolution mit einer gleichmäßigen Entwicklung der Arten hätte dieses extreme und lebensfeindliche Szenario nur sehr schwer überlebt.

Bei dem Ausbruch des Vulkans Mount St. Helens (USA) im Jahr 1980 wurden anfänglich ähnliche Bedingungen in dem nahe liegenden Spirit Lake geschaffen, wie sie während der Sintflut geherrscht hatten. In einem vorhergehenden Kapitel habe ich eingehender über die dort schon nach wenigen Jahren beginnende Kohlebildung berichtet, die auch heute noch überwacht wird. Dieser Prozeß lief unter den Bedingungen der Sintflut ebenso ab. Kohle und Erdöl entstanden vor nur ein paar tausend Jahren.

Ich hatte schon die erstaunlichen Funde künstlicher Gegenstände

in größeren Kohlebrocken beschrieben. Eine Goldkette aus achtkarätigem Gold, Tonfiguren und andere künstliche Gegenstände beweisen die Anwesenheit des Menschen vor und während derjenigen Zeitepoche, in der Kohle entstand. Ebenso findet man auch heute noch Blätter und andere organische Naturstoffe in Kohle. Der Verkohlungsprozeß muß schnell gegangen sein. Einzelne künstliche oder natürliche Objekte sind der Verbrennung aus irgendwelchen Umständen entgangen. Der mit dem Weltenbrand einhergehende Orkan hatte die ausgetrockneten Blätter, Äste, Bäume und Sträucher an bestimmten Orten zusammengeweht. Durch den erhitzten Boden wurde verkohltes Holz metamorph zu Kohle umgewandelt, jedoch nicht vollständig, so daß im Innern der Ansammlungen noch unverkohlte Gegenstände erhalten blieben, da die Brände durch die nachfolgenden Flutwellen gelöscht wurden.
Einen ähnlichen Effekt kann man zum Beispiel bei der Verbrennung eines Telefonbuches beobachten, da die inneren Seiten an den Rändern verbrannt sind, sich aber im Kern des Buches noch lesbare Fragmente befinden.

Entstehung von Bernstein

Durch die Austrocknung der Bäume entstand auch Bernstein. Das durch die Hitze geschmolzene Harz wurde durch die nachfolgende Flutwelle konserviert und vor der endgültigen Verbrennung geschützt. Aus diesem Grund entsprechen die im Bernstein eingeschlossenen Tiere unseren *heutigen* Exemplaren, was schon manchmal zu einem wissenschaftlichen Erklärungsnotstand im Sinne der Evolution geführt hat. Bernstein soll über sechzig Millionen Jahre alt sein und stammt damit aus der Zeit der Dinosaurier. Durch die geschilderten Abläufe bei der Sintflut wurde auch Bernstein aus fossilem Harz gebildet, und dieser Vorgang fand zeitgleich mit dem Untergang der Dinosaurier statt. Es gibt aber einen gravierenden Unterschied: Dieser Vorgang vollzog sich nicht vor über sechzig Millionen Jahren, sondern mit der Sintflut vor relativ kurzer Zeit.

Kippte Südamerika?

In Südamerika starb das Cuvieronius, ein Tier mit einem Rüssel, angeblich vor ungefähr 12 000 Jahren und das Toxodon, ein flußpferdähnliches Tier, im elften Jahrtausend aus.[125] Die Zeitpunkte des Aussterbens beider Tiergattungen liegen eng zusammen und werden auf dasselbe Ereignis zurückzuführen sein. Die zeitliche Übereinstimmung mit dem plötzlichen Sekundentod der Mammuts vor ein paar tausend Jahren fällt direkt auf. In diesem Zeitabschnitt starben aber auch andere Tiergattungen wie Säbelzahntiger, Riesenfaultier, Riesengürteltier und Pferde in Amerika aus. Sogar Darwin stellte zu seiner Verwunderung fest, daß die im Boden Südamerikas gefundenen Muscheln aus derselben Zeit stammen wie die ausgestorbenen Tierarten. In Europa verschwand zur selben Zeit beispielsweise der große irische Elch und der Auerochse sowie in Südostasien viele Arten von Elefanten und Nashörnern.

Erstaunlich an den Funden der Überreste des Cuvieronius und Toxodons in Südamerika ist der Fundort: Tiahuanaco am Südufer des Titicacasees. Die Ruinen dieser Stadt liegen 4000 m hoch. Welche elefanten- oder flußpferdähnlichen Tiere leben aber in Höhen, die 2000–3000 m über dem normalen Lebensraum liegen? Auf jeden Fall keine uns bekannten Arten. Sind diese Tiere vor der Sintflut in so große Höhen geflüchtet? Wohl kaum, denn dafür kam die Flut zu schnell. Wurden die Tierkadaver angeschwemmt? Dagegen spricht die Art der Funde. Seltsam sind auch die Überbleibsel *mariner* Herkunft in dieser Höhe. Kann die südamerikanische Westküste irgendwann angehoben worden sein? Auf jeden Fall zieht sich ein *kreideweißer Streifen an den Küstenfelsen der Kordillieren* entlang. Schon der Forschungsreisende Alexander von Humboldt hat diese uralten Küstenstreifen in 2500 bis 3000 m gesehen und beschrieben (1799–1804).

Was aber verursachte die gewaltige Anhebung der Westküste Südamerikas? Wuchsen nur die Anden allmählich durch den quetschenden Effekt der im Pazifik aufeinandertreffenden Kontinentalschollen oder kippte der ganze Festlandsockel um eine Schwerachse? Muck vermutet eine Kippung Südamerikas um eine Achse von Panama bis Bahia.[123] Wenn es diese Kippachse gibt, muß die Nordostküste abgesunken sein. Mit einem Blick auf eine Meerestiefenkarte erkennt man vor der Küste einen sanft ins Meer abfallenden Sockel, der erst weit im Atlantik steil, ja praktisch senkrecht mehrere tausend Meter tief abstürzt. Die Mündungsgebiete des Amazonas und des Flusses Rio Pará lagen früher viel weiter vor der heutigen Küste und befinden sich heute unter dem Meeresspiegel.

Südamerika kippte vielleicht um eine Achse, so daß die Südwestseite stark angehoben und die Nordostseite entsprechend nach unten gedrückt wurde. Was verursachte diesen Vorgang? Der oder die Asteroideneinschläge während der Sintflut.

Es gibt in diesem Gebiet des Nordatlantiks viele aufgebrochene Reißlinien im Atlantikboden, die während des Sintflut-Impaktes aufbrachen. Die Insel Atlantis an der Stelle der heutigen Azoren sank mehrere tausend Meter ab. Flüssiges Magma ergoß sich aus den Bruchlinien auf den Meeresboden und wurde von dem verdampfenden Meerwasser und den Eruptionen in die Luft geschleudert. Die Reste dieser emporgeschleuderten Massen bildeten den mächtigen Lößgürtel, der sich durch ganz Europa und Asien hinzieht, aber auch in Südamerika zu beobachten ist. Der Magmapegel im Nordatlantik sank und zog die Insel Atlantis mit nach unten. Gleichzeitig senkten sich die Ränder der angrenzenden Festlandsockel aus isostatischen Gründen ab, da sie in einem zähflüssigen Magmabett schwimmen. Sinkt aber die Nordostküste Südamerikas ab, muß die Südwestseite aus statischen Gründen um eine Kippachse emporwachsen. Aus diesem Grund befinden sich die ausgestorbenen Flachlandtiere, Meermuscheln und auch die Stadt Tiahuanaco sowie die gesamte uralte Küstenlinie plötzlich in bis zu 4000 m Höhe.

Wenn die Kontinentalscholle Südamerika gekippt ist und die Ursache in der Absenkung des Nordatlantikbodens liegt, müßte man entsprechende Hinweise auch bei den anderen angrenzenden Großschollen finden. Beweise findet man in den langen untermeerischen Mündungskanälen der Flüsse. Muck erläutert verschiedene anschauliche Beispiele: Die fjordähnliche Mündung des Kongo in

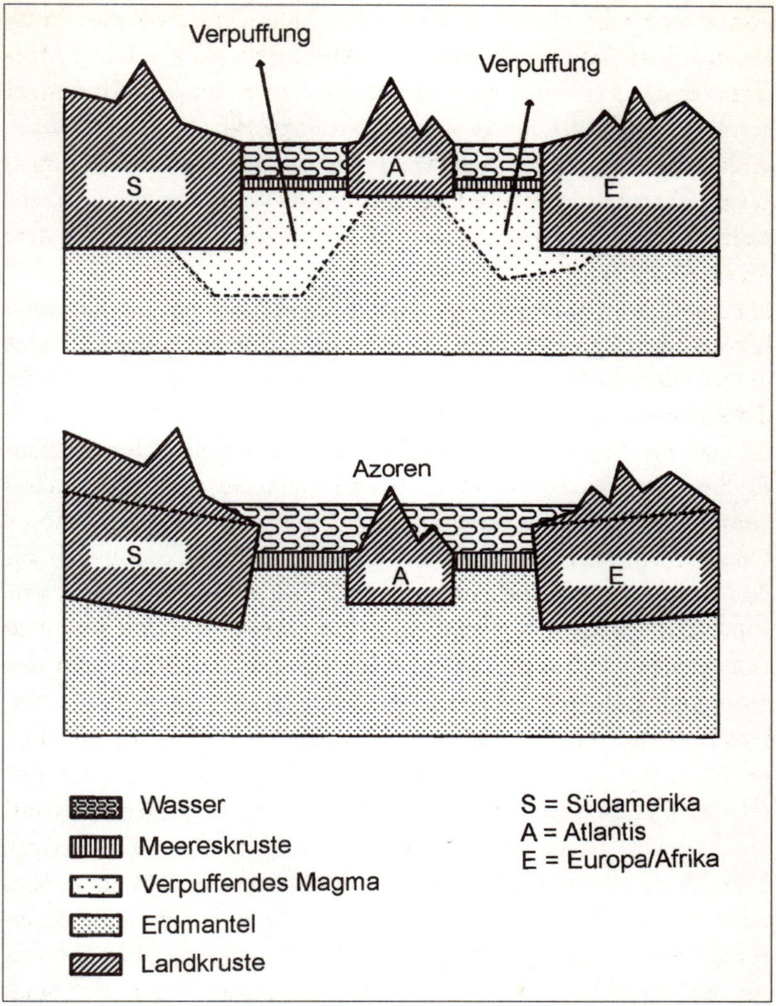

__Abb. 32: Einbruchbecken Atlantik.__ Der Einbruch des Meeresbodens im Nordatlantik und die damit verursachte Verpuffung des austretenden Magmas verursachte einen Hohlraum, wodurch der Inselkontinent Atlantis abgesenkt wurde und Küstensenkungen an diesen und Hebungen an den Gegenrändern erzeugt wurde. Dadurch wurde der südliche Teil Südamerikas angehoben. Der Atlantik war vor der Sintflut-Katastrophe schmaler und wurde durch das aus den sich verbreiternden Rissen des Meeresbodens austretende Magma verbreitert, und damit wurden die Kontinente auseinandergeschoben.

Westafrika setzt sich über 100 km unter der Meeresoberfläche bis zu einer Tiefe von 800 m fort. Die Westküste muß sich um ein entsprechendes Maß abgesenkt haben. Die nordamerikanische Küste erweckt auch den Eindruck einer versunkenen Küste. Der Hudson weist eine 800 m hohe Rinne unter Wasser auf und endet in über 2000 m Tiefe. Auch bei der europäischen Scholle wurde eine untermeerische Absenkung von 2500 Metern vor Cap Breton entdeckt.[123]

Die heutzutage tiefe Lage der Kontinentalschelfe im Nordatlantik beweist den Einschlag mindestens eines sehr großen Himmelskörpers in diesem Gebiet und die verheerenden Folgewirkungen im Zusammenhang mit der Sintflut. Außerdem wurden die Kontinentalschollen, Europa und Afrika auf der einen sowie Amerika auf der anderen Seite, durch die beschriebenen Vorgänge urplötzlich weiter auseinandergeschoben.

Dieser Vorgang dauerte nicht Millionen von Jahren, wie es die Kontinentaldrift-Theorie von Alfred Wegener voraussetzen will, sondern es geschah zum großen Teil kurz vor, während oder nach dem Sintflutgeschehen. Kontinuierlich geringe Bewegungen der Kontinentalschelfe schließt dieses Szenario nicht aus.

Auffaltung der Gebirge

Vor der Sintflut gab es wahrscheinlich bereits Berge, die jedoch nicht so hoch waren wie die heute vorhandenen Gebirge. Marine Fossilien, Muscheln und Skelette von Meerestieren befinden sich auf den höchsten Bergen, auch auf dem Himalaja. Wie kommen sie dorthin? Wieso erhoben sich die Berge vom Grunde des Meeres, während gleichzeitig andere Landmassen untergetaucht wurden? Welche Kräfte drückten oder zogen sie in die Höhe? Warum findet man menschliche Schädel oder Knochen bei Bergbauarbeiten mitten in einem Berg oder unter einer dicken Schicht von ursprünglichem Basalt oder Granit?

Die Rotation der Erde wurde durch kosmische Einflüsse und Einschläge, Annäherung eines anderen Planeten mit einem starken

Magnetfeldes oder den Durchzug einer interstellaren eisenhaltigen Wolke abgebremst. Es entstanden ungeheure Kräfte zwischen der Erdkruste und dem zähflüssigen Erdmantel. Alle Schichten der Erdkugel besitzen immer dieselbe Winkelgeschwindigkeit, jedoch wächst die absolute Geschwindigkeit mit dem Abstand vom Erdmittelpunkt an. Durch die unterschiedliche Geschwindigkeit während eines Abbremsvorgangs zwischen den einzelnen Erdschichten, besonders der Erdkruste und dem angrenzenden zähflüssigen Magmabett, entstehen durch die Reibung Spannungen in der Erdkruste, wodurch Hitze entwickelt wird. Die Folge wären Risse, Sprünge und Spalten in der Erdoberfläche, durch die das Glutgestein des Erdinnern nach oben dringt und sich über die Sedimente legt. Damit wäre ein weiteres Rätsel gelöst, da die Ablagerungsgesteine nur im Ausnahmefall im Bereich von Vulkanen unter dem Glutgestein liegen dürften. In Wirklichkeit ist die Ausnahme jedoch fast regelmäßig überall auf dieser Erde vorzufinden: Angeblich ältere Schichten befinden sich über jüngeren. Damit wird erklärlich, daß man unter Basaltschichten auch menschliche Überreste fand.

Durch die beschriebenen Kräfte wurden ganze Landstriche abgesenkt, wie Atlantis, oder durch die seitliche Zusammendrückung schnell in die Höhe geschoben, wie beispielsweise der Himalaya. Dieser Vorgang ging relativ schnell vor sich und dauerte nicht -zig Millionen Jahre. Durch die entstandene Reibungshitze und dem während des Sintflutablaufs hervorgerufenen Weltenbrand war das Gestein weich und nicht spröde wie im erkalteten Normalzustand. Daher konnten auch die unter normalen physikalischen Voraussetzungen nicht möglichen Auffaltungen von Gebirgen und Schichtungen entstehen, da die Erdschichten bei einer *kalten Verformung* total zerrissen worden wären, denn sprödes Gestein kann wie Beton Zugspannungen nur in geringem Maße ohne Rißbildung aufnehmen. Die Gebirgsbildung setzt einen zumindest plastischen Zustand des Rohmaterials voraus, so als wenn Schokolade aufweicht, dann verformt wird und schließlich wieder erhärtet. Unter dieser Voraussetzung ist Schokolade formbar. Versucht man die erhärtete Schokolade in kaltem Zustand ohne Erwärmung zu verfor-

men, entstehen Risse: Sie bricht auseinander. Im elastischen oder plastischen Zustand kann der Schokolade jede erdenkliche Verformung aufgezwungen werden. So verhält es sich auch bei Gesteinen, nur daß der Schmelzpunkt eben wesentlich höher als bei Schokoladenmasse liegt und deshalb entsprechend extremere Temperaturen vorhanden sein müssen.
In der Nähe des Flusses Sullivan River in den Rocky Mountains, Kanada, gibt es ein hohes Gebirge, das sehr schön aus wellenförmig geschichteten Sedimenten (siehe Foto 81) besteht. Die offizielle Beschreibung dieses Bildes lautet: »Diese dramatische Darstellung erläutert die konstant wirkenden ehrfurchtgebietenden Gewalten der Umformung der Gegebenheiten unserer Erde.«
Sieht man sich das Bild genau an, erkennt man mehrere sehr eng und steil angeordnete Wellen. Aus dem Erdinneren wirkende Kräfte können diese sehr steilen Wellen nicht erzeugt haben, da mehrere verschiedene einzelne Kräfte eingewirkt haben müßten. Außerdem hätte der erforderliche Druck und entsprechende Zug in den Gesteinsschichten Risse erzeugt, die jedoch homogen erhalten blieben. Es ergibt sich ein ähnliches Bild wie in einem Marmorkuchen. Wenn die Kuchenmasse weich ist, kann man die hier zu sehenden Schichten als Modellversuch nachahmen. Sobald der Kuchen (Gesteinsschicht) erhärtet, können Verformungen in der hier vorliegenden Art nicht mehr erzwungen werden. Entsprechend war das Gebirge bei seiner Entstehung eine weiche Masse, die schnell erhärtete.

11 Zeugen der Zeit

Mit der Sintflut entstand eine neue Welt. Die gesamte Erdkruste wurde zerschlagen, umgeschichtet, vergiftet und überflutet. Fast alle heutigen Erkenntnisse können auf die Zeitphase vor der Flut nicht transformiert werden. Die Erde wurde praktisch mit ganz anderen Rahmenbedingungen neu erschaffen. Unsere Welt, genauer gesagt die Erdkruste, besteht in der jetzigen Form erst seit kurzer Zeit: Die Erde ist jung.

Zeitbestimmung der Sintflut

Wenn es keine Eiszeiten gegeben hat, dann können wir Untersuchungen über das Alter der letzten Eiszeit zur Bestimmung des Hereinbrechens der Sintflut verwenden.

Die großen Seen in Nordamerika sind nach Ansicht der Geologen am Ende der letzten Eiszeit entstanden. Noch vor 50 Jahren glaubte man, daß die letzte Eiszeit vor 30 000 bis 35 000 Jahren stattgefunden haben soll. Die bekannten Niagarafälle in Nordamerika sind in den letzten 200 Jahren um ungefähr 1,50 m pro Jahr vom Ontariosee in Richtung Eriesee zurückgegangen. Daraus kann man durch einfache Division ausrechnen, daß die Niagarafälle vor ungefähr 7000 Jahren entstanden sein müssen, wenn man von einer gleichbleibenden Erosionsrate ausgeht. Setzt man jedoch anfänglich größere Wassermassen und damit eine größere Erosion voraus, müssen die Niagarafälle noch jünger sein, und demzufolge wird das Alter oft nur auf 5000 Jahre geschätzt. Zu diesem Zeitpunkt müßte die Sintflut geendet haben. Zur ungefähr gleichen Zeit entstanden andererseits die alten Kulturen auf der Welt. Eine nur rein zufällige Übereinstimmung?

Ähnliche Überlegungen, Messungen und Berechnungen kann man auch mit den Schlammablagerungen auf dem Grund von Seen in den Alpen anstellen, die ähnliche Ergebnisse wie bei dem Beispiel der Niagarafälle ergeben. Aus diesen und ähnlichen Gründen wurde das Ende der angeblich letzten Eiszeit von der Geologie immer weiter zur Gegenwart verschoben und heute mit 13 000 bis 10 000 Jahren angegeben.

Platon hatte unter Verweis auf Solon und den ureigenen Aussagen eines ägyptischen Priesters die Atlantis-Katastrophe auf ungefähr 8560 v. Chr. datiert. In vielen Quellen wird dieses Datum um 1000 Jahre zu früh angegeben, da die Dauer von 9000 Jahren seit der Flut auf das unterschiedlich lange Bestehen der griechischen und ägyptischen Kultur nach den Angaben des Priesters zu beziehen ist.[123]

Es gibt aber durchaus wissenschaftliche Erkenntnisse zur zeitlichen Bestimmung des Sintflut-Impaktes. Sehr gut erkennbare Schichtungen weist der mächtige Eispanzer in Grönland auf. Die intensive Säureproduktion während des Sintflut-Impaktes wurde mit sehr großer Wahrscheinlichkeit in den offiziell zehn Jahrtausende zurückreichenden Eisbohrkern von Camp Century in Nordwestgrönland nachgewiesen. Es ergab sich gemäß dem wissenschaftlichen Weltbild einer sich kaum verändernden Erde ein Alter von ungefähr 7640 Jahren v. Chr. Diese Zeitbestimmung muß fehlerhaft sein, denn der Schneefall erfolgte nicht regelmäßig Winter für Winter wie heutzutage, sondern zu einem großen Teil Schicht auf Schicht innerhalb eines kurzen Zeitraumes während des Sintflutgeschehens. Deshalb wurde für die Bildung der Eisschichten aufgrund der Theorien von Lyell und Darwin ein zu langer Zeitraum ermittelt. Immerhin entspricht das wissenschaftlich ermittelte Alter der Abschätzung eines Grenzwertes: *Älter kann die Sintflut nicht sein.*

Der Zeitpunkt des Sintflutgeschehens kann nach dem heutigen Kenntnisstand nicht ganz genau bestimmt werden, da die wissenschaftlichen Beweise mit den neuen Erkenntnissen zur Deckung gebracht werden müßten. Daher kann man nur eine gewisse Bandbreite angeben, die jedoch sehr nahe an unserer Gegenwart liegt: Vor wenigstens 4500 und höchstens 10 000 Jahren ereignete sich die Sintflut mit einer erdumwälzenden Epoche. Unter Berücksichtigung der bisher diskutierten Fakten und Theorien erscheint ein Alter von knapp 6000 Jahren am wahrscheinlichsten. Die Erde wurde förmlich neu geschaffen, und alles Vorhandene wurde fast total vernichtet. Die Erinnerung der wenigen Überlebenden an diese Ereignisse blieb in den Überlieferungen der Völker erhalten.

Auch wenn das Alter der Sintflut mit dem Hauptereignis des Impakts ungefähr festgelegt ist, handelt es sich insgesamt wahrscheinlich um eine zeitlich aufgefächerte Katastrophe, deren gesamte Dauer einen Zeitraum von mehreren hundert Jahren eingenommen hat.

Eine gleichmäßige Entwicklung der Erde, wie die Theorien von Darwin und Lyell voraussetzen, ist auf keinen Fall gegeben. Die Altersbestimmungen, die von einer langsamen gleichförmigen Entwicklung der Erdschichten und damit der Erdzeiten ausgehen, müssen daher falsch sein.

Rohstoffverbrauch

Der Verbrauch von Rohstoffen in den letzten 6000 Jahren und vielleicht speziell der vergangenen 100 Jahre gibt Anlaß zu kritischen Überlegungen. Die Erdölreserven und auch andere Rohstoffe sind heute zu einem großen Teil ausgebeutet. Es sind zwar antike Bergwerke bekannt, aber die Ausbeutung der Ressourcen war in früheren Zeiten gering, da die Rohstoffvorkommen fast vollständig erhalten sind. Sollte die Menschheit so alt sein wie die Entstehungszeit des Kalkgesteins, wären heutzutage alle Rohstoffvorkommen erschöpft.

Ich erinnere an den Rückschluß. Sollte man aufgrund der von mir angestellten Überlegungen auf eine kurze Menschheitsgeschichte schließen, beweisen die versteinerten Fußspuren in dem angeblich uraltem Gestein die Unrichtigkeit der Erdgeschichte: Der Kalkstein ist in diesem Fall genauso jung wie der Mensch!

Geologische Besonderheiten

Wenn die Geologie recht hätte und es sich bei den Erdschichten um alte, langsam gewachsene und verfestigte Materialien handeln würde, müßte man nach eventuellen Bewegungen in der Erdkruste Brüche in diesem spröden Material sehen und zwar genau an den Punkten, wo Zugspannungen durch die erzwungene Biegung auftreten. Aber genau das Gegenteil ist normalerweise der Fall. Man hat den Eindruck, daß viele Felsschichten in flüssiger oder plastischer Konsistenz so geformt oder besser gesagt abgelegt wurden. Oft sind Gesteinsschichten wellenförmig oder sogar halbkreisförmig angeordnet, ohne daß Störungen in der Struktur oder Risse zu erkennen wären. Daraus folgt die schnelle und nicht langsame Bildung der Erdschichten. Für diese Feststellung sprechen auch andere Beobachtungen.

Für Anhänger der Evolution bilden auch fossile Baumwurzeln oder Baumstämme ein Rätsel, die in versteinerter Form durch mehrere feste Gesteinsschichten verlaufen, denn sie müssen bei der Bildung der Schichten schon vorhanden gewesen sein und beweisen die schnelle Bildung nicht nur einer, sondern gleich mehrerer geologischer Gesteinsschichten unabhängig hintereinander in einem kurzen Zeitraum. Das betroffene Gebiet muß von den verschiedenen Flutwellen mehrfach überschwemmt worden sein. Die sich immer wieder zurückziehenden Fluten hinterließen auf dem Festland sich schnell verfestigende, jedoch unterschiedlich hohe Schlammschichten, worin die unterschiedlichen Funde konserviert wurden, wie die Fußspuren der Dinosaurier und Menschen als auch die fossilen Baumwurzeln.

Im Spirit Lake (Mount St. Helens) sind die durch den Vulkanausbruch weggeschwemmten Baumstümpfe teilweise senkrecht, mit dem Wurzelwerk nach unten, in aufrechter Position geschwommen und haben sich dann teilweise senkrecht stehend in den frisch gebildeten Seeboden gebohrt. Die nach und nach in den Spirit Lake eingeschwemmten Sedimente bildeten schichtenweise einen neuen Seeboden über dem anderen. Gräbt man in späteren Zeiten den Boden des dann vielleicht ausgetrockneten Sees auf, wird man mehrere verschiedene parallel übereinanderliegende Erdschichten vorfinden, in denen senkrecht Baumstümpfe stecken, deren restlicher Stamm mehrere Sedimentschichten durchstößt. Entsprechende Funde wurden mehrfach in Texas und anderen Teilen der Welt gemacht. Die Interpretation solcher Funde stellt konservative Geologen jedoch vor unüberwindliche Hindernisse, wenn man dem Prinzip der Datierung von einzelnen Erdschichten treu bleibt.

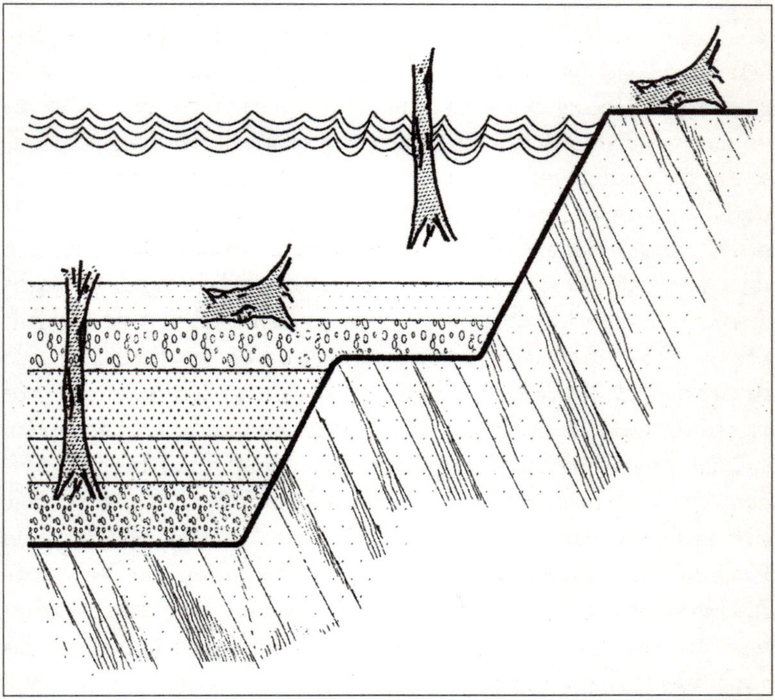

Abb. 33: Baumstümpfe im Spirit Lake. *Während des Vulkanausbruchs des Mount St. Helens wurden die Bäume zerstückelt und in den Spirit Lake gespült. Die Baumstümpfe schwammen teilweise senkrecht mit dem Wurzelstock nach unten. In dieser Position sanken sie auch zu Boden und wurden in den nacheinander angeschwemmten Bodenschichten begraben. Wenn sich die Ablagerungen (Sedimente) erhärten sollten, sind in späteren Zeiten Baumstämme zu finden, die mehrere unabhängige geologische Schichten durchstoßen. Dies entspricht dem erdgeschichtlichen Konzept während des Sintflutgeschehens.*

In dem »Nationalpark Dinosaur National Monument« an der Grenze zwischen Utah und Colorado (USA) wurde ein fossiles Dinosaurierskelett in fast senkrechter Position, eingeschlossen in solidem Sandstein, gefunden. Für die Konservierung des Tieres waren die gleichen geologischen Vorgänge verantwortlich, wie bei der bereits beschriebenen Bildung des Ayers Rock und auch der Gesteinsschichten bei Glen Rose. Das Sand-Wasser-Gemisch erhärtete schnell durch Zuführung eines Härtebildners. Was meint im Gegensatz dazu die Wissenschaft? Im Sonderheft »Dinosaurier« des Magazins »PM« wird behauptet: »Der Urstrom, der hier einmal floß, trug Abertausende von Tierkadavern heran, die sich an irgendeiner Flußbiegung ablagerten und dort im Laufe von Jahrmillionen versteinerten. Bestätigt wird diese Vermutung durch die Tatsache, daß sich an so mancher Fundstelle viele Dutzende von Fossilien dicht an dicht übereinandertürmen ...«.[126] Also Jahrmillionen dauerte eine Versteinerung, und die Knochen bleiben auch zufällig solange unter völligem Luftabschluß erhalten? Wie versteinert den überhaupt etwas? Muß es nur lange genug herumliegen? Welcher Prozeß kann überhaupt für eine langsame Versteinerung und entsprechende Erhärtung des Sandsteins, Korn für Korn, maßgebend sein? Nur die Erhärtung des die fossilen Knochen umschließenden soliden Felsens durch schnell abbindende Härtebildner (Kalziumkarbonat) kann die richtige Antwort sein, wofür auch alle von mir beschriebenen Fakten sprechen.
Andere für die Geologie nicht zu erklärende Funde sind Versteinerungen von Regentropfen, gewellte Oberflächen wie bei einem Meeresboden in Strandnähe oder auch Abdrücke von Tier- und Menschenfüßen. Alle diese in vielen Teilen der Welt vorhandenen Erscheinungen müssen schnell konserviert worden sein, da sie sonst erodiert wären. Die darüber liegende Gesteinsschicht muß auch eine weiche Konsistenz gehabt haben, sonst wären diese Spuren in der darunter liegenden Schicht nicht erhalten geblieben. Auch für diese Phänomene ist kein Prozeß mit einer Dauer von Jahrmillionen verantwortlich; schon Tage stellen einen zu langen Zeitraum dar.
Wenn man die Wucht und Heftigkeit der Flutwellen während der Sintflut betrachtet, müßten eigentliche alle Berge und Hügel in

den direkten Überschwemmungsgebieten aus Sedimentablagerungen dieser Zeitepoche entstanden sein. Wer altes ursprüngliches Gestein sucht, muß sehr tief in der Erdkruste graben.
Wurde der Grand Canyon während der Sintflut auch entsprechend schnell gebildet? Wenn man genau hinsieht, erkennt man vier unterschiedliche Schichtartenbereiche, die sich farblich (rot, gelb, grauschwarz), körnungs- oder materialmäßig (Kalkstein, Schiefer, Sandstein) wesentlich unterscheiden. Interessant erscheint eine mächtige rote Sandsteinschicht, die als dritte Lage *zwischen* zwei dunkleren parallel angeordneten Schichten aus Schiefer liegt. Die Besonderheit liegt in dem Ablagerungswinkel dieses Sandsteins, der größer als der innere Reibungswinkel (Schüttwinkel) ist, während die genau darunter und darüber liegenden Schichten horizontal angeordnet sind. Wenn aber schräge Gesteinsschichten aus geologischer Sicht zwangsläufig nur durch langsame Bewegungen in der Erdkruste zustande kommen sollen, dann müssen die darüber und darunter liegenden Schichten doch auch Verwerfungen aufweisen. Eine als Sandwich eingeschlossene Schicht kann sich im erhärteten Zustand nach der Erhärtung nicht wesentlich verformen, ohne daß die anderen Schichten betroffen sind. Die einzige Erklärung liefert die von mir immer wieder propagierte These, daß diese Schichten während der Ablagerung weich waren, durch Wasser- oder Windeinfluß verformt wurden und sich in diesem Zustand ganz schnell in einer ungewöhnlichen Form oder steilem Winkel verfestigten. Hierin besteht der gravierende Unterschied zur Ansicht der Geologen und unserem Weltbild generell. Die Konsequenzen aus dieser Erkenntnis sind wesentlich grundlegender als man zuerst meint.[127]
Der Colorado River führt zu wenig Wasser, als daß er für die Erschaffung eines so großes Erosionswerkes, wie dem Grand Canyons, auch nur annähernd fähig wäre. Größere abfließende Wassermassen müssen vorhanden gewesen sein, die es bei der Sintflut in überreichem Maß ja auch gab. Das sich nach den einzelnen Flutwellen zurückziehende Wasser erzeugte große Erosionsrinnen in dem gerade aufgeschwemmten und noch nicht ganz verfestigten Sedimentmaterial. Unmöglich? Im Sinne meiner Theorie nicht, theoretisch durchaus denkbar, und aufgrund nüchterner logischer

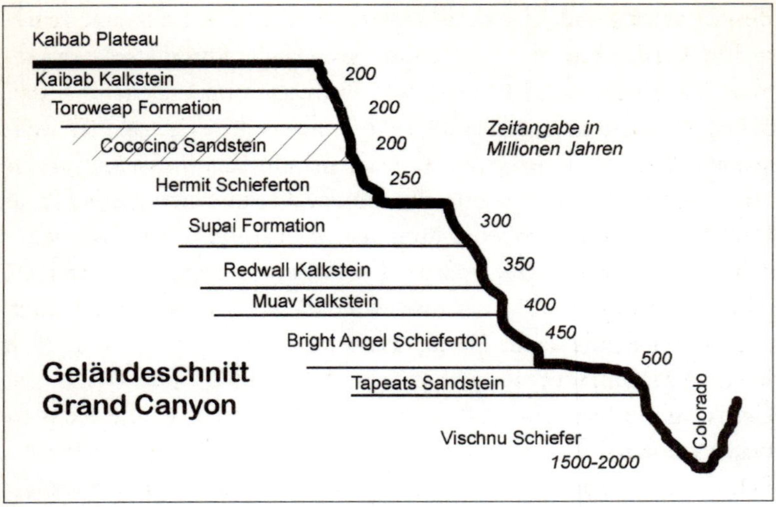

***Abb. 34: Grand Canyon.** Es war einmal ein Flüßchen, das vor 90 Millionen Jahren begann, sich in das 200 Millionen Jahre alte Kaibab-Plateau einzugraben, und allmählich entstand der Grand Canyon… In Wirklichkeit entstand diese Schlucht in vier Phasen relativ schnell während des Sintflutgeschehens. Nicht zu lösende Rätsel gibt es mehrere für die Wissenschaft. Die »Große Unbekannte« bildet der Zeitsprung von 1500 Millionen Jahren, da der Tapeats-Sandstein wesentlich jünger ist als der darunter liegende Vischnu-Schiefer. Der Cococino-Sandstein ist wesentlich steiler geschichtet als der normale Böschungswinkel von Sand, der langsam erhärtet sein soll. Die gewohnte geologische Erklärung kann nicht gelten, denn eine nachträgliche Verschiebung der Erdschicht kommt nicht in Betracht, da die darunter und darüber liegenden Sedimente horizontal angeordnet sind. Außerdem kann es nach 90 Millionen Jahren am Rande des Kaibab-Plateaus keine zusammenhängenden Abrißkanten mehr geben.*

Überlegungen drängt sich diese Erklärung geradezu auf. Wahrscheinlich entstanden auf diese Art der Zion Canyon, Grand Canyon und andere bekannte Naturwunder. Das durch die Spalten der aufreißenden Erdkruste empordrückende glühende Magma erkaltete und blieb auch nach dem Fortschwemmen der frischen Sedimentschichten als Türme oder Zinnen erhalten. So entstanden der Bryce Canyon und das Monument Valley.

Besitzt nicht gerade der Grand Canyon an der Südseite eine regelrechte Abrißkante mit einem dahinter liegendem relativ ebenen Gebiet? Bei einem Rundflug mit dem Hubschrauber wurde mir klar, daß diese oder auch die unteren Abrißkanten nicht sehr alt sein können. Da der Colorado River mit seinem Erosionswerk an der Oberfläche sehr früh begonnen haben müßte und sich heute bis zu 1600 Metern in die Felsformationen eingefressen haben soll, würden die Ränder alt sein, denn der Fluß gräbt sich angeblich in 1000 Jahren nur ungefähr 15 cm ein. Aber in diesem Fall müßte auch das anschließende flache Hochplateau durch Wind und Wasser eine stärkere Modulation aufweisen.
Gemäß der allgemeinen Darstellung begann sich das alte Kaibab-Plateau vor 65 Millionen Jahren nach oben zu schieben, während sich der Colorado River gleichzeitig in den Fels fraß. Die Schlucht wurde angeblich durch Erosion ständig erweitert. In dieser offiziellen Stellungnahme liegt der Widerspruch in sich begründet, denn in diesem langen Zeitraum müßte die Abtragung der Ränder sehr weit fortgeschritten sein. Je weiter aber *die steilen Seitenhänge durch Böschungsbrüche einrutschen*, desto flacher werden sie, bis der Schüttwinkel des vorhandenen Bodens ausgebildet wird. Nach -zig Millionen Jahren dürfte es keine weitläufigen zusammenhängenden Abrißkanten mehr geben, insbesondere wenn sich das Plateau gleichzeitig gehoben haben soll und sich heute relativ glatt und eben darstellt. Gemäß meinen Beobachtungen und der in diesem Buch vorgestellten Beweise und Theorien gibt es nur eine Lösung: Der Grand Canyon, wie auch andere Naturwunder, bildete sich erst vor relativ kurzer Zeit.
Man stelle sich einen Hang mit einer dicken Schicht Muttererde oder auch Lehm vor. Wenn es stark regnet, entstehen tiefe Furchen in dem nicht verfestigten Material. Ein oder auch mehrere Grand Canyons im Miniformat sind unter diesen Umständen innerhalb kürzester Zeit entstanden. Entsprechendes ist auch an den Brandungszonen der Meere zu beobachten. Wirft ein Sturm frisches Sandmaterial auf den Strand, entstehen während der folgenden Ruhephase tiefe Ablaufrinnen in dem angeschwemmten Material. Diese Vorgänge muß man sich nur in einem gigantischen Maßstab

vorstellen, wobei zusätzlich ein Härtebildner wirkte, der dann in unserem Beispiel den Sand der Küstenlinie zu einer Art Beton mit unterschiedlichen Härtegraden verfestigen ließ. Die Resultate sind Grand Canyons im Miniformat. Wurde dieses Naturwunder nicht in 70 Millionen Jahren langsam gebildet, sondern schubweise vor höchstens 10 000 Jahren?
Eine andere Frage muß auch gestellt werden: *Warum gibt es gerade heute eine schöne Natur?* Während der -zig Millionen Jahre mit sich dauernd ändernden Umweltbedingungen – Eiszeiten – müßten Berge und Felsformationen schon lange erodiert sein. Man müßte heute nur noch Schutt und abgetragene Berge sehen. Nur im Einzelfall, aber nicht generell, wären Naturschönheiten erhalten geblieben. »Balancierende Felsen« oder Felsbögen sind kein geologischer Einzel- oder Glücksfall, sondern eine relativ oft zu beobachtende Naturerscheinung. Kann man nicht dauernd in irgendwelchen Publikationen über die Gefahr gewaltiger Erdrutsche in den Alpen lesen, da durch den Säureregen und Änderungen in den Umweltbedingungen der Waldbestand gefährdet ist? Gerade jetzt in unserer Zeit sind die Alpen gefährdet? War in den vergangenen Erdzeitaltern immer ein ideales Klima als Voraussetzung für das Wachstum der Bäume vorhanden? Existierte überhaupt immer Bewuchs an den Bergen? Wie war es zur Zeit des Aussterbens der Dinosaurier vor angeblich 64 Millionen Jahre, als der Himmel verdunkelt war und damit äußerst feindliche Lebens- und Wachstumsbedingungen herrschten? Außerdem soll es doch Eiszeiten mit unwirtlichem Klima gegeben haben? Im Anschluß an eine entsprechende Kälteperiode müßten die Berge eigentlich sehr schnell erodiert, zu Schuttkegeln zerfallen sein.

Schwächerer Schutzschirm

Ein anderes Beispiel für eine junge Erde ist die Stärke des Magnetfelds der Erde. Warum die Erde und andere Planeten ein Magnetfeld besitzen und manche nicht oder nur ein sehr schwaches, wie der Mond, ist unklar. Jedenfalls soll der Magnetismus durch elektrische Ströme in den äußeren Bereichen des Erdkerns verursacht werden, praktisch ein irdischer Dynamo.[128] Interessant ist, daß die Stärke unseres Magnetfeldes mit einer Rate von 0,07 % pro Jahr kontinuierlich abnimmt. *In 4000 Jahren muß es dann rechnerisch fast ganz verschwunden sein.* Da uns der Magnetismus vor den tödlichen kosmischen Strahlen schützt, hätte bereits eine wesentliche Verringerung der Stärke katastrophale Folgen für das Leben auf unserem Planeten. Die Wissenschaftler glauben, daß sich unser Magnetfeld alle 250 000 Jahre umpolt und daß dieser Vorgang überfällig sein soll. Bekommen wir aber in Kürze wirklich ein neues, umgepoltes Magnetfeld, das sich dann ja wieder selbsttätig aufladen müßte? Eine abenteuerliche Vorstellung.

Gehen wir einmal davon aus, daß sich das Magnetfeld zwar umpolen, aber nicht wieder aufladen kann. Aus dieser Überlegung heraus ergibt sich eine junge Erde, da bei einem Verlust der Stärke des Kraftfeldes von 0,07 % pro Jahr auch in der Vergangenheit sehr schnell ein absoluter Grenzwert erreicht wird. Berechnungen aufgrund von wissenschaftlichen Beobachtungen und Messungen seit 1829 haben für einen Zeitraum von ungefähr 22 000 Jahren ein entsprechendes Maximum ergeben.[129] Die Erde könnte also nicht älter sein als dieser Grenzwert, falls in der Vergangenheit nicht irgendein gravierender Einfluß zu verzeichnen war. Aber gerade die Geologen und Anhänger des Evolutionsgedankens propagieren ja gerade die gleichförmige Entwicklung unseres Planeten als Grundlage ihrer Weltanschauung. Und diese Gleichförmigkeitstheorie hat man auch für die Entstehung des Weltalls und der Galaxien mit ihren Sternen und Nebelwolken zugrunde gelegt.

Das Salz der Meere

Das Wasser der Meere enthält gewöhnliches Kochsalz (Chlornatrium). Das Natrium könnte aus den vom Regen ausgewaschenen Gesteinen stammen. Da aber der Chlorgehalt der Gesteine fünfzigmal zu gering ist, stellt sich die Frage nach der Herkunft

dieses Elements. Der Stahl des eingangs beschriebenen fossilen Hammers enthielt neben Eisen seltsamerweise auch Chlor.
Die Ozeane weisen einen durchschnittlichen Salzgehalt von 3,5 % auf. Der Salz- und Mineralgehalt des Gesteins wird durch die Flüsse ausgewaschen und in die Ozeane transportiert. Der natürliche Salzgehalt des Seebodens, atmosphärische Einflüsse (Vulkantätigkeit), die Verdunstung, das Grundwasser und die Erosion der Küsten stellen auch beeinflussende Faktoren dar.
Aus diesen ganzen Vorgängen resultiert ein langsames Ansteigen des Salzgehalts in den Ozeanen. Geht man bei konstanten Rahmenbedingungen von einem aus der Gegenwart abgeleiteten Grenzwert aus, dann ergibt sich ein maximales Alter der Meere von 62 Millionen Jahren. Zu diesem Zeitpunkt muß es sich um Frischwasser ohne Salzbeimengungen gehandelt haben. Demzufolge könnte es zu Lebzeiten der Dinosaurier kein Salzwasser gegeben haben.
Die mittlere Zunahme des Salzgehalts beträgt auf dieser rechnerischen Basis nur 0,06 % pro 1 Million Jahre. Wenn die Erde wirklich über 4 Milliarden Jahre alt sein sollte, wäre die errechnete Rate noch 50mal zu groß und tendiert damit gegen Null. Zieht man den gravierenden Einfluß der Sintflut oder auch anderer Ereignisse mit einer erhöhten Erosionsrate in Betracht, vermindert sich das mögliche Alter der Ozeane drastisch. Außerdem wird die Zuwachsrate des Salzgehalts mit der Zeit eher abnehmen, da die Flüsse im Laufe der Zeit immer weniger Sedimente ins Meer transportierten. Die Erde muß demzufolge wesentlich jünger sein als der errechnete Maximalwert. Bei dem errechneten Alter von 62 Millionen Jahren handelt es sich gemäß den bisherigen Überlegungen nur um einen absoluten rechnerischen Grenzwert. Der Urozean soll nach der Evolutionstheorie aber über 50mal so alt sein! Wo ist dann aber das ganze Salz geblieben?
Die Gebirge erhoben sich teilweise vor nur ein paar tausend Jahren. Deshalb konnten sich die heute zu messenden Vorgänge nicht über einen langen Zeitraum auswirken, und die Flüsse hatten wesentlich weniger Zeit, Salze und Erosionsmaterial in die Weltmeere zu schwemmen.

Erosion der Kontinente

Die Überlegungen in bezug auf den Salzgehalt der Ozeane kann man auch auf die Menge der Sedimente am Grund der Meere übertragen.

Die Flüsse tragen Erosionsmaterial in Form von Schlamm, Kies und Geröll in die Meere. Dabei wird das Material der Landschaft langsam abgetragen und sammelt sich am Boden der Ozeane. Die Kontinente verlieren somit an Masse, und der Meeresboden wird langsam erhöht.

Da das Alter der Gebirge zwischen 70 Millionen und drei Milliarden Jahren betragen soll, hatten die Flüsse zum Abtransport des Erosionsmaterials genügend Zeit. Wenn man die gegenwärtige Menge des in die Ozeane gespülten Materials mit dem Volumen der gesamten Kontinente, das über dem Meeresspiegel liegt, vergleicht, kommt man zu dem rechnerischen Ergebnis, daß in weniger als 15 Millionen Jahren kein Berg mehr auf der Welt existieren dürfte, da alles vorhandene Erd- und Felsmaterial in die Ozeane und Meere gespült worden wäre. Voraussetzung ist natürlich wieder eine gleichbleibende Rate über den ganzen Zeitraum hinweg. War früher ein beschleunigter Prozeß zu verzeichnen, verringert sich das errechnete Alter der Gebirge proportional.

Das bisher in die Ozeane gespülte Erosionsmaterial kann man andererseits durch Bohrungen messen. Nimmt man wieder die gegenwärtige Erosionsrate als Maßstab, ergibt sich ein Zeitraum von 15 Millionen Jahren, der benötigt wird, um die meßbar vorhandenen Sedimente am Meeresgrund einzuspülen.[129]

Die Erde könnte analog diesen Überlegungen nicht älter als diese 15 Millionen Jahre sein. Das ist immerhin mehr als 50mal weniger, als das tatsächliche Alter der Kontinente betragen soll. Wären die Kontinente drei Milliarden Jahre alt, gäbe es keine Berge mehr, und die Ozeane wären mit eingeschlemmten Material *aufgefüllt*.

Da die beiden kritischen Betrachtungen, Salzgehalt und Sedimentmenge, unabhängig voneinander ähnliche Extremwerte für das Erdalter ergeben haben, müßte die Betrachtung schlüssig sein. Fragt sich nur: Wie jung sind unsere Berge und Gebirge wirklich?

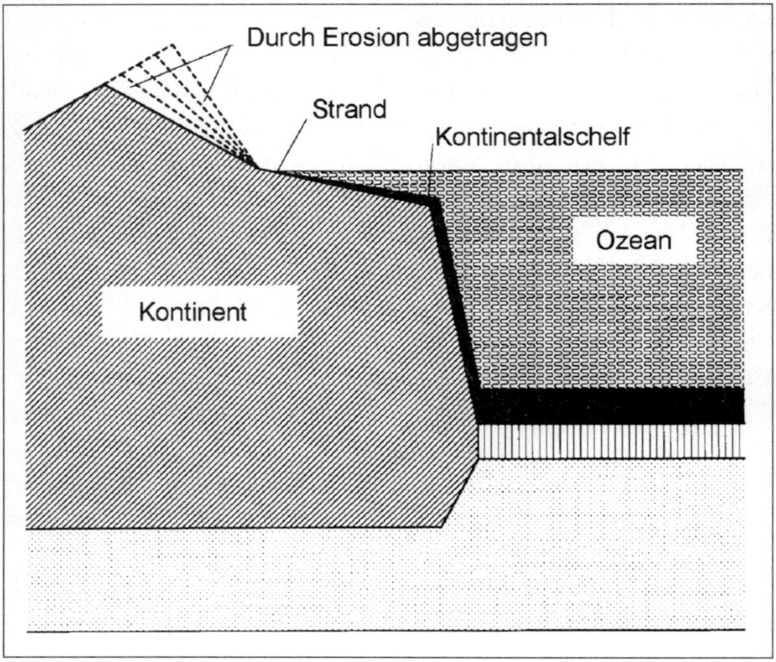

Abb. 35: ***Erosionsmantel.*** *Das Erosionsmaterial in Form von Geröll, Sand, Kies und Lehm wird durch die Flüsse in die Seen und Ozeane transportiert. Aufgrund dieser Überlegung kann die Erde nicht älter als 15 Millionen Jahre alt sein, da in diesem Zeitraum bei einer konstanten Erosionsrate alle Hügel und Berge abgetragen sein müßten oder aber die Meere eingeschlemmt wären. Dieser Zeitraum stellt einen Maximalwert dar und muß aufgrund einer anfänglich wesentlich höheren Erosion wesentlich kleiner sein. Die heute vorhandenen Berge und Gebirge sollen aber Hunderte von Millionen Jahre alt sein. Außerdem müßte in den Seen und Meeren eine wesentlich dickere Sedimentschicht lagern als wir heute verzeichnen können.*

Betrachtet man die Mündungen der großen Flüsse, fallen die in das Meer ragenden Deltas auf, die durch das erodierte und im Fluß mitgeführte Material entstehen. Sollten die Geologen recht haben, daß die jüngsten Gebirge ein immer noch hohes Alter von 70 Millionen Jahre aufweisen, müßten viele Flüsse auch so alt sein. Dafür

weisen aber alle Flußdeltas dieser Welt eine zu geringe Größe auf. Sind die Flüsse also wesentlich jünger als die Berge? Gab es vor der Sintflut gar keine Flüsse oder sind auch die Berge entsprechend jünger? Diese Überlegung gilt analog auch für alte Binnenmeere und Seen, die auch schon lange verlandet sein müßten.
Der Wasserspiegel der Ozeane ist zu Zeiten der Sintflut um weit über 100 m, vielleicht bis zu 200 m gestiegen. Demzufolge liegen die alten Flußdeltas unter der heutigen Wasseroberfläche. Aber auch sie weisen eine nicht genügende Größe auf, um ein Alter von -zig Millionen Jahre zu dokumentieren. Eine relativ junge, vor kurzer Zeit entstandene Erdoberfläche würde das Rätsel ohne jeden Widerspruch lösen.

Tropfsteinhöhlen

Ein beliebtes Beispiel und angeblicher Beweis für das Alter der Erde sind die Tropfsteinhöhlen. Die Tropfsteine, Stalaktiten und Stalagmiten, sollen uralt sein, da die langsam und in größeren Abständen fallenden Tropfen lange Zeiträume brauchen, um diese Türmchen oder Zapfen zu bilden. Die Tropfsteine werden aus den Kalkablagerungen des Wassertropfens gebildet, die das kohlensäurehaltige Wasser zuvor aus dem Kalkgestein gelöst hat.
Bei der Berechnung des Alters der Tropfsteine geht man von der gegenwärtigen Wachstumsrate aus und rechnet diese aus der vorhandenen Größe hoch. Soll das Ergebnis stimmen, darf während der Vergangenheit keine Änderung eingetreten sein.
Beton oder auch normaler Mörtel beinhaltet hydraulische Bindemittel. Sind Abdichtungen wie bei Brücken oder Balkonplatten undicht, fließt das Wasser in die Konstruktionsteile durch die fast immer im Beton vorhandenen Haarrisse. An der Unterseite der Betonteile tritt das Wasser durch die vorhandenen Risse mit dem gelösten Kalziumbikarbonat aus und bildet Zapfen, einen modernen Tropfstein. Auch in Tiefgaragen und anderen unterirdischen Gebäudeteilen, die direkt unter Hofflächen liegen und ungenügend gegen einsickernde Feuchtigkeit geschützt sind, findet man diese

amorphen Kalksinterzapfen. Bemerkenswert ist die Schnelligkeit, in der diese neuzeitlichen Tropfsteine wachsen, falls der Wasserzutritt nicht gestoppt wird. Werden keine neuen Risse gebildet, erschöpft sich der Kalkvorrat in diesem Bereich, und der Vorgang einer weiteren Tropfsteinbildung verlangsamt sich mit der Zeit.
Genau dieser Vorgang lief auch in der Natur ab. Die Risse im Kalkgestein schlämmten sich mit der Zeit zu, und der Kalziumgehalt des Gesteins nahm ab. In früherer Zeit floß somit mehr Wasser durch die Felsspalten und konnte auch mehr Kalkbestandteile lösen. Am Boden der Höhlen sind meistens großflächige dicke Kalkschichten zu sehen, auf denen man leicht ausrutschen kann. Diese Schichten zeugen von dem ursprünglich reichlicher vorhandenem Wasser, das geflossen zu sein scheint. Aus den genannten Gründen nimmt das Wachstum der Tropfsteine im Laufe der Zeit automatisch ab, und sie sind daher kein Beweis für ein hohes Alter der Erde.

Tropische Korallen

Ein weiteres Zeugnis für eine uralte Erde betrifft die Korallen als Bewohner der Ozeane in tropischen Breiten. Sie sterben ab, wenn die Wassertemperatur weniger als 20 °C aufweist. Deshalb folgert Hans Queiser: »Bei einem erdweiten, durch einen Asteroideneinsturz hervorgerufenen ›nuklearen Winter‹ wären nicht nur die Ammoniten, sondern auch die Korallen ausgestorben.«[130]
Durch diese Feststellung wurde eine weltweite Sintflut in den Bereich blühender Phantasie gerückt. Die Anhänger der Evolutionstheorie freuten sich über den wissenschaftlich durchaus gerechtfertigten Einwand, aber die neueste Forschung wurde zu diesem Zeitpunkt noch nicht gebührend berücksichtigt. Das Rätsel des Aussterbens der Ammoniten hatte ich schon gelöst. Wieso konnten die Korallen aber weiter existieren?
Eine Untersuchung von O. B. Toon aus dem Jahr 1984 ergab, daß die Ozeane dank ihres großes Wärmespeichervermögens nur in geringem Maß abkühlten, während die Temperatur der Atmosphäre

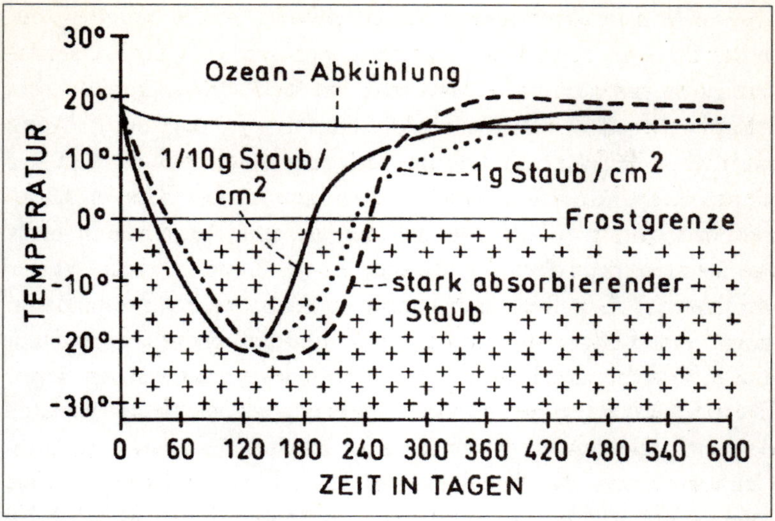

***Abb. 36: Temperaturen in den Meeren.** Die Temperaturen in den Ozeanen nahm bei einem größeren kosmischen Einschlag – wie dem Dinosaurier-Impakt – dank des Wärmespeichervermögens nur in geringem Maße ab. In der Nähe der Erdoberfläche kühlte die Atmosphäre dagegen nach vier bis fünf Monaten bis zu –20 °C ab.*

in Bodennähe vier bis fünf Monate nach dem Impakt auf bis zu –20 °C abnahm.[131, 132]

Durch die Anreicherung verschiedener Treibhausgase in der Atmosphäre (Kohlenmonoxid, Kohlendioxid, Stickoxide, Methan), die durch den Impakt produziert wurden, entstand ein Treibhauseffekt. Bohrkerne aus dem Südatlantik haben gezeigt, daß ein rascher Anstieg um 5 °C am Meeresgrund nachgewiesen werden konnte.[132]

Durch eine Erhöhung der Temperatur liegen wiederum andere Voraussetzungen vor. Die tropischen Korallen haben sich in dem wärmeren Wasser nach dem Impaktgeschehen wahrscheinlich wesentlich wohler gefühlt und sogar mehr Kalk produziert. Da die Bildungsrate in dieser Zeit dann höher als heute war, stimmt die Berechnung des Alters der Korallenbänke auch nicht, wenn man von den heutigen Gegebenheiten ausgeht.

Lebende schwimmende Dinosaurier?

Einige Biologen und Meeresforscher, so Prof. Dr. A. Jabolow, sind überzeugt, daß in den Tiefen des Indischen Ozeans und im südwestlichen Teil des Stillen Ozeans zwischen dem 25. und 35. Grad südlicher Breite Schwimmdinosaurier, Plesiosaurier oder Mosasaurier, existieren. Berichte über Sichtungen saurierähnlicher Meerbewohner gibt es viele.[133]

Im Jahr 1977 holte ein japanisches Fischerboot mit 18 Mann Besatzung vor der Küste von Neuseeland ihr Fischernetz aus ungefähr 250 m Tiefe herauf. Darin befand sich ein knapp zehn Meter langes übelriechendes Objekt. Es war bereits in der Verwesung begriffen und vielleicht seit einem Monat tot. Der Körper war knapp zwei Tonnen schwer und besaß vier fast gleich große Flossen, jeweils zwei vorne und hinten am Rumpf. Außerdem hatte das Monster eine Wirbelsäule, einen flossenlosen Schwanz, und der Kopf saß auf einem langen Hals.

Ein Besatzungsmitglied machte fünf Fotografien. Außerdem wurde ein Stück einer Flosse abgeschnitten. Dann wurde der Kadaver wieder ins Meer geworfen, da er sonst den Fischfang verdorben hätte.

Aufgrund der Fotos konnte das Tier nicht einer uns bekannten Tierart zugeordnet werden. Die chemische Untersuchung des Flossenstücks ergab Ähnlichkeiten mit einem Fisch oder Reptil. Übereinstimmungen mit einem Säugetier, als Beispiel Wal, konnten nicht gefunden werden. Die gesamte Größe, der lange Hals und die Wirbelsäule, eigentlich das allgemeine Merkmal für Säugetiere, standen allerdings im Widerspruch zu der Vermutung, daß es sich um einen unbekannten Fisch oder eine ungewöhnliche Haiart handeln könnte. Außerdem besaß es vier gleich große Flossen, die in dieser Anordnung und Größe kein bekanntes schwimmendes Tier aufweisen kann. Das tote Tier hatte Ähnlichkeit mit einem Plesiosaurier, der allerdings vor 64 Millionen Jahren ausgestorben sein soll. Japan brachte anläßlich dieser Entdeckung eine Briefmarke mit der Abbildung eines Plesiosauriers heraus.

Bernhard Heuvelmans berichtet von einer unglaublichen Sichtung

78, 79 Der Ayers Rock in Australien ist kein langsam gewachsener Monolith. Dieser Felsblock besteht aus Sandstein, der während der Sintflut als Sand-Wasser-Gemisch aus einer unterirdischen Schicht durch Überdruck an die Oberfläche gespült wurde. Durch Vermischung mit Kalzium erhärtet das Gemenge schnell zu »Beton«. Auf dem Bild 78 erkennt man noch Löcher, die das ursprüngliche Wasser in Form von Blasen enthielt. Beim Abbinden des »Betons« verdunstete das Wasser, und es blieben Hohlkammern zurück. Die Oberfläche des Ayers Rock ist glatt wie bei Beton. Dies stellt jedoch nicht das Ergebnis einer langsamen Erosion durch Wasser dar.

80 Der Grand Canyon in Arizona. Kann der kleine Colorado River diese umfangreiche Erosionsarbeit geleistet haben? Wenn man genau hinsieht, erkennt man vier Bereiche der unterschiedlichen Aufschüttung der Sedimente. Warum sind die Abrißkanten steil und nach Millionen von Jahren noch nicht eingefallen, wenn der Colorado River andererseits in der Lage war, sich in den Fels einzufressen?

80

81

82

81 Gefaltene Gebirge, wie in diesem Beispiel nahe des Sullivan River in Kanada, können nur in weichem Zustand verformt worden sein. Wären diese Sedimentschichten kalt verformt worden, müßten Risse zu sehen sein.

82 Ein als Rolle in weichem Zustand verformter Felsen im Split Mountain, Kalifornien.

83 Die Welle am Paria River. Zwei übereinander liegende unterschiedliche Felsformationen. Beide Schichten wurden in nassem Zustand zu unterschiedlichen Zeitpunkten so geformt und erhärteten schnell. Eine langsame Ablagerung von Mikrolebewesen oder langsame Ablagerung von im Flußwasser gelösten Sedimenten kommt als Erklärung für die Entstehung dieser Gesteinsformationen nicht in Frage.

85

84 *Schnelle Aufschichtung von Sedimenten während des Vulkanausbruchs des Mount St. Helens. Die Verfestigung erfolgte in fünf Jahren. Der Mann oben am Rand des Berges gibt einen Eindruck von dem Größenverhältnis.*

85 *In einer Trockenperiode sind auf dem Boden des Spirit Lake (Mount St. Helens) umgestürzte Baumstümpfe zu sehen, die dort nicht gewachsen sind. Sie wurden mit den Wassermassen angespült.*

86 *Über eine Million Baumstämme wurden vernichtet und in den Spirit Lake gespült.*

87 *Die zersplitterten und versteinerten Baumstämme im Petrified Forest liegen direkt auf der Oberfläche nach zig Millionen Jahren, abgelagert während der Sintflut. Vergleiche das obere Bild!*

86

87

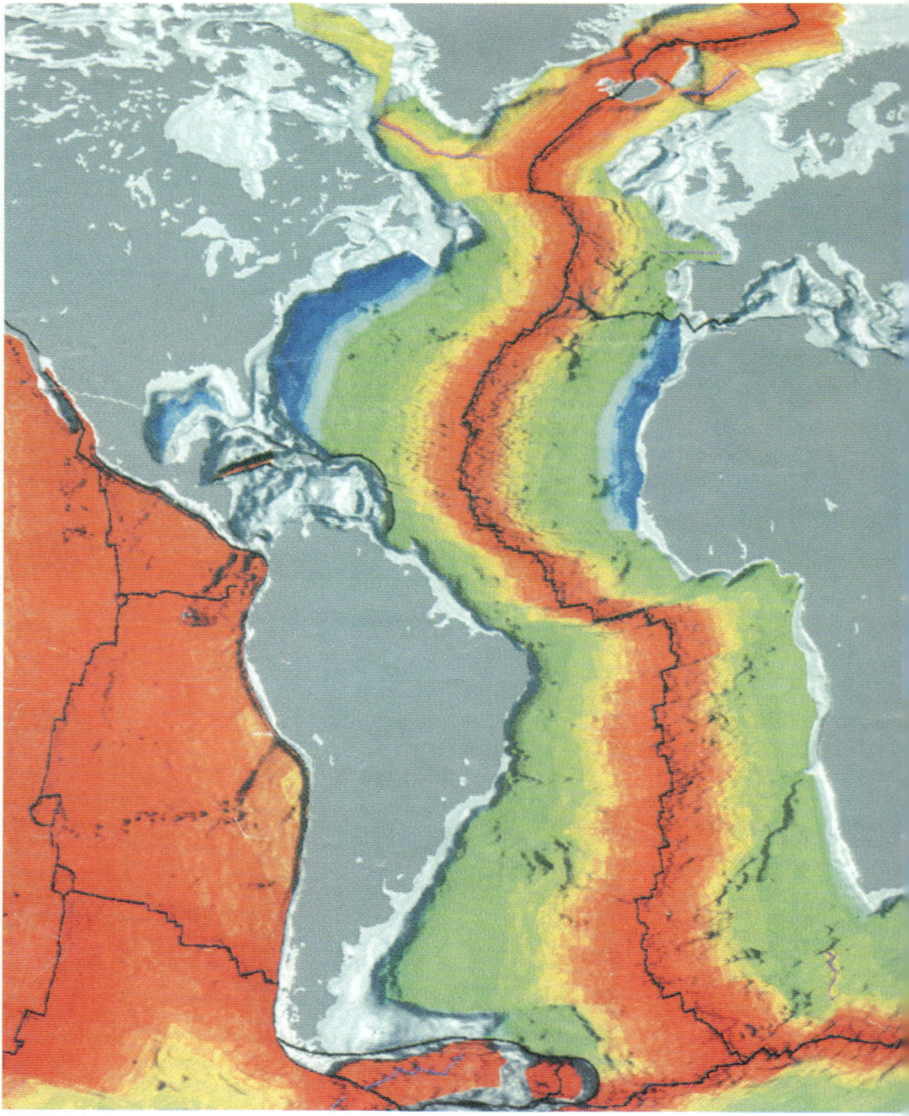

88

89

88 Mit Hilfe von Satellitenaufnahmen wurde eine digitale Alterskarte des Meeresbodens entwickelt. Die jüngsten Gebiete sind rot dargestellt. Danach folgen gelb, grün und blau. Der <u>ganze</u> pazifische Meeresboden ist am jüngsten genauso wie die Bereiche entlang des Mittelatlantischen Rückens im Atlantik.

89 Auf der Basis von Radaraufnahmen des Radarsatelliten ERS-1 wurde dieses Bild der Erde von Michael Anzenhofer entwickelt. Man erkennt deutlich das Loch im Bereich des Pazifik. Bild: Vom Verfasser farblich bearbeiteter Bildausschnitt der Gesamtdarstellung unserer Erde als »Kartoffel«.

91

90, 91 Auf der akkadischen Stele des Naram-Sin (2300 v. Chr.) sind deutlich zwei Sonnen abgebildet.

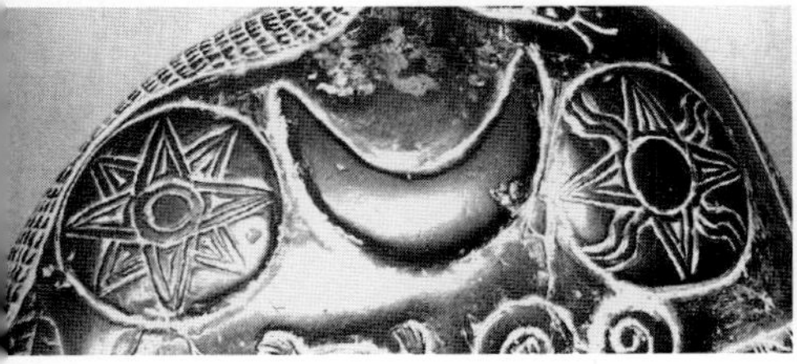

93

92, 93 Diese mittelbabylonische Kuderra um 1100 v. Chr. zeigt deutlich zwei Sonnen und den Mond.

94, 95 Das akkadische Rollsiegel (2500 v. Chr.) zeigt unser Sonnensystem mit 11 anstatt den uns bekannten 10 Planeten, wenn man den Mond einbezieht. Zwischen Mars und Jupiter wurde an der Stelle des Planetoidengürtels ein großer Planet eingezeichnet. Es fällt die verkehrte Position des Pluto auf. Sah unser Sonnensystem früher so aus?

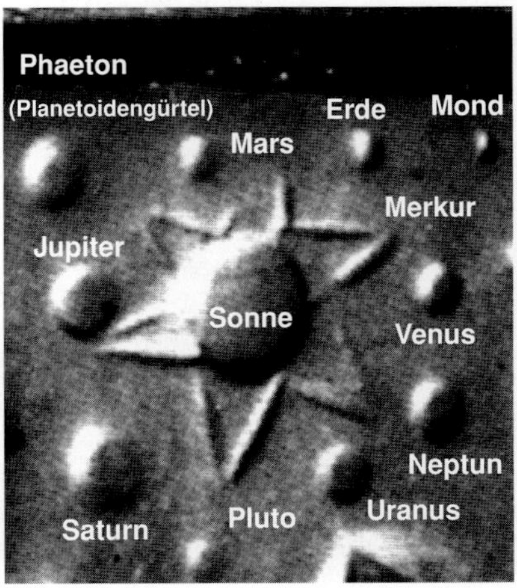

95

96

99

96 Diese 10 m lange Kreatur wurde 1977 von einem japanischen Fischerboot gefangen. Es stell wahrscheinlich einen angeblich vor 64 Millionen Jahren ausgestorbenen Plesiosaurier dar.

97 Der Nessie ähnelnde Kadaver (Bild 96) von hinten betrachtet. Man kann sehr gut di Rückenwirbel erkennen: es handelt sich nicht um einen Fisch oder Hai.

98 Der Kadaver an Deck des Schiffes, wo er ungefähr eine Stunde lag, bevor er in die Se geworfen wurde.

99 Das Ungeheuer von Loch Ness (Nessie) als Nachbildung eines Plesiosauriers.

100

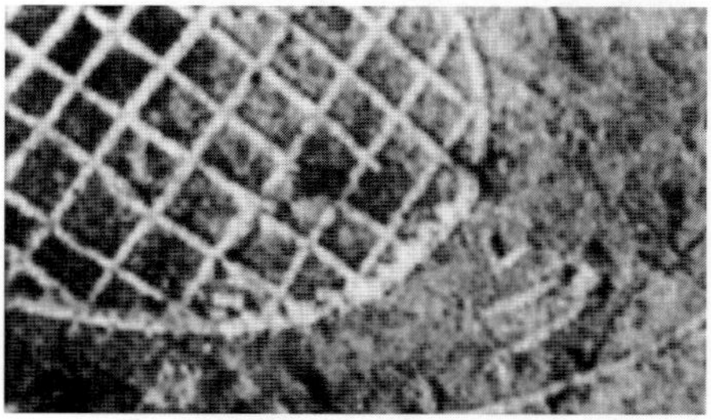

101

100, 101 Mikrokopische Aufnahmen der Steinoberfläche und Ritzungen der Steine von Ica mit altersbedingter grobkörniger Oxydation.

102 Dinosaurier und Menschen mit Fernrohren sind gemeinsam auf einem »Ica-Stein« abgebildet. Abzeichnung durch die Peruanische Luftwaffe.

103, 104 Realistische Abbildungen von Dinosauriern auf den alten Steinen vin Ica, Peru. Phantasiebilder oder Zeugnis der Koexistenz von Urtieren und Menschen? Kannte man in Urzeiten den Gebrauch von Fernrohren?

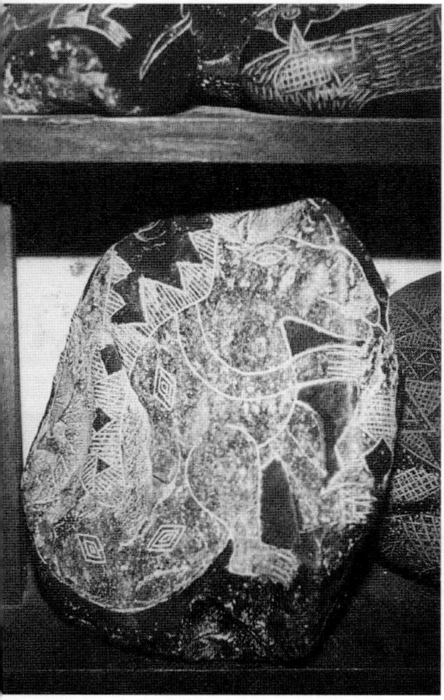

104

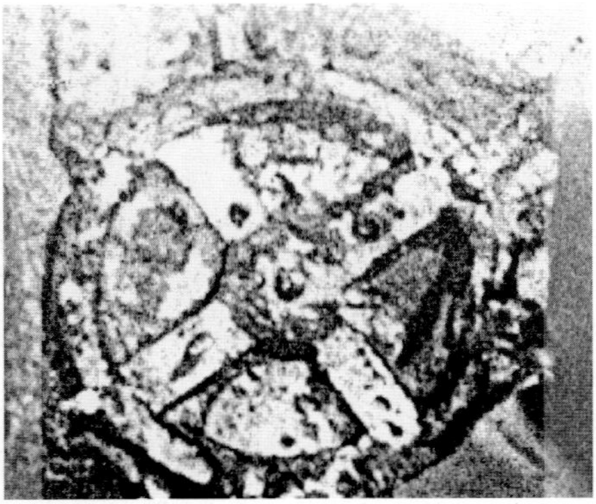

105

107

108

105 Die 2000 Jahre alte Maschine von Antikythera.

106 Die alte elektrische Batterie von Bagdad, Irak.

107 Darstellung von Glühbirnen im Tempel von Dendera, Ägypten.

108 Im Sethostempel von Abydos, Ägypten, befinden sich diese Darstellungen eine Kampfhubschraubers, Panzers, Unterseeboots und eines Maschinengewehrs.

bei der Versenkung des britischen Dampfers Iberian durch das deutsche U-Boot »U 28« im Nordatlantik.[134] Nachdem das Schiff torpediert und versenkt war, soll es unter Wasser eine Explosion gegeben haben. Von dem Kommandanten und einigen seiner Offiziere wurde kurz danach ein riesiges Monster gesichtet. Es schoß etliche Meter hoch in die Luft, wand und krümmte sich. Nach einigen Sekunden versank es wieder in den Fluten des Atlantik. Das Ungeheuer soll eine Länge von ungefähr zwanzig Metern gehabt haben und erinnerte an ein übergroßes Krokodil mit Schwimmhäuten zwischen den Zehen.[135]

Bei Falmouth in Cornwall, England, wurden in den siebziger Jahren mehrere Meeresungeheuer gesichtet, die Morgawr genannt wurden. Im Jahr 1976 wurden sogar zwei Fotos (angeblich Fälschungen) gemacht, die ein Tier mit mehreren Höckern auf dem Rücken und einem langen Hals mit kleinem Kopf zeigen.[135]

Glaubwürdige Sichtungen der verschiedensten Seeungeheuer in der jüngsten Vergangenheit gibt es viele. Lange wurde die Existenz von Riesenkalmaren in den Bereich der Fabel verwiesen. Darstellungen dieser riesigen Tiere auf alten Seekarten schienen aus Angst vor dem Ungewissen vorgenommen worden zu sein, entsprechen aber der Wirklichkeit.

Ein Riesenkalmar mit einer Größe von knapp acht Metern wurde am 30. November 1861 vor Teneriffa entdeckt. In den letzten Jahren gab es ähnliche Sichtungen und auch Funde. Diese Tiere leben in größeren Tiefen, so daß man sie kaum zu Gesicht bekommt. In Walmägen hat man aber Reste von diesen Tieren gefunden, die darauf hindeuten, daß es Riesenkalmare von 20 m oder auch sogar bis zu 30 m Länge gibt.

Vor Hawaii wurde im Jahr 1976 eine bis dahin unbekannte Haiart aus dem Pazifik gefischt. Dieses Tier, genannt Megamouth, war viereinhalb Meter lang und besaß ein großes Maul, um möglichst viel Plankton aufzunehmen. Ein zweites Exemplar des Megamouth (Großmaul) wurde 1984 vor Kalifornien gefangen.[135] Es gibt also durchaus noch unbekannte größere Bewohner der Meere.

Die Seen in Nordamerika und Schottland wimmeln von Ungeheuern, wenn man den Beobachtern glauben will. Es gibt kaum einen amerikanischen oder kanadischen Bundesstaat, der nicht mindestens ein Gewässer mit einem Ungeheuer aufweisen kann. Besonders viele Monster gibt es in den Staaten New York und Wisconsin.

Alte indianische Sagen berichten von einem furchteinflößenden Ungeheuer im Champlain-See im Staat New York. Samuel Champlain, nach dem der See benannt wurde, sah das Tier im Jahr 1609 mit eigenen Augen. Seitdem wird es liebevoll Champ genannt.[135] Auch bis zum heutigen Tag wird dieses Ungeheuer angeblich immer wieder gesichtet.

Im Okanagan-See in British Columbia (Kanada) wurde über zweihundertmal eine riesige Seeschlange gesehen, die ein Dinosaurier vom Typ Basilosaurus sein könnte. Den am See lebenden Indianern ist dieses Wesen seit Jahrhunderten unter dem Namen Naiaka bekannt und wird heute offiziell Ogopogo genannt.[136]

Im Lake Pohengamook bei Quebec, in der Chesapeak Bay bei Vancouver, im Flathead See in Montana und anderen Seen in Schottland wurden mehrfach Ungeheuer gesehen und beschrieben.

In der russischen Zeitung »Komsomolskaja Prawda« wurde im Jahr 1964 von einem furchtbaren Ungeheuer berichtet, das der Biologe Professor Gladkikh im Labynkyr-See von Jakutien gesehen haben will. Das Monster soll einem fischförmigen, kriechenden Ichthyosaurier geglichen haben. Es tauchte auf, schwamm an Land und drang ins Festland vor.[136]

Der bekannteste Vertreter seiner Art ist sicher Nessie. Bereits im Jahr 565 n. Chr. wird in den Chroniken von dem Mönch und Klosterbauer St. Columba berichtet, der zufällig der Beerdigung eines Opfers des Seeungeheuers am Loch Ness beiwohnte. Anschließend bannte der Heilige das sich zeigende Monster durch die Kraft des Gebetes. Durch dieses Ereignis wurden die Schotten zum Christentum bekehrt.

Der schottische Dichter Sir Walter Scott (1771–1832) vermerkte im Jahr 1827 in seinem Tagebuch, daß versucht wurde, die legendäre Wasserkuh zu fangen. Ein Taucher sah 1880 ein großes Ungeheuer unter Wasser, und 1933 war das Ehepaar Spicer Zeuge, als *Nessie* die Straße A 82 überquerte. Es hatte einen kleinen Kopf, einen langen Hals, einen dicken Körper, vier Flossen und war acht bis neun

Meter lang. Im Maul trug es irgendein Tier. Nach kurzer Zeit watschelte es auf seinen großen Schwimmflossen ins Wasser. Es ist eigentlich die genaue Beschreibung eines Plesiosauriers, ähnlich dem Kadaver, den das japanische Fischerboot gefangen hatte. Zufällige Parallelen? Allerdings wußte man 1933 noch nicht, daß man 1977 ein ähnliches Tier, wenn auch als Kadaver, fangen würde.
Insgesamt wurde Nessie angeblich mehrere hundertmal gesichtet. Ein an der Südostecke des mindestens 325 m tiefen Sees aufgestelltes Sonargerät zeigte am 28. August 1968 ein großes Objekt mit einer enormen Geschwindigkeit auf dem Schirm. Im Oktober des Jahres 1987 fuhr eine ganze Flotte von zwanzig Booten mit Sonargeräten in einer Linie nebeneinander über den See hin und zurück. Es wurden drei mysteriöse Gegenstände geortet, die bei der zweiten Messung nicht mehr vorhanden waren. Die Ortungen wurden in größerer Tiefe als der normale Lebensraum der im See lebenden Fische gemacht. Es gibt auch einige, jedoch oft unscharfe Fotos von Nessie, die jedoch als Fälschungen dargestellt werden.
Daß in einem abgeschlossenen Lebensraum eine Saurierart 64 Millionen Jahre überlebt, erscheint wenig wahrscheinlich, auch wenn Nessie sich anscheinend über Land fortbewegen kann. Da in benachbarten schottischen Seen ebenso Ungeheuer gesichtet wurden, spricht vieles für die Landtauglichkeit des Ungeheuers. Für die Aufrechterhaltung der Spezies müßte es aber mehrere Exemplare geben, was aufgrund der Sonarkontakte und Sichtungen nicht aus-

Abb. 37: Saurier-Briefmarke. *Diese Briefmarke gab Japan 1977 heraus. Sie stellt den vor Neuseeland gefangenen Kadaver als Plesiosaurier dar.*

geschlossen scheint. Sollten die Dinosaurier noch vor ein paar tausend Jahren bis zur Sintflut gelebt haben, wird die Existenz von Ungeheuern, wie der Plesiosaurier im Meer oder auch in verschiedenen Seen auf der ganzen Welt, wesentlich glaubhafter. Dieser relativ kurze Zeitraum kann auch von wenigen, eventuell langlebigen Tieren überbrückt werden.
Im Mittelalter wußte man von Drachen zu berichten, die von einem mutigen Ritter getötet wurden. Der berühmte Drachenstich ist geradezu ein »geflügeltes« Wort. Handelt es sich hierbei um eine reale Szene? Gab es im Mittelalter noch große Echsen, vielleicht auch kleinere Dinosaurier von der Größe des Komodowarans, die die Sintflut überlebt hatten?
Die Wikingerschiffe waren mit Drachenköpfen verziert, und der »Heilige Georg« soll die Stadt Beirut von einem Drachen befreit haben. Darstellungen von Drachen gibt es auf der ganzen Welt – besonders in Fernost –, und man kennt auch prähistorische Zeichnungen von Dinosauriern (siehe Foto 102 und 103), die jedoch gerne als Fälschungen dargestellt werden.
Lebten die Dinosaurier noch vor kurzer Zeit oder hat Michael Buhl recht, der im Magazin »PM« schreibt: »Frühe Knochenfunde könnten die Erklärung dafür sein, daß schon in der Steinzeit die Mythen von den furchteinflößenden Ungeheuern entstanden.«[137] Machten sich bereits unsere Vorfahren tiefschürfende Gedanken über große Knochenfunde. Woher kannten sie überhaupt entsprechende Skelette? Gruben sie danach? Reste von Dinosauriern können nach -zig Millionen Jahren nicht einfach ohne zu zerfallen an der Erdoberfläche liegen.

Lebende Fossilien

Das berühmteste Beispiel eines lebenden Fossils ist der Quastenflosser. Dieser Fisch ist uns aus Versteinerungen sehr gut bekannt und galt lange als seit mindestens 64 Millionen Jahren ausgestorben. Ich kann mich noch an meinen Schulunterricht erinnern, wo uns dieses Tier, aufgrund der auf Stummeln sitzenden Flossen, als

landgehender Fisch und damit als Bindeglied zwischen Meer- und Landbewohner überzeugend dargestellt wurde.
Diese Ansicht stellt sich jedoch als unhaltbar heraus. Der Grund liegt in den viel zu schwachen Flossen, die auf den Stummeln sitzen. Sie können ein relativ großes Tier mit -zig Kilogramm Lebendgewicht nicht tragen, weder an Land noch im Wasser.
Das fehlende Glied in der unendlichen Kette der Evolution, das heißt ein Tier, das zuerst an Land ging und sich dann zum Säugetier oder Reptil entwickelte, fehlt noch immer. Man wird es auch nicht finden, da es die Evolution in diesem Sinn nie gegeben hat.
Vor den Komoren in der Nähe Madagaskars wurde im Jahr 1938 ein lebendiger Quastenflosser gefangen, und der deutsche Meeresbiologe Hans Fricke filmte dieses Tier in seiner natürlichen Umgebung in zweihundert Metern Tiefe. Ist es nur eine Laune der Natur, daß eine Spezies -zig Millionen Jahre in seiner ursprünglichen Form überlebte, oder handelt es sich bei den Versteinerungen um Zeugnisse der Sintflut? Auf jeden Fall entspricht ein überlebendes Tier aus der Vorzeit nicht dem Evolutionsgedanken, auch wenn die Anhänger der Evolution mit einem zwinkernden Auge argumentieren, daß die Natur durch unglaubliche Zufälle eben regelrechte Wunder vollbringt.
Weniger als ein Wunderwerk darf es aus wissenschaftlicher Sicht zur Begründung einer nicht bewiesenen These auch gar nicht sein. Aber wer stört sich schon an unendlich vielen Zufällen und das auch noch in der richtigen Reihenfolge, wenn angeblich genügend Zeit zur Verfügung stand? Nur eines ist klar: Ein lebendes Fossil widerspricht dem Evolutionsgedanken und der damit verbundenen immer fortwährenden Anpassung und Fortentwicklung in einer grundsätzlichen Art und Weise.
Wenn sich Leitfossilien in Urzeiten gemäß den theoretischen Grundlagen der Evolutionstheorie langsam zu einem anderen Tier weiterentwickelt haben sollen, stellt sich die entscheidende Frage: Wieso gibt es heute überhaupt noch seit Urzeiten unverändert lebende Exemplare. Warum findet man nicht einen geringfügig oder auch nur *etwas* weiter entwickelten Quastenflosser? Wenn es diese Tiere seit 64 Millionen Jahren gibt, müßten sie in den ver-

schiedensten Entwicklungsstufen auf der Erde existieren und nicht nur das uralte Ausgangsmodell, oder spielt der Zufall wieder *die* entscheidende Rolle, entgegen jeder Logik und statischen Wahrscheinlichkeit? Die Bildung eines neuen Tieres kann nur durch Veränderung des Erbguts in ganz kleinen Schritten erfolgen, der Grundvoraussetzung für eine erfolgte Evolution.
Wenn sich der Quastenflosser allmählich weiter entwickelt haben sollte und es das Ursprungstier nach 64 Millionen Jahren *auch heute* noch gibt, müssen sehr *viele halbfertige Entwicklungsarten* in Form von uns nicht bekannten Tierarten existiert haben. Da es heutzutage immer nur anscheinend *perfekte* Tiere gibt, kann es eine Evolution nicht gegeben haben. Denn die Vorläufermodelle müßten in *biologischen Nischen* bis zum heutigen Tag überlebt haben, zumindest im Einzelfall.
Nach dem *Missing link* (fehlende Übergangsform) wird von der Wissenschaft verzweifelt gesucht. *Das eigentliche Problem wurde bisher aber gar nicht diskutiert*: Jede Übergangsform zwischen zwei Tierarten muß nicht nur aus einer einzigen Spezies, sondern aus unzähligen etwas unterschiedlich weiterentwickelten *Missing links* besten! Jede Übergangsform muß eine ganze *Entwicklungsreihe* mit vielen Einzelstufen darstellen, denn die Evolutionstheorie geht von einer *allmählichen Veränderung* im Laufe der langen Erdzeitgeschichte gemäß den Theorien von Darwin und Lyell aus.
Grundsätzlich stellt sich die Frage, ob ein halb- oder teilentwickeltes Tier überhaupt überlebensfähig war, da die Veränderungen, beispielsweise die Weiterentwicklung von einer Flosse zum Fuß, nur in ganz kleinen Schritten erfolgen konnte. Ein noch nicht zu seinem Endstadium entwickelter Fuß stellt für dieses Tier aber keine Fortentwicklung, sondern eine *regelrechte Behinderung* dar. Waren diese Geschöpfe überhaupt lebensfähig und *besser angepaßt als ihre Vorgänger*? Eindeutig nicht!
Um jedoch einen entsprechenden Beweisnotstand zu vermeiden, sollten Anhänger der Evolutionstheorie einfach dazu übergehen zu behaupten, daß sich der Übergang von einer Tierart zur anderen ganz schnell, praktisch in voll entwickeltem Zustand, quasi als

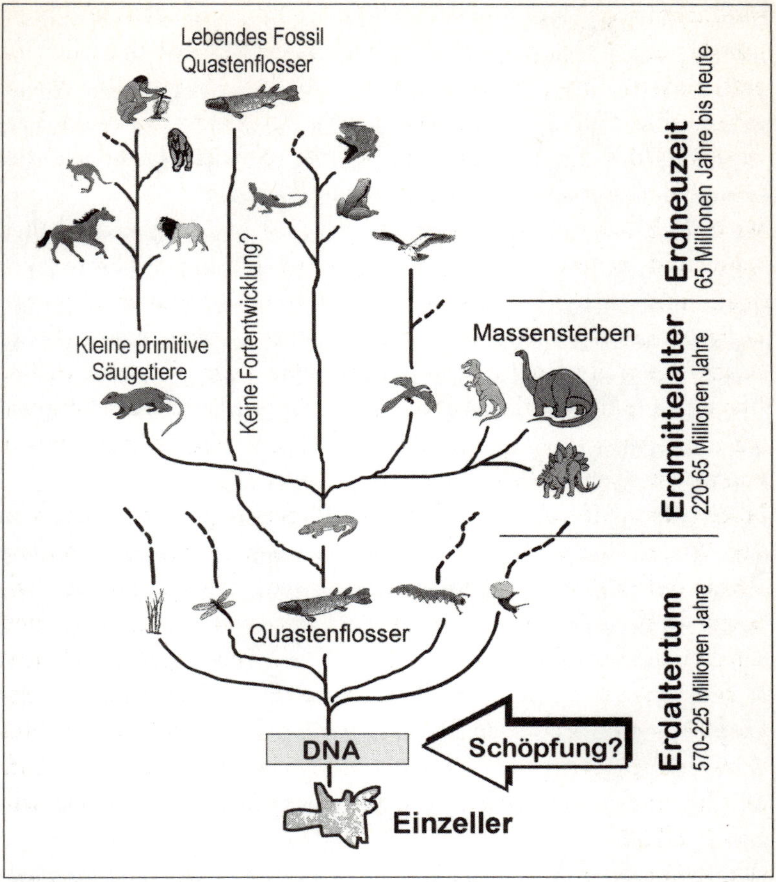

Abb. 38: Evolutionsbaum. *Diese vereinfachte Darstellung der Makroevolution zeigt die Entwicklung der Lebewesen. Völlig ungeklärt ist die Frage, woher eine biologische Zelle den genetischen Code erhalten könnte. Fand eine Einflußnahme von außen statt? Stehen wir kurz davor, auf dem Mars ein ähnliches biogenetisches Experiment zu starten? Der Quastenflosser als angebliche Übergangsform vom Meer- zum Landbewohner lebt ohne jede Fortentwicklung auch noch nach -zig Millionen Jahren. Widerspricht das lebende Fossil dem Grundgedanken der Evolution mit der postulierten Verdrängung weniger gut angepaßter Arten nicht in einer grundsätzlichen Art und Weise? Warum überlebten nicht die vielen Zwischenstufen des weiterentwickelten Quastenflossers und auch anderer Tiere? Im Falle der Evolution existierten die weiterentwickelten Lebewesen nacheinander, im Falle der Schöpfung lebten die Geschöpfe zeitgleich miteinander.*

Hyper-Makroevolution vollzog. Alle von mir aufgezeigten Widersprüche wären damit ganz einfach zu erklären, eben da man gar nichts mehr erklären braucht. Ich bin überzeugt, daß wir als Allgemeinheit eine entsprechend ernsthaft vorgebrachte wissenschaftliche These blindlings glauben würden. Bleibt aber die Frage: *Wie* vererbt ein solches Tier seine Fähigkeiten weiter?
Wie auch immer, ein anderes Beispiel für ein lebendes Fossil bildet der Komodowaran. Berichte der Eingeborenen über lebende Drachen wurden lange als Phantasieprodukt eingestuft. Auf der indonesischen Insel Komodo entdeckte man das nach ihr benannte bis über drei Meter lange Reptil erst im Jahr 1912. Dieser Waran gilt als Überlebender der Ära der Dinosaurier, aber fortentwickelt hat er sich anscheinend auch nicht.
Ein sechseckig geformtes Tier von der Größe eines Fünfmarkstücks mit Reihen von schwarzen Punkten wurde 1986 im Atlantischen Ozean in der Nähe von Heißwasserquellen entdeckt. Bis zu diesem Tag seiner Entdeckung galt das Tier seit 70 Millionen Jahren als ausgestorben.[135]

Mokele-mbembe

Wie ich bereits berichtete, traf ich Dr. Baugh bei meinem letzten Besuch in Glen Rose nicht an. Er nahm an einer Expedition in Neuguinea teil. Eingeborene berichten immer wieder von größeren Untieren, die auch die Gräber der Verstorbenen plündern sollen. Es besteht die Vermutung, daß es sich um eine überlebende Dinosaurierart handeln könnte. Ein Beweis für lebende Dinosaurier konnte noch nicht erbracht werden, es gab jedoch Sichtkontakt mittels Nachtsichtgeräten mit größeren Tieren.
In den Sümpfen des Kongo in Afrika soll ein Monster leben, das die Eingeborenen Mokele-mbembe nennen. Seit 200 Jahren gibt es Berichte über dieses Tier, und es gab schon sehr früh Sichtungen nicht identifizierbarer Fußabdrücke. Bereits im Jahr 1913 brachte der Rittmeister Freiherr von Stein zu Lausnitz anläßlich einer Expedition Berichte über ein Tier mit, das die Größe eines Elefanten,

zumindest die eines Flußpferdes mit einen sehr beweglichen Hals, haben sollte.[135]

Der Schwede J. C. Johanson will 1932 auf einer Safari einem Saurier begegnet sein. Das Tier soll 16 m groß gewesen sein. Es gibt von dieser Begegnung zwar ein Bild, aber leider ist es sehr unscharf.[136]

Im Jahr 1959 soll ein Mokele-mbembe von den Eingeborenen getötet worden sein. Alle die von dem Fleisch gegessen hatten, sollen gestorben ein. Der kongolesische Zoologe Marcellin Agnagna leitete 1983 eine Expedition in die Likouala-Region und sah angeblich ein Mokele-mbembe mit eigenen Augen. Allgemein wird dieses Tier mit einer Größe von fünf bis über zehn Meter Länge einschließlich Schwanz und vier kurzen Beinen mit Klauen beschrieben. Es ist ein Pflanzenfresser und verursacht Fußabdrücke von dreißig Zentimetern Größe.[135]

Vielleicht gibt es noch überlebende Dinosaurier. Wenn sie noch vor nicht allzu langer Zeit lebten, wie ich überzeugend dargelegt habe, ist es durchaus denkbar und sogar wahrscheinlich, daß bestimmte Dinosaurierarten vereinzelt bis zum heutigen Tag existieren. Damit wären auch die Drachen in allen Sagen der Welt keine Phantasieprodukte, sondern realistische Beschreibungen überlebender Dinosaurier oder anderer Monster, zumindest jedoch eine Erinnerung an die Tage vor oder kurz nach der Sintflut.

Antike Darstellungen von Dinosauriern

Wenn die Dinosaurier vor 64 Millionen Jahren ausgestorben sein sollen und die Menschheit erst seit höchstens drei Millionen Jahren existiert, kann es eigentlich keine bildlichen Darstellungen von Urzeitwesen geben. Wenn die Idee der Evolution richtig wäre, könnte kein Mensch jemals einen Dinosaurier gesehen und mangels Kenntnis auch nicht dargestellt haben.

Einer der umstrittensten und gleichzeitig sensationellsten Funde wurde in Ica, Peru, gemacht. Der praktizierende Arzt Dr. Janvier Cabrera bekam 1966 von einem Bauern, den er kostenlos behandelt hatte, einen kleinen Stein als Briefbeschwerer geschenkt. Auf diesem Stein war ein mythologischer Vogel eingraviert. Diese Ritzzeichnung glich der Rekonstruktion eines Pterosauriers (Flugechse mit bis zu acht Metern Flügelspannweite), der vor ungefähr 100 Millionen Jahren gelebt haben soll. Vorausgesetzt, der Stein stammt nicht aus diesem Jahrhundert, stellt sich die Frage, wie man ein Tier darstellen kann, das überhaupt kein menschliches Wesen gesehen haben kann?

Woher stammt dieser gravierte Stein? Der kleine Fluß Rio Ica überflutete im Jahr 1961 die Wüste Ocucaje. Aus dem Rinnsal wurde ein reißender Strom und legte Steine aus tieferen Erdschichten frei. Darunter befanden sich einige Steine mit geheimnisvollen Gravuren. Dr. Cabrera machte die archäologisch-wissenschaftliche Arbeit zu seinem Nebenberuf und sammelte inzwischen über 12 000 Exemplare dieser gravierten Steine, die ein Gewicht von bis zu 200 kg erreichen.[138]

Die Motive auf den Ritzzeichnungen sind sehr unterschiedlich und zeigen Dinosaurier und andere prähistorische Tiere, Landkarten von unbekannten Gebieten, eine in Südamerika heute nicht vorkommende Flora und Fauna, chirurgische Operationen und Eingriffe, optische Instrumente wie Fernrohre und Lupen, Musikinstrumente, einen gestirnten Himmel mit Kometen und andere unbekannte Dinge oder mysteriöse Darstellungen.

Die Darstellungen auf den Steinen sind sensationell und dokumentieren das Zusammenleben von Dinosauriern und Menschen. Gleichzeitig zeugen sie von einem technischen Wissen, das man erst seit wenigen Jahrhunderten kennt. Die eingravierten Karten und Darstellungen von nicht in Südamerika beheimateten Pflanzen lassen auf ein umwälzendes Ereignis seit der Herstellung der Steine schließen. Kann es sich hierbei um das Sintflutgeschehen gehandelt haben?

Die gravierten Steine wurden geologisch untersucht. Sie sind durch einen *mechanischen Transport*, wie in einem Fluß oder mit den Sintflutwogen, bei *gleichzeitig auftretendem Druck* mechanisch gerundet. Es handelt sich um karbonatisierte Andesiten, die aus Schichten stammen, welche durch ausgeflossenes vulkanisches Ma-

terial gebildet worden sind. Die Laboruntersuchungen wiesen eine feine Oxydationsschicht – siehe Foto 100 und 101 – auf der Steinoberfläche nach, die auch die Gravuren überdeckt. Dadurch ist sichergestellt, daß die Ritzzeichnungen nicht nachträglich vorgenommen worden sein können. Aufgrund dieser Oxydationsschicht wird das Alter der Steine von Ica auf mindestens 12000 Jahre geschätzt. Dies entspricht der Zeit vor der Sintflut.
Die Steinzeit hat es nie gegeben, sondern diese Zeitepoche stellte nur eine Phase des katastrophalen Rückschlags der Menschheit nach der Sintflut dar. Vor dieser Zeit gab es ganz andere Bedingungen, physikalische Voraussetzungen und eine völlig andersgeartete Tier- und Pflanzenwelt. Die Zeichnungen auf den Steinen von Ica bestätigen diese Erkenntnisse und stellen reale Dinge dar.
Leider gibt es auch viele Fälschungen. Verschiedene Künstler in dieser Gegend stellen Nachahmungen für Touristen her. Dadurch wurden die Steine von Ica diskreditiert. Aber diesen Effekt gibt es überall auf der Welt. Was wird heutzutage nicht gefälscht? Auf jeden Fall wird interessierten Kreisen mit Fälschungen ein Argument für die Unglaubwürdigkeit der jeweiligen Funde an die Hand gegeben, ohne daß man sich näher mit der Sachlage und dem Einzelfall beschäftigen muß. Entsprechend veröffentlichte Pressemeldungen prägen dann eine negative Meinung in der Öffentlichkeit vor, die man nur sehr schwer durch stichhaltige Beweise erschüttern kann, denn es stand doch in der Zeitung, daß es sich um Fälschungen handelt…
In dem vorliegenden Fall sind echte von den unechten Steinen durch die den ganzen Stein überziehende Oxydationsschicht (siehe Foto 100) *leicht zu unterscheiden*.
Abbildungen von Dinosauriern wurden auch in Nordamerika gefunden. Von Dr. Patton erhielt ich bei meinem Besuch in Glen Rose zwei Fotografien, die urzeitliche Wesen darstellen. Im *Grand Canyon* und *9 Mile Canyon* in Utah (USA) wurden alte Bildnisse gefunden, die von den Indianern hergestellt wurden. Es könnte sich hierbei um Abbildungen eines Brontosauriers handeln.

12 Evolution oder Schöpfung?

Eine weltweite Sintflut, gleichzeitiges Leben der Urtiere, Dinosaurier, Menschen und Säugetiere auf der einen Seite und die Evolutionstheorie auf der anderen Seite schließen sich gegenseitig aus. Ein Zwischenlösung mit einem »Wenn oder Aber« kann es nicht geben. Ohne vollzogene Evolution gibt es nur eine Lösung: Alle Geschöpfe wurden erschaffen.

Der Entropiesatz

Der Evolutionsgedanke ist mit den Naturgesetzen nicht vereinbar. Der Entropiesatz, dem zweiten Hauptsatz der Thermodynamik aus der Wärmelehre, besagt, daß ohne äußeren Arbeitsaufwand Wärme nicht von selbst aus einem Körper niedrigerer Temperatur in einen mit höherer Temperatur übergehen kann. Umgekehrt bedeutet dies mit anderen Worten, daß alle Dinge altern und zerfallen: Sterne verbrennen, lebende Geschöpfe altern, neue Dinge zerfallen, und die Energie wandelt sich in immer weniger brauchbare Zustände um. Die Evolution muß diesem Naturgesetz entgegengerichtet sein, da immer wieder bessere und kompliziertere Geschöpfe entwickelt worden sein sollen. Woher und in welcher Form kommt die zusätzliche Energie, um ein höheres Entwicklungsniveau zu erreichen und dieses auch noch immer weiter zu steigern? Diese zusätzliche Energie muß auch noch konstant über die ganze Erdgeschichte vorhanden gewesen sein. Ein Argument für die Bildung dieser zusätzlich benötigten Energie und damit den Motor des Lebens soll das Chlorophyll sein. Durch diesen Stoff, der erst auch einmal durch unglaublich viele Zufälle entwickelt werden mußte, ist eine Zelle in der Lage, Sonnenlicht in chemische Energie umzu-

setzen. Ist damit die zusätzliche Energie gefunden, die zur Überwindung des Entropiesatzes benötigt wird?
Wenn man einmal von den weiteren Zufällen und Wundern absieht, die benötigt werden, damit eine Zelle entsteht und dann auch noch Chlorophyll produzieren soll, ergibt sich für die Evolution ein Weg, der in einer Sackgasse endet. Mit dem Umsetzungsprozeß von Sonnenlicht in Energie wurde als Begleiterscheinung erstmals auf der Erde Sauerstoff erzeugt und freigesetzt. Die Uratmosphäre besaß aber gar keinen Sauerstoff. Wir setzen weiter voraus, daß die ersten Zellen, aller statistischen Wahrscheinlichkeit zum Trotz, in einer Umgebung aus Methan, Ammoniak und Stickstoff gedeihen konnten. Für die so entstandenen Zellen wirkte der freigesetzte Sauerstoff aus dem Umwandlungsprozeß auf jeden Fall wie tödliches Gift. Die Evolution müßte sich selbst umgebracht haben, aber als Ausweg bleibt ja noch die Möglichkeit des Zufalls.
Die etablierte Wissenschaft geht davon aus, daß die Natur solange probiert hat, bis durch eine glückliche Aneinanderkettung unendlich vieler Zufälle komplizierte Lebensformen entstanden sind. Aus Sicht der Wahrscheinlichkeit kann man dieses Lotteriespiel aber mit einem mehrbändigem Werk vergleichen, das von einem Schimpansen fehlerlos und ohne Vorlage geschrieben wird, dem man einfach eine Schreibmaschine in die Hand gibt.[139] Wie auch immer, keiner käme auf die Idee, einem Affen so eine Leistung zuzutrauen, aber die genauso unwahrscheinliche Entwicklung vom Einzeller zum Menschen hat es *ohne jeden Zweifel* gegeben?

Mikroevolution

Mit der in der Natur stattfindenden Mikroevolution wird fälschlicherweise beispielhaft immer wieder die Makroevolution, der Übergang von einer Tierart zur anderen, bewiesen.
Sicherlich gab und gibt es eine Veränderung der Pflanzen und Tiere: Die Mikroevolution, die nicht mit der von Darwin proklamierten Evolution verwechselt werden darf. Die Entwicklung oder besser Auswahl aufgrund einer Auslese aus bereits vorhande-

nen Eigenschaften findet täglich in der Natur statt und ist auch nicht strittig. Aus den gegebenen Erbanlagen eines Lebewesens ergeben sich unzählige Kombinationsmöglichkeiten. Haar- und Hautfarbe, Form der Augen und alle anderen Merkmale eines Menschen oder Tieres können eigentlich beliebig kombiniert und vererbt werden. Auch der Mensch betätigt sich als Schöpfer, indem die Mikroevolution tagtäglich durchgeführt wird: Züchtung neuer Blumen- oder Tierarten. Es findet eine Mikroevolution und damit Schöpfung aus Menschenhand statt. Unscheinbare, wildwachsende Blumen können in eine Blütenpracht verwandelt werden, wie es beispielsweise mit der roten Begonie geschah, die in diesem Jahrhundert gezüchtet wurde. Ebenso werden Hunde, Geflügel oder Vögel fast täglich durch Ausnutzung der von dem österreichischen Botaniker Gregor Mendel (1822–1884) definierten Vererbungslehre variiert oder auch ganz neue Arten erschaffen.
Aus einer Gruppe von Menschen können sich verschiedene Rassen durch Variationen des Erbguts sowie Anpassung an die jeweiligen Lebensbedingungen entwickeln, auch ohne sprunghafte Mutation. Auf keinen Fall darf man diese Beispiele der Mikroevolution als Beweis für die Evolutionstheorie als Ganzes heranziehen,

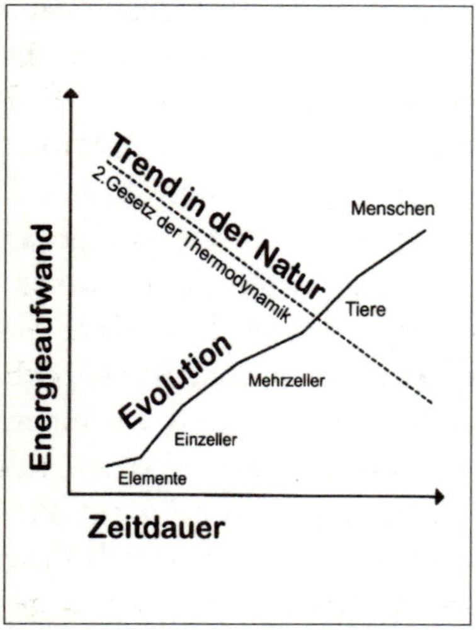

Abb. 39: Trend in der Natur.
Der Entropiesatz (zweiter Satz der Thermodynamik aus der Wärmelehre) widerspricht der Evolution. Ohne äußeren Arbeitsaufwand kann ein Körper mit niedriger Temperatur nicht in einen mit höherer Temperatur übergehen. Ohne zusätzliche Energiezufuhr altern und zerfallen alle Dinge. Eine Entwicklung von einem einfachen zu einem komplizierteren System ist daher nicht möglich. Die vorhandenen Energiezustände wandeln sich im Laufe der Zeit in immer weniger nutzbare Zustände um.

da alle Merkmale bereits im Erbgut gespeichert sind und nur unterschiedlich kombiniert werden, geringfügige Mutationen eingeschlossen.
Ein anderes schönes Beispiel für die Evolution ist die Entwicklung des Hundes. Was hat schon ein Dackel äußerlich mit einem Afghanen oder Schäferhund gemeinsam? Es gibt etliche Hunderassen und verschiedene Arten. Aber die aktuellen Forschungsergebnisse bestätigen die Entwicklung aller Hunde aus einem Urmuttertier heraus. Die DNA-Untersuchungen bestätigen dies, und es liegt auf der Hand, daß für die ganz normale Entstehung der Hunderassen kein langer Zeitraum angesetzt werden muß. Unabhängig von der wirklichen Dauer der Entwicklung weiß man gerade von den Hunderassen, daß sehr schnell neue Arten durch natürliche Kreuzungen entstehen und sich vermehren können. Nach der Sintflut entwickelten sich die Hunderassen aus ganz wenigen oder vielleicht auch nur aus einem einzigen überlebenden Paar. Da nach wissenschaftlicher Ansicht alle Hunde von einem Urmuttertier abstammen, muß man unwillkürlich an die Arche Noah mit den darauf die Sintflut überlebenden Tierpaaren denken. Eine *denkwürdige Parallele*.
Auf jeden Fall sind die genetischen Grundlagen aller Hunde praktisch gleich und stellen nur Variationen des vorhandenen Erbguts dar, zufällig durch Anpassung in der Natur oder als Ergebnis einer Zuchtauswahl. Auf keinen Fall liegt eine Evolution im Sinne der Makroevolution vor, obwohl die Hunderassen total unterschiedlich sind und entsprechende Beispiele gerne als Beweis für den Darwinismus angeführt werden, was natürlich völlig unsinnig ist.
Aus einem Urpferd können sich verschiedene Arten wie Zebras, Zwergpferde, Ponys oder andere Erscheinungsformen entwickeln. Eine Anpassung durch bevorzugte Auswahl einzelner bereits vorhandener Erbanlagen, die Mikroevolution, ist möglich. Aber aus einem Pferd kann kein anderes Tier und aus einem Affen kann kein Mensch werden, wie das Gesetz von Darwin uns glauben machen möchte. Die Entwicklung kann nicht durch Vererbung erworbener Eigenschaften vonstatten gehen, da sich allein schon die Anzahl der Chromosomen unterscheidet, was eine ge-

meinsame Fortpflanzung unmöglich macht. Nur durch Mutationen und Fehler im Erbgut könnte eine wirkliche Evolution, die Makroevolution stattfinden.

Ich kann mich noch deutlich an den Biologieunterricht erinnern. Unsere Lehrerin erklärte uns überzeugend, daß jedes Lebewesen während seiner embryonalen Entwicklung im Zeitraffer die Stammesgeschichte der Vorfahren durchläuft. Junge Embryos von einem Fisch, Salamander oder Schwein unterscheiden sich von denen des Menschen angeblich nicht. Diese Erkenntnis geht auf den deutschen Zoologen Ernst Haeckel (1834–1919) – einen der führenden Verfechter der Evolutionstheorie neben Charles Darwin des 19. Jahrhunderts – zurück und stellt ein wichtiges *biogenetisches Grundgesetz* der Abstammungslehre dar. Ich möchte das Wort Grundgesetz unterstreichen, da es die gleiche Aussagekraft hat wie das Evolutionsgesetz von Darwin und dieses ganz *entscheidend stützt*. Wer mag an diesen Aussagen renommierter Wissenschaftler zweifeln, ergänzen sich doch beide Theorien, Pardon Gesetze, hundertprozentig. Zweifel sind ausgeschlossen, ja gar nicht erst erlaubt! Die Erkenntnisse von Haeckel gelten als einer der *Eckpfeiler unseres Weltbildes*, da hierdurch die Abstammung der Arten bewiesen wird, weil jeder Mensch quasi im Mutterleib die Entwicklung vom Fisch über die verschiedenen Stufen der Säugetiere bis hin zur »Krone der Schöpfung« durchlaufen soll. Einen besseren Beweis für die Evolution kann es fast gar nicht geben, und falls es ihn nicht geben würde, ist er so gut, daß er eigentlich im Sinne der Evolutionstheorie erfunden werden müßte. Mit anderen Worten: Dieser Beweis ist fast zu schön, um wahr zu sein.

Im Nachrichtenmagazin »Focus« konnte man neueste wissenschaftliche Erkenntnisse aus dem Jahr 1997 unter der Überschrift »Gefälschte Zeichnungen« nachlesen:

»Die Zeichnungen, mit denen Haeckel seine Theorie gestützt hatte, sind jedoch frei von menschlichen Embryos abgeleitet, behauptet Michael Richardson vom St. George's Hospital, der weltweit mit Kollegen die Embryonen neu untersuchte. Der Betrug fiel erst jetzt auf, weil Embryologen seit Jahrzehnten keine vergleichenden Studien mehr durchführten.«[140]

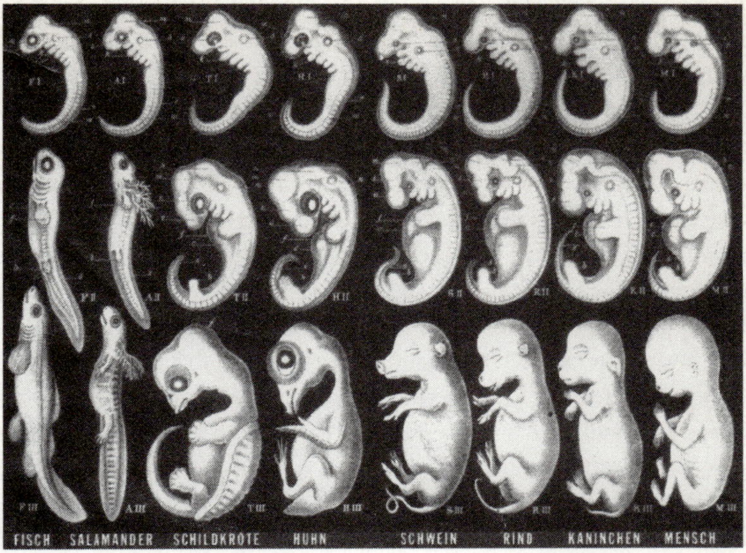

Abb. 40: Haeckel-Skizze. *Mit diesem gefälschten Dokument von Ernst Haeckel wurde das biogenetisches Grundgesetz der Embryonalentwicklung erfunden, das die Evolutionstheorie entscheidend stützt. Michael Richardson vom »St. George's Hospital« untersuchte weltweit mit Kollegen die Embryonen nach Jahrzehnten neu und deckte den Betrug auf.*

Mit anderen Worten: *Ein biogenetisches Grundgesetz wurde zur Unterstützung der Evolutionstheorie einfach frei erfunden.* Das Dogma eines Haeckel wurde pulverisiert – wann zerfällt das von Darwin? Ein weiterer Kommentar ist eigentlich überflüssig, beweist jedoch das schiefe Weltbild der Biologen des vorigen Jahrhunderts, an das wir noch immer *ohne Einschränkung glauben.* Bleibt die Evolutionstheorie standfest, auch wenn ein wichtiges Standbein plötzlich wegbricht? Wie auch immer, halten wir weiterhin vorbehaltlos an den betagten und inzwischen überholten Aussagen dieser Gruppe von Wissenschaftlern aus dem letzten Jahrhundert fest.

Am Beispiel der angeblichen Entwicklung des Affen zum Menschen wird deutlich, daß entweder ein doppeltes Wunder stattgefunden hat oder aber der Mensch nicht vom Affen abstammen kann. Laut Evolutionstheorie sollen Menschenaffen immer wieder Bäume verlassen haben, um sich für kurze Zeit auf zwei Beinen zu bewegen. Um über das vorhandene Steppengras hinwegsehen zu können, mußte sich der Menschenaffe aufrichten. Diejenigen Affen, die sich, bedingt durch eine erbliche Mißbildung der Gelenke, am geschicktesten anstellten, lebten länger und vererbten ihre Krankheit. Aus diesen kranken Affen entstand dann gemäß der Evolutionstheorie der Mensch. Ich betone, daß diese Darstellung der angeblichen Weiterentwicklung der Affen nicht von mir stammt, sondern Gedankengut der Anhänger der Evolutionstheorie darstellt.

Neueste Forschungen widerlegen jedoch dieses beliebte Bild der Evolutionstheorie.

Das Nachrichtenmagazin »Focus« berichtete im Jahr 1996 über Computersimulationen eines Forschungsteams aus Liverpool. Das Ergebnis dieser aufwendigen dreidimensionalen Animation *widerspricht* der herkömmlichen Lehrmeinung. Es wurden die Geheigenschaften von Lucy simuliert, einem affenähnlichen Wesen mit aufrechtem Gang. Diese angeblich menschliche Urahnin soll vor ungefähr 3,6 Millionen Jahren in Ostafrika gelebt haben. Ließ man dieses Skelett im Computer laufen wie ein Schimpanse, fiel es immer wieder um. Ein gekrümmter Rücken und eingeknickte Knie erwiesen sich als nicht lebensfähig. Der britische Anthropologe Robin Crompton ist daher überzeugt, daß unsere Vorfahren entweder total aufrecht gingen oder ausstarben und »innerhalb kürzester Zeit von vier auf zwei Beine gewechselt haben, noch bevor sie die Bäume verließen.«[141]

Es gibt zwei Lösungen für dieses Problem. Laut der Evolutionstheorie war Lucy ein sehr frühes Entwicklungsmodell des Menschen und ähnelte eigentlich einem Affen, denn ihr Gehirn konnte nicht größer gewesen sein als das eines heutigen Menschenaffen. Das Skelett glich angeblich jedoch dem des heutigen Menschen. Trotz dieser Ähnlichkeiten war Lucy nicht menschenähnlich und gehörte auch nicht zur Gattung Homo. Also muß schon die Vorgängerin von Lucy aufrecht gegangen sein, und ein Übergangsmodell, wie es die Evolutionstheorie fordert und zwangsläufig auch

zur Aufrechterhaltung ihrer Thesen dringend benötigt wird, hat es nicht gegeben.
Die andere Lösung würde bedeuten, daß Lucy schon ein fortentwickeltes Modell war und die Entwicklungsgeschichte der angeblichen Vorläufer der Menschheit noch weiter in die Vergangenheit zurück verlegt werden müßte. Diese Lösung im Sinne der Evolutionstheorie widerspricht jedoch dem Ergebnis der Computeranimation: *Zwischen* dem Kriechgang des Affen und dem aufrechten Gang des Menschen gab es *kein Zwischending* und damit auch keine Entwicklung analog der Evolutionstheorie, weder zu Lebzeiten Lucys noch zu irgendeinem Zeitpunkt vorher. Aus anatomi-

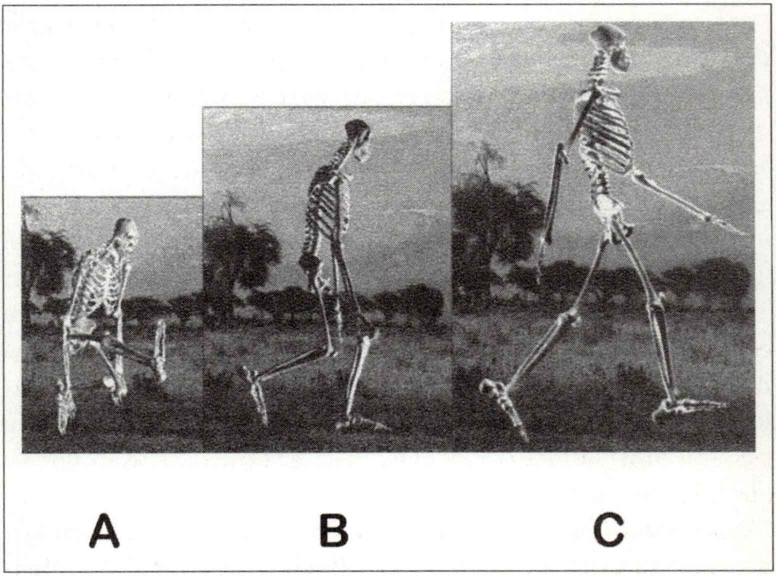

Abb. 41: Affengang. *Der britische Anthropologe Robin Crompton von der Universität Liverpool rekonstruierte die Entwicklung des aufrechten Gangs zur Menschwerdung. Der Affengang (A) ist ungeeignet für den ersten Menschen. Der gebeugte Gang (B) bietet keine Überlebenschancen. Der aufrechte Gang (C) stellt das einzige erfolgreiche Modell für die Fortbewegung dar. Das Resultat widerspricht der herkömmlichen Lehrmeinung: Unsere Vorfahren verließen auf zwei Beinen gehend die Bäume. Eine Entwicklung vom kriechenden zum aufrechten Gang fand nicht statt.*

schen, statischen und evolutionistischen Gründen war die Überlebensfähigkeit dieser Spezies mit gebeugtem Gang, insbesondere aufgrund der durch die Evolution erforderlichen Verdrängung der weniger angepaßten Arten, nicht gegeben. Die Folgerung lautet, der Affe muß mit aufrechtem Gang aus den Bäumen gekommen sein. Aber dann stellt sich die Frage: Was macht ein aufrecht gehender Affe überhaupt auf einem Baum und wo ist da die Entwicklung geblieben?
Warum sollte sich ein Affe ohne Sprachzentrum zu einem sprechenden Mensch entwickeln? Geschah dies schnell? Mit wem unterhielt sich dieses sprechende Exemplar? Oder ging alles langsam und lernte er andere Affen entsprechend an? Wenn es aber vielleicht ein mutiertes Tier gegeben hat, woher kam dann das Gegenstück, denn zur Fortpflanzung gehört ein entsprechendes weibliches Exemplar. Mutierte Chromosomen sind normalerweise nicht zur Fortpflanzung geeignet, denn die anomale Anzahl wird *von der intakten Eizelle abgestoßen*. Ein Mensch kann sich nicht mit einem Schimpansen kreuzen und auch viele Tiere der gleichen Gattung – ein bekanntes Beispiel sind die Spinnen – sind untereinander nicht fortpflanzungsfähig. Der Grund liegt in der unterschiedlichen Anzahl der Chromosomen. Ihre Formen und Arten sind fast für jedes Tier unterschiedlich. Da zur Fortpflanzung Paare gehören, müssen zwei gleich mutierte Tiere einer Art aufeinandertreffen, um den Fortbestand ihrer Spezies zu sichern. Alle diese Entwicklungsstufen gehen nicht sprunghaft vorwärts. Also benötigt die Evolution eine fast unendliche Zahl von höchst unwahrscheinlichen Zufällen und einen sehr langen Zeitraum.
In dem Buch »Evolution« bestätigt Ruth Moore meine Ansicht: »Die Arbeit in vielen Laboratorien zeigte, daß die meisten Mutationen schädlich sind und die drastischen sogar gewöhnlich tödlich verlaufen. Sie schlagen gewissermaßen in die falsche Richtung ein, in dem Sinne, daß jede Veränderung in einem harmonischen, gut angepaßten Organismus sich nachteilig auswirkt. Die meisten Träger tiefgreifender Mutationen bleiben nie lange genug am Leben, um die Veränderungen ihren Nachkommen zu vererben.«[142]
Diese Feststellung, die voll meiner Überzeugung entspricht, wird

jedoch in das Gegenteil verkehrt, wenn in demselben Buch behauptet wird: »So wirken sich einige Mutationen – gewöhnlich die geringfügigsten – auf die Arten vorteilhaft aus.«[142] Nachdem Laboratorien das Gegenteil herausgefunden haben, wird ohne jeden Beweis eine andere Behauptung ersatzweise aufgestellt, die sich aber letztendlich von der ursprünglichen Feststellung kaum unterscheidet, denn wer legt fest, was eine größere oder kleinere Veränderung ist? Es wird dann folgerichtig die Frage gestellt: »Wie kann sich eine einzelne, kleine, vorteilhafte Abweichung – etwa eine geringfügige Knochenveränderung, durch die unter Umständen eine Fischflosse in ein Bein verwandelt wird – in einer großen Spezies durchsetzen?«[142] Die Frage ist berechtigt und man kann daran auch die Unsinnigkeit einer angeblichen Makroevolution erkennen.
Woher weiß der Fisch, daß eine geringfügige Änderung seiner Flosse in Millionen von Jahren ein Bein ergeben soll? Wenn er das aber nicht weiß, stellt die *veränderte Flosse eine Behinderung* dar, denn mit der ursprünglichen Flosse kam er doch wohl sehr gut zurecht. Mußten Fische mit etwas deformierten Flossen nicht durch Zuchtauswahl und mangelnden Überlebensfähigkeiten aussterben? Zeigt das bereits erwähnte Beispiel des lebenden Fossils nicht, daß diese Tiere auch nach 64 Millionen Jahren noch sehr gut überleben können, da sie nicht von angeblich weiterentwickelten Tierarten verdrängt wurden? Warum wurde aus dieser speziellen Flosse aber ein Bein, was die Anhänger der Evolution behaupten?
Nicht nur bei den Affen und Menschen fehlt das Zwischenglied. Saurier sollen die Urväter der Vögel sein, aber wo ist das Bindeglied? Es gibt keine Entwicklungsstufen oder unfertige Tiere, auch wenn man Flugechsen mit Federn fand. Alle Geschöpfe scheinen ideal entwickelt zu sein. Prototypen findet man nicht, oder ist die Evolution beendet? Die Antwort muß eindeutig *nein* heißen, denn die Evolution kann nicht beendet sein, da der Affe als Vorläufer des Menschen noch nicht seine höchste Entwicklungsstufe erreicht haben kann, sonst hätte sich daraus nicht der Homo sapiens entwickeln können.
Der Neandertaler, benannt nach dem Fund fossiler Knochen im Tal der Neander bei Düsseldorf, galt lange als Vorläufer des modernen« Menschen. Bei meinem Besuch in dem neuen »Neander-

***Abb. 42: Mikroevolution.** Die Mikroevolution ist durch die Kombination aller vorhandenen Vererbungsmerkmale gekennzeichnet, die sich je nach den Gegebenheiten des Umfeldes unterschiedlich stark ausbilden. Die Makroevolution im Sinne des Darwinismus beinhaltet jedoch größere Entwicklungssprünge. In der Abbildung wird der Übergang von einer Echse über den ersten Gleitflieger zum flugfähigen Urvogel (Archaeopteryx) dargestellt. Aus diesem Flugdinosaurier sollen sich dann die uns heute bekannten Vögel entwickelt haben. Auch wenn die Urvögel Federn gehabt haben können, ist der entwicklungsgeschichtliche Abstand zwischen einem gleitfliegenden Reptil und einem flügelschlagenden Archaeopteryx in fast jeder Beziehung zu groß.*

talermuseum« mußte ich feststellen, daß hier der vermeintliche Urmensch für die Anhänger der Evolutionstheorie eindrucksvoll präsentiert wird.
Der Genetiker Suante Pääbo von der Universität München sägte aus den wie ein Staatsgeheimnis gehüteten fossilen Knochen ein Stück aus dem Oberarm heraus und untersuchte erstmalig im Jahr 1997 die intakte Neandertaler-DNA. Ein Erbgutvergleich ergab deutliche Unterschiede zwischen dem Urmenschen und dem modernen Menschen (Homo sapiens sapiens). In einem Abschnitt des Erbguts der Mitochondrien wurden an 27 Stellen Unterschiede gefunden, während bei allen heutzutage anzutreffenden Rassen nur maximal acht Unterschiede zu beobachten sind. Trotz der erheblichen Unterschiede in der Erbsubstanz sollen Menschen und Neandertaler vor 600 000 Jahren denselben Vorfahren gehabt haben. Seltsam, denn manche Affenarten, die viel früher einen eigenen Entwicklungsweg gebildet haben und daher einen wesentlich älteren Stammbaum besitzen sollen, sind uns enger verwandt als der menschenähnliche Neandertaler. Aber auch in der Anatomie gibt es gravierende Unterschiede, denn der Urmensch war mit 1,60 m und ungefähr 85 kg wesentlich kleiner und schwerer. Schlußfolgerung: Der Neandertaler starb irgendwann aus und war kein Vorläufer oder entfernter Verwandter des modernen Menschen.[143]
Wenn sich der Mensch aus einem affenähnlichen Geschöpf entwickelt haben soll, erscheint es merkwürdig, daß er als einzigstes Lebewesen *keinen natürlichen Feind* besitzt. Unnatürlich ist auch, daß Menschen gegenseitig ihre Art ausrotten, denn dieses Phänomen gibt es bei den Tieren nicht.
Warum gibt es heute überhaupt noch Affen? Mußten die Affen nicht durch das besser angepaßte Tier, den Frühmenschen, verdrängt werden? Jedenfalls ist das eine Kernaussage der Evolutionstheorie. Wer die gestellte Frage bejaht, entscheidet sich gegen die Evolutionstheorie, da die Wirklichkeit anders aussieht. Derjenige, der anderer Ansicht ist und an die Entwicklung der Arten bei gleichzeitigem Freiraum für nicht voll angepaßte Tiergattungen glaubt, die es anscheinend heute gar nicht mehr gibt, sollte mir dann aber das Rätsel des Schnabeltiers erklären.

Fertige Lebewesen?

Ein Beispiel für ein fertiges Lebewesen ist das Schnabeltier, das in Australien lebt. Es handelt sich um ein eierlegendes Säugetier mit einem zahnlosen Entenschnabel, Krallen mit Schwimmhäuten und ein seehundartiges Fell, mit einem Wort: ein Unikum. Es lebt in Flüssen und Seen Ostaustraliens und Tasmaniens. Dieses Tier entspricht nicht unseren normalen Vorstellungen von den Arten, denn es hat die unterschiedlichsten Merkmale verschiedener Tiere, die nicht der gleichen Familie angehören. Außerdem brütet das Weibchen Eier aus und säugt dann ihre Jungen. Im Sinne der Evolutionstheorie könnte man das Schnabeltier als Zwischenglied verschiedener Arten ansehen. Wenn dem aber so wäre, müßte es andere Tiere geben, die sich hieraus weiterentwickelt haben oder es muß Vorläufer des Schnabeltiers geben. Andere Geschöpfe wurden nicht entdeckt, und man wird sie auch nicht finden. Das Schnabeltier ist so wie es ist, nämlich ein Produkt im Endzustand ohne Entwicklungsgeschichte. Dieses Unikum hat auch keinen Grund, sich wegen des Schnabels von einem Säugetier zu einer Ente zu entwickeln, obwohl es Eier legt. Warum auch?

Wenn das Schnabeltier nicht von Anfang an so war wie es ist, müßte man auf dem seit der Sintflut vom Festland abgeschnittenen australischen Kontinent auch noch zu vielleicht 90 % entwickelte Schnabeltiere finden. Es sind auch Schnabeltiere denkbar, die ihre Jungen nicht säugen, sondern so aufziehen wie Enten, Gänse oder auch Tiere ohne den Schnabel. Alle denkbaren Arten hätten die gleichen natürlichen Feinde. Außerdem muß die Fortentwicklung eines Tieres ein Zufall in einem örtlich begrenzten Gebiet gewesen sein. Verdrängten diese nur geringfügig weiterentwickelten Tiere die anderen ursprünglichen Spezies? Sicherlich nicht. In einem großen räumlichen Gebiet hätten verschiedene Arten von Schnabeltieren überlebt. Speziell in Australien leben diese Mischtiere auf dem australischen Kontinent und auch auf der vorgelagerten Insel Tasmanien. Die Entfernung vom Festland beträgt heute 240 km. Schwammen also die etwas besser ent-

wickelten Tiere die ganze Strecke nach Tasmanien und verdrängten die dort lebenden Prototypen? Das Schnabeltier lebt aber nicht im Meer, sondern nur in Flüssen und Seen. Wie kam dann aber das Schnabeltier auf die Insel?
Vor 13 000 Jahren soll Tasmanien mit Australien verbunden gewesen sein. Dieser wissenschaftlich festgestellte Zeitpunkt fällt interessanterweise wiederum ungefähr mit der Sintflut zusammen. Wurden die Schnabeltiere damals getrennt und haben sich seitdem nicht weiterentwickelt? Wenn es so war, was ich bezweifle, müßte es trotzdem Exemplare unterschiedlicher Entwicklungsstufen geben, auch wenn sich diese eventuell nur geringfügig unterscheiden. Aber es gibt nur eine Sorte Schnabeltiere mit den Merkmalen der verschiedenen Tierarten.
Das Schnabeltier war und ist einfach dagewesen, und es hat sich nicht entwickelt. Wenn diese Aussage richtig ist, muß dann nicht irgend jemand aus den Merkmalen verschiedener Arten ein neues Tier gentechnisch entwickelt haben? Für den Stand unserer Gentechnik sicher ein zu realisierendes Projekt.
Ein in diesem Sinn wenig kontrovers diskutiertes Thema stellt die Entwicklungsstufe vom Ein- zum Mehrzeller im Sinne der Makroevolution dar. Meines Wissens gibt es zwar Einzeller, aber keine Tiere mit zwei, drei, vier oder fünf Zellen. Müßte sich aus einem Einzeller nicht zuerst ein Zweizeller entwickeln oder schließen sich einzellige Lebewesen direkt zu komplizierten mehrzelligen Lebewesen zusammen? Es gibt zwar Leben mit 6–20 Zellen, aber nur in Form von Parasiten. Wenn es aber eine Makroevolution gegeben haben soll, müßte es auch tierische Entwicklungsstufen in Form von Zweizellern gegeben haben, die als logische Fortentwicklung zwischen Einzeller und Vielzeller liegen. Gibt es hier nicht einen Bruch in der Theorie der Entwicklung des Lebens nach Darwin?
Zellen sollen sich direkt zu komplizierteren Formen und nicht zu »Wenigzellern« zusammenschließen. Man braucht in diesem Fall aber *gleichzeitig* etliche wie durch ein Wunder entstandene Zellen, die in den Weiten eines Gewässers auch erst einmal *räumlich* zueinander finden müssen. Wunder über Wunder …

Federn und Flug

Durch Indizienketten versucht man zu beweisen, daß sich die Vögel aus theropoden Dinosauriern entwickelten. Richtig ist, daß es Saurierarten gab, die Federn trugen. Aber deshalb wird aus diesem Tier noch kein Vogel. Viele Wissenschaftler sind aufgrund der mangelnden Beweise immer noch skeptisch.

Embryonale Untersuchungen weisen angeblich darauf hin, daß bei der Weiterentwicklung einer Hand zuerst die jeweils äußeren Finger reduziert werden. Dies entspricht dem Erscheinungsbild der Hand bei den Vögeln. Es steht jedoch fest, daß bei ihren angeblichen Urahnen, den Theropoden, die zwei nebeneinander liegenden vierten und fünften Finger (Ringfinger und kleiner Finger) fehlen. Anscheinend besitzt die Regel eine eindeutige Ausnahme. Die Biologen versuchen jetzt zu beweisen, daß die Handwurzelknochen und Finger der Nichtvogel-Theropoden in der Form und den Verbindungen denen der späteren Vögel gleicht. Wohlgemerkt handelt es sich in beiden Fällen aber um *ganz andere Finger*! Jede Interpretation von gleichen Entwicklungen müssen daher als willkürlich erscheinen. Aber die Biologen brauchen dringend ein Missing link.

Die Theropoden als angebliche Vorfahren der Vögel sollen vor 150 Millionen Jahren aufgetreten sein. Die nächsten Verwandten der Vögel – Maniraptora – sind 35 Millionen Jahre jünger. Der verbleibende Zeitraum war für eine langsame Weiterentwicklung gemäß der Evolutionstheorie zu klein. Mit anderen Worten: Es wurde bisher keine lückenlose Ahnform nachgewiesen.

Fast schon überflüssig erscheint es darauf hinzuweisen, daß die komplizierte Lunge der Vögel sich nicht aus einem Therapoden heraus entwickelt haben kann. In »Spektrum der Wissenschaft« wird festgestellt: »Der Einwand läßt sich gegenwärtig weder bestätigen noch widerlegen, weil das Organ nicht fossil erhalten ist. Es gab aber auch kein anderes Tier, aus dessen Lunge sich das äußerst komplizierte Organ der Vögel hätte entwickeln können (das anders als bei jeder sonstigen lebenden Tiergruppe ist).«[144]

Was für die komplizierte Lunge der Vögel zutrifft, gilt auch für andere *spezielle* Organe im Tierreich: Es fehlt ganz einfach die Entwicklungsgeschichte, da unzählige Zwischenstufen nachzuweisen sein müßten. Vage und lückenhafte Indizienbeweise der Evolutionsanhänger sind das, was sie sind: unbewiesene und sich im Kern widersprechende Vermutungen.

Fertige Pflanzen?

Entwickelten sich die Kulturpflanzen oder wurden sie als Endprodukt erschaffen? »Die mexikanischen Huichól beispielsweise bestehen darauf, den Mais von ihrem Kulturbringergott Mayakuagy erhalten zu haben.«[145] In vielen Kulturen wird von Göttern berichtet, die uns die Kultur vom Himmel brachten. Trotz intensiver Forschung ist es bisher nicht gelungen, die Herkunft des Mais oder Weizens zu klären.
Auf das Rätsel einer urplötzlich auftretenden Kulturpflanze weist Geise hin: die Banane.[145] Sie besitzt ein Maximum an Vitaminen und Spurenelementen, die der Mensch zur Ernährung benötigt. Man soll sich deshalb allein von Bananen ernähren können. Wie vermehrt sich diese perfekte Hybridpflanze? Nicht durch Samen, sondern durch Schößlinge. Eine sehr interessante Tatsache, denn wie kann sich eine Pflanze ohne Samen so weit verbreiten? Bananen gibt es auf vielen Kontinenten und auf den kleinsten Inseln. Wie kommt diese Pflanze ohne Samenflug aber überall hin? Stellt die Banane eine Schöpfung dar?
»Nach einer indischen Sage sei sie als Kandali (Bananenbusch) von den Manu, den Menschen helfenden ›Geistern‹, auf die Erde gebracht worden. Aber das ist nur eine Sage …«[145]

Riesenwuchs

In der »Genesis« (6,4) wird die Herkunft der Riesen erklärt: »In jenen Tagen gab es auf der Erde die Riesen, und auch später noch, nachdem sich die Gottessöhne mit den Menschentöchtern eingelassen und diese ihnen Kinder geboren hatten.« In der überarbeiteten

»Lutherbibel« wird diese Passage eindeutiger übersetzt: »... sie ihnen Kindern gebaren, wurden daraus die Riesen auf Erden.«[146]
Zu einer bestimmten Zeit vor, oder besser gesagt bis zur Sintflut, gab es Riesenwuchs. Hiervon legen die verschiedensten Versteinerungen und fossilen Funde Zeugnis ab. Die Kenntnis von Dinosauriern aufgrund von Knochenfunden stammt erst aus unserem Jahrhundert, nachdem man entsprechende Überlieferungen im letzten Jahrhundert noch als reine Erfindung abgetan hatte, denn die fortschreitende Evolution soll tendenzmäßig eine Einbahnstraße sein. Für höher entwickelte riesige Tiere oder Menschen in Urzeiten war aus Sicht einer gleichmäßigen Entwicklung einfach kein Platz vorhanden, zumindest global gesehen. Örtliche Katastrophen behindern eine weltweite Entwicklung nicht. Gemäß den Theorien von Lyell und Darwin gab es keine weltweiten Katastrophen. Da aber Riesenwuchs auf der ganzen Erde nachgewiesen werden konnte, müßte es sich um eine bestimmte Entwicklungsstufe der Evolutionsleiter gehandelt haben. In diesem Fall kann es aber keine gleichmäßig stetige Entwicklung der Arten gegeben haben, da die Evolution sonst eine rückläufige Tendenz aufweisen würde. Handelt es sich bei dem Phänomen des Riesenwuchses anderseits um ein globales Phänomen, würde das abrupte Ende dieser Epoche auf weltweit einschneidende Folgen einer Katastrophe hindeuten. Beide Möglichkeiten widerlegen die Richtigkeit der Abstammungslehre, besonders aber der Theorie von Lyell.
Nicht nur Dinosaurier und Menschen waren früher großwüchsig. Fast alle Tiere existierten in dieser Zeitepoche im Megaformat: Ameisenarten mit einer Flügelspannweite von 16 Zentimetern, Eintagsfliegen mit einer Länge von 20 Zentimetern, mehrere Meter lange Tausendfüßler, Riesenskorpione ...
In Patagonien, Südamerika, fand man Überreste eines Riesengürteltiers, das eine Länge von über vier Metern erreichte. Interessant ist in diesem Zusammenhang, daß Knochenreste und von Menschen bearbeitete Felle dieses Tieres gefunden wurden. Zumindest wurde dieses übergroße Gürteltier von Menschen gejagt oder sogar als Haustier gehalten. Demzufolge wäre eine Koexistenz von Riesentieren und Menschen belegt. Lebten diese Riesentiere also nicht zu

Urzeiten vor -zig Millionen Jahren, sondern noch vor kurzer Zeit vor der Sintflut?
Überreste eines Riesenmenschenaffen, Gigantopithecus, wurden in Java, Indonesien, entdeckt. Es handelte sich um Kieferstücke, die die des normalen Menschen um über das Doppelte übertrafen. Daraus kann man auf ein Geschöpf von über vier Metern Größe schließen. Beim Durchstöbern chinesischer Apotheken in Hongkong fand der deutsche Emigrant Prof. Dr. Franz Weidenreich 1939 fossile Zähne, die demselben Typus angehörten. Erstaunlich ist die Größe dieser Kauwerkzeuge. Sie sind dreimal so groß wie die eines modernen Menschen. Ähnliche Funde wurden auch in Ostafrika und Südchina gemacht. Prof. Dr. Weidenreich war an der Universität von Chicago tätig und wurde dann an das Pekinger Institut berufen, um die Ausgrabungen an der Fundstelle des sogenannten Pekingmenschen zu unterstützen. Aufgrund der Zahnfunde ist er fest davon überzeugt, daß die Kiefer und Zähne nicht von einem großen Menschenaffen, sondern von einem Riesenmenschen stammen. Übergroße Menschen oder auch Menschenaffen passen aber nicht in die Abstammungslehre von Darwin, da es nur eine Entwicklung vom kleineren und primitiveren Exemplar zu einem größeren und höher entwickelten gegeben haben soll. Die beschriebenen Funde bezeugen aber genau das Gegenteil und widersprechen der Evolutionstheorie.
In Südwestafrika wurden außergewöhnlich große Handbeile und Schaber gefunden, die von Riesenmenschen benutzt worden sein müssen. Einzelne Faustkeile waren 32 cm lang, 22 cm hoch und wogen 4,2 Kilogramm. In Syrien wurden ähnliche Exemplare mit einem Gewicht von 3,8 Kilogramm gefunden. Hieraus läßt sich auf Wesen mit einer Größe von 4 Metern schließen. Sind die Mythen über die Hünen oder Titanen vielleicht doch nicht erfunden oder übertrieben?[147]
Gibt es eine genetisch bedingte Grenze für das Wachstum? Gemäß einer Pressemeldung vom 27. August 1996 entdeckten neuseeländische Wissenschaftler ein Rindergen, das Muskeln doppelt so schnell wachsen läßt wie üblich.[148] Das Wachstum und auch das Lebensalter scheint durch eine Gensteuerung beschränkt zu sein. Es fragt sich

eigentlich: warum? Baute jemand künstliche Hürden für die Lebewesen auf oder ist die Natur intelligent genug zu beurteilen, wo die Entwicklungsgrenzen liegen? Eine natürliche Steuerung kommt scheinbar nicht in Betracht, da früher Größenwachstum normal war, wie die unzähligen Funde beweisen. Bleibt als Erklärung also nur die künstlich eingebaute Hürde übrig? Aber wer baute sie ein?

Der biblische Schöpfer

Wenn es nur eine Mikroevolution und keine Entwicklung der Arten gab, stellt sich eine entscheidende Frage: Woher stammen der Mensch und auch die Tierarten?

Sollte ein gläubiger Christ nicht auf den Papst hören, der vor kurzer Zeit die Evolution anerkannt und damit einen Eckpfeiler des christlichen Glaubens aus populistischen Gründen aufgegeben hat, sondern das glauben, was wörtlich in der Bibel steht, dann ist die Frage definitiv beantwortet: Erschaffen von Gott.

In der »Genesis« (1,20–27), steht geschrieben:

»Und Gott sprach: Es wimmle das Wasser von lebendigem Getier,... Und Gott schuf... alles Getier... und alle gefiederten Vögel... Und Gott machte die Tiere des Feldes... Und Gott sprach: Lasset uns Menschen machen, ein Bild, das uns gleich sei,... und schuf... Mann und Weib.«[146] Und weiter (2, 7 und 21): »Da machte Gott der Herr den Menschen aus Erde vom Acker und blies ihm den Oden des Lebens in seine Nase. Und so ward der Mensch ein lebendiges Wesen... Und Gott der Herr baute ein Weib aus der Rippe, die er von dem Menschen nahm...«[146]

Auffällig ist, daß Gott in der Mehrzahl spricht. Zu damaliger Zeit war es nicht üblich, daß Herrschende von sich selbst in der Pluralform sprachen, im Gegensatz zum Sprachgebrauch verschiedener Könige und Kaiser unserer Zeitepoche.

Zweifellos wird in der »Genesis« die Schöpfung der Tiere und Menschen beschrieben. Die Aussagen der Bibel stehen in genauem Widerspruch zur Evolutionstheorie. Götter erschufen einen Menschen nach einem Bild, das ihnen gleich war, und seine Gefährtin

aus der Rippe des Mannes. Die letzte Feststellung kostete der Bibel sehr viel Glaubwürdigkeit. Ein Mensch wurde aus einer Rippe geschaffen? Unvorstellbar.
Walter-Jörg Langbein stellt in seinem Buch »Das Sphinx-Syndrom« eine plausible Erklärung vor.[149] Das sumerische Keilschriftzeichen »ti« für Rippe hat noch eine weitere Bedeutung: Lebenskraft. Handelt es sich um einen Überlieferungs- oder Übersetzungsfehler? Im Sinne der heutzutage möglichen Gentechnik kann man diese Textpassage modern interpretieren: »Die Götter nahmen von Adams Lebenskraft.«[149] Noch vor 50 Jahren hätte man diese Interpretation der zitierten Bibelstelle in den Bereich der blühenden Phantasie gerückt. Heute muß man sagen: Warum nicht, auf jeden Fall denkbar, und nach genauerer Überlegung könnte das Urteil sogar »Wahrscheinlich« lauten, denn woher soll sonst das zweite Exemplar zur Fortpflanzung kommen. Jede einzelne Körperzelle enthält die DNA. Um einen zweiten Menschen zu erzeugen, braucht man sie, denn beide müssen genau gleich sein, damit sie sich vermehren können. Erinnerungen an den Kinofilm »Jurassic Parc« werden wach.
Bis vor ungefähr dreihundert Jahren war für die damalige Gesellschaft im Sinne des christlichen Glaubens klar, daß unsere Welt erschaffen wurde. Die Bibel wurde mehrfach im Laufe der Jahrhunderte überarbeitet und neu geschrieben. Interpretationen und Übersetzungen der Bibel wurden von dem jeweiligen Zeitgeist und dem damaligen Stand der Technik beeinflußt. Wenn der Reformator Luther im Mittelalter das Wort *Maschine* hätte übersetzen müssen, würde er vielleicht das Wort *Kraft* ausgewählt haben, denn Maschinen waren in dieser Art zu damaliger Zeit kaum bekannt oder nicht erfunden.
Im althebräischen Originaltext der Bibel ist auch nicht von Gott, sondern von den Elohim die Rede. Der entscheidende Unterschied liegt in der Pluralform für den Schöpfer: Es waren mehrere oder auch eine größere Gruppe anwesend. Folgerichtig können wir dann in der »Genesis« (6,2–4) lesen:
»Als sich die Menschen über die Erde hin zu vermehren begannen und ihnen Töchter geboren wurden, sahen die Gottessöhne, wie

schön die Menschentöchter waren, und sie nahmen sich von ihnen Frauen, wie es ihnen gefiel ... diese ihnen Kinder geboren hatten ... die Helden der Vorzeit ...«

Entweder liegen in diesen Überlieferungen Mißverständnisse vor, oder die Götter waren Wesen wie wir aus Fleisch und Blut. Im Vers 3 wird bestätigt: »... denn auch der Mensch ist Fleisch ...«[146] Das Wort *auch* bezieht sich zumindest auf die Gottessöhne und wahrscheinlich auch auf den Schöpfer selbst, da ja seine Söhne aus Fleisch und Blut waren.

Die Nachkommen der Gottessöhne und der Menschen waren die Halbgötter, durch deren Adern teilweise göttliches (außerirdisches) und menschliches Blut flossen. Da ausdrücklich erwähnt wird, daß es sich bei den Söhnen Gottes um leibliche Wesen handelt, muß man den Begriff der Halbgötter in den Mythologien ernst nehmen. Es handelt sich nicht um eine Erfindung oder märchenhafte Darstellung.

In fast allen Überlieferungen der verschiedensten Völker kommen Götter und auch Halbgötter vor. Im babylonischen »Gilgamesch-Epos« wird der Held Gilgamesch als ein Geschöpf zu einem Drittel menschlich und zu zwei Dritteln göttlich dargestellt. Eine sehr genaue, ja vielleicht zu exakte Beschreibung. Warum gibt man sich die Mühe der Angabe eines *Mischungsverhältnisses*? Beispiele für Halbgötter gibt es fast in jeder Mythologie. Manetho, ein ägyptischer Oberpriester um 300 v. Chr., verfaßte ein dreibändiges Werk über die Geschichte Ägyptens. Er berichtet von 13 900 Jahren Herrschaftsdauer der Götter und darauf folgenden 11 000 Jahren der Halbgötter über Ägypten.[150, 151]

Außerdem erscheint die Erwähnung von Riesen in der Bibel erstaunlich. Nicht nur im Buch Mose wird von ihnen berichtet, sondern auch im Buch Hesekiel, dem apokryphischen Text Henochs und im »Gilgamesch-Epos«. In den Apokryphen des Propheten Baruch wird die Zahl der Riesen, die in der Sintflut umkamen, mit 4 090 000 sogar explizit angegeben. Der Hinweis auf Riesen ist wichtig, da bei den Ausgrabungen in Glen Rose und an anderen Orten versteinerte Fußspuren von bis zu 50 cm Länge gefunden wurden. Die uns ungewohnte Größe der versteinerten Fußspuren wurde oft als Indiz für eine Fälschung angesehen. Wenn man aber etwas fälschen will, warum stellt man dann gerade etwas Unglaubwürdiges her? In vielen alten Schriften wird die Existenz größerer Menschen bestätigt, und es wurden auch Skelette von »Riesen« gefunden. Handelt es sich nur um Phantasien und Übertreibungen, wenn es in der uns geläufigen Sagenwelt nur so von Riesen, Titanen und Zyklopen wimmelt? Gab es diese Geschöpfe wirklich? Die versteinerten Spuren scheinen es steinhart zu beweisen.

Der Glaube an Gott als Schöpfer wurde durch die Theorie von Darwin abgelöst, da man sich unter einer Evolution, der Lehre von einer Wunderentwicklung von Chemikalien zum Menschen, etwas Handfesteres vorstellen konnte als eine wundersame Erschaffung durch ein Geistwesen.

Da man heute aufgrund der Gentechnik in der Lage ist, die Erbanlage der Tiere und Pflanzen zu ändern und sogar Mischwesen zu erzeugen, ist das Verständnis für eine Schöpfung im Sinne der Bibel in den letzten Jahren sicherlich gestiegen. Da ich im ersten Teil dieses Buches nachgewiesen habe, daß alle Arten von Geschöpfen – vom Trilobiten über den Dinosaurier bis hin zum Menschen – zur gleichen Zeit gelebt haben, bleibt kein Raum für eine Entwicklung über lange Zeitperioden hinweg. Der logische Schluß ist klar: Der Mensch wurde erschaffen, oder er wurde fertig auf diese Erde gebracht, eventuell auch hier auf unserer Erde, vielleicht aus einem Primaten, der allerdings zuvor auch erschaffen worden sein muß, gentechnisch fortentwickelt.

Mehrere wissenschaftliche Untersuchungen haben ergeben, daß unsere Menschheit vor vielleicht 100 000 Jahren in Afrika *eine Urmutter* gehabt haben soll. Die Menschheit soll also von einem einzigen Paar abstammen und aus Südostafrika stammen. Der Mensch entwickelte sich also nicht zwangsläufig *überall* auf der Welt. Wir sind Nachkommen einer sehr speziellen Schöpfung mit einer einzigen Urmutter. Die biblische Geschichte von Adam und Eva drängt sich auf. Aber wer wußte von ein paar tausend Jahren von unserer modernen wissenschaftlichen Erkenntnis? Oder liegt die Geschichte von einer einzigen Urmutter offensichtlich auf der Hand?

Die Schöpfer der Sumerer

Die Schöpfungsgeschichte der Sumerer wird allgemein als Vorläufer des »Alten Testaments« aufgefaßt, da verschiedene Darstellungen der Bibel bereits auf den älteren sumerisch/babylonischenen Tontafeln festgehalten sind. Bekanntlich befanden sich die Israeliten viele Jahre in babylonischer Gefangenschaft und hatten damit Gelegenheit zur Einsicht in die alten sumerischen Überlieferungen. Diese alten sumerischen und akkadischen Schriften erzählen eine Geschichte, deren Wahrheitsgehalt ich schon in bezug auf unser Planetensystem herausgestrichen habe und die eigentlich zu gut ist, um erfunden zu sein.

Der Orientalist Sitchin hat in mehreren Büchern die alten Aufzeichnungen wörtlich übersetzt und auch interpretiert. Es ergibt eine interessante und durchaus realistische Variante der Entstehung unseres Menschengeschlechts mit allen Einzelheiten und auch in Übereinstimmung mit unserem modernen Wissen.

Die Anunnaki, die Bewohner des den Sumerern bekannten aber von uns noch nicht entdeckten zehnten, je nach Sichtweise zwölften Planeten, kamen mit dem Himmelskörper Nibiru in unserer Sonnensystem. Für den Schutz ihrer Atmosphäre benötigen sie Gold. Nach der Landung auf der Erde errichten sie ihre erste Station in Mesopotamien, dem späteren Lebensraum der Sumerer. Aus dem Wasser des Persischen Golfes wurde Gold gewonnen. Die Goldproduktion war jedoch nicht ergiebig genug. Deshalb begannen sie mit dem Bergbau in Südafrika. Das Gold wurde veredelt und mit Raumschiffen auf ihren Heimatplaneten Nibiru gebracht.

Die Arbeit in den Bergwerken war jedoch schwer, und die Anunnaki verweigerten die Arbeit. Es wurde beschlossen, einen einfachen Arbeiter zu erschaffen, der ihnen die schwere Arbeit abnehmen sollte. Dieses zu schaffende Geschöpf wurde Adamu, in der Bibel Adam, genannt. Dieser Name bedeutet wörtlich »der Erdling«. Der Mensch im Sinne von Arbeiter oder Diener hieß im sumerischen »Lu«. Das neu geschaffene Wesen wird mit »Lulu« bezeichnet, was eigentlich »der Gemischte« heißt.[152, 153]

Seltsamerweise stimmen die Angaben der Sumerer und unserer

Wissenschaftler überein: Der Mensch kam aus Afrika. Außerdem findet man gerade im südlichen Teil Afrikas antike Bergwerke, von denen keiner weiß, wer sie gebaut hat.
Die Bibel und auch die Schöpfungsgeschichte der Sumerer bestätigen die Erschaffung des Menschen nach dem Bilde der Schöpfer. Daraus folgt natürlich ein ähnliches oder auch *gleiches äußeres Erscheinungsbild beider Gruppen*. Die alte Streitfrage, warum Insassen von heute gesichteten UFOs – neben einem kleinen und sehr großen Typ – auch als Wesen mit menschlichem Aussehen beschrieben werden, wäre damit beantwortet. Die Einzigartigkeit der Natur des Menschen, bedingt durch die unendlichen Wunder der Evolution, verbietet – natürlich? – eine ähnliche Entwicklung auf einem anderen Planeten. Wenn es auch zufällig doch so wäre, könnten diese anderen menschenähnlichen Wesen nach unseren bisherigen Erkenntnissen aufgrund der extremen Entfernungen nicht zu uns gelangen.
Wurde der Mensch gemäß den alten Überlieferungen von Außerirdischen nach deren Bild erschaffen, dann sind uns nicht die Außerirdischen zufällig ähnlich, sondern es ist gerade umgekehrt: *Wir müssen unseren Schöpfern gleichen*. Wenn die Schöpfungsgeschichte der Sumerer wahr ist, dann haben diese Außerirdischen keinen weiten Weg zu uns. Raumbasen auf dem Mond, Mars oder anderen Himmelskörpern unseres Sonnensystems wären selbstverständlich. Manches Rätsel – geometrische Gebilde auf dem Mars, ein angeblich bei den Mondbesuchen gefundenes altes Bergwerk auf dem Mond und vieles mehr – wäre lösbar und eigentlich selbstverständlich. Die letzte Konsequenz macht dann aber nachdenklich. Die Außerirdischen, die uns zum Verwechseln ähnlich sind, müssen unter uns leben, und UFOs sind eine reale Erscheinung.
Die Schöpfungsgeschichte der Sumerer enthält weitere unbeschreiblich genaue Angaben über unser Sonnensystem, die teilweise erst in diesem Jahrhundert und in den letzten Jahren durch die Untersuchungen der Voyager-Sonden bestätigt wurden. Auch die Erschaffung des Menschen, der Schöpfungsort und die Begründung hierfür, wurden von den Sumerern einleuchtend dargestellt. Ungewöhnlich ist jedoch die Angabe des Herkunftsortes

der außerirdischen Anunnaki. Ihr Heimatplanet Nibiru kam ursprünglich aus der Tiefe des Alls und beschreibt heute angeblich eine elliptische, kometenähnliche Bahn mit einer Umlaufzeit von 3600 Jahren um die Sonne. Das bedeutet, daß dieser Himmelskörper sehr weit in das eiskalte Weltall vordringt. Die tiefen Temperaturen des Weltalls müßten die Heimat der Anunnaki erfrieren lassen. Ein Überleben der Anunnaki auf diesem Planeten erscheint schwer vorstellbar. Wenn diese Außerirdischen aber in der Lage sind, Lebewesen zu erschaffen und hochtechnisierte Flugapparate, UFOs, zu konstruieren, könnten sie vielleicht auch dieses Problem gelöst haben. Einen Hinweis liefert die Schöpfungsgeschichte. Die Atmosphäre von Nibiru mußte durch Gold geschützt werden, das in Südafrika gewonnen wurde, damit das Überleben der Anunnaki gesichert werden konnte. Auch unsere Sonden werden heute im Weltall durch Goldfolien geschützt. Eine nur zufällige Parallele? Woher wußten die Sumerer das überhaupt? Nur Phantasie und Zufall?
Die detaillierten Angaben auf den alten Tontafeln müssen einen neutralen, unvoreingenommenen Leser zumindest nachdenklich machen, oder handelt es sich nur um eine zufällig gut erfundene 6000 Jahre alte Science-fiction-Geschichte?

13 Ein Kartenhaus stürzt ein

Viele Veröffentlichungen der letzten Jahre berichten von kuriosen antiken Funden, die nicht mit den Ansichten der Archäologie oder anderen Wissenschaften vereinbar sind, aber mit dem von mir dargestellten Weltbild in vollem Einklang stehen. Hierzu möchte ich einige wenige exemplarische Beispiele beschreiben.

Jahrtausendealte Hochtechnik

In der bereits dargestellten Schöpfungsgeschichte der Sumerer wird über Außerirdische als Götter sowie Raumschiffe, Basen und Raketen in jeder uns bekannten Art ausführlich und eindeutig berichtet.

Fliegende Drachen, Himmelswagen oder Feuerwagen werden in allen Mythen Chinas, Indiens, Ägyptens, Israels, Mittel- und Südamerikas sowie der griechischen Antike erwähnt. Eindeutige Berichte über fliegende Maschinen, Raumbasen im Weltall und deren Krieg untereinander sind in den uralten indischen Veden bis in unglaubliche Einzelheiten und Details beschrieben. Ein kleine Textpassage aus dem altindischen Epos »Ramajana« macht die Genauigkeit der Beschreibungen explizit deutlich:

»... setzte sich Rama in den Himmelswagen ... und bereitete sich auf den Flug vor. Das Gefährt hatte zwei Stockwerke und viele Zimmer und Fenster. Als sich das Gefährt in die Lüfte erhob, gab es einen langgezogenen Ton von sich. Der Himmelswagen leuchtete wie ein Feuer in einer Sommernacht, er glich einem Kometen am Himmel und glühte wie ein rotes Feuer.«[154]

Auch in der Bibel können viele Berichte über Flugobjekte und

Flüge einzelner Propheten zu anderen Orten auf der Erde und zu bestimmten Orten am Firmament nachgelesen werden.
Als Lehrmeister unterwiesen die Götter unsere Vorfahren in der Herstellung hochentwickelter technischer Objekte. Sie benutzten mit größter Wahrscheinlichkeit Fluggeräte. Eventuell war dies ein Zugeständnis der Götter an die Könige zur damaligen Zeit, um dem Volk ihre Überlegenheit zu dokumentieren. Das normale Volk hätte sicher nicht auf einen König gehört, der den überlegenen technischen Möglichkeiten der Außerirdischen nicht etwas annähernd Gleichwertiges zu bieten gehabt hätte.
Nicht ganz unerwähnt lassen möchte ich eine andere Errungenschaft der Ägypter: Den Strom aus Batterien. Über Hochtechnologie und die Nutzung elektrischen Stroms im alten Ägypten handelt das Buch »Das Licht der Pharaonen« der Autoren Peter Krassa und Reinhard Habeck. Sie sind überzeugt von der Existenz von Luftfahrzeugen (Sonnenbarken), vernichtenden Waffen (Strahlensender), Radio- und Fernsehsatelliten (Hör- und Sehvögel) sowie TV-Gerät (Zauberspiegel) im alten Ägypten vor ein paar tausend Jahren.[155]
Im Sethostempel von Abydos lösten bisher die für jeden Touristen sichtbaren Abbildungen von einem Hubschrauber, Panzer, U-Boot und einem Maschinengewehr heftige Diskussionen aus. Bei meinem Besuch in diesem Tempel konnte ich mich von der Existenz dieser Hieroglyphen selbst überzeugen. Jeder, der diese Bilder zu sehen bekommt, identifiziert sie direkt mit den von mir bezeichneten hochmodernen Waffen und Kriegsgeräten. Ein Zweifel ist fast ausgeschlossen.
In den Krypten des Hathor-Tempels von Dendera sind blasenförmige, durchsichtige Birnen in schräger Lage, auf Abstützungen gelagert, abgebildet. Im Innern dieser Birne befindet sich eine wellenförmige Schlange, die aus der Spitze einer Blume am unteren Ende hervorkommt. Ägyptologen bezeichnen dies als Schlangenstein, und die Abstützungen werden Djedpfeiler genannt. Die Frage war: Symbolisieren die aggressiven Schlangen die Wirksamkeit von Elektrizität, und sind die Abstützungen Spannungsisolatoren? War die Lotusblume, aus der sich die Schlange herauswin-

det, eine Birnenfassung mit Kabelsträngen? Außerdem führt das Kabel zu einem viereckigen Kasten. War das eine Batterie oder Generator?
Nachdem die sehr alten Schriftzeichen entziffert waren, wurde dieses Glühbirnenmodell nachgebildet, und es funktionierte tatsächlich. Auf die technischen Einzelheiten wird in dem Buch von

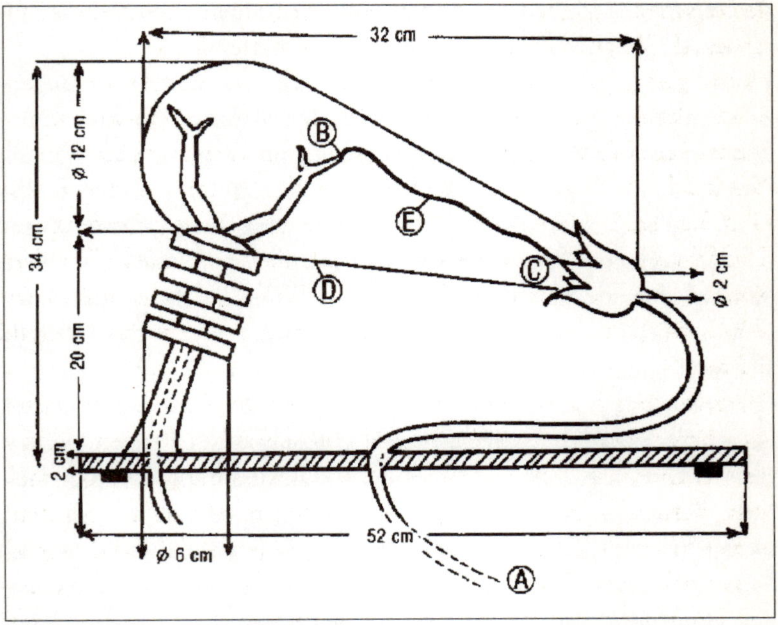

Abb. 43: ***Antike Glühbirne.*** *Die Autoren Krassa/Habeck beschreiben die Funktionsweise der altägyptischen Glühbirne: »Wir wissen heute, daß man mit sogenannten Ejektoren (Strahlpumpen) (A) relativ hohe Vakua erzeugen kann, speziell wenn die Pumpen in Kaskade – das ist Reihenschaltung gleichgearteter Teile – vorliegen. Evakuiert man eine Glasbirne, in die zwei Metallteile hineinreichen (B), (C), so tritt bereits bei wesentlich niedrigeren Spannungen, je nach Größe des Glasballons (D), eine Entladung auf. Bei einem Druck von 40 Torr schlängelt sich ein Leuchtfaden von einem Metallteil zum anderen (E). Wird weiter evakuiert, verbreitert sich die Schlangenlinie, bis sie zuletzt die ganze Glasbirne ausfüllt. Dies entspricht exakt den Abbildungen in den unterirdischen Kammern des Hathortempels.«*[155]

Krassa/Habeck sehr genau eingegangen, und es kann eigentlich kein Zweifel an der Richtigkeit der Behauptung und Interpretation der Darstellung im Tempel von Dendera geben.[155]

Im Jahr 1936 wurde im Irak eine ungefähr 15 cm hohe, zweitausend Jahre alte Vase ausgegraben, in der sich ein in Pech gefaßter Kupferzylinder befand. In diesem war wiederum ein Eisenstab eingebaut, der mit einem Asphaltstöpsel isoliert war. Ähnliche Vasen, auch größere als die hier beschriebene, wurden seitdem gefunden und befinden sich in verschiedenen Museen im Irak und in Berlin.

Diese, ursprünglich als religiöse Gegenstände eingestuften Objekte entpuppten sich aber als Trockenbatterien, denn nachdem man sie mit einem neuen Elektrolyten versah, funktionierten sie. Dieses Gerät und der damit erzeugte Strom von etwa 1,5 Volt wurde damals, wie auch heute noch in den Basaren, zum Vergolden und Versilbern benutzt.[156] Konnte der elektrische Strom auch für andere Zwecke genutzt werden? Beleuchtungen von Tempeln, Bibliotheken und öffentlichen Gebäuden wären denkbar. Einen Beweis stellt die im Tempel von Dendera, Ägypten, dargestellte und später entsprechend rekonstruierte große Glühbirne dar.

Auch das Rätsel der Beleuchtung von mehreren Geschossen tiefen unterirdischen Gängen unter vielen bekannten Tempeln und Gräbern, die man heute aus unerfindlichen Gründen nicht mehr besichtigen darf, könnte so erklärt werden. Man fand nie Spuren von Öllampen oder Fackeln an den Decken und Wänden, obwohl sich tief unter der Erde unzählige Bilder und Schriften in tiefschwarzen Gängen befinden. Die gängige und mir einzig bekannte Erklärung, die auch jeder Tourist erhält, benötigt eine Reihe von Spiegeln. Dagegen spricht, daß die Spiegel dauernd nach der Sonne ausgerichtet werden mußten und an bewölkten Tagen überhaupt keine Beleuchtungsmöglichkeit gegeben war. Außerdem kann dieses Verfahren technisch nicht funktionieren, denn die Lichtverluste von Spiegel zu Spiegel durch die verwinkelten und bis zu mehreren Etagen tiefen Gängen wären zu groß gewesen und hätten nur eine sehr geringe, wenn überhaupt eine Beleuchtung gewährleistet. Außerdem müßten die Spiegel exakt plan geschliffen gewesen sein. Aber auch

die entsprechende technische Fertigkeit der Spiegelherstellung, in der hier benötigten Perfektion, traut man den alten Ägyptern gar nicht erst zu.
In Mythen und alten Schriften der verschiedensten Völker werden *ewige* Lampen, die der Beleuchtung dienten, erwähnt. Mit elektrischem Licht könnte auch dieses Rätsel gelöst sein.
Vielleicht hatten unsere antiken Vorfahren aber noch weitergehende Anwendungsmöglichkeiten für den elektrischen Strom. Leider ging dieses Wissen spätestens irgendwann im finsteren Mittelalter, das einen absoluten Tiefpunkt in bezug auf allgemeines und technisches Wissen darstellt, wieder verloren.

Ein neues Weltbild

Es gibt noch viele andere ähnliche Kuriositäten, deren Beschreibung mehrere Bücher füllen würde. Die Kenntnisse der Sumerer über das Sonnensystem, die Erschaffung unserer Erde und des Menschen selbst, die Beschreibung von Flugmaschinen im Altertum und zur heutigen Zeit sowie eine alles vernichtende Sintflut vor nur ein paar Jahrtausenden muß man eigentlich als Tatsache akzeptieren. Eines haben diese Funde und Erkenntnisse gemeinsam, sie lassen sich mit dem uns bekannten Weltbild nicht vereinbaren.
Das Beispiel der Dinosaurier zeigt, daß die Schulwissenschaft nur sehr langsam bereit ist, umzudenken. Das liegt an den strengen Regeln, der wir die Erdgeschichte willkürlich unterworfen haben. Die Dinosaurier sind angeblich definitiv vor 64 Millionen Jahren ausgestorben, und zu dieser Zeit soll es nur kleine primitive Säugetiere gegeben haben. Das gilt jetzt als unumstößliche Tatsache und derzeit gültiger Wissensstand. Meine Ermittlungen vor Ort haben die Koexistenz der Dinosaurier, großen Säugetiere und Menschen ergeben. Es wird sicher der Tag kommen, an dem man lesen kann, daß auch größere Säugetiere zu Zeiten der Dinosaurier gelebt haben sollen. Die Beweise hierfür liegen aber schon seit Jahren vor.
Warum werden entsprechende Fundstätten nicht auf einer größe-

ren wissenschaftlichen Basis untersucht? Die Antwort liegt auf der Hand. Die von mir vorgelegten Beweise im Sinne einer Koexistenz verschiedener Arten und Gattungen widerlegen die Theorie der Entwicklung der Arten und damit das Gesetz von Darwin. Koexistenz und Evolution schließen sich definitiv aus, da eine Entwicklung in kleinen Schritten einfach zu lang dauert. Noch Ende des 18. Jahrhunderts war man noch von der Erschaffung der Welt und der Sintflut überzeugt. Ich denke, unsere Vorfahren hatten durchaus recht.

Sie meinen, Schöpfung ist undenkbar? Es war ein sehr langer Prozeß, bis ich zu dieser Überzeugung kam, obwohl ich noch nie ein UFO gesehen habe. Auch wenn man es sich vor ein paar Jahren noch nicht vorstellen konnte, gibt es heute konkrete Gedankenmodelle zur Schaffung einer für uns lebensfähigen Atmosphäre – Terraforming – auf einem anderen Planeten, dem Mars. Unter diesen Umständen wäre eine Ansiedlung von Tieren und Pflanzen auf dem roten Planeten keine Utopie mehr. Durch unsere Gentechnologie könnten ganz neue Tiere geschaffen werden, die den Lebensbedingungen auf dem Mars exakt angepaßt wären. Fand ein entsprechender Prozeß vor ein paar tausend Jahren auf der Erde statt, durchgeführt von einer außerirdischen Intelligenz, die uns in der äußeren Erscheinungsform gleich ist?

Wer möchte, kann natürlich auch weiterhin an Gott, den allmächtigen Schöpfer glauben, denn wenn uns auch Außerirdische erschaffen haben sollten, bleibt die Frage: Wer erschuf die Außerirdischen?

Epilog

Noch während meiner Teilnahme bei den Ausgrabungen im Jahr 1996 war ich davon überzeugt, daß unsere Erde alt ist und die Menschen aufgrund der gemeinsam versteinerten Spuren bereits vor 64 Millionen mit den Dinosauriern zusammenlebten. Dann begann ich dieses Buch zu schreiben. Aber einfache Fragen konnten im Sinne unseres wissenschaftlichen Weltbildes *nicht gelöst werden*. Immer wieder benötigt man unzählige Zufälle und Wunder zur Erklärung bestimmter Phänomene. Das System der Evolution erscheint einleuchtend, jedoch einfache konkrete Fragen scheint man nicht stellen zu dürfen, wenn man logisch schlüssige Antworten anstatt des anscheinend allgegenwärtig positiv in Erscheinung tretenden Zufalls erhalten will. Aber *kritische Fragen dürfen gar nicht gestellt werden.* Unser starres Weltbild ist so spröde, daß es die kleinste Erschütterung nicht heil übersteht. Da unser wirkliches Wissen entgegen der offiziellen Darstellung sehr gering ist, müßte ein Weltbild so offen und flexibel angelegt sein, daß neue Erkenntnisse problemlos integriert werden können. Man geht jedoch den umgekehrten Weg, verteidigt die veralteten Ideen der Biologen und Geologen aus dem letzten Jahrhundert und versucht die neuesten wissenschaftlichen Erkenntnisse in die kleine Schachtel des Bewußtseins dieser »antiken« geistigen Kapazitäten zu pressen.

Es kam, wie es kommen mußte, die Arbeit an diesem Buch veränderte mein Bewußtsein. Gernot Geise schrieb in einem seiner Bücher, daß man bei einem neuen Buchprojekt nie weiß, wie es endet, und genau diesen Prozeß machte ich durch: In meinen Gedanken entstand für mich ein neues Weltbild. Bisherige Widersprüche heben sich darin auf, man muß nur den Zeitfaktor variieren, auch wenn die Konsequenzen unbequem zu sein scheinen.

Die geschilderten Gleichförmigkeitsprinzipien von Charles Lyell und Charles Darwin als Basis unseres schulwissenschaftlichen Weltbildes können aufgrund der von mir vorgelegten Beweise, Theorien und Überlegungen auf keinen Fall richtig sein. Wenn nur einer der von mir geschilderten Funde wissenschaftlich anerkannt würde, kann es eine allmähliche zielgerichtete Entwicklung analog den Gleichförmigkeitstheorien nicht gegeben haben.

Chaos und Katastrophen stellen den Normalzustand im Weltall und in der Entwicklungsgeschichte unserer Erde dar, nicht eine gleichförmige Entwicklung. Unter Berücksichtigung dieser Zustände kann keine Makroevolution, sondern nur eine Mikroevolution stattgefunden haben.

Die Erde, genauer gesagt die Erdkruste, kann nicht uralt sein. Sie hat sich während der Erdkatastrophen in einem plastisch-elastischen Zustand schubweise neu gebildet: Die alles verschlingende Sintflut mit den Folgekatastrophen war Realität.

Der Erdkörper unter der Erdkruste ist älter und war wahrscheinlich Teil eines größeren Planeten, der durch eine Planetenkollision vor nur ein paar tausend Jahren zerstört wurde. Hinweise in geologischer und mythischer Hinsicht ergeben zwar ein gewisses Maß an Wahrscheinlichkeit für dieses Szenario, und viele kosmische Rätsel in unserem Sonnensystem lassen sich entsprechend logisch auflösen, jedoch kann der endgültige Beweis noch nicht erbracht werden.

Der Nachweis einer oder mehrerer Erdkatastrophen steht in krassem Widerspruch zu den unser wissenschaftliches Weltbild begründenden Gesetzen von Lyell und Darwin: Weltuntergang und Evolution schließen sich aus. Es gibt keine Zwischenlösung: *Eine junge Erde bedingt eine Schöpfung*, da nicht genug Zeit für eine langsam stetige Entwicklung zur Verfügung stand.

Es ist letztendlich nicht von Bedeutung, ob die von mir beschriebenen Vorgänge exakt in dieser Form stattfanden. Genausowenig ist der ganz genaue Zeitpunkt maßgebend. Fand der Weltuntergang nicht vor höchstens 10 000 Jahren, sondern vor 100 000 Jahren oder auch 10 Millionen Jahren statt, bleibt die Feststellung richtig: *Darwin irrte*. Es war für eine langsame Entwicklung der Arten und des Menschen einfach zu wenig Zeit vorhanden.

Insgesamt muß ein Sinneswandel erfolgen, denn Katastrophen waren in der Erdvergangenheit und auch bei der Entwicklung unseres Sonnensystems maßgebend beteiligt.
Das biogenetische Grundgesetz von Ernst Haeckel wurde bereits als Fälschung entlarvt. Nachdem dieses wichtigste Fundament der Evolutionstheorie sich als reine Erfindung herausstellte, ist es an der Zeit, die vielen einzelnen Zweifel an der Abstammungslehre von Darwin zu bündeln und mit wachen Augen die Makroevolution als den größten Irrtum der Menschheitsgeschichte zu erkennen und nachzuweisen.
Im Magazin »Spiegel« (Ausgabe 17/1998, Seite 171) erschien unter der Überschrift »Unerwünschter Darwin« die Meldung, daß die führende Wissenschaftsorganisation der USA, die »National Acadamy of Sciences«, »einen Leitfaden für den Biologieunterricht in Schulen herausgegeben« hat. »Die Lehre von der Evolution, das in den Worten der Academy ›wichtigste Konzept in der modernen Biologie‹, sollte, wenn es nach den Vorstellungen konservativer Gesetzgeber in verschiedenen amerikanischen Bundesstaaten geht, ganz aus den Lehrplänen der Schulen verschwinden... In Biologiebüchern des Staates Alabama wird mittlerweile den Studenten schon nahegebracht, die Lehre von der Evolution sei nur ›eine umstrittene Theorie‹. Überdies haben die Aufsichtgremien etlicher Schulen, wie die ›Washington Post‹ berichtet, die Lehrer angewiesen, dem biblischen Sechs-Tage-Schöpfungsmythos im Biologieunterricht ›gleichen Raum zu geben‹ wie der Evolutionslehre.« Anscheinend wird meine These »Schöpfung statt Evolution« teilweise in Amerika schon in der Schule vermittelt.
Die Beweise der Koexistenz aller Lebewesen, die ich bei den Ausgrabungen in Texas selbst gesehen habe, bezeugen die Unrichtigkeit der Evolutionstheorie. Zu Beginn meiner Schreib- und Ermittlungstätigkeit im Jahre 1996 mußte ich scheinbar utopische Theorien vertreten und aufgestellen. Nach fast zweijähriger Arbeit scheint sich jetzt mit dem Druck dieses Buches in der Biologie und Paläontologie ein Sinneswandel zu vollziehen, der meine Überlegungen stützt und die Funde in Glen Rose unter dem Licht er-

scheinen läßt, das sie verdienen: harte Realität und keine Phantasie oder Fälschungen. *Fest steht: Darwin irrte.*
Die durch versteinerte Funde am und im Paluxy River bewiesene Koexistenz von Dinosauriern und großen Säugetieren wird durch neueste Forschungen bestätigt. Am 30. April 1998 erschien im britischen Wissenschaftsmagazin »Nature« (392/1998) die Meldung, daß die amerikanischen Biologen Sudhir Kumar und Blair Hedges von der »Pennsylvania State University« nach dem Studium fossiler Erbsubstanz die Meinung vertreten, daß die meisten Säugetierarten schon vor über 100 Millionen Jahren existierten, also Zeitgenossen der Saurier waren. Unter diesen Umständen muß man ernsthaft fragen, wo bei einer Koexistenz von Sauriern und Großsäugern die Evolution geblieben ist? Klar und deutlich gesagt: *Koexistenz und Evolution schließen sich aus!* Das gleichzeitige Leben aller Geschöpfe beweist demzufolge auch eine vollzogene Schöpfung. Auf jeden Fall erzeugte diese offizielle Meldung große Aufregung unter den Paläontologen. Eine Kehrtwendung in Richtung der von mir beschriebenen Prinzipien beginnt sich auch in wissenschaftlichen Kreisen anzubahnen, in Übereinstimmung mit den von mir vorgelegten Beweisen.
Auch die von mir propagierte Planetenkollision wird zunehmend wahrscheinlicher. In dem Wissenschaftsmagazin »PM« (6/1998) wird bestätigt: »Ein riesiger Himmelskörper stürzt auf die Erde und zertrümmert einen großen Teil unseres Planeten.« Diese Nachricht basiert auf einer Simulation des Astronomen Glen Stewarts von der Universität in Boulder, Colorado. Die Trümmer der um den Äquator kreisenden Gesteinswolke sollen sich in weniger als einem Jahr zu unserem Mond verdichtet haben. Der Zeitpunkt dieser Kollision soll entsprechend der Evolutionstheorie vor vier Milliarden Jahren stattgefunden haben.
Die Parallelen zu meinen Ausführungen sind unübersehbar. Nur die riesigen Zeiträume muß man noch reduzieren, damit die verbliebenen Widersprüche aufgehoben werden: Es fand alles vor nur ein paar tausend Jahren statt, und die Erde ist jung …

Anmerkungen

Ausführliche Titelangaben siehe Literaturverzeichnis.

1 Buttlar, 1987
2 »APA Guides«, 1991
3 John Mackay, in »Creation Ex Nihilo«, Volumen 5 Nr. 4, Australien
4 Zillmer, H.-J.: »Gemeinsame Spuren von Dinosauriern und Menschen«, in »EFODON Synesis«, 27/1998, 15–20
5 Dougherty, 1984
6 Baugh, 1991
7 »PM«, Sonderausgabe »Dinosaurier«, München 1997, 34
8 »Nature«, 321/1986, 722
9 Morris, 1994
10 Baugh, 1991
11 »Focus«, Nr. 14/1998, 216
12 Baugh, 1991
13 »Illustrierte Wissenschaft«, 7. Jahrgang, April 1998, 24
14 »Bild«, 10. 12. 1996
15 Wright, 1887, 379–381
16 Buttlar, 1996
17 Bürgin, 1994
18 Däniken, E. v.: »Golfbälle der Götter«, in: »Ancient Skies«, I/1988
19 Steiger, 1989
20 Langbein, 1996
21 Baugh, 1991
22 Helfinstine, 1994
23 Dougherty, 1984
24 Baugh, 1991
25 Dougherty, 1984
26 Däniken, 1974
27 Steiger, 1989
28 Brown, 1980
29 »PM«, Sonderausgabe »Dinosaurier«, München 1997, 10
30 Baugh, 1991
31 »Reise Know-How«, 1993, 294
32 »Reise Handbuch«, 1993, 244
33 »Science News Letter«, 10. Dezember 1938, 372
34 Schoolcraft, H. R. und Benton, T. H.: »Remarks on the Prints of Human Feet, Observed in the Secondary Limestone of the Mississippi Valley«, in »The American Journal of Science and Arts«, 5. Jahrgang 1822, 223–231

35 »Human-Like Tracks in Stone are Riddle to Scientists«, in »Science News Letter«, 29. Oktober 1938, 278–279

36 Däniken, 1974

37 Tomas, o. J.

38 Geise, 1997

39 J. Q. Adams: »Eve's Thimble« in »American Antiquarian«, 5. Jahrgang 1883, 331–332

40 Harry V. Wiant: »A Curiosity from Coal«, in »Creation Research Society Quarterly«, Heft Nr. 1 des 13. Jahrgangs, 1976, 74

41 Wilbert H. Rusch sen.: »Human Footprints in Rocks«, in »Creation Research Society Quarterly«, 7. Jahrgang 1971

42 Buchanan, J.: »Discovery of an Iron Instrument Lately Found Imbedded in a Natural Seam of Coal in the Neighbourhood of Glasgow«, in »Proceedings of the Society of Antiquarians of Scotland«, 1. Jahrgang 1853

43 Buttlar, 1996

44 »Morrisonville Times«, 11. Juni 1891, 1

45 »A Relic of a By-Gone Age«, in »Scientific American«, 5. Juni 1852, 298

46 Austin, S.: Video »Mount St. Helens: Explosiv Evidence for Creation«, Institute for Creation Research, 1992

47 »Natural History«, 3/1924

48 Zillmer, H.-J.: »Dinosaurierspuren in weicher Kohle«, in »EFODON Synesis«, 28/1998, 13–18

49 Berlitz, 1987

50 Hancock, 1995

51 Velikovsky, »Erde…« 1994

52 Vollmer, 1989

53 Genaue Beschreibung siehe Glossar

54 »Science«, 141/1963, 634–637

55 »Science«, 224/1984, 58–61

56 Petersen, 1986

57 »Zeitensprünge«, Nr. 3/1996

58 Blöss und Niemitz, 1997

59 Friedrich, 1997

60 Gentry, 1992

61 Brown, 1980

62 »Rätselhafte Vergangenheit«, 1993, 118

63 Dougherty, 1984

64 Hapgood, 1979

65 Hancock, 1995

66 Sudhoff, 1990

67 Dougherty, 1984

68 Sitchin, 1994

69 Däniken, 1973

70 Hancock, 1995

71 Lewis, R. S.: »A Continent for Science«, in »The Antartic Adventure«, New York 1961

72 Brown, 1980

73 Anthony, H. E.: »Nature's Deep Freeze«, in »Natural History«, September 1949

74 Zimmermann, M. R. und Tedford, R. H.: »Histologic Structures Preserved for 21 300 Years«, in »Science« am 8. Oktober 1976
75 Anthony, H. E.: »Nature's Deep Freeze«, in »Natural History«, September 1949
76 Anderson, 1923
77 Tollmann, 1993
78 Erman, 1848
79 Penniston, J. B.: »Note of the Origin of Loess«, in »Popular Astronomy«, 39. Jahrgang, 1931, 429–430 und »Additional Note on the Origin of Loess«, Popular Astronomy, 51/1943, 170–172
80 Muck, 1976
81 Dall, W. H., in »American Journal of Science« 1881, 107
82 Brown, 1980
83 Muck, 1976
84 Hapgood, 1970
85 Hancock, 1995
86 Muck, 1976
87 Geise, 1997
88 Sudhoff, 1990
89 Velikovsky, »Welten...«, 1994
90 Thompson
91 Velikovsky, »Welten...«, 1994
92 Sitchin, 1992
93 Velikovsky, »Welten...«, 1994
94 Friedrich, 1997
95 Agassiz, 1840
96 Chorlton, 1983
97 Buckland, 1824
98 Ziegler, K. und Oppenheim, S.: »Weltuntergang in Sage und Wissenschaft«, in »Natur und Geisteswelt«, Leipzig 1921
99 Chorlton, 1983
100 Velikovsky, »Welten...«, 1994
101 Sagan, 1996
102 Die Erddrehung verlangsamt sich zur Zeit um eine Sekunde alle 500 Tage (leap second). In 10 000 Jahren fehlen bei einer entsprechend konstanten Verlustrate über 1,5 Stunden pro Tag.
103 Tollmann, 1993
104 Vollmer, 1989
105 »PM«, 2/1998, 48
106 Langbein, 1995
107 Velikovsky, »Welten...«, 1994
108 Sitchin, 1995
109 Velikovsky, »Welten...«, 1994
110 Tollmann, 1993
111 Riem, 1925
112 Velikovsky, »Welten...«, 1994
113 Berlitz, 1986
114 Tollmann, 1993

115 Muck, 1976
116 Berlitz, 1986
117 Buttlar, 1991
118 »Bild der Wissenschaft«, News-Ticker v. 18. 5. 1998 (siehe auch »Bild«, 15. 5. 98, 12)
119 Tollmann, 1993
120 Velikovsky, »Welten...«, 1994
121 Tollmann, 1993
122 Riem, 1925 (vgl. Tollmann)
123 Muck, 1976
124 Velikovsky, »Welten...«, 1994
125 Hancock, 1995
126 »PM«, Sonderausgabe »Dinosaurier«, München 1997, 20
127 Brown, 1980
128 »PM«, 11/1996, 12
129 Morris, 1994
130 Queiser, Hamburg 1988
131 Toon, O. B.. »Sudden Changes in Atmospheric Composition and Climate«, in Holland H. D. und Trendall, A. F.: »Patterns in Change of Earth Evolution«, Berlin 1984, 41–61 (vgl. Tollmann)
132 Tollmann, 1993
133 Langbein, 1996
134 Heuvelmans, 1968
135 Bord, 1989
136 Fiebag, 1993
137 »PM«, Sonderausgabe »Dinosaurier«, München 1997, 37
138 Petratu und Roidinger, 1994
139 Geise, 1997
140 »Focus«, 34/1997, 128
141 »Focus«, 39/1996, 178
142 Moore, 1970, 91
143 »Focus«, 29/1997, 108
144 »Spektrum der Wissenschaft«, 4/1998, 43
145 Geise, 1997
146 »Die Bibel«, 1985
147 Bürgin, 1995
148 »Bild«, 27. 8. 1998
149 Langbein, 1995
150 Däniken, 1989
151 Waddel, o. J.
152 Sitchin, 1995
153 Sitchin, 1996
154 Popowitsch, 1991
155 Krassa und Habeck, 1996
156 Berlitz, 1986
157 Meyers Lexikon

Literaturverzeichnis

Wenn nicht anders angegeben, wurde die Einheitsübersetzung »Die Bibel« (Stuttgart 1990) zitiert.

Agassiz, L.: »Etudes sur les Glacier«, Neuchatel 1840
Anderson, W.: »Die nordasiatischen Flutsagen, Dorpat 1923
»APA Guides«: »Texas«, Berlin 1991
Baugh, C.: »Dinosaur, Scientific Evidence that Dinosaurs and Men walked together«, Orange 1987, Neudruck 1991
Beiser, A.: »Die Erde« in »Life – Wunder der Natur«, 1970
Berlitz, Ch.: »Der 8. Kontinent«, München 1986
–: »Die Suche nach der Arche Noah«, Wien/Hamburg 1987
»Die Bibel«, Stuttgart 1985
Blöss, C., und Niemitz, H.-U.: »C14-Crash«, Gräfelfing 1997
Bord, J. u. C.: »Unheimliche Phänomene des 20. Jahrhunderts«, München 1989
Brown, W.: »In The Beginning«, Phönix 1980
Buckland, W.: »Reliquiae Diluvianae; or observations on the Organic Remains Contained in Caves, Fissures and Diluvial Gravel and Other Geological Phenomena Attesting the Action of an Universal Deluge«, London 1824
Bürgin, L.: »Götterspuren«, München 1995
–: »Mondblitze«, München 1994
Buttlar, J. v.: »Leben auf dem Mars«, München, 1987
–: »Adams Planet«, München 1991
–: »Schneller als das Licht«, Düsseldorf 1996
Chorlton, W.: »Eiszeiten«, in der Reihe »Time-Life«, Gütersloh 1983
Däniken, E. v.: »Meine Welt in Bildern«, Düsseldorf/Wien 1973
–: »Beweise«, München 1974
–: »Die Augen der Sphinx«, München 1989
Dougherty, C. N.: »Valley of the Giants«, Texas 1971, Neudruck 1984
»Creation«, Institute for Creation Research, 1992
Ercivan, E.: »Das Sternentor der Pyramiden«, München 1997
Erman, A.: »Travels in Siberia«, London 1848
Fiebag, J.: »Die Anderen«, München 1993
Friedrich, H.: »Jahrhundertirrtum Eiszeit?«, Hohenpeißenberg 1997
Geise, G.: »Woher stammt der Mensch wirklich?«, Hohenpeißenberg 1997
Gentry, R.V.: »Creations Tiny Mystery«, Knoxville 1992
Hancock, G.: »Die Spur der Götter«, Bergisch Gladbach 1995
Hapgood, C. H.: »Maps of the Ancient Sea Kings«, New York 1966 und London 1979
–: »The Path of the Pole«, New York 1970

Helfinstine, R. F. und Roth, J. D.: »Texas Tracks and Artifacts«, Selbstveröffentlichung, USA 1994
Heuvelmans, B.: »In the Wake of the Sea-Serpents«, London 1968
Krassa, P., und Habeck, R.: »Das Licht der Pharaonen«, München 1996
Langbein, W.-J.: »Bevor die Sintflut kam«, München 1996
–: »Das Sphinx-Syndrom«, München 1995
Moore, R.: »Die Evolution«, in »Life – Wunder der Natur«, 1970
Morris, J. D.: »The Young Earth«, Colorado Springs 1994
Muck, O.H.: »Alles über Atlantis«, Düsseldorf/Wien 1976
Petersen, D. R.: »The Mysteries of Creation«, El Dorado 1986
Petratu, C., und Roidinger, B.: »Die Steine von Ica«, Essen 1994
Popowitsch, M.: »UFO Glasnost«, München 1991
Queiser, H.R.: »Nachrichten aus der Eiszeit«, Hamburg 1988
»Rätselhafte Vergangenheit«, Rastatt 1993
»Reise Handbuch«: »Australien«, Kiel 1993
»Reise Know-How«: »Australien«, Rappweiler 1993
Riem, J.: »Die Sintflut in Sage und Wissenschaft«, Hamburg 1925
Sagan, C.: »Blauer Punkt im All«, München 1996
Sitchin, Z.: »Am Anfang war der Fortschritt«, München 1991
–: »Am Anfang war der Fortschritt«, München 1991
–: »Versunkene Reiche«, München 1992
–: »Das erste Zeitalter«, München 1994
–: »Der zwölfte Planet«, München 1995
–: »Stufen zum Kosmos«, Frankfurt/Berlin 1996
Steiger, B.: »Mysteries of Time and Space«, West Chester Pennsylvania/USA 1989
Sudhoff, H.: »Sorry, Kolumbus«, Bergisch-Gladbach 1990
Thompson, R. C.: »The Reports of the Magicans and Astrologers of Ninive and Babylon II«, XVIII
Tollmann, A. und E.: »Und die Sintflut gab es doch«, München 1993
Tomas, A.: »Wir sind nicht die ersten«, Bonn, o. J.
Velikovsky, I.: »Erde im Aufruhr«, Frantfurt/M. 1994
–: »Welten im Zusammenstoß«, Frankfurt/Berlin 1994
Vollmer, A.: »Sintflut und Eiszeit«, Obernburg 1989
Waddel, W.G.: »Manetho«, Cambridge o. J.
Zillmer, H.-J.: »Der fossile Hammer aus der Zeit der Dinosaurier«, EFODON-Dokumentation Nr. DO-38, Hohenpeißenberg 1998

Glossar wichtiger Fachbegriffe

Abbinden eines Stoffes: Erhärtungsvorgang.

AE: Astronomische Einheit. Definiert als die mittlere Entfernung Erde–Sonne mit 149 600 Millionen Kilometer.

Altersbestimmung (indirekt): Datierung von geologischen Ereignissen und vorgeschichtlichen Funden. Die rein geologischen Methoden (Stratigraphie), bei denen räumlich getrennte Schichten anhand von Leitfossilien einander zugeordnet werden, ergeben relative Alter; sie versagen bei sehr alten Schichten ohne Versteinerungen. Andere Methoden, wie zum Beispiel die Zählung der Warwen (Jahresschichten des Bändertons) oder die Dendrochronologie ergeben absolute Alterswerte unter Voraussetzung der Gültigkeit der Gleichförmigkeitstheorien.[157]

Bindemittel: Stoff zur Bindung oder Verkittung auf mineralischer, chemischer oder organischer Basis; beispielsweise Zement zur Bindung von Wasser und Zuschlagstoffen beim Beton.

Darwin: Abstammungslehre von Charles Darwin siehe Evolution.

Dendrochronologie: Altersbestimmung archäologischer Funde aufgrund der Bestimmung der Jahresringe von zugehörigen Holzfunden.

Doctrine of Uniformity: Gleichförmigkeitstheorie (siehe dort).

Ekliptik: Der größte Kreis, in dem die Ebene der Erdbahn um die Sonne die als unendlich groß gedachte Himmelskugel schneidet.

Embryonalentwicklung: Das biogenetische Grundgesetz von Ernst Haekkel (1866) besagt, daß jedes Lebewesen die ganze Stammesgeschichte der Vorfahren während seiner embryonalen Entwicklung wiederholt. Deshalb sollen Embryos von Fischen, Hühnern, Schweinen oder Menschen nicht zu unterscheiden sein. Diese Doktrin beruht jedoch auf gefälschten Zeichnungen und wurde inzwischen als Betrug entlarvt.

Evolution: Die stammesgeschichtliche Entwicklung (Phylogenie) der Lebewesen von einfachen Formen zu hoch entwickelten in langen Zeiträumen durch einen Artenwandel, wobei Mutation, Rekombination, die natürliche

Auslese und die Isolation als wichtigste Evolutionsfaktoren wirksam waren (Theorie von Darwin).

Epizentrum: Entstehungsort (Herd) eines Erdbebens.

Eruptivgestein: Erstarrungsgestein (Glutgestein). Diese magmatischen Gesteine sind das Ergebnis der Gesteinsschmelze im oberen Erdmantel und der Erdkruste: Granit und Basalt.

Genesis: Griechische Bezeichnung für Schöpfung. Griechisch-lateinische Bezeichnung für das 1. Buch Mose, erstes Buch des Pentateuchs und der Bibel überhaupt. Es gliedert sich in zwei Hauptteile: die Urgeschichte (z. B. Schöpfung, Paradies und Sündenfall) und die Geschichte der Erzväter Abraham, Isaak und Jakob, Josephs und seiner Brüder.[157]

Gleichförmigkeitstheorien: Grundlage unseres Weltbildes bilden die Dogmen (Glaubensgrundsätze) von Charles Lyell (Geologie) und Charles Darwin (Biologie). Sie gehen von einer immer gleichmäßigen Entwicklung unserer Erde und der Geschöpfe ohne Erdkatastrophen (siehe auch Lyell-Prinzip) aus.

Glutgestein: siehe Eruptivgestein.

Halbwertzeit: In diesem Zeitraum zerfällt der Ausgangsstoff auf die Hälfte seines Anfangswertes. Beim radioaktiven Zerfall bezeichnet man mit Halbwertzeit diejenige Zeitdauer, in der von den ursprünglichen Atomen die Hälfte zerfallen ist. Für jedes Isotop ist sie unter gleichförmigen Voraussetzungen (Theorie von Lyell) eine von äußeren Bedingungen unabhängige charakteristische Größe.

Halo: In Form von Ringen auftretende, gelegentlich auch streifen- oder fleckenförmige Lichterscheinung.

Impakt: Meteoriteneinschlag.

Isotope: Die Atome eines Elements können unterschiedliche Neutronenzahl haben. Man bezeichnet sie als isotope Nuklide oder kurz Isotope.

Kalibrierung: Feststellen des Zusammenhanges zwischen zwei verschiedenen Größen oder Meßreihen.

Kalium-Argon-Methode: Eine Methode der direkten Altersbestimmung. Man geht von dem zu 0,012 % in natürlichem Kalium K enthaltenen Isotop K 40 aus, das mit einer Halbwertzeit von $1{,}28 \cdot 10^9$ Jahren unter anderem in das stabile Argonisotop Ar 40 zerfällt; erfaßbare Zeitspanne: 10^5 bis 10^{10} Jahre.[157]

Konglomerat: Ein aus verkitteten Geröllen bestehendes Sedimentgestein.

Konsistenz: Beschaffenheit von Stoffen in bezug auf das Zusammenhaltens ihrer Teilchen und des Verhaltens gegenüber Formänderungen.

Leap second: Schaltsekunde. Eine durch atomare Uhren (Cäsiumuhren) definierte gleichförmige Zeitskala TAI (Abkürzung für »Temps atomique international«) unterscheidet sich von der turnusmäßigen Zeit (Umdrehung) der Erde – UTC (Abkürzung für Coordinated Universal Time) = Koordinierte Weltzeit – um nicht mehr als 0,9 Sekunden.[103] Da sich die Rotation der Erde (Länge des Tages) in den letzten Jahren jedoch ständig verlangsamt, muß zur Wahrung dieser Relation in Abständen von zur Zeit 500 Tagen eine zusätzliche Sekunde eingefügt werden. Die erste Schaltsekunde (leap second) wurde am 30. Juni 1972 eingeführt.

Lyell-Prinzip: Die Theorie von Charles Lyell (Geologie) vertritt die Alleinwirksamkeit winziger aktueller Kräfte an der Veränderung der Erdoberfläche und läßt keinen Raum für kataklysmische Großereignisse wie eine weltweite Sintflut. Diese Theorie bildet neben dem biogenetischen Gesetz von Ernst Haeckel das wichtigste Standbein der Evolutionstheorie.

Metamorphe Gesteine: Sie (Metamorphite) werden wegen ihres Gefüges z. T. auch kristalline Schiefer genannt. Sie entstehen aus Erstarrungsgesteinen und Sedimentgesteinen durch Metamorphose, d. h. unterschiedlich starke Umgestaltung durch Druck und Temperatur. So entstehen z. B. aus Graniten Orthogneise, aus Tongesteinen Paragneise, aus Kalksteinen Marmore. Die Metamorphose kann über die teilweise Aufschmelzung (Anatexis), wobei Migmatite (Mischgesteine) entstehen, bis zur völligen Aufschmelzung führen (Palingenese), bei der sich Magma neu bildet.[157]

Missing link: Eine noch fehlende Übergangsform (Entwicklungsstufe) innerhalb der Abfolge einer Entwicklung in der Biologie und Anthropologie.

Nuklid: Durch bestimmte Ordnungs- und Massenzahl (Protonen, Neutronen) gekennzeichnete Art von Atomen.[157] Siehe Isotop.

Nutation: Die Schwankung der Erdachse gegen den Himmelspol.

Perpetuum mobile: Eine ohne Energiezufuhr ewig laufende Maschine.

Präzession: Die rückläufige Kreiselbewegung der Erdachse dauert knapp 26 000 Jahre. Sie verursacht die Rücklaufbewegung des Schnittpunktes (Frühlingspunktes) zwischen Himmelsäquator und Ekliptik.

Radiocarbonmethode: Eine wichtige Methode der direkten Altersbestimmung ist die von W. F. Libby entwickelte Kohlenstoff-14-Methode (C-14-Methode, Radiocarbonmethode): Sie beruht darauf, daß unter dem Einfluß der kosmischen Strahlung aus dem Stickstoff der Luft radioaktiver Kohlenstoff ^{14}C gebildet und zu Kohlendioxid oxidiert wird ($^{14}CO_2$). Durch CO_2-Austausch zwischen dem atmosphärische Kohlendioxid und dem im Ozean gelösten Bicarbonat gelangen 96 % des ^{14}C in einem ständigen Strom in den Ozean, weitere 2 % werden durch Assimilation in pflanzlichen und damit auch in tierischen Organismen eingelagert, so daß nur 2 % in der Atmosphäre verbleiben. Im gesamten C-Reservoir herrscht Gleichgewicht. Das durch Zerfall verlorengegangene ^{14}C wird durch neu produziertes ersetzt. Wird kohlenstoffhaltiges Material aus dem ^{14}C-Reservoir entfernt (Absterben eines Organismus oder Kalkausfällung aus dem Ozean), so fällt das dem Gleichgewichtsfall entsprechende Isotopenverhältnis $[^{14}C] : [^{14}C] = 1 : 10^{12}$ (Rezentwert) mit 5730 Jahren Halbwertzeit ab. Zur Altersbestimmung mißt man das Verhältnis der spezifischen b-Aktivität des Probenkohlenstoffs zu derjenigen von rezentem Kohlenstoff zum Beispiel in frischem Holz und errechnet daraus die seit der Entfernung der Probe aus dem ^{14}C-Reservoir verstrichene Zeit (bis etwa 50 000 Jahre).[157]

Schöpfung: Grundlage vieler Religionen. Erschaffung der Welt aus dem Nichts durch ein göttliches Wesen in einem Schöpfungsakt, vor allem im Judentum, Christentum und im »Popol Vuh«, dem heiligen Buch der Maya.

Sedimente: Sedimentgesteine (Schichtgesteine) werden als Lockergesteine (Sand, Schlick, Kies) abgelagert und durch Diagenese verfestigt. Sie werden nach ihrem Entstehungsraum eingeteilt in marine Sedimente (Flachsee- und Tiefseeablagerungen) und in kontinentale Ablagerungen (d. h. auf dem Festland und in dessen Gewässern) oder beschreibend in Trümmergesteine wie Löß, Sandstein, Grauwacke, Geschiebemergel, einige Kalksteine, in chemische Sedimente, die durch chemische Reaktionen ausgeschieden werden wie zum Beispiel Salzgesteine und Gipsgesteine, einige Kalke und Dolomite, und in organogene Sedimente, die von Organismen aufgebaut werden. Durch Pflanzen entstehen zum Beispiel Kohlen und Algenkalke, durch Tiere Korallenkalke, Radiolarite.[157]

Thermolumineszenzmethode: Ein Verfahren vor allem für die Altersbestimmung keramischer Erzeugnisse. Dabei wird ausgenutzt, daß zum Beispiel durch die Höhenstrahlung oder die Strahlung der natürlichen radioaktiven Isotope in den Quarz- und Feldspatkristallen der Tonteilchen Elektronen angeregt, das heißt auf ein höheres Energieniveau gehoben werden und dort verweilen; dieser Vorgang wird beim Brennen der Keramik, insbesondere aber bei der Probenuntersuchung (Erwärmung auf etwa 300 °C) rückgängig gemacht, wobei Licht emittiert wird (Thermolumineszenzstrahlung); die Intensität des Thermolumineszenzleuchtens ist ein Maß für das Alter der Probe (bis etwa 500 000 Jahre).[157]

UTC: Koordinierte Weltzeit (Coordinated Universal Time). Die mittlere Sonnenzeit des Nullmeridians (mittlere Ortszeit von Greenwich) dient als Weltzeit auf die sich alle Zonenzeiten beziehen.

Warwe: Als geschichteter Ton (Bänderton) in Schmelzwasserbecken vor Gletschern abgelagert. Je eine helle und eine dunkle Schicht (Warwe) sind das Sedimentationsergebnis eines Jahres und ermöglichen eine Altersbestimmung durch Auszählen, sofern die Gleichförmigkeitstheorien Gültigkeit besitzen.

Zerfallsreihe: Durch aufeinander folgenden Kernzerfall hervorgehende radioaktive Stoffe (Nuklide) bzw. Atomkerne. Natürliche Zerfallsreihen sind die Uran- und Thoriumreihen.

Dank

schulde ich allen, die an dieses ungewöhnliche Projekt geglaubt und es unterstützt haben. Besonders meinem Lektor Hermann Hemminger, der meine Arbeit immer unterstützt hat und mit wertvollen Tips zur Verbesserung des Manuskripts beigetragen hat, sowie dem gesamten Verlag, jedoch vor allem der Verlagsleitung, die mutig genug war, ein Buch zu veröffentlichen, das gewaltig an den Fundamenten unseres Weltbildes rüttelt.
Ohne die Druckerlaubnis für die Bilder von Dr. Carl Baugh, Dr. Don Patton und Dr. Cecil Dougherty wäre eine ausführliche Dokumentation der Funde aus Glen Rose nicht möglich gewesen. Herzlichen Dank! Aber auch Zecharia Sitchin, Bernard Roidinger, John D. Morris, Peter Krassa, Dr. Albert Vollmer, Robert V. Gentry, Robert Helfinstine, Erdogan Ercivan und dem Natural Resources Kanada danke ich für die Druckerlaubnis der in diesem Buch vorgestellten guten und informativen Bilder.
Schließlich möchte ich meiner Familie danken, die in der über zweijährigen Entwicklungzeit für dieses Buchprojekt flankierende Hilfe geleistet hat und mich nach Texas begleitete. Meine Tochter Larissa hat aktiv bei glühender Hitze und unter schlechtesten Bedingungen mit mir im Paluxy River harte Arbeit verrichtet: Dafür einen besonderen Dank.
Nicht danken möchte ich Herrn Franz Ossing vom GeoForschungsZentrum Potsdam, der mir den Abdruck der aus Satellitendaten generierten »Kartoffel« (unsere Erde) strikt untersagt hat.
Entschuldigen möchte ich mich bei allen gewissenhaft arbeitenden Wissenschaftlern. Leider ergeben sich oft falsche Ergebnisse, da die meist sehr guten neueren Forschungen aus Sicht der überholten Theorien und Dogmen interpretiert werden. Die unserem wissenschaftlichen Weltbild zugrunde liegenden Gedankenmodelle der Wissenschaftler aus dem letzten Jahrhundert sind jedoch überholt und müssen grundlegend überdacht werden.

Hans-Joachim Zillmer

Register

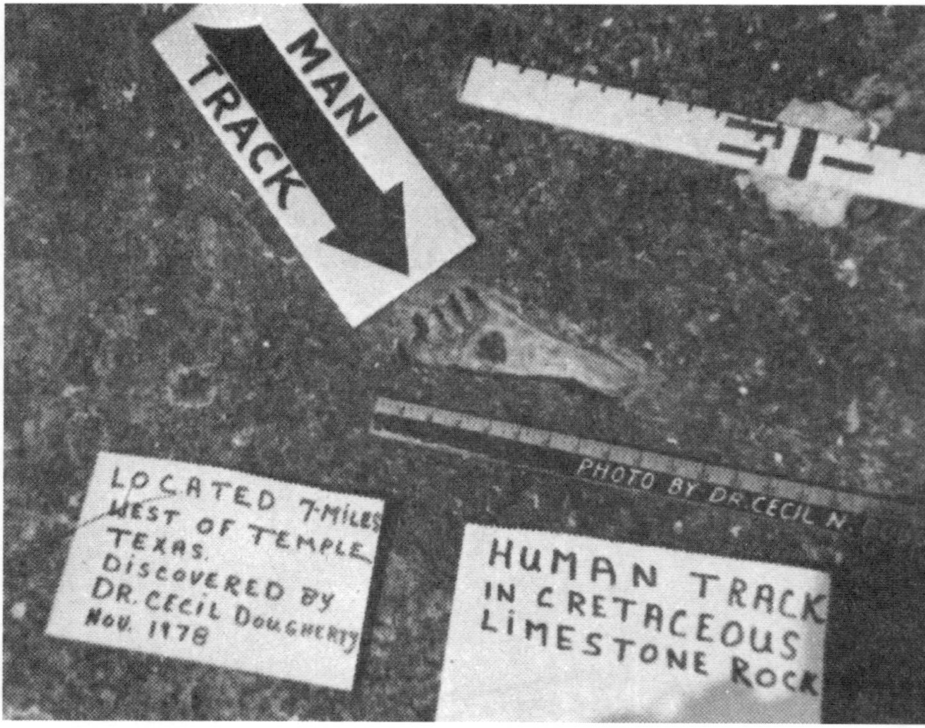
MAN
TRACK
FT
LOCATED 7-MILES
WEST OF TEMPLE
TEXAS.
DISCOVERED BY
DR. CECIL DOUGHERTY
NOV. 1978
PHOTO BY DR. CECIL N.
HUMAN TRACK
IN CRETACEOUS
LIMESTONE ROCK

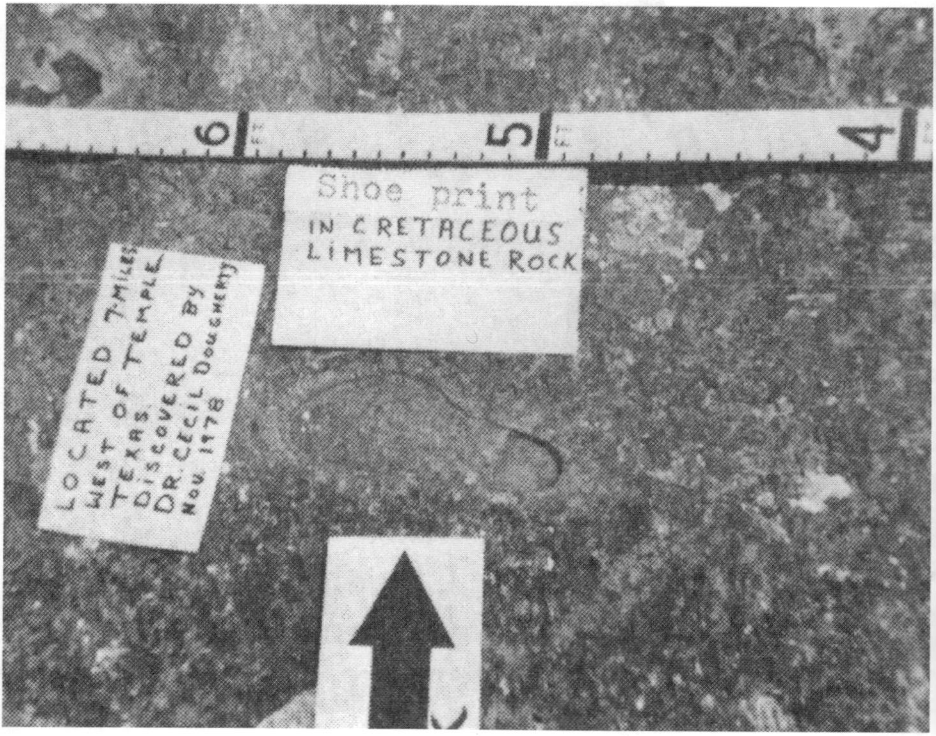
6
5
4
Shoe print
IN CRETACEOUS
LIMESTONE ROCK
LOCATED 7-MILES
WEST OF TEMPLE
TEXAS.
DISCOVERED BY
DR. CECIL DOUGHERTY
NOV. 1978